ESCOLHIDOS EM CRISTO PARA SER SANTOS

III. Moral Especial

ÁNGEL RODRÍGUEZ LUÑO

ESCOLHIDOS EM CRISTO PARA SER SANTOS

III. MORAL ESPECIAL

3ª edição

Tradução
Caio Penna Chaves

QUADRANTE
São Paulo
2023

Título original
Scelti in Cristo per essere santi. III. Morale speciale

Capa
Gabriela Haeitmann

Revisão
Paula Melo

Dados Internacionais de Catalogação na Publicação (CIP)

Luño, Ángel Rodríguez
Escolhidos em Cristo para ser santos. III. Moral Especial / Ángel Rodríguez Luño; tradução de Caio Penna Chaves. – 3ª ed. – São Paulo : Quadrante, 2023.

Título original: *Scelti in Cristo per essere santi. III. Morale speciale*
ISBN: 978-85-54991-82-1

1. Conduta de vida 2. Ética cristã 3. Moral cristã 4. Vida cristã I. Título.
CDD-241

Índice para catálogo sistemático:
1. Moral cristã 241

QUADRANTE EDITORA
Rua Bernardo da Veiga, 47 - Tel.: 3873-2270
CEP 01252-020 - São Paulo - SP
www.quadrante.com.br / atendimento@quadrante.com.br

ÍNDICE

ABREVIATURAS BÍBLICAS 11

OUTRAS ABREVIATURAS 13

APRESENTAÇÃO 17

Capítulo I
AS VIRTUDES MORAIS COMO PRINCÍPIOS DA VIDA CRISTÃ 19
1. As virtudes morais........ 19
2. As virtudes morais cristãs 22
3. O papel da fé e da razão na determinação dos conteúdos morais do cristão.... 23
4. As virtudes como princípios da vida moral cristã........ 25

Capítulo II
A PRUDÊNCIA 29
1. A Sagrada Escritura........ 29
a) Prudência e sabedoria no Antigo Testamento 30
b) Prudência e sabedoria no Novo Testamento........ 32
2. A prudência na tradição moral católica........ 34
a) Os Padres da Igreja 34
b) Da teologia medieval aos nossos dias 35
3. Análise teológica da virtude da prudência........ 37
a) Natureza da virtude da prudência 37
b) Os atos da virtude da prudência 40
4. As várias formas de prudência e as virtudes anexas........ 41
a) Os elementos integrantes........ 41
b) As espécies de prudência........ 43
c) As virtudes anexas........ 44
5. A prudência e o dom do conselho........ 46
6. Os pecados contra a virtude da prudência........ 47
a) Pecados abertamente opostos à prudência 47
b) Os vícios da falsa prudência........ 48
7. Formação e consolidação da virtude da prudência........ 50

Capítulo III
A JUSTIÇA 53
1. Introdução 53
2. A justiça na Sagrada Escritura e na tradição moral católica 54
a) O Antigo Testamento 54
b) O Novo Testamento 58
c) O pensamento grego e romano 60
d) Os Padres da Igreja 62
e) Da escolástica aos nossos dias 64
3. Essência e formas da justiça 66
a) Objeto da virtude da justiça 66
b) Tipologia da justiça 69
c) As virtudes anexas à justiça 72
d) Justiça e caridade 73
e) A justiça do desejo: o décimo mandamento 75
f) As formas fundamentais de injustiça 76
4. A lesão da propriedade alheia 77
a) Fundamento e limites do direito de propriedade 77
b) O furto: natureza e moralidade 79
c) Alguns furtos de natureza particular 81
d) As condutas fraudulentas 83
e) Situações particulares: a extrema necessidade e a oculta compensação ... 87
5. O dano injusto em geral 89
a) Natureza e moralidade do dano injusto 89
b) A cooperação para o dano injusto 90
6. A responsabilidade para com a verdade, para com a honra e para com a fama do próximo 93
a) Reflexões teológicas sobre a verdade, a linguagem e a comunicação 93
b) A veracidade e a mentira 97
c) Conservação e violação do segredo 107
d) O juízo temerário 110
e) A difamação ou maledicência e a calúnia 112
f) A contumélia 115
g) A justiça no âmbito processual e judiciário 116
7. A restituição e a reparação do dano 119
a) A restituição dos bens alheios 119
b) O dever de ressarcimento no caso do dano injusto 122
c) Cumprimento e cessação do dever de restituir 123
8. Os contratos 125

Capítulo IV
A JUSTIÇA PARA COM A VIDA HUMANA (I) 127
1. Os ensinamentos da Sagrada Escritura sobre o valor da vida humana 127
a) O Antigo Testamento 128
b) O Novo Testamento 130
2. Fundamento filosófico e teológico do princípio de inviolabilidade da vida humana 133

a) A dignidade do homem ... 134
b) A dignidade como valor de todo indivíduo humano vivo ... 136
c) O princípio de igualdade ... 138
d) A inviolabilidade da vida humana como exigência mínima da dignidade do homem ... 139
e) A vida como objeto de um direito fundamental ... 140
f) A sacralidade da vida ... 141
g) O papel ético-político do princípio da inviolabilidade da vida humana ... 144
3. Implicações normativas do princípio da inviolabilidade da vida humana ... 145
4. A responsabilidade para com a própria vida ... 148
a) O cuidado do corpo e da saúde ... 148
b) O suicídio ... 151
c) As atividades perigosas ... 154
5. A responsabilidade sobre a vida do próximo ... 155
a) A morte intencional do inocente ... 156
b) A legítima defesa ... 160
c) A justiça penal e a pena de morte ... 162
d) A guerra ... 169
e) O pacifismo e a objeção de consciência ... 174

Capítulo V
A JUSTIÇA PARA COM A VIDA HUMANA (II): OS PROBLEMAS BIOÉTICOS ... 181
1. O estudo teológico-moral dos problemas acerca da vida humana ... 181
2. O debate sobre o estatuto do embrião humano ... 183
a) As diferentes perspectivas de estudo ... 183
b) A perspectiva científica ... 185
c) O ponto de vista ontológico ... 191
d) O estatuto ético do embrião humano ... 195
3. O aborto voluntário ... 196
a) Conceito de aborto ... 196
b) Os procedimentos para a realização do aborto ... 199
c) O posicionamento da Igreja primitiva perante o aborto ... 200
d) A doutrina eclesial sobre o aborto ... 201
e) Algumas objeções ... 204
f) Problemas políticos ligados ao aborto ... 206
g) Aspectos canônicos e pastorais ... 212
h) O aborto indireto ... 215
i) A interceptação e a «contragestação» ... 217
4. O diagnóstico pré-natal ... 219
5. A procriação artificial ... 221
a) Visão geral das técnicas de procriação artificial ... 221
b) A procriação artificial extracorpórea e o valor da vida humana ... 225
c) A doutrina eclesial sobre a procriação artificial ... 229
6. As técnicas de ajuda à procriação ... 231
a) A inseminação artificial impropriamente dita ... 232

b) A técnica LTOT 237
c) A GIFT 237
7. O diagnóstico pré-implantacional 239
8. A redução embrionária 240
9. A crioconservação e os problemas éticos conexos 243
10. A clonagem 248
11. A eutanásia 250
a) Definição e tipos de eutanásia 250
b) A doutrina eclesial sobre a eutanásia 255
c) A reflexão ética 257
d) As leis sobre a eutanásia 259
12. A verificação da morte 261
a) O critério neurológico de verificação da morte 261
b) Considerações antropológicas 266
c) Avaliação conclusiva 267
13. Alimentação e hidratação artificiais 270
a) O problema ético 270
b) A posição do Magistério da Igreja 274
14. A objeção de consciência no campo da saúde 278
a) Princípios gerais 278
b) A objeção de consciência dos profissionais do campo da saúde 282

Capítulo VI
A FORTALEZA 289
1. Introdução 289
2. A fortaleza na Sagrada Escritura e na tradição moral católica 290
a) Os ensinamentos da Sagrada Escritura 290
b) Os Padres da Igreja 292
c) Da teologia medieval até os nossos dias 293
3. Análise teológica da virtude da fortaleza 294
a) Natureza da fortaleza 294
b) Os atos da fortaleza 297
c) Os pecados contra a fortaleza 298
4. As virtudes anexas à fortaleza e os vícios opostos 299
a) A magnanimidade 300
b) A magnificência 302
c) A paciência 303
d) A perseverança 304

Capítulo VII
A TEMPERANÇA 307
1. A temperança na Sagrada Escritura e na tradição moral católica 307
a) A Sagrada Escritura 307
b) Os Padres da Igreja e a reflexão teológica 310
2. Análise teológica da virtude da temperança 313
a) A antropologia da temperança 313
b) O objeto da temperança 315

3. As diversas formas de temperança ... 318
a) Os elementos integrantes ... 318
b) A abstinência ou temperança no comer ... 319
c) A sobriedade e o problema do alcoolismo ... 324
d) A droga ... 326
4. As virtudes anexas à temperança ... 334
a) A continência ... 334
b) A mansidão ou serenidade ... 334
c) A clemência ... 336
d) A modéstia e as suas formas ... 337
5. A virtude da humildade ... 340

Capítulo VIII
A CASTIDADE ... 345
1. Introdução ... 345
2. Sexualidade e matrimônio na Sagrada Escritura ... 347
a) Antigo Testamento ... 348
b) O Novo Testamento ... 351
c) A pregação de São Paulo contra a porneia ... 354
3. Estrutura e significados fundamentais da sexualidade humana ... 356
a) Sexualidade e procriação ... 357
b) Sexualidade e comunhão conjugal ... 359
c) A estrutura axiológica da sexualidade ... 361
d) Consequências éticas ... 365
4. A virtude moral da castidade ... 368
a) Natureza e objeto da castidade ... 368
b) O pudor e a pudicícia ... 370
5. Os pecados contra a castidade ... 373
a) Essência e formas da luxúria ... 373
b) Os pecados internos de luxúria ... 375
c) Os pecados externos de luxúria incompleta ... 376
d) Os pecados externos de luxúria completa ... 377
6. Alguns problemas particulares ... 382
a) A homossexualidade ... 382
b) Os abusos sexuais de menores e a pedofilia ... 386
7. A castidade pré-matrimonial ... 389
8. A castidade conjugal ... 394
a) O contexto: o amor conjugal ... 394
b) Santidade das relações conjugais ... 396
c) A paternidade responsável ... 400
d) Os abusos do matrimônio: a contracepção ... 402
e) A esterilização ... 406
f) A cooperação material com o pecado do cônjuge ... 412

ABREVIATURAS BÍBLICAS

Abd	Abdias	*Jos*	Josué
Ag	Ageu	*Jdt*	Judite
Am	Amós	*Jz*	Juízes
Apoc	Apocalipse	*Lc*	Lucas
At	Atos	*Lam*	Lamentações
Bar	Baruc	*Lev*	Levítico
Col	Colossenses	*1 Mac*	1º Macabeus
1 Cor	1ª Coríntios	*2 Mac*	2º Macabeus
2 Cor	2ª Coríntios	*Mc*	Marcos
1 Crôn	1º Crônicas	*Mal*	Malaquias
2 Crôn	2º Crônicas	*Miq*	Miqueias
Cant	Cântico dos Cânticos	*Mt*	Mateus
Dan	Daniel	*Na*	Naum
Deut	Deuteronômio	*Ne*	Neemias
Ecl	Eclesiastes	*Núm*	Números
Eclo	Eclesiástico	*Os*	Oseias
Ef	Efésios	*1 Pe*	1ª Pedro
Esdr	Esdras	*2 Pe*	2ª Pedro
Est	Ester	*Prov*	Provérbios
Êx	Êxodo	*Rom*	Romanos
Ez	Ezequiel	*1 Re*	1º Reis
Fil	Filipenses	*2 Re*	2º Reis
Flm	Filêmon	*Ru*	Rute
Gál	Gálatas	*Sab*	Sabedoria
Gên	Gênesis	*Sof*	Sofonias
Hab	Habacuc	*Sal*	Salmos
Hebr	Hebreus	*1 Sam*	1º Samuel
Is	Isaías	*2 Sam*	2º Samuel
Jl	Joel	*Tob*	Tobias
Jon	Jonas	*Tg*	Tiago
Jó	Jó	*1 Tim*	1ª Timóteo
Jo	João	*2 Tim*	2ª Timóteo
1 Jo	1ª João	*1 Tess*	1ª Tessalonicenses
2 Jo	2ª João	*2 Tess*	2ª Tessalonicenses
3 Jo	3ª João	*Ti*	Tito
Jer	Jeremias	*Zac*	Zacarias

OUTRAS ABREVIATURAS

AAS — *Acta Apostolicae Sedis*, Typis Polyglottis Vaticanis, Cidade do Vaticano, 1909 ss.

ASS — *Acta Sanctae Sedis*, Roma, 1865-1908.

Catecismo — *Catecismo da Igreja Católica*, Editora Vozes, Paulus Editora, Edições Paulinas, Edições Loyola, Editora Ave-Maria, 1997.

CCEO — *Codex Canonum Ecclesiarum Orientalium.*

CCL — *Corpus Christianorum. Series Latina*, Brepols, Turnholt (Bélgica), 1954 ss.

CDC — *Código de Direito Canônico*, promulgado por SÃO JOÃO PAULO II em 25-I-1983.

C.G. — SANTO TOMÁS DE AQUINO, *Summa contra gentiles sive De veritate Catholicae Fidei contra errores infidelium*, Ed. Leonina, Roma, 1926.

Christifideles laici — SÃO JOÃO PAULO II, Ex. ap. *Christifideles laici*, 30-XII-1988.

CSEL	*Corpus Scriptorum Ecclesiasticorum Latinorum*, Viena, 1886 ss.
De virtutibus in communi	SANTO TOMÁS DE AQUINO, *Quaestio disputata de virtutibus in communi*, em *Quaestiones disputatae*, vol. II, Marietti, Taurini-Romae, 1965, 10.
DH	H. DENZIGER, P. HÜNERMANN, *Enchiridion Symbolorum definitionum et declarationum de rebus fidei et morum*, EDB, Bolonha, 1996.
Dignitas personae	CONGREGAÇÃO PARA A DOUTRINA DA FÉ, Instrução sobre algumas questões de bioética *Dignitas personae*, 8-IX-2008: AAS 100 (2008) 858-887.
Donum vitae	CONGREGAÇÃO PARA A DOUTRINA DA FÉ, Instrução sobre o respeito à vida humana nascente e a dignidade da procriação *Donum vitae*, 22-II-1987: AAS 80 (1988) 72-100.
DTC	*Dictionnaire de Théologie Catholique*, sob a direção A. VACANT, E. MANGENOT e E. AMANN, ed. Letouzey et Ané, Paris, 1930-1950.
Escolhidos em Cristo I	E. Colom, A. Rodrígues Luño, *Escolhidos em Cristo para ser santos. I. Moral fundamental*, Quadrante, São Paulo, 2016.
Evangelium vitae	SÃO JOÃO PAULO II, Encíclica *Evangelium vitae*, 25-III-1995.
Familiaris consortio	SÃO JOÃO PAULO II, Ex. ap. *Familiaris consortio*, 22-XI-1981: AAS 74 (1982) 92-149.
Gaudium et spes	CONCÍLIO VATICANO II, Constituição pastoral sobre a Igreja no mundo atual *Gaudium et spes*, 7-XII-1965.

Humanae vitae	Paulo VI, Encíclica *Humanae vitae*, 25-VII--1968: AAS 60 (1968) 486-492.
In decem libros	SANTO TOMÁS DE AQUINO, *In decem libros Ethicorum Aristotelis ad Nicomacum Expositio*, Marietti, Taurini-Romae, 1964.
Lumen gentium	CONCÍLIO VATICANO II, Constituição dogmática sobre a Igreja *Lumen gentium*, 21-XI-1964.
NBA	*Nuova Biblioteca Agostiniana*, Città Nuova, Roma.
PG	*Patrologiae Cursus Completus. Series Graeca*, J. P. Migne, Paris, 1857 ss.
PL	*Patrologiae Cursus Completus. Series Latina*, J. P. Migne, Paris, 1844 ss.
Scriptum super Sententiis	SANTO TOMÁS DE AQUINO, *Scriptum super Sententiis*, Ed. Vivès, Paris, 1872-1880.
SC	*Sources Chrétiennes*, Cerf, Paris, 1946 ss.
S.Th.	SANTO TOMÁS DE AQUINO, *Summa theologiae*, Ed. Leonina, Typographia Polyglotta S. C. De Propagand Fide, Roma, 1891.

APRESENTAÇÃO

A ótima recepção do volume dedicado à moral fundamental, que já atingiu a terceira edição, impeliu o professor Enrique Colom e o subscritor a prosseguirem com o programa previsto, que compreende o tratamento completo da teologia moral em quatro volumes. O professor Colom se encarregou da Doutrina Social da Igreja (volume IV), ao passo que, neste volume, ocupei-me da moral especial.

O estudo da moral especial segue a mesma metodologia assumida e explicada na moral fundamental. É sinteticamente retomada e justificada no capítulo I e distribui toda a matéria em torno das quatro virtudes cardeais. Os numerosos e complexos problemas éticos ligados à justiça são estudados em três capítulos, nos quais se confronta também o estudo da bioética segundo a perspectiva da justiça em sua relação com a vida humana. A virtude da temperança compreende dois capítulos, de modo que se possa dedicar espaço mais amplo à castidade. Não são tratadas, por outro lado, as questões morais que tocam a administração e recepção dos Sacramentos, uma vez que, na atual estrutura dos estudos institucionais, são elas estudadas à parte pela teologia sacramental.

Espero que este texto possa vir em auxílio de todos os que iniciam o estudo da teologia moral e que, a exemplo do ocorrido com o volume de moral fundamental, as sugestões e críticas dos alunos e colegas permitam a inserção de acréscimos e aprimoramentos ulteriores.

Ángel Rodríguez Luño
Setembro de 2007

CAPÍTULO I

AS VIRTUDES MORAIS COMO PRINCÍPIOS DA VIDA CRISTÃ

1. As virtudes morais

O estudo da moral fundamental nos deixou em condições de compreender que as virtudes morais ou éticas são os critérios morais de regulação do uso dos bens e do exercício das nossas atividades[1]. As virtudes regulam os desejos, os sentimentos e as ações que se referem aos bens e às atividades. Por «bens» entendemos tudo o que há de positivo que o homem possa ter e usar: o tempo, o dinheiro, os afetos, o corpo, a sexualidade, a comida, o vestuário, o conhecimento, etc. Por «atividades» entendemos as diversas dimensões da vida humana: trabalho, descanso, vida familiar, atividades culturais ou esportivas, práticas religiosas, etc.

As virtudes morais não são simples convicções racionais sobre a maneira reta de agir. São uma realidade muito mais complexa. São critérios de comportamento que se tornam também disposições estáveis da afetividade e da vontade de quem as possui. A eficácia das virtudes se desdobra em três diferentes planos. Há um *aspecto intelectual ou normativo,*

---

(1) No que diz respeito à teoria geral das virtudes, remetemos ao estudo e à bibliografia indicada no primeiro volume: E. Colom, A. Rodríguez Luño, *Escolhidos em Cristo para ser santos. I. Moral fundamental*, Quadrante, São Paulo, 2016, cap. VII (doravante, citaremos este livro como *Escolhidos em Cristo I*). Aqui nos detemos tão somente naqueles elementos essenciais que se fazem necessários para a introdução ao estudo da moral especial.

ou seja, um conjunto de critérios racionais que indicam o modo justo de alimentar-se, de realizar o trabalho profissional, etc; há também um *aspecto afetivo*, na medida em que a afetividade do virtuoso (as tendências, os sentimentos, etc.) e, de modo direto ou indireto, também a vontade se encontram estavelmente ordenadas de acordo com tais critérios; e, por último, há um *aspecto dispositivo*, uma vez que a ordem virtuosa da afetividade e da vontade predispõe a, e torna a pessoa capaz de, fazer a escolha justa em cada momento e circunstância. A teologia moral especial se ocupa sobretudo do aspecto intelectual ou normativo das virtudes[2].

A teoria das virtudes éticas se deve pôr numa perspectiva em que a tarefa fundamental da moral é ordenar a conduta ao bem da vida humana considerada globalmente, como um todo, o qual em linguagem

(2) Da vasta bibliografia existente sobre as virtudes, indicamos alguns títulos úteis para aprofundamento: G. Dwelshauvers, *La educación de la voluntad: hábitos, responsabilidad, educación del esfuerzo, utilización de la energía voluntaria, personalidad y libertad*, Club de Lectores, Buenos Aires, 1967; R. Guardini, *Virtù. Temi e prospettive della vita morale*, Morcelliana, Brescia, 1972; D. von Hildebrand, *Santidad y virtud en el mundo*, Rialp, Madri, 1972; J. Pieper, *Las virtudes fundamentales*, Rialp, Madri, 1976; P. T. Geach, *The Virtues*, Cambridge University Press, Cambridge, 1977; D. Isaacs, *La educación en las virtudes humanas*, 3ª ed., Eunsa, Pamplona, 1979/1981; G. Abbà, *Lex et virtus. Studi sull'evoluzione della dottrina morale di San Tommaso d'Aquino*, LAS, Roma, 1983; V. Jankélévitch, *Trattato delle virtù*, Garzanti, Milão, 1987; E. Schockenhoff, *Bonum Hominis. Die anthropologischen und theologischen Grundlagen der Tugendethik des Thomas von Aquin*, Matthias Grünewald Verlag, Mainz, 1987; A. MacIntyre, *Dopo la virtù*, Feltrinelli, Milão, 1988; R. García de Haro, *L'agire morale e le virtù*, Ares, Milão, 1988; A. Rodríguez Luño, *La scelta etica. Il rapporto tra libertà e virtù*, Ares, Milão, 1988; R. Cessario, «The Meaning of Virtue in Catholic Moral Life: Its Significance for Human Life Issues». *The Thomist*, 53, 1989, pp. 173-196; E. Kaczynski, F. Compagnoni (eds.), *La virtù e il bene dell'uomo. Il pensiero tomista nella teologia post-moderna*, Dehoniane, Bolonha, 1993; A. MacIntyre, «Persona corriente y filosofía moral: reglas, virtudes y bienes». *Convivium*, 5, 1993, pp. 63-80; R. Cessario, *Le virtù*, Jaca Book (Amateca 19), Milão, 1994; G. Angelini, *Le virtù e la fede*, Glossa, Milão, 1994; M. Carl, «Law, Virtue, and Happiness in Aquinas's Moral Theory». *The Thomist*, 61, 1997, pp. 425-447; R. Mirkes, «Aquinas on the Unity of Perfect Moral Virtue». *American Catholic Philosophical Quarterly*, 71, 1997, pp. 589-605; id., «Aquinas's Doctrine of Moral Virtue and Its Significance for Theories of Facility». *The Thomist*, 61, 1997, pp. 189-218; J. Peterson, «The Interdependence of Intellectual and Moral Virtue in Aquinas». *The Thomist*, 61, 1997, pp. 449-454; R. Gerardi, *Alla sequela di Gesù. Etica delle beatitudini, doni dello Spirito, virtù*, Dehoniane, Bolonha, 1998; J.-L. Brugues, *Ideas felices: virtudes cristianas para nuestro tiempo*, BAC, Madri, 1998; G. Samek Ludovici, *L'emozione del bene. Alcune idee sulla virtù*, Vita e Pensiero, Milão, 2010. Úteis notas bibliográficas em G. E. Pence, «Recent Work on Virtues». *American Philosophical Quarterly*, 21, 1984, pp. 281-298; M. Álvarez Mauri, «Perspectivas actuales sobre la virtud. Estudio bibliográfico». *Pensamiento*, 192, 1992, pp. 459-480.

técnica se chama fim último. Dá-se por suposto que a moral pode e deve oferecer uma resposta concreta à pergunta sobre o bem último do homem, porque da resposta que se dê dependerá como se deve viver. Um exemplo nos ajudará a compreender de que maneira o conteúdo das virtudes depende da concepção do bem humano global. A uma pessoa é oferecida uma promoção profissional, que significará uma melhora notável do prestígio social e da retribuição econômica, mas também um considerável aumento das horas semanais de trabalho. Esta última circunstância a obrigaria a diminuir muito o tempo dedicado à família, desalentando seu crescimento, assim como implicaria renunciar às práticas religiosas e às atividades esportivas e de descanso. O que escolher? Para decidir a favor de uma ou de outra solução, deve-se avaliar em que medida o prestígio profissional, a posição econômica, a família, a saúde e a prática religiosa contribuem ou não para a vida que se considera boa e desejável. Para escolher, a pessoa se vê obrigada a pensar, em termos muito concretos, no que consiste uma vida boa e justa, que tipo de vida se deseja viver. Uma vez esclarecido este ponto, é possível estabelecer as prioridades que convém atribuir a cada uma das atividades mencionadas. Quem considera que o bem humano global depende sobretudo, ou de maneira determinante, da posição social e econômica fará uma escolha diferente de quem pensa que a família e a prática religiosa são bens muito importantes e que merecem um cuidado maior. Em ambos os casos, adotar-se-ão as prioridades coerentes com a ideia que se tenha do bem humano global e de seus componentes. Tais prioridades são parte do conteúdo das virtudes morais em seu aspecto intelectual ou normativo.

Esta questão foi arrostada de modo filosófico pela primeira vez na antiga Grécia. O resultado da reflexão dos grandes filósofos gregos é a doutrina das virtudes morais: prudência, justiça, fortaleza e temperança. Estas virtudes, com o conteúdo que então lhes foi atribuído, indicam o modo de viver bem segundo a ideia de vida boa que eles haviam alcançado mediante a indagação racional[3].

---

(3) O leitor interessado nos conteúdos fundamentais da ética grega antiga pode consultar A. Rodríguez Luño, *Ética general*, 4ª ed., Eunsa, Pamplona, 2001, cap. IV. Um estudo muito mais amplo é o de J. Annas, *La morale della felicità in Aristotele e nei filosofi dell'età ellenistica*, Vita e Pensiero, Milão, 1998. Veja-se também C. Gill, *Personality in Greek Epic, Tragedy, and Philosophy. The Self in Dialogue*, Clarendon Press, Oxford, 1996.

2. As virtudes morais cristãs

A Teologia moral empreende o estudo da ordem moral da vida humana à luz da Revelação, que começou no Antigo Testamento e culminou em Cristo. Também à luz da Revelação nos parece que se pode afirmar que a doutrina grega das virtudes éticas oferece uma boa base conceitual para interpretar a experiência moral cristã. Muitos dos princípios normativos estabelecidos pelos gregos são critérios válidos de discernimento moral também para um cristão. De muitos outros, todavia, não se pode dizer o mesmo (pense-se na escravidão, em certos comportamentos em matéria sexual, etc.). Além disso, há o fato de que a reflexão moral grega não está em condições de vencer as resistências e as baixas inclinações presentes no coração humano. Aristóteles reconhece com sincero realismo que a maior parte dos homens, «vivendo pela paixão, andam no encalço de seus prazeres e dos meios de alcançá-los, evitando as dores que lhes são contrárias, e nem sequer fazem ideia do que é nobre e verdadeiramente agradável, visto que nunca lhe sentiram o gosto»[4].

Nos três primeiros capítulos da *Carta aos Romanos*, São Paulo interpreta a mesma experiência à luz da fé em Cristo Redentor e afirma que nem os gentios, com base na lei moral que trazem impressa no coração, nem os judeus, com a lei de Moisés, puderam evitar o pecado, e que tanto uns como outros têm absoluta necessidade de acolher mediante a fé a ação salvadora de Deus em Cristo.

Das Cartas do Novo Testamento se tem a clara impressão de que os cristãos procedentes do paganismo eram conscientes da transformação moral que a fé em Cristo havia operado neles: *Mortificai, portanto, os vossos membros, isto é, o que em vós pertence à terra: imoralidade sexual, impureza, paixão, maus desejos, especialmente a ganância, que é uma idolatria. Estas coisas é que provocam a ira de Deus sobre os filhos da incredulidade.* Foi assim que vós também procedestes outrora, quando vivíeis nessas desordens. Agora, porém, *rejeitai tudo isto: ira, furor, malvadeza, ultrajes, e não saia de vossa boca nenhuma palavra indecente* (Col 3, 5-8)[5]. A transformação moral procede da luz sobre o bem global do homem

---

(4) Aristóteles, *Ética a Nicômaco*, 4ª ed., Nova Cultural, São Paulo, 1991, X, 9.

(5) Grifo nosso. Cf. também Ef 2, 3.

que a fé proporciona, assim como da força da graça do Espírito Santo que habita em todos os que creem em Cristo.

A *Carta aos Efésios* expressa de modo sintético o destino do homem. Em Cristo *Deus nos escolheu, antes da fundação do mundo, para sermos santos e íntegros diante dele, no amor. Conforme o desígnio benevolente de sua vontade, ele nos predestinou à adoção como filhos, por obra de Jesus Cristo* (Ef 1, 4-5)[6]. Segundo a correlação entre fim último e virtude, correlação que mencionávamos antes, a nova visão do fim (a santidade entendida como progressiva identificação com Cristo) implica critérios de regulação e prioridades parcialmente novos, congruentes com o tipo de vida que é próprio dos filhos de Deus em Cristo. Trata-se das virtudes morais cristãs, presididas e informadas pela fé, pela esperança e pela caridade[7]. São as regras do viver cristão e os princípios vitais o que o tornam possível. Sua orientação de fundo é cristológica: expressam a maneira de viver que Cristo adotou e ensinou.

3. O papel da fé e da razão na determinação dos conteúdos morais do cristão

A *Carta aos Romanos* afirma claramente que a falta de reconhecimento de Deus obscurece o conhecimento moral e conduz aos pecados mais abjetos[8]. A fé em Cristo produz, ao contrário, uma renovação da mente que permite discernir qual é a vontade de Deus, o que é bom, o que lhe agrada, o que é perfeito[9]. Isto significa, porventura, que o que a teologia moral ensina sobre as virtudes, e que será exposto neste livro, só pode ser conhecido pelos fiéis? Não, não é exatamente assim.

A fé decerto é o princípio supremo de conhecimento. A graça e as virtudes cristãs são os princípios vitais que fazem possível o cumprimento de tudo o que o fiel sabe. Nossa comunhão com Deus em Cristo

(6) Mas veja-se Ef 1, 3-14.

(7) Na teologia moral fundamental, explicou-se que para as obras virtuosas do cristão concorrem os hábitos morais infusos e os hábitos morais adquiridos, os quais são dois níveis distintos mas inseparáveis do agir moral cristão. Cf. *Escolhidos em Cristo I*, cap. VII, § 5. Tudo o que se dirá nos capítulos seguintes pressupõe esta tese.

(8) Cf., por exemplo, Rom 1, 28-29.

(9) Cf. Rom 12, 2.

é o fim supremo para o qual, em última análise, tudo é reconduzido. No entanto, a graça não cria o homem do nada, nem a fé é uma fonte de conhecimento moral que chega a um mundo em que não se podia conhecer nada de Deus e do bem. A graça e a fé são princípio de regeneração, de elevação e de renovação: curam, elevam e renovam um homem existente que, mesmo profundamente ferido pelo pecado, podia alcançar certo conhecimento do bem e do mal. A renovação da mente de que fala São Paulo sucede em continuidade, e não em negação, do que podia ter sido alcançado pela razão natural ou pela lei de Moisés.

Assim, por um lado, as virtudes cristãs pressupõem uma visão renovada do valor dos bens humanos e de sua privação: riqueza e pobreza, prazer e dor, saúde e doença, vida e morte adquirem um significado novo à luz do mistério pascal e, portanto, criam no cristão uma nova postura perante eles. Mas, por outro, São Paulo se refere frequentemente aos ensinamentos morais da lei de Moisés, da tradição sapiencial do Antigo Testamento e da razão natural como critérios válidos para o discernimento moral, ainda que sujeitos à verificação definitiva por parte da fé, que opera pela caridade. Muitas vezes se invoca um critério moral expresso em termos muito amplos, para não excluir tudo o que há de válido na sabedoria humana[10]; e às vezes se faz referência explícita ao juízo dos não crentes: *assim estareis levando uma vida digna aos olhos dos que não são da comunidade, e não tereis necessidade de ninguém* (1 Tess 4, 12). Admite-se implicitamente a existência de critérios de juízo moral válidos igualmente para os crentes e para os não crentes.

Pode-se dizer, em resumo, que a mensagem moral cristã é, sim, novidade, mas *novidade sem ruptura, novidade como cumprimento*. A moral cristã excede a moral humana e a lei de Moisés, mas ao mesmo tempo as leva ao seu cumprimento em plenitude. No estudo da moral fundamental, já nos detivemos sobre as consequências desta tese[11]. Agora interessa apenas destacar uma dessas consequências: a de que, ao estudar detalhadamente as virtudes morais, a teologia recorre não somente à Revelação, mas também à razão, à experiência e às ciências humanas. Isso não quer dizer que se chegue, como resultado, a um conjunto de conhecimentos justapostos. Afinal de contas, a fé e a caridade são o

(10) Cf. Fil 4, 8.

(11) Cf. *Escolhidos em Cristo I*, cap. I, § 1 (c).

princípio sintético supremo que articula de modo coerente a vida moral do homem renovado em Cristo. Tudo o que é alcançado pela razão deve ser analisado à luz da fé, da esperança e da caridade antes de poder ser considerado via obrigatória para a identificação com Cristo.

4. As virtudes como princípios da vida moral cristã

O Concílio Vaticano II recordou várias vezes a importância das virtudes para a reta vida moral. Em primeiro lugar a caridade, que «dirige todos os meios de santificação, os informa e leva a seu fim»[12], e as outras virtudes teologais[13]. Depois, a humildade, a obediência, a fortaleza e castidade[14], bem como as virtudes sociais, como a lealdade, a justiça, a sinceridade, a cortesia, a fortaleza[15]. A encíclica *Veritatis splendor* afirma nessa mesma linha que, «*para poder conhecer a vontade de Deus, o que é bom, o que Lhe é agradável e o que é perfeito* (Rom 12, 2), é necessário o conhecimento da lei de Deus em geral, mas aquele não é suficiente: é indispensável uma espécie de "conaturalidade" entre o homem e o verdadeiro bem. Esta conaturalidade se fundamenta e se desenvolve nos comportamentos virtuosos do homem mesmo: a prudência e as outras virtudes cardeais, e antes ainda as virtudes teologais da fé, da esperança e da caridade. Neste sentido, disse Jesus: *Quem pratica a verdade aproxima-se da luz* (Jo 3, 21)»[16].

Já a ética grega antiga, com todas as suas limitações, sabia que, para que o agir humano seja bom, é necessário que sejam perfeitos os princípios de que ele procede. A ideia é retomada pela doutrina cristã das quatro virtudes cardeais. Elas aperfeiçoam todos os princípios do agir: a razão prática, a vontade e os dois apetites sensíveis. Portanto, podem ser consideradas condições gerais da reta conduta. Para agir bem, é necessário um discernimento prudente daquilo que é agradável a Deus; a retidão interior própria da justiça; a fortaleza para moderar a agressivi-

(12) *Lumen gentium*, n. 42.

(13) Cf. Concílio Vaticano II, Decreto *Apostolicam actuositatem*, 18-XI-1965, n. 4.

(14) Cf. Concílio Vaticano II, Decreto *Perfectae caritatis*, 28-X-1965, n. 5.

(15) Cf. *Apostolicam actuositatem*, n. 4.

(16) São João Paulo II, *Veritatis splendor*, 6-VIII-1993, n. 64.

dade e superar os medos; e a temperança no uso dos bens deleitáveis[17]. A reta conduta é prudente, justa, forte e temperada.

Na vida moral cristã se produz um especial entrelaçamento entre as virtudes morais e as virtudes teologais, em razão do qual é absolutamente verdadeiro que as virtudes morais são necessárias para viver na verdade e na caridade. O exercício das virtudes morais pelo cristão «é animado e inspirado pela caridade. Esta é o *vínculo da perfeição* (Col 3, 14) e a forma das virtudes: articula-as e ordena-as entre si; é a fonte e o termo da sua prática cristã»[18]. Talvez tenha sido Santo Agostinho quem mais destacou que as virtudes cardeais do cristão não são outra coisa que diferentes aspectos da caridade. Elas expressam a multiplicidade das formas do amor. É célebre uma passagem do *De moribus*, a qual vale a pena citar por inteiro: «Visto que a virtude nos conduz à vida feliz, eu afirmaria que a virtude não é de modo algum outra coisa que o sublime amor de Deus. E justamente o fato de dizer que a virtude é quadripartida se refere, a meu ver, à variedade das disposições que o próprio amor assume. Por isso, estas famosas quatro virtudes, cuja força queira o céu esteja em todas as almas assim como seus nomes estão em todas as bocas, não hesitarei em defini-las deste modo: a temperança é o amor íntegro que se dá a quem se ama; a fortaleza é o amor que tudo suporta por quem se ama; a justiça é o amor que serve exclusivamente a quem se ama e que, por causa disto, domina com retidão; a prudência é o amor que distingue com sagacidade o que é útil do que é nocivo. Mas, como dissemos, este amor não é de um qualquer, mas de Deus, isto é, do sumo bem, da suma sabedoria e da suma harmonia. Portanto, as virtudes podem ser definidas também assim: a temperança é o amor a Deus que se conserva íntegro e incorruptível; a fortaleza é o amor a Deus que tudo suporta com facilidade; a justiça é o amor que serve somente a Deus e, por conseguinte, comanda justamente todas as outras coisas que se sujeitam ao homem; a prudência é o amor que discerne com clareza o que ajuda a caminhar para Deus do que o impede»[19].

Olhando a própria realidade do ponto de vista das virtudes morais, há que ressaltar que, mediante o esforço ético, a caridade cresce e se in-

(17) Cf. *S.Th.*, I-II, q. 61, aa. 3-4 e 6.

(18) *Catecismo*, n. 1827.

(19) Santo Agostinho, *De moribus ecclesiae*, I, 15, 25: NBA 13/1, 53.

tensifica. «Para que esta caridade, como boa semente, cresça e frutifique na alma, cada fiel [...] [deve dar-se] continuamente à oração, à abnegação de si mesmo, ao serviço efetivo de seus irmãos e a toda espécie de virtude»[20]. Mediante as virtudes morais, os bens e as atividades humanas se veem e se realizam efetivamente de acordo com a visão cristã da existência humana. A fé, a esperança e a caridade seriam negadas de fato por uma conduta egoísta, cheia de temor e de apreensão pela própria segurança, não respeitosa da liberdade e dos direitos dos outros, demasiado solícita pelos bens e pelos pequenos prazeres terrenos, etc. É um escândalo a figura de «tantos e tantos que se dizem cristãos – por terem sido batizados e por receberem outros sacramentos –, mas que se mostram desleais, mentirosos, insinceros, soberbos... E caem de repente. Parecem estrelas que brilham por um instante no céu e, de súbito, se precipitam irremediavelmente. Se aceitamos a nossa responsabilidade de filhos de Deus, devemos ter em conta que Ele nos quer muito humanos. Que a cabeça toque o céu, mas os pés assentem com toda a firmeza na terra. O preço de vivermos cristãmente não é nem deixarmos de ser homens nem abdicarmos do esforço por adquirir essas virtudes que alguns têm, mesmo sem conhecerem Cristo. O preço de cada cristão é o Sangue redentor de Nosso Senhor, que nos quer – insisto – muito humanos e muito divinos, diariamente empenhados em imitá-lo, pois Ele é *perfectus Deus, perfectus homo*, perfeito Deus, perfeito homem»[21].

«O fim se afigura a cada um conforme o que ele próprio é»[22]. A experiência demonstra que este princípio expressa uma tendência humana de que dificilmente se escapa. O empenho no âmbito das virtudes cardeais, sustentado pela graça de Deus e pelos dons do Espírito Santo, é necessário para que o cristão conserve clara a visão teologal da existência. Se não se procura confirmar esta visão com as próprias obras, ainda que dentro dos limites da debilidade humana, corre-se o risco de que sejam as obras defeituosas as que determinem a visão da vida. A propósito, vêm à mente as palavras do apóstolo Tiago: *Assim também a fé: se não se traduz em ações, por si só está morta. Pelo contrário, assim é que se deve dizer: Tu tens a fé, e eu tenho ações; mostra-me a tua fé sem ações,*

(20) *Lumen gentium*, n. 42.

(21) Josemaria Escrivá, *Amigos de Deus*, 4ª ed., Quadrante, São Paulo, 2018, n. 75.

(22) *S.Th.*, I-II, q. 58, a. 5, c. Trata-se de um trecho de Aristóteles reportado por São Tomás.

que eu te mostrarei a minha fé a partir das minhas ações (Tg 2, 17-18). A fé pode restar sem expressão se o crente não informar com a luz e a palavra de Deus os princípios da própria conduta. Esta é a tarefa das virtudes morais.

Capítulo II

A PRUDÊNCIA

1. A Sagrada Escritura

No estudo da virtude da prudência na tradição teológica cristã se encontram, por um lado, os ensinamentos bíblicos sobre a prudência e a sabedoria e, por outro, a tradição ética grega e romana. Os ensinamentos bíblicos são de caráter predominantemente religioso. Com o fim de obter uma compreensão rigorosa da experiência moral, a teologia tinha necessidade de assumir criticamente a elaboração conceitual alcançada pela filosofia grega. O encontro com a reflexão racional era reclamado também pelo caráter e pelo destino universal do cristianismo, bem como pela necessidade de romper o vínculo exclusivo entre a doutrina revelada e a tradição étnica e cultural do povo judeu. Tudo isso aparece também como uma das expressões históricas da colaboração entre fé e razão, uma colaboração necessária, mas que certamente depara com problemas hermenêuticos nos quais não podemos deter-nos nesta obra[1].

(1) Cf., sobre este ponto, G. Angelini, *Teologia morale fondamentale. Tradizione, Scrittura e teoria*, Glossa, Milão, 1999, pp. 241 ss.

A reflexão racional sobre a prudência é objeto da ética filosófica[2], e mais adiante teremos de debruçar-nos sobre alguns pontos deste tema. Antes, porém, é necessário estudar as fontes bíblicas.

a) Prudência e sabedoria no Antigo Testamento

No Antigo Testamento, as ideias de prudência e de sabedoria estão vinculadas muito estreitamente. De modo particular, isto é evidente nos livros sapienciais, que contêm as mais profundas considerações sobre estas duas virtudes no tocante à orientação da existência humana[3]. Em sentido estrito, o comportamento do sábio consiste na obediência à vontade de Deus, em saber e querer seguir os caminhos do Senhor[4]. A sabedoria não consiste tanto na agudeza especulativa, mas na postura justa diante de Deus: *Começo da Sabedoria é o temor do Senhor, e o conhecimento do Santo é a prudência* (Prov 9, 10). Esta é a mensagem que se repete com mais frequência[5].

Nos livros sapienciais, alternam-se passagens otimistas sobre a possibilidade de governar a própria vida com base no conhecimento da ordem do mundo (a parte mais antiga de Provérbios) e passagens dominadas pelo desconcerto e pela desilusão (Jó e Eclesiastes)[6]. Junto à

---

(2) Cf. A. Rodríguez Luño, *Ética general*, cap. VII. Para um aprofundamento vejam-se: P. Aubenque, *La prudence chez Aristote*, PUF, Paris, 1976; S. M. Ramírez, *La prudencia*, Palabra, Madri, 1979; B. Wald, *Genitrix Virtutum. Zum Wandel des aristotelischen Begriffes praktischer Vernunft*, Münster, 1986; D. J. Den Uyl, *The Virtue of Prudence*, Peter Lang, Nova York-Bern-Frankfurt-Paris-Londres, 1991; M. Rhonheimer, *Praktische Vernunft und Vernünftigkeit der Praxis. Handlungstheorie bei Thomas von Aquin in ihrer Entstehung aus dem Problemkontext der aristotelischen Ethik*, Akademie Verlag, Berlim, 1994; D. Westberg, *Right Practical Reason. Aristotle, Action, and Prudence in Aquinas*, Clarendon Press, Oxford, 1994; R. Elm, *Klugheit und Erfahrung bei Aristoteles*, Schöningh, Paderborn, 1996.

(3) São úteis para aprofundar o estudo: E. Beaucamp, *I saggi d'Israele guida all'esperienza di Dio*, Paoline, Milão, 1964; A. Feuillet, *Le Christ Sagesse de Dieu*, Gabalda, Paris, 1966; J. Lévêque, *Job et son Dieu*, EB, 2 vols., Paris, 1970; G. Von Rad, *La sapienza in Israele*, Marietti, Casale Monferrato, 1982; A. Bonora, *Giobbe: il tormento di credere. Il problema e lo scandalo del dolore*, Pádua, 1990; W. P. Brown, *Character in Crisis. A Fresh Approach to the Wisdom Literature of the Old Testament*, William B. Eerdmans Publishing Company, Grand Rapids-Cambridge, 1996.

(4) Cf. Prov 8, 32-36.

(5) Cf., por exemplo, Prov 1, 7; 15, 33; Sal 111, 10; Jó 28, 28.

(6) Aqui se adota a interpretação de G. Angelini, *Teologia morale fondamentale...*, pp. 355-388.

admiração perante a ordem estabelecida por Deus na Criação, aqueles que pretendem conhecê-la adequadamente com a sua própria inteligência são acusados de estupidez. Existe uma fé na ordem divina e, ao mesmo tempo, certa desilusão ao se perceber que tal ordem nem sempre se pode verificar empiricamente, o que é verdade sobretudo em certas situações extremas, quando a experiência parece desmentir as expectativas do justo (pense-se, por exemplo, em Jó).

Contra este pano de fundo se descobre que a segurança do homem sábio não pode ter outro fundamento que a fidelidade de Deus às suas promessas. A sabedoria adquire então a forma da fé em Deus e na fidelidade divina. A sabedoria consiste em confiar em Deus mesmo quando a experiência parece pôr-nos à prova. *Amai a justiça, vós que governais a terra; pensai corretamente sobre o Senhor e com integridade de coração procurai-o. Ele se deixa encontrar pelos que não o põem à prova e se manifesta aos que nele confiam* (Sab 1, 1-2)[7]. Este é o significado profundo da expressão «o temor de Deus é o início da sabedoria». A sabedoria não depende de qualidades puramente intelectuais, mas da atitude prática que a pessoa assume em relação a Deus e sua lei. Disto, e não da fortuna ou do infortúnio, depende a qualidade da vida[8].

A confiança em Deus do homem prudente não deve vacilar quando os fracassos e os sofrimentos se apresentam numerosos e incompreensíveis: esta é a lição fundamental do livro de Jó. Eis o desafio que dá início ao livro: *Não levantaste um muro de proteção ao redor dele, de sua casa e de todos os seus bens? Abençoaste as obras de suas mãos, e seus bens cresceram na terra. Estende, porém, um pouco a tua mão e toca em todos os seus bens, para ver se não te lançará maldições na cara!* (Jó 1, 10-11). Jó se lamenta e parece querer pedir contas ao Senhor, mas seu comportamento é modelo de verdadeira prudência: sua confiança não depende do que venha a acontecer. Por isso, o próprio Deus defende Jó das acusações dos seus amigos.

O livro do Eclesiastes parece querer criticar a sabedoria pagã dos povos circunstantes, com suas evidentes limitações[9]. A sabedoria mun-

---

(7) Cf. Prov 3, 5.

(8) Cf. Prov 15, 15-17.

(9) Cf. Ecl 8, 17; 9, 10.12; 10, 14; 11, 5.

dana gostaria de experimentar o que a vida pode oferecer antes de comprometer-se num ou noutro sentido. Mas o resultado desta averiguação é decepcionante: *Examinai todas as coisas que se fazem debaixo do sol. Pois bem, tudo é vaidade e aflição do espírito* (Ecl 1, 14). A atitude de quem tudo quer experimentar não é o caminho que leva à sabedoria. Por isso o livro termina de modo lapidar: *Fim do discurso, ouvidas todas as coisas: Teme a Deus e observa seus mandamentos, eis o que compete a cada ser humano* (Ecl 12, 13).

b) Prudência e sabedoria no Novo Testamento

O adjetivo *phrónimos* (prudente) e a sua forma adverbial *phronímôs* (prudentemente) são usados com frequência nas parábolas evangélicas. É prudente aquele que presta a devida obediência às palavras de Cristo: a obediência efetiva é a expressão da prudência do crente. Em algumas parábolas, o homem prudente é contraposto ao néscio (*môrós*). Em Mateus 7, 24 ss, o homem obediente é comparado ao sábio que edificou a própria casa sobre a rocha, enquanto o néscio é semelhante ao que construiu sobre a areia a sua casa, que depois desaba em ruínas. Em Mateus 25, 1 ss, as virgens prudentes levaram óleo junto com as lâmpadas, enquanto as néscias não o fizeram e, ao final, não foram admitidas no banquete nupcial.

A prudência no governo da própria vida está unida à vigilância. *Vigiai, portanto, pois não sabeis quando o senhor da casa volta: à tarde, à meia-noite, de madrugada ou ao amanhecer. Não aconteça que, vindo de repente, vos encontre dormindo. O que vos digo, digo a todos: vigiai!* (Mc 13, 35-37). Vigiar significa manter o desejo ordenado ao verdadeiro e definitivo bem (a união com Deus) e, como consequência, revisar os próprios valores e as próprias escolhas, de modo radical se necessário: *Se tua mão te leva à queda, corta-a! É melhor entrares na vida tendo só uma das mãos do que, tendo as duas, ires para o inferno, para o fogo que nunca se apaga* (Mc 9, 43). Somente à luz do cumprimento escatológico da vida é possível avaliar prudentemente o verdadeiro valor da mão e, de modo análogo, a importância real de tudo o que o homem considera como um bem.

O administrador infiel é elogiado *porque agiu com esperteza (*phronímôs*)* (Lc 16, 8). Soube preparar-se com prudência para o momento em que lhe seria tirada a administração. Ao contrário, o rico que gozou da vida presente sem pensar também na futura e definitiva é reprovado: *Mas Deus lhe diz: Tolo (*afrôn*)! Ainda nesta noite, tua vida te será retirada. E para quem ficará o que acumulaste?* (Lc 12, 20). *A reflexão sobre as próprias prioridades e escolhas à luz do cumprimento escatológico, ou a falta de tal reflexão, determinam a prudência ou a insensatez no uso dos bens recebidos.* É bastante significativa na parábola do filho pródigo a correspondência entre o afastamento da casa do pai e o esbanjamento da herança paterna *vivendo dissolutamente* (Lc 15, 13). Ao contrário, o pensamento e o desejo dirigidos à casa do pai estimulam a purificação do coração e libertam da exagerada preocupação pelos bens terrenos.

No capítulo 8 da *Carta aos Romanos*, os vocábulos derivados de *phronéô* têm o significado de aspiração, desejo profundo, e possuem uma conotação positiva ou negativa segundo aquilo a que se aspira[10]. Assim se põe em evidência o íntimo nexo que há entre prudência e retidão do desejo. Na *Primeira Carta aos Coríntios*, São Paulo mostra a oposição entre a sabedoria deste mundo e a «insensatez» da Cruz. Com a morte de Cristo, a sabedoria do mundo se converteu em insensatez. Sabedoria e insensatez não significam aqui simples qualidades teóricas, mas a maneira de situar-se perante os desígnios divinos. A recusa do desígnio divino da Cruz é a verdadeira insensatez[11]. São Paulo rechaça a sabedoria presunçosa e autossuficiente, mas não a razão e a sabedoria em si mesmas. No capítulo 2 da mesma Carta, afirma que existe uma sabedoria cristã – diferente da mundana[12] – que foi revelada aos apóstolos e aos pregadores do Evangelho pelo Espírito Santo[13], mas que

(10) *Os que vivem segundo a carne se voltam (*phronoûsin*) para o que é da carne; os que vivem segundo o Espírito se voltam para o que é espiritual. Na verdade, as aspirações (*phrónêma*) da carne levam à morte e as aspirações (*phrónêma*) do Espírito levam à vida e à paz. Portanto, as aspirações (*phrónêma*) da carne são uma rebeldia contra Deus: não se submetem – nem poderiam submeter-se – à Lei de Deus. Os que vivem segundo a carne não podem agradar a Deus* (Rom 8, 5-8).

(11) Cf. 1 Cor 1, 17-25.

(12) Cf. 1 Cor 2, 6.

(13) Cf. 1 Cor 2, 10-11.

permanece escondida aos sábios deste mundo[14]. Fala-se de Cristo como sabedoria de Deus[15].

As breves indicações dadas são suficientes para mostrar a importância que a Sagrada Escritura atribui à sabedoria e à prudência para o governo da existência humana. Estão estreitamente relacionadas com a fé, e nelas se exprime a atitude do homem diante de Deus e dos seus desígnios. Nada tem a ver com a astúcia e com a ambiguidade. Prudência e sabedoria consistem antes de tudo no discernimento concreto do bem e do mal, do que corresponde aos desígnios divinos para cada pessoa e do que se opõe a eles.

2. A prudência na tradição moral católica

a) Os Padres da Igreja

Os Padres da Igreja não elaboraram tratados sistemáticos de teologia moral. Suas obras oferecem reflexões profundamente ancoradas na Sagrada Escritura e que tratam em conjunto de assuntos que hoje consideraríamos pertencentes à dogmática, à moral e à teologia espiritual. Contudo, tanto os grandes Padres da Igreja Oriental (São Basílio, São Gregório Nazianzeno, São Gregório de Nissa, São Cirilo, São João Crisóstomo, etc.) como os da Igreja Ocidental (Santo Ambrósio, Santo Agostinho, São Gregório Magno) deixaram importantes contribuições sobre a doutrina das virtudes. *Elemento comum entre os Padres é a consideração da prudência como uma das quatro virtudes fundamentais ou gerais* (que nós chamamos cardeais)[16]. A expressão «virtude cardeal» é

---

(14) Cf. 1 Cor 2, 8.

(15) Muita importância adquire em São Paulo o tema do discernimento (*dokimázô* e derivados). Em um dos textos mais significativos, Rom 12, 2, já nos detivemos no capítulo anterior. Não é necessário insistir ainda mais. Para um aprofundamento, vejam-se: G. Therrien, *Le Discernement moral dans l'Épître aux Romains*, Accademia Alfonsiana, Roma, 1968; A. Feuillet, «Les fondements de la morale chrétienne d'après l'Épître aux Romains». *Revue Thomiste*, 70, 1970, pp. 357-386.

(16) Cf., por exemplo, São Basílio, *In principium Proverbiorum*, 6: PG 31, 397. Os Padres acolhem assim a herança da filosofia grega, a qual também aparece em Sab 8, 7.

empregada pela primeira vez por Santo Ambrósio de Milão, na sua importante obra *De officiis ministrorum* (composta depois de 386), que constitui a primeira exposição sistemática da ética cristã e que, do ponto de vista literário e da distribuição da matéria, deve muito a Cícero. Nesta obra a prudência adquire notável importância: ela se mostra a serviço da busca da verdade[17] e é apresentada em termos cristãos mediante exemplos da Sagrada Escritura. Dá-se grande relevo à interconexão entre as virtudes morais, de modo particular com a prudência.

No capítulo anterior já nos referimos a uma das contribuições mais características de Santo Agostinho. Ele mostra que as virtudes cardeais expressam a multiplicidade de formas da caridade, e, assim, a prudência nada mais é que o amor que discerne com clareza aquilo que ajuda daquilo que impede de caminhar em direção a Deus[18]. Muito próxima a Santo Agostinho está a reflexão de João Cassiano (360-435) sobre a *discretio* (discernimento). Cassiano põe em evidência que todas as virtudes têm em comum um componente de juízo reto, de discernimento, de sabedoria prática, bem como de moderação e de adaptação às circunstâncias. Neste sentido, fala de uma *prudens discretio*[19].

b) Da teologia medieval aos nossos dias

Na teologia monástica medieval, são importantes as reflexões de São Bernardo (+1153) sobre a *discretio*, à qual corresponde a tarefa de dirigir as obras das outras virtudes morais.

As reflexões sobre a prudência alcançam a forma de tratado específico no século XIII, à medida que se vai assimilando o estudo do livro VI da *Ética a Nicômaco*, de Aristóteles. Guilherme de Auxerre, Felipe Chanceler e Santo Alberto Magno preparam a grande exposição sistemática de São Tomás de Aquino. Inicialmente, o estudo gira em torno das questões sobre o ato próprio da prudência e sobre a influência des-

(17) Cf. Santo Ambrósio, *De Officiis ministrorum*, I, 24, 107-27, 109: Biblioteca Ambrosiana 13, 89-103. Sobre esta importante obra, veja-se M. Becker, *Die Kardinaltugenden bei Cicero und Ambrosius: De Officiis*, Schwabe, Basileia, 1994.

(18) Cf. Santo Agostinho, *De moribus ecclesiae*, I, 15, 25: NBA 13/1, 53.

(19) Cf. João Cassiano, *Institutiones*, V, 41: SC 109, 256.

ta virtude na vida moral. Adverte-se a dificuldade de atribuir a categoria de virtude moral a um hábito cujo ato próprio parece ser um juízo. Santo Alberto Magno distingue a prudência (cujo ato é o *imperium*) da virtude da boa deliberação (*eubulia*) e do reto juízo (*synesis*), e assim se aproxima da solução, embora a relação que estabeleça entre as três virtudes recém-citadas não seja nada clara[20]. São Tomás de Aquino concede amplo espaço ao estudo da prudência já no *Comentário às Sentenças*. Na *Summa Theologiae* (II-II, qq. 47-56), procede a uma análise profunda que foi e continua a ser um ponto de referência fundamental. Para Tomás, a prudência é a virtude que garante a retidão e a verdade da razão prática em todas as suas funções. A ela pertence inteiramente a direção do agir moral considerado na sua concretude.

A tradição escolástica produziu alguns bons estudos sobre a prudência. Por exemplo, o comentário de Caetano à *Summa theologiae* (II-II) de São Tomás[21]. No entanto, em termos gerais se constata que o papel da prudência na vida moral foi pouco compreendido. À prudência se concedia um espaço demasiado restrito (tomem-se como exemplo o comentário à *Summa* tomista de Francisco de Vitória e o *Cursus theologicus* de João de São Tomás), ao passo que crescia sempre mais o espaço dedicado ao tratado sobre a consciência. Tratava-se de uma consequência do abandono da perspectiva ética «da primeira pessoa», fato importante na história da teologia moral, sobre o qual já falamos na moral fundamental[22].

Nos anos do redescobrimento e da renovação da perspectiva moral de São Tomás ao longo do século XX, o tratado sobre a prudência foi revalorizado. Foram importantes os estudos de autores como Th. Deman[23] e S. Pinckaers[24]. Nos últimos 25 anos do século, os estudos sobre

---

(20) Sobre a teologia escolástica da prudência, veja-se O. Lottin, *Psychologie et morale aux XII et XIII siècles*, vol. III, J. Duculot, Gembloux (Bélgica), 1949, pp. 255-280.

(21) O comentário de Caetano foi publicado na edição leonina da *Summa theologiae* de São Tomás (Typographia Poliglotta S. C. De propaganda Fide, Roma, 1891).

(22) Cf. *Escolhidos em Cristo I*, cap. I.

(23) Cf., por exemplo, o seu comentário à II-II (Desclée, Tornai, 1949) e o justamente célebre estudo *Probabilisme*, em DTC XIII/1, 1936, pp. 417-619.

(24) Cf. *Il rinnovamento della morale: studi per una morale fedele alle sue fonti e alla sua missione attuale*, Borla, Turim, 1968; *Le fonti della morale cristiana*, Ares, Milão, 1992. *Coscienza, verità e prudenza*, em G. Borgonovo (ed.), *La coscienza*, Lib. Ed. Vaticana, Cidade do Vaticano, 1996, pp. 126-141.

a ética da virtude contribuíram para uma maior compreensão do papel da prudência[25].

3. Análise teológica da virtude da prudência

a) Natureza da virtude da prudência

Um bom ponto de partida é a definição aristotélica da prudência como *recta ratio agibilium*, o que poderíamos traduzir livremente como a reta regulação racional das ações morais particulares, consideradas em toda a sua peculiaridade e em todas as suas circunstâncias[26]. Nesta linha, o *Catecismo da Igreja Católica* afirma que «A *prudência* é a virtude que dispõe a razão prática para discernir, em qualquer circunstância, o nosso verdadeiro bem e para escolher os justos meios de o atingir»[27]. É

---

(25) Cf., por exemplo, G. Abbà, *Lex et virtus. Studi sull'evoluzione della dottrina morale di S. Tommaso d'Aquino*, cit.; Id., *Felicità, vita buona e virtù. Saggio di filosofia morale*, 2ª ed. ampliada, LAS, Roma, 1995; Id., *Quale impostazione per la filosofia morale? Ricerche di filosofia morale – 1*, LAS, Roma, 1996; A. MacIntyre, *Dopo la virtù*, cit.; M. Rhonheimer, *La prospettiva della morale. Fondamenti dell'etica filosofica*, Armando Editore, Roma, 1994; Id., *Praktische Vernunft und Vernünftigkeit der Praxis...*, cit.; Id., *Legge naturale e ragione pratica: una visione tomista dell'autonomia morale*, Armando, Roma, 2001; A. Rodríguez Luño, *La scelta etica*, cit.; Id., *Etica*, Le Monnier, Florença, 1992; Id., *Ética general*, cit.

(26) Sobre a virtude da prudência podem consultar-se: *S.Th.*, II-II, qq. 47-56; H. D. Noble, *Prudence*, DTC 13, 1926, 1023-1076; F. Dander, «Die Klugheit. Ihr Wesen und ihr Bedeutung für den christlichen Charakter nach der Lehre des hl. Thomas von Aquin». *Zeitschrift fur Aszese und Mystik*, 7, 1932, pp. 97-116; Th. Deman, «La Prudence». *Revue des Jeunes*, Desclée, Paris, 1949; J. Pieper, *Sulla prudenza*, Morcelliana, Brescia, 1956; E. Gagnon, *Trois vertus cardinales: la prudence, la force, la tempérance et leurs annexes*, Institut Pie-XI, Montréal, 1962; B. Morisset, «Le syllogisme prudentiel». *Laval théologique et philosophique*, 19, 1963, pp. 62-92; R. M. McInerny, «Prudence and Conscience». *The Thomist*, 38, 1974, pp. 291-305; S. M. Ramírez, *La prudencia*, cit.; A. Rodríguez Luño, *La scelta etica*, cit.; Th. G. Belmans, «Le jugement prudentiel chez saint Thomas». *Revue Thomiste*, 99, 1991, pp. 414--320; D. M. Nelson, *The Priority of Prudence: Virtue and Natural Law in Thomas Aquinas and the Implications for Modern Ethics*, The Pennsylvania State University Press, University Park, 1992; D. Tettamanzi, *Verità e libertà*, Piemme, Casale Monferrato, 1993, pp. 309 -366; M. Rhonheimer, *La prospettiva della morale*, cit., pp. 198-205 e 297-340; J. F. Sellés, *La virtud de la prudencia según Tomás de Aquino*, Serviço de Publicações da Universidade de Navarra, Pamplona, 1999.

(27) *Catecismo*, n. 1806.

o hábito que garante de modo estável a retidão da razão prática em sua função de projetar e de ordenar o comportamento moral concreto. Se a consideramos tal como existe no crente, podemos defini-la como *a virtude pela qual a razão prática, iluminada pela fé e movida pela caridade do Espírito Santo, julga e impera o que deve ser feito concretamente para realizar aqui e agora nossa vida de filhos de Deus em Cristo, bem como para evitar tudo o que a esta vida se opõe.*

Nota característica da prudência é a *sua função de dirigir a conduta considerada em sua concretude máxima, garantindo a retidão de todo o processo da razão prática que essa função diretiva pressupõe.* Proposições universais como «o furto é um pecado contra a justiça» ou «a eutanásia é uma grave culpa moral» pertencem ao saber moral sobre as ações em geral, ou seja, sobre os tipos de ações que são boas ou más. Este saber é pressuposto pela prudência, mas não é o seu objeto. Nem sequer seria exato afirmar que a prudência consiste na aplicação do saber moral geral (a ciência moral) às ações particulares. Também faz isto, mas não apenas isto. A tarefa da prudência não é deduzir ações singulares a partir de premissas ou escolher uma entre várias ações possíveis, mas identificar (às vezes «inventar») e levar a cabo as ações que aqui e agora realizam as virtudes (a justiça, por exemplo) e, mais em geral, identificar e levar a efeito as ações que aqui e agora, nesta situação e diante do problema que se coloca, nos permitem agir em coerência com a nossa condição de filhos de Deus em Cristo. A prudência guia e dirige todos os dias e todas as nossas obrigações na busca da santidade cristã a que estamos chamados.

A prudência é a perfeição do entendimento prático. No entanto, trata-se de uma virtude moral, e não só intelectual. As virtudes intelectuais dão a capacidade de agir bem, mas não implicam, e muito menos garantem, o bom uso de tal capacidade. As virtudes morais, ao contrário, compreendem em sua própria essência a vontade de agir bem. Não se pode fazer uso impuro da castidade, nem uso covarde da fortaleza. Quem não quer agir castamente, ainda que em teoria tivesse essa capacidade, simplesmente não possui a virtude da castidade. Não cabe à prudência deliberar se convém agir com justiça ou não, mas imperar eficazmente as ações necessárias para realizar a justiça aqui e agora. A prudência pressupõe as outras virtudes morais (sua dimensão intencional[28]), e sem

(28) Cf. *Escolhidos em Cristo I*, cap. VII, § 3.

virtudes morais (sem querer ser justo, temperado, etc.) não pode existir a prudência[29]. Primeiro, a pessoa tem de querer seguir Cristo e, consequentemente, agir com justiça, fortaleza, temperança, humildade, etc.; depois, a prudência identifica e comanda a linha de comportamento que resolve com justiça a complicada situação profissional ou econômica que, por exemplo, um empresário deve enfrentar.

A prudência do cristão não só pressupõe a posse das virtudes morais. Pressupõe acima de tudo a caridade[30]. Somente à luz da fé e sob o impulso da caridade a pessoa pode viver em todas as circunstâncias como cristão coerente. Para identificar e levar à prática as ações dignas de um cristão, a pessoa deve antes de tudo querer viver cristãmente, isto é, buscar a identificação com Cristo por meio das próprias ações e atividades.

Isso não significa que a prudência é um simples corolário da fé e das virtudes morais. A prudência cumpre uma função específica, posta em evidência com as tradicionais expressões *auriga virtutum* e *genetrix virtutum*, guia e mãe das virtudes morais, uma vez que a prudência é necessária para que as outras virtudes morais cheguem ao seu ato principal, que é a escolha e o comportamento retos. Não é suficiente querer ser justo ou temperado, ainda que isso já seja muito. É necessário identificar e levar à prática a linha de conduta que cumpre aqui e agora a justiça ou a temperança. Sem esta obra própria da prudência, as outras virtudes não saberiam como expressar-se e, ao não conseguirem expressar-se, também não chegariam a consolidar-se no sujeito (neste sentido, a prudência é também «mãe» que gera virtudes).

Poder-se-ia dizer em fórmula sintética que *a prudência é a virtude da efetiva realização do bem.* Mediante a prudência, os bons desejos e os grandes ideais tornam-se realidade efetiva. Considerando a grande distância que existe entre os ideais e a realidade, entre o desejo de uma atividade econômica informada pela justiça e a sua efetiva realização, pode-se compreender bem a importância e a dificuldade da virtude da prudência.

---

(29) Cf. *S.Th.*, I-II, q. 58, a. 5.

(30) «*Ad rectam autem rationem prudentiae multo magis requiritur, quod homo bene se habeat circa ultimum finem, quod fit per caritatem, quam circa alios fines, quod fit per virtutes morales*» (*S.Th.*, I-II, q. 65, a. 2).

De um ponto de vista negativo, convém recordar que todo pecado implica um ato contrário à prudência e que a falta de prudência é uma culpa moral, não um simples erro técnico ou o resultado de uma inteligência pouco aguda. É verdade que em matérias de grande complexidade técnica (por exemplo, no âmbito econômico e político) podem ocorrer erros de boa-fé que não constituem em si mesmos culpa moral. Em termos gerais, no entanto, saber o que se deve fazer aqui e agora, e fazê-lo no momento justo, não é uma questão moralmente neutra, mas uma expressão própria da virtude e da excelência moral. Não saber como cumprir o bem ou, mesmo sabendo-o, não cumpri-lo não pode atribuir-se a um erro intelectual, mas à falta de virtude.

b) Os atos da virtude da prudência

Considerada globalmente, a prudência tem a função de tornar bons e excelentes todos os atos da razão que se referem às ações que se vão realizar, ou seja, a deliberação, o juízo e o comando ou império. São Tomás considera que a deliberação e o juízo são atos de virtude integrantes da prudência, como veremos em seguida, e que *o comando ou império é o ato específico da prudência*. A razão disso está em que a prudência é a principal virtude que se refere à direção do agir, e o seu objeto deve ser, em consequência, o ato principal da razão quanto às ações por cumprir, que é o comando ou império. Este ato consiste «em aplicar à operação as coisas deliberadas e julgadas. E, porque este ato está mais próximo do fim da razão prática, segue-se que este é o ato principal da razão prática e, consequentemente, da prudência»[31]. Como se disse anteriormente, o fim da razão prática não é a consideração do bem nem a proposição de grandes ideais, mas o seu efetivo cumprimento, que é determinado imediatamente pelo comando, dando-se por certos a boa deliberação e o reto juízo. Quem sabe o que deveria fazer (afastar-se de uma ocasião de pecado, restituir, etc.) e passa dias e meses sem fazê-lo não é prudente: não se decide a passar à ação, e assim lhe falta o ato próprio da prudência.

---

(31) *S.Th.*, II-II, q. 47, a. 8, c.

4. As várias formas de prudência e as virtudes anexas

São Tomás organiza todas as virtudes morais ao redor das quatro virtudes cardeais, considerando-as partes destas virtudes segundo a relação existente entre elas. Chama *partes integrantes* às virtudes que garantem as funções indispensáveis para o ato perfeito da virtude principal. *Partes subjetivas* são, por sua vez, as várias espécies da virtude principal. *Partes potenciais* são, finalmente, as virtudes anexas ou suplementares ordenadas a matérias em que não se cumpre plenamente a essência da virtude principal[32]. Com uma terminologia mais familiar a nós, poderíamos falar, respectivamente, de elementos integrantes, das várias espécies ou formas assumidas por uma virtude e de virtudes anexas.

a) Os elementos integrantes

São Tomás aponta oito elementos integrantes da prudência. Destes elementos, cinco (memória, razão, intelecto, docilidade e sagacidade) se referem a ela enquanto virtude cognoscitiva, ao passo que os outros (previsão, circunspecção e cautela) o fazem enquanto virtude imperativa.

1) No conhecimento prudencial podemos considerar três coisas. Em primeiro lugar, o conhecimento em si mesmo, que quando olha o passado é a *memória* e quando examina a situação presente é o *intelecto* ou *inteligência.* Em segundo lugar, quanto à obtenção do conhecimento, temos a *docilidade,* quando o conhecimento se obtém mediante a lição ou o conselho de outro, ou então a *sagacidade*, que é a virtude do bem conjecturar, quando o conhecimento é obtido mediante busca pessoal. A esta última pertence também a *solércia*, que segundo Aristóteles é a rápida conjectura do meio demonstrativo. Por último, deve considerar-se o uso do conhecimento, ou seja, a passagem das coisas conhecidas ao conhecimento e ao juízo de outras coisas, e isto pertence à *razão.*

2) Para comandar retamente, a prudência deve ordenar o que é pro-

(32) Cf. *S.Th.*, II-II, q. 48, a. un.

porcionado ao fim: então temos a *previsão*[33]; observar bem as circunstâncias da ação, e então temos a *circunspecção*; e, em terceiro lugar, evitar os obstáculos, e então temos a *cautela*[34].

Estes elementos deixam claro que, para resolver prudentemente um problema, sobretudo se é complexo ou delicado, é necessário ter em conta os precedentes: ver como foi solucionado no passado um problema idêntico ou análogo ao atual (a experiência é a mãe da ciência). Além disso, é preciso assegurar-se de ter uma visão clara dos princípios a partir dos quais se deve raciocinar e de ter visto e entendido bem os diferentes aspectos do problema atual, para estudá-lo conscienciosamente. Parte da prudência está em saber duvidar da própria competência quando efetivamente se deve duvidar, para pedir conselho a quem tem condições de dá-lo[35]. Se o problema exige solução urgente, o prudente deve ser capaz de captar em breve espaço de tempo o aspecto central da questão por resolver, para adotar a solução adequada (solércia). Tanto a experiência do passado como a compreensão e o estudo dos diferentes aspectos do problema com que deparamos nos permitem fazer a escolha oportuna, adequada à obtenção do fim desejado (resolver o problema sem cometer injustiça contra ninguém, ou sem causar escândalo, etc.), ponderada em suas consequências (para evitar as ações contraproducentes que poderiam agravar o problema, e até impedir a sua solução no futuro) e consciente dos obstáculos que podem apresentar-se[36].

---

(33) Jesus fala da necessidade da previdência mediante o exemplo de quem se propõe a construir uma torre e de quem tenciona travar uma batalha (cf. Lc 14, 28-32). A sua conclusão, porém, é muito surpreendente: *Do mesmo modo, portanto, qualquer um de vós, se não renunciar a tudo o que tem, não pode ser meu discípulo!* (Lc 14, 33). Mas o Senhor realmente oferece uma lição de prudência previdente: para chegar à identificação com Ele (o fim), é necessário o desapego de todos os bens (o meio proporcional).

(34) Cf. *S.Th.*, II-II, q. 48, a. un.

(35) «O primeiro passo da prudência é o reconhecimento das nossas limitações: a virtude da humildade. É admitir, em determinadas questões, que não apreendemos tudo, que em muitos casos não podemos abarcar circunstâncias que importa não perder de vista à hora de julgar. Por isso nos socorremos de um conselheiro. Não de qualquer um, mas de quem for idôneo e estiver animado dos nossos mesmos desejos sinceros de amar a Deus e de o seguir fielmente. Não basta pedir um parecer; temos que dirigir-nos a quem no-lo possa dar desinteressada e retamente» (Josemaria Escrivá, *Amigos de Deus*, n. 86).

(36) Sobre esta virtude, veja-se *S.Th.*, II-II, q. 49, aa. 1-8.

b) As espécies de prudência

Devemos distinguir fundamentalmente dois tipos de prudência: a *prudência pessoal*, ou seja, a prudência da pessoa no governo da própria vida, e a *prudência de governo*, que é a prudência de quem deve governar uma coletividade[37]. Como existem diversos tipos de coletividades (a família, o exército, o Estado, a Igreja ou uma circunscrição eclesiástica), existem também diversas formas de prudência de governo[38].

Entre a prudência pessoal e a prudência de governo existe uma diferença formal, paralela à diferença existente entre a moral pessoal e a moral política, econômica, etc.[39] O fundamento desta diferença é a diversidade entre o fim a que se refere a prudência pessoal, ou seja, o bem do sujeito que age enquanto filho de Deus em Cristo, e a prudência de governo, que é o bem comum da coletividade em cada caso (bem comum político, bem da família, da Igreja, etc.). É bastante improvável que um sujeito pessoalmente imprudente seja um bom governante em qualquer nível, mas é relativamente fácil que uma pessoa capaz de governar a si mesma não possua as qualidades requeridas para ser um bom governante. Isto será mais verdadeiro quanto maior e mais complexa seja a coletividade a governar.

Toda esfera de governo implica responsabilidades mais ou menos graves, mas sempre graves. Requer uma visão clara do bem comum que se deve promover e proteger, compreensão da transformação social e de suas dinâmicas, coragem e espírito de serviço, sentido de autoridade e, ao mesmo tempo, um grande amor (mais do que respeito, que já é muito) pela legítima liberdade pessoal de todos, objetividade e fuga de toda instrumentalização, senso de direito e de justiça, bem como espírito de clemência.

Algumas tarefas de governo, sobretudo na família e na Igreja, têm uma predominante dimensão formativa, à qual bem se podem aplicar

---

(37) A Sagrada Escritura fala da prudência doméstica (Prov 24, 3), da prudência das autoridades públicas (1 Re 3, 9-12; Sal 71, 1-2) e da prudência necessária para os ministérios eclesiásticos (At 6, 3; 1 Tim 3, 2), etc.

(38) Cf. *S.Th.*, II-II, q. 50, aa. 1-4. Sobre a prudência na ordem política, cf. L. E. Palacios, *La prudencia política*, Instituto de Estudios Políticos, Madri, 1946.

(39) A distinção entre moral pessoal e moral política foi estudada na moral fundamental. Cf. *Escolhidos em Cristo I*, cap. IX, § 1 (b).

as seguintes palavras: «Quando na nossa vida pessoal ou na dos outros percebermos alguma coisa que não está certa, alguma coisa que precisa do auxílio espiritual e humano que nós, os filhos de Deus, podemos e devemos prestar, uma das manifestações claras de prudência consistirá em aplicar o remédio conveniente, a fundo, com caridade e com fortaleza, com sinceridade. Não têm cabimento as inibições. É errado pensar que os problemas se resolvem com omissões ou com adiamentos. A prudência exige que, sempre que a situação o requeira, se apliquem os remédios, totalmente e sem paliativos, depois de se deixar a chaga a descoberto. Ao notardes os menores sintomas do mal, sede simples, verazes, quer tenhais de curar alguém, quer se trate de receberdes vós mesmos essa assistência. Nesses casos, deve-se permitir, a quem se encontra em condições de curar em nome de Deus, que aperte de longe e depois mais de perto, e mais ainda, até que saia todo o pus e o foco de infecção fique bem limpo. Temos de proceder assim, antes de mais nada, conosco próprios e com os que temos obrigação de ajudar por justiça ou por caridade. Rezo especialmente pelos pais e pelos que se dedicam a tarefas de formação e ensino»[40].

c) As virtudes anexas

Consideremos agora as virtudes que se referem aos atos secundários (mas não menos importantes) da prudência: a deliberação e o juízo. A virtude da boa deliberação é a *eubulia* (nome grego dado por Aristóteles), que aperfeiçoa a capacidade de buscar e de projetar as ações por cumprir, examinando cuidadosamente os diversos aspectos das possíveis ações e explorando a possibilidade de novas linhas de comportamento.

O juízo quanto às coisas deliberadas torna-se virtuoso graças a dois hábitos: a *synesis* e a *gnome* (também estes são nomes gregos de origem aristotélica). A *synesis* aperfeiçoa o juízo sobre as coisas triviais de acordo com os princípios morais e legais válidos e aplicáveis à generalidade dos casos. A *gnome* é a capacidade de julgar retamente os casos extraordinários não previstos pelas leis, que se fossem indistintamente aplicadas dariam lugar à injustiça mais que à justiça, ao mal mais que ao bem.

(40) Josemaria Escrivá, *Amigos de Deus*, n. 157.

Quando estes casos se apresentam, devem ser arrostados segundo princípios de justiça ou de moralidade de mais alto nível. A *gnome* regula a virtude da *epiqueia,* que foi estudada na teologia moral fundamental[41].

A distinção entre *prudência, eubulia, synesis* e *gnome* pode parecer artificial. Na vida pessoal, as quatro são perfeições do intelecto prático de uma mesma pessoa, e por isso estão muito ligadas entre si. Contudo, referem-se a funções diversas, que nem sempre vão juntas. Frequentemente encontramos pessoas que, mesmo tendo uma visão clara das ações por realizar, sempre estão hesitantes e nunca se decidem a agir. Em âmbitos mais complexos, como, por exemplo, a sociedade política, são cuidadosamente separados o poder de deliberar (poder legislativo), o poder de julgar (poder judiciário) e o poder de comandar (poder executivo ou de governo em sentido estrito)[42].

A VIRTUDE DA PRUDÊNCIA

<table>
<tr><td rowspan="8">Elementos integrantes</td><td>Memória</td></tr>
<tr><td>Razão</td></tr>
<tr><td>Intelecto</td></tr>
<tr><td>Docilidade</td></tr>
<tr><td>Sagacidade (e Solércia)</td></tr>
<tr><td>Previdência</td></tr>
<tr><td>Circunspecção</td></tr>
<tr><td>Cautela</td></tr>
<tr><td rowspan="2">Espécies de prudência</td><td>Prudência pessoal</td></tr>
<tr><td>Prudência de governo</td></tr>
</table>

(41) Cf. *Escolhidos em Cristo I*, cap. X, § 4 (d). Veja-se também A. Rodríguez Luño, «La virtù dell'epicheia. Teoria, storia e applicazione». *Acta Philosophica*, VI/2, 1997, pp. 197-236, e VII/1, 1998, pp. 65-88.

(42) Sobre esta virtude, cf. *S.Th.*, II-II, q. 51, aa. 1-4.

Virtudes anexas	Eubulia
	Synesis
	Gnome

5. *A prudência e o dom do conselho*

São muitos os teólogos que, com São Tomás, consideram que o dom do conselho se refere à matéria própria da prudência[43]. A virtude cristã da prudência aperfeiçoa a razão prática, iluminada pela fé, em sua tarefa de dirigir as ações por cumprir. O dom do conselho torna a pessoa dócil à ação divina, a fim de que, movida pelo Espírito Santo, chegue à plenitude da capacidade de governar-se a si mesma e de aconselhar os outros[44].

Pode-se questionar se não seria mais fácil falar simplesmente da ação do Espírito Santo, sem necessidade de trazer à colação o dom, que é outro hábito sobrenatural. A resposta é que o Espírito Santo conduz a vida do crente, mas não de forma meramente extrínseca. A ação divina deixa no homem que a acolhe com docilidade e generosidade uma perfeição estável, em virtude da qual o sujeito humano é sempre coautor (e por isso verdadeiramente autor) também dos atos que excedem o modo humano de agir próprio das virtudes: tais perfeições são os dons do Espírito Santo.

A ação perfectiva do dom do conselho se torna manifesta nos cristãos, particularmente na vida dos santos, diante dos problemas imprevistos ou difíceis, que requerem, além disso, uma solução rápida, que se alcança de modo quase intuitivo, quando não houve tempo para raciocinar e avaliar de modo humano. Quem tem familiaridade com a direção espiritual experimenta-o com frequência.

---

(43) Cf. *S.Th.*, II-II, q. 52, aa. 1-4. Veja-se o excelente estudo de J. Noriega, *"Guiados por el Espíritu Santo". El Espíritu Santo y el conocimiento moral en Tomás de Aquino*, Pontifício Instituto João Paulo II para Estudos sobre Matrimônio e Família, Múrcia-Roma, 2000, com ampla bibliografia.

(44) Cf. *S.Th.*, II-II, q. 52, a. 2, ad 3.

6. Os pecados contra a virtude da prudência

Dissemos que em toda classe de pecado há imprudência. Aqui nos referiremos somente aos pecados que se opõem diretamente à virtude da prudência. Entre estes, alguns se opõem claramente à prudência porque consistem na falta de algo exigido por ela; outros, ao contrário, consistem antes numa falsa prudência, deformação de algo que é próprio da prudência[45].

a) Pecados abertamente opostos à prudência

São quatro: a precipitação, a inconsideração, a inconstância e a negligência.

A *precipitação* ou falta de reflexão se opõe diretamente à *eubulia*. O nome (*praecipitatio*) evoca uma imagem espacial: precipita-se aquilo que cai de cima para baixo com grande velocidade. Precipita-se aquele que no agir passa da ideia ou do princípio geral à ação particular sem deter-se a refletir sobre as experiências do passado, sobre as condições específicas do caso presente ou sobre as possíveis consequências. Omite a necessária deliberação, deixando-se arrastar pelo impulso imediato[46]. Em sentido mais geral, precipitação é também não refletir sobre o curso que toma a própria vida, deixando-se absorver excessivamente pelas necessidades imediatas. É necessária uma atenta consideração do sentido último da própria vida cristã para estar em condições de rever as prioridades que de fato informam a conduta pessoal.

A *inconsideração* se opõe diretamente à *synesis* e à *gnome*. Consiste em omitir a atenta ponderação dos diversos aspectos, ponderação que seria necessária para formular um juízo reto. Se houve precipitação, haverá também inconsideração, mas esta última pode ocorrer mesmo que não tenha havido precipitação.

A *inconstância* é um defeito do ato imperativo da prudência. É in-

---

(45) São Tomás fala sobre os primeiros nas qq. 53 e 54 da II-II e se ocupa dos segundos na q. 55.

(46) A Bíblia adverte frequentemente contra a precipitação no falar (Prov 10, 19; Ecl 5, 2; Tg 3, 2), e ensina que se deve agir sempre com ponderação: *é prudente quem mantém a calma* (Prov 17, 27).

constante quem, por motivos fúteis, abandona os propósitos e as resoluções tomados depois de um juízo bem fundamentado. Na maioria das vezes, o abandono é motivado pela resistência oferecida por uma afetividade desordenada (porque custa, porque é difícil, porque não estou com vontade, etc.). Seguindo Aristóteles neste ponto, São Tomás considera que estes três vícios são consequência da luxúria[47].

A *negligência* se opõe também ao ato imperativo da prudência. Mais concretamente, consiste na omissão do ato da razão prática que ordena o cumprimento da ação. Aqui não se trata, como na inconstância, do abandono quando se apresenta um obstáculo ao que foi decidido, mas da debilidade interior que não consegue impor-se para levar a efeito a ação. O negligente não chega nunca à decisão de agir; o inconstante abandona o que antes tinha decidido fazer[48].

b) Os vícios da falsa prudência

São a *prudência da carne*, a *astúcia*, o *dolo*, a *fraude* e a *excessiva preocupação pelos bens temporais.*

A *prudência da carne* é uma especial inteligência para viver de acordo com a carne (o homem velho marcado pelo pecado) praticada por aqueles que consideram os bens terrenos como fim último da própria vida. A ela se refere São Paulo quando afirma: «Na verdade, as aspirações da carne (*tò gàr frónêma tês sarkòs*) levam à morte e as aspirações do Espírito (*tò dè frónêma toû pneúmatos*) levam à vida e à paz. Portanto, as aspirações da carne são uma rebeldia contra Deus: não se submetem – nem poderiam submeter-se – à Lei de Deus. Os que vivem segundo

(47) «E por isso mesmo damos à temperança o nome de *sofrosune*, subentendendo que ela preserva a nossa sabedoria. Ora, o que a temperança preserva é um juízo da espécie que descrevemos. Porquanto nem todo e qualquer juízo é destruído e pervertido pelos objetos agradáveis ou dolorosos: não o é, por exemplo, o juízo a respeito de ter ou não ter o triângulo seus ângulos iguais a dois ângulos retos, mas apenas os juízos em torno do que se há de fazer. Com efeito, as causas de onde se origina o que se faz consistem nos fins visados; mas o homem que foi pervertido pelo prazer ou pela dor perde imediatamente de vista essas causas: não percebe mais que é a bem de tal coisa ou devido a tal coisa que deve escolher e fazer aquilo que escolhe, porque o vício anula a causa originadora da ação» (Aristóteles, *Ética a Nicômaco*, VI, 5).

(48) A epístola de Tiago (1, 22-25) compara quem não coloca em prática a palavra de Deus àquele que observa o próprio rosto num espelho mas logo esquece como era a sua aparência. Ou seja, de nada adianta ter ouvido o que devia fazer.

a carne não podem agradar a Deus»[49]. A prudência da carne é própria «daqueles que têm inteligência, mas procuram não utilizá-la para descobrir e amar o Senhor. Verdadeira prudência é a que permanece atenta às insinuações de Deus e, nessa vigilante escuta, recebe na alma promessas e realidades de salvação: Eu te glorifico, Pai, Senhor do céu e da terra, porque escondeste estas coisas aos sábios e prudentes e as revelaste aos pequeninos (Mt 11, 25)»[50].

A *astúcia,* o *dolo* (engano) e a *fraude* são a inteligência para conseguir os próprios fins mediante o engano, a simulação ou a ambiguidade[51]. O dolo e a fraude são como a execução da astúcia. O dolo se refere às palavras; a fraude, às ações. «Porque existe uma falsa prudência – que devemos chamar antes de astúcia –, que está a serviço do egoísmo, que se serve dos recursos mais adequados para atingir fins tortuosos. Usar então de muita perspicácia não leva senão a agravar a má disposição e a merecer a censura que Santo Agostinho formulava ao pregar ao povo: *Pretendes desviar o coração de Deus, o qual é sempre reto, para que se acomode à perversidade do teu?* (Santo Agostinho, *Enarrationes in Psalmos*, 63, 18: PL 36, 771)»[52].

A excessiva preocupação pelos bens terrenos, que, embora não os considere como fins últimos, frequentemente os antepõe a bens de natureza mais elevada ou produz ansiedade, é causa de muitos erros de juízo e, em consequência, de muitos outros pecados. Assusta a segurança com que as pessoas dominadas por este vício se agarram a um modo de avaliar as coisas e a comportamentos que evidentemente estão à margem da visão cristã da vida.

São Tomás pensa que estes vícios têm raiz na avareza[53].

É sentença comum entre os moralistas que muitos destes vícios, considerados em si mesmos, são *ex genere suo* pecado venial, ainda que possam chegar a ser pecados graves se provocam escândalo ou dão lugar

---

(49) Rom 8, 6-8.

(50) Josemaria Escrivá, *Amigos de Deus*, n. 87.

(51) Neste sentido São Paulo denuncia um ascetismo aparente: *Essas regras têm, de fato, aparência de sabedoria, com sua pretensa religiosidade, falsa humildade e severidade com o corpo, mas não têm valor algum para refrear os impulsos da carne* (Col 2, 23). Isto mostra a sua estreita relação com a «prudência da carne».

(52) Josemaria Escrivá, *Amigos de Deus*, n. 85.

(53) Cf. *S.Th.*, II-II, q. 55, a. 8.

a outros pecados. A sentença é verdadeira, mas tem o defeito de ser abstrata. Certamente, se o único defeito de um comportamento é o de ser precipitado, permanece no âmbito da culpa leve. Porém, a razão é princípio de todos os atos humanos, e a prudência é necessária para todas as outras virtudes morais. Por causa da precipitação e dos outros vícios recém-mencionados, incorre-se em comportamentos muito graves em outros campos da moral. Causam-se não poucas injustiças, e pode-se chegar até a perda da fé (como ensina a experiência pastoral de todos os dias). A prudência da carne, em sentido estrito, é um pecado grave e pode ser a causa de desordens morais gravíssimas.

PECADOS CONTRA A VIRTUDE DA PRUDÊNCIA

<table>
<tr><td rowspan="4">Pecados abertamente opostos à prudência</td><td>Precipitação</td></tr>
<tr><td>Inconsideração</td></tr>
<tr><td>Inconstância</td></tr>
<tr><td>Negligência</td></tr>
<tr><td rowspan="5">Os vícios da falsa prudência</td><td>Prudência da carne</td></tr>
<tr><td>Astúcia</td></tr>
<tr><td>Dolo</td></tr>
<tr><td>Fraude</td></tr>
<tr><td>Excessiva preocupação pelos bens temporais</td></tr>
</table>

7. *Formação e consolidação da virtude da prudência*

A prudência enquanto virtude moral infusa cresce na mesma medida que a graça santificante. Todos os meios que permitem crescer em graça de Deus (oração, sacramentos, boas obras) trazem consigo também um aumento da prudência. *Enquanto virtude adquirida, a prudência se forma e cresce mediante a repetição dos atos virtuosos.*

Porém, a formação da prudência apresenta problemas específicos.

Em estado perfeito, ela pressupõe a posse de todas as virtudes morais, mas estas, por sua vez, só podem nascer guiadas pela prudência. Este círculo, que do ponto de vista teórico já foi estudado e resolvido na teologia moral fundamental, apresenta dificuldades práticas, tanto para os jovens que ainda estão em fase de amadurecimento como para os adultos que em termos de virtude se encontram em estado bastante imperfeito e que, no entanto, todos os dias deparam com problemas que necessariamente têm de resolver sem poder contar com a ajuda do hábito da prudência. A ética filosófica soluciona o problema reportando-se ao caráter formativo das comunidades de pertença, como a família, o grupo social, etc.

A teologia moral deve acrescentar algo de grande importância: a ajuda da graça de Deus, da lei divina e dos ensinamentos da Igreja. A Sagrada Escritura nos ensina que o crente deve pedir ajuda a Deus para conhecer os caminhos do bem. *Mostra-me, Senhor, os teus caminhos, ensina-me as tuas veredas. Faze-me caminhar na tua verdade e instrui-me, porque és o Deus que me salva, e em ti sempre esperei* (Sal 25, 4-5). *Ensina-me a cumprir tua vontade, porque és o meu Deus. Teu espírito bom me guie por uma estrada plana* (Sal 143, 10). O crente, por sua vez, colabora abrindo-se à luz divina e lutando habitualmente por dominar as paixões, particularmente a luxúria e a avareza, que estão na raiz da imprudência. É necessário também deter-se a refletir sobre as próprias ações e sobre a própria vida, habituando-se a ponderar os acontecimentos *sub specie aeternitatis,* à luz do nosso destino eterno. De fato, *que adianta a alguém ganhar o mundo inteiro se perde a própria vida? Ou que poderá alguém dar em troca da própria vida?* (Mt 16, 26) A prudência cristã tem na fé e na confiança em Deus seus mais firmes pontos de apoio.

Capítulo III

A JUSTIÇA

1. Introdução

Uma vez que o campo semântico da justiça é muito amplo, convém começar por delimitar o objeto de estudo do presente capítulo.

O conceito de justiça tem papel de primeira importância tanto na experiência religiosa como na política, na moral e na jurídica. Na experiência religiosa do povo de Israel, a ideia de justiça se baseia na retidão de atitude dentro de uma relação bilateral. Sobre este pano de fundo se entende a justiça de Deus, que se revela «na sua maneira divina de agir com o seu povo, e em sua ação redentora e salvífica»[1], com a qual Deus se mostra fiel às suas promessas, apesar das repetidas infidelidades dos homens. Nesta linha se situa o conceito paulino de justiça de Deus e de justificação pela fé[2]. No âmbito político, a justiça se refere fundamentalmente à promoção do bem comum por meio da proteção dos direitos fundamentais da pessoa e da justiça social. Na experiência moral, a justiça tem um significado amplo de retidão integral ou santidade, bem como um significado mais específico vinculado às relações sociais entre pessoas e, de maneira especial, àquelas situações em que,

---

(1) H. Seebass, verbete *Giustizia* em L. Coenen, E. Beyreuther, H. Bietenhard (eds.), *Dizionario dei concetti biblici del Nuovo Testamento*, 4ª ed., Edizioni Dehoniane, Bolonha, 1991, p. 790.

(2) Cf. J. D. G. Dunn, *La teologia dell'apostolo Paolo*, Paideia, Brescia, 1999, pp. 337-348, com ampla bibliografia.

por um lado, existe a titularidade de um direito (à vida, à liberdade, à fama, etc.) e, por outro, o dever rigoroso de comportar-se de modo que o titular do direito possa gozar efetivamente do domínio sobre o que lhe pertence[3]. Este último é propriamente o âmbito da virtude cardeal da justiça, «universal humano»[4] que encontra ampla correspondência em todos os povos e que está largamente testemunhado também na Sagrada Escritura[5].

Neste volume nos ocuparemos somente dos problemas que recaem no âmbito da virtude cardeal da justiça. O estudo da justiça social e política será desenvolvido no volume IV deste manual. Da justiça de Deus e da justificação nos ocupamos no primeiro[6] e no segundo volumes.

Devido à amplitude do tema, dedicaremos três capítulos ao estudo da justiça. O presente examina todo o âmbito desta virtude, exceto os problemas referentes à vida humana. Estes últimos serão estudados nos capítulos IV e V.

2. A justiça na Sagrada Escritura e na tradição moral católica

a) O Antigo Testamento

*Ainda que a caridade não esteja ausente no Antigo Testamento, a virtude social por excelência da Antiga Lei é a justiça (*sedaqah*) e a relação social mais sublinhada é o direito (*mispat*).* Com efeito, a começar pelo Decálogo[7] e pelo Código da Aliança[8], o Antigo Testamento contém

---

(3) Cf. C. J. Errázuriz, *Il diritto e la giustizia nella Chiesa. Per una teoria fondamentale del diritto canonico*, Giuffrè, Milão, 2000, pp. 95-99.

(4) Cf. M. Cozzoli, verbete *Giustizia*, em F. Compagnoni, G. Piana, S. Privitera (eds.), *Nuovo dizionario di teologia morale*, Paoline, Cinisello Balsamo, 1990, p. 500.

(5) Cf. A. Bonora, verbete *Giustizia*, em P. Rossano, G. Ravasi, A. Girlanda (eds.), *Nuovo dizionario di teologia biblica*, San Paolo, Cinisello Balsamo, 1988, pp. 713-726, especialmente p. 714.

(6) Cf. *Escolhidos em Cristo I*, cap. IV, § 3.

(7) Cf. Êx 20, 12-17.

(8) Cf. Êx 20, 22-23, 19. Ver E. Testa, *La morale dell'Antico Testamento*, Morcelliana, Brescia, 1981, pp. 120 ss.

muitos preceitos que regulam as relações de equidade entre as pessoas. No Código da Aliança há ensinamentos sobre os servos hebreus[9], sobre homicídios e lesões corporais[10], sobre danos e depósitos[11], sobre os processos[12], etc. Alhures se condenam comportamentos como a usura, a fraude e a retenção do salário justo[13]. A literatura sapiencial é rica em conselhos sobre a justiça: *Felizes os que observam os preceitos, que praticam a justiça o tempo todo* (Sal 105, 3); *de nada servem os tesouros iníquos, mas a justiça livra da morte* (Prov 10, 2)[14].

A exigência veterotestamentária da justiça se exprime também quando se põe em relevo que o culto e a própria Aliança perdem substância sem esta virtude[15]. A injustiça profana o templo, enquanto a justiça o converte em trono de Javé[16]. O jejum é vão quando alguém pretende torná-lo compatível com a opressão: *Acaso o jejum que eu prefiro não será isto: acabar com a injustiça qual corrente que se arrebenta; acabar com a opressão qual canga que se solta; deixar livres os oprimidos, acabar com toda espécie de imposição? Não será repartir tua comida com quem tem fome? Hospedar na tua casa os pobres sem destino? Vestir uma roupa naquele que encontras nu e jamais tentar te esconder do pobre teu irmão? Aí, então, qual novo amanhecer, vai brilhar a tua luz, e tuas feridas hão de sarar rapidamente. Teus atos de justiça irão à tua frente e a glória do Senhor te seguirá* (Is 58, 6-8)[17]. A recompensa que cada um receberá segundo as próprias obras pode aplicar-se, com as devidas restrições, às comunidades e aos povos: *a justiça exalta uma nação, enquanto o pecado é a vergonha dos povos* (Prov 14, 34).

---

(9) Cf. Êx 21, 2-11.

(10) Cf. Êx 21, 12-26.

(11) Cf. Êx 22, 4-14.

(12) Cf. Êx 23, 1-9.

(13) Cf. Deut 23, 20; 24, 14-15.

(14) Cf. também Sal 17, 25-26; 111, 2-3; Prov 11, 1-6; Sab 1, 15.

(15) Cf. Is 1, 11-17.

(16) Cf. Jer 7, 4-15.

(17) Cf. Zac 7, 9-10. Palavras que são como que o prelúdio daquelas de Jesus sobre o Juízo Final em função do comportamento tido em relação ao próximo (Mt 25, 31-46), às quais faz eco o apóstolo Tiago: *Religião pura e sem mancha diante do Deus e Pai é esta: assistir os órfãos e as viúvas em suas dificuldades e guardar-se livre da corrupção do mundo* (Tg 1, 27).

Na Bíblia Deus é o Justo por excelência[18], *enquanto estabelece uma Aliança salvífica com o seu povo, à qual é indefectivelmente fiel*[19]. Esta justiça se manifesta tanto no castigo das pessoas e das nações ímpias[20] como na libertação do oprimido[21]. Diante das constantes quedas e infidelidades do povo eleito, começa a desenvolver-se o conceito mais profundo da justiça de Deus como fidelidade unilateral à Aliança, ao que já nos referimos antes. À luz da justiça de Deus, a justiça humana não pode limitar-se a uma relação de estrita equidade, mas deve ser acompanhada da misericórdia (*hesed*): *Quem segue a justiça e a misericórdia encontrará vida, justiça e glória* (Prov 21, 21). Em outra direção, a justiça divina também começa a ser considerada num terreno mais espiritual e de projeção escatológica[22] e posta em relação com a paz[23], uma relação que culmina no tantas vezes citado texto de Isaías: *E o fruto da justiça será a paz* (Is 32, 17)[24]. Ainda que Deus seja o Justo por antonomásia, é justo também o homem quando vive de acordo com as exigências da Aliança[25]. No entanto, por causa da sua miséria, o homem nem sempre consegue cumprir os próprios deveres. Deus é paciente e rico em misericórdia[26] para com ele. Enfim, o justo se identifica sempre mais com o pobre e com o oprimido, e mais em geral com todos aqueles que depositam a sua esperança no Senhor[27].

No Antigo Testamento são frequentes os apelos a viver as dimensões mais sociais da justiça. Assim como Deus libertou o povo da escravidão do Egito, assim também os israelitas não devem impor o jugo da opressão ao próximo[28]. A instituição do ano jubilar servia também para o res-

---

(18) Cf. A. Bonora, «Giustizia di Dio e giustizia umana nella Bibbia». *Credere oggi*, 11/5, 1991, pp. 19-30.

(19) Cf. Gên 24, 27; Jos 23, 14; Sal 30, 6; 70, 22.

(20) Cf. Est 4, 17n; Sal 9, 16-17; Dan 9, 6-7.14.

(21) Cf. Sal 7; 11; Jer 11, 20.

(22) Cf. Is 9, 6; 11, 1-5; Jer 23, 5-6; 33, 14-16.

(23) Cf. Sal 84, 11-14.

(24) Is 32, 17.

(25) Cf. Sal 17, 21-23; Ez 18, 5-28.

(26) Cf. Eclo 18, 7-14.

(27) Cf. Is 57, 15; Jer 20, 11-13; Sof 3, 12; Sal 7.

(28) Cf. Êx 19, 4-5; 22, 20-22; Deut 5, 12-15; 6, 20-24; Am 2, 6-10; 3, 9-10; 9, 7-8.

tabelecimento da justiça social[29]. A injustiça é tema frequente de denúncias proféticas: o assassinato realizado por luxúria ou por cobiça[30], a violência[31], o desgoverno das autoridades[32], as injustiças dos tribunais[33], a opressão dos pobres[34], o excesso de opulência e de riqueza[35], a acumulação de bens[36], a fraude[37], etc.

Especial relevo se dá ao cuidado de Javé com os pobres, isto é, daqueles que são oprimidos pelo abuso de poder, que se encontram à mercê dos prepotentes, aos quais é impossível obter justiça. São pessoas a quem resta apenas o recurso ao Senhor. Os «pobres de Javé» terminam por receber um significado moral e religioso: os humildes, os puros de coração, os que põem sua confiança em Deus[38]. Deus, rei e pastor do seu povo, assume a defesa dos fracos[39]. Isto acontecerá em plenitude no tempo messiânico[40]. Os israelitas são exortados a ter um cuidado especial com as pessoas expostas à opressão: órfãos, viúvas, estrangeiros[41], pobres e indigentes[42], os que se encontram em qualquer aflição[43], escravos[44], devedores[45], trabalhadores[46], etc. O justo deve carregar em seu coração a causa dos miseráveis, deve salvar o oprimido do poder do opressor, deve tratar os indefesos como um pai[47].

---

(29) Cf. São João Paulo II, Carta Ap. *Tertio Millennio adveniente,* 10-XI-1994, n. 13.

(30) Cf. 2 Sam 12, 1-15; 1 Re 21.

(31) Cf. Ez 33, 26.

(32) Cf. Is 1, 23; Jer 21, 11-14; Os 7, 3-7; Miq 7, 3.

(33) Cf. Is 32, 7; Am 5, 7.

(34) Cf. Is 10, 1-2; Jer 22, 3; Am 4, 1; 5, 11-12.

(35) Cf. Am 6, 1-7; Miq 2, 1-2.

(36) Cf. Is 5, 8-9.

(37) Cf. Miq 6, 10-11.

(38) Cf. Sal 39, 18; Prv 21, 5.

(39) Cf. Prov 22, 22-23; Ez 34, 2-4.10.

(40) Cf. Sal 71, 12-14; Is 25, 1-8; Ez 34, 11-31; Is 61, 1-2.

(41) Cf. Deut 10, 18-19.

(42) Cf. Deut 15, 11.

(43) Cf. Deut 22, 1-4.

(44) Cf. Deut 23, 16-17.

(45) Cf. Deut 24, 10-11.

(46) Cf. Deut 24, 14-15.

(47) Cf. Prov 29, 7; Eclo 4, 9-10.

b) O Novo Testamento

Vós me chamais de Mestre e Senhor; e dizeis bem, porque sou. Se eu, o Senhor e Mestre, vos lavei os pés, também vós deveis lavar os pés uns aos outros. Dei-vos o exemplo, para que façais assim como eu fiz para vós. [...] Eu vos dou um novo mandamento: amai-vos uns aos outros. Como eu vos amei, assim também vós deveis amar-vos uns aos outros. Nisto conhecerão todos que sois os meus discípulos: se vos amardes uns aos outros (Jo 13, 13-15.34-35). O *mandamento da caridade é uma novidade radical do Novo Testamento (é um «mandamento novo»).* Não era completamente desconhecido no Antigo, mas Jesus o leva à plenitude moral e o liberta do legalismo exterior em que havia caído[48]. O amor a Deus e ao próximo levado às mais extremas consequências, até a amar os inimigos e a oferecer a outra face[49], torna-se possível pela plena doação de Cristo[50]. Esta é a nova força motriz que irrompe na sociedade e que envolve aquela «justiça superior» que resume toda a lei[51]. Trata-se de um amor que deve amar com predileção os mais pobres e necessitados, como mostra a parábola do samaritano, na qual se contrapõe a função cultual do sacerdote e do levita à ajuda concreta e misericordiosa a quem, por raça e por cultura, era considerado inimigo[52]. Trata-se também do amor do Senhor que se faz solidário com toda a miséria e indigência humana, até identificar-se com os mais necessitados[53].

No entanto, é preciso prestar muita atenção para não interpretar mal a mensagem do Novo Testamento. *O dever de perdoar e de oferecer a outra face não deve levar a subvalorizar a negatividade da injustiça, mas sim a atribuir uma importância ainda maior ao respeito dos direitos daquele irmão inocente que seriam respeitados e perdoados até mesmo se*

---

(48) Cf. Mt 5, 17-20; 15, 3-9. Para o significado da caridade no Novo Testamento e a sua repercussão social, ver: B. Maggioni, *L'amore del prossimo nel Nuovo Testamento,* em Aa.Vv., *La Carità e la Chiesa. Virtù e ministero,* Glossa, Milão, 1993, pp. 32-59; R. Penna, *Dalla fede all'amore: la dimensione caritativa dell'Evangelo nel NT,* em A. Montan (ed.), *Il Vangelo della carità per la Chiesa e la società*, EDB, Bolonha, 1994, pp. 61-79.

(49) Cf. Mt 5, 39.

(50) Cf. Mt 20, 28.

(51) Cf. Rom 13, 9.

(52) Cf. Lc 10, 30-37.

(53) Cf. Mt 25, 40.45.

fossem culpáveis. São Paulo repreende os fiéis de Corinto por terem levado irmãos aos tribunais pagãos. Reclama acima de tudo as exigências mais altas da caridade cristã: *Aliás, já é uma grande falta haver processos entre vós. Por que não tolerais, antes, a injustiça? Por que não tolerais, antes, ser prejudicados?* (1 Cor 6, 7) No entanto, não quer ser entendido mal, pois age mal quem abusa da caridade dos outros. E, por isso, reclama a exigência mais fundamental da justiça: *Pelo contrário, vós é que cometeis injustiças e fraudes, e isso contra irmãos!* (1 Cor 6, 8). Se se devem perdoar as ofensas, mais ainda se deve não ofender o próximo. E em termos peremptórios afirma que a injustiça exclui da pátria celeste: *Porventura ignorais que os injustos não terão parte no Reino de Deus? Não vos iludais: os libertinos, idólatras, adúlteros, efeminados, sodomitas, os ladrões, gananciosos, beberrões, maldizentes, estelionatários, ninguém desses terá parte no Reino de Deus* (1 Cor 6, 9-10). Na *Carta aos Romanos*, São Paulo vê a injustiça, ao lado das desordens sexuais, como uma das primeiras manifestações da condição pecadora da humanidade que recusou o conhecimento de Deus: *E, porque não aprovaram alcançar a Deus pelo conhecimento, Deus os entregou ao seu reprovado modo de pensar. Praticaram então todo tipo de torpeza: cheios de injustiça, iniquidade, avareza, malvadez, inveja, homicídio, rixa, astúcia, perversidade; intrigantes, difamadores, odiadores de Deus, insolentes, soberbos, presunçosos, tramadores de maldades, rebeldes aos pais* (Rom 1, 28-30).

A ênfase dada à caridade no Novo Testamento, mandamento supremo e vínculo de perfeição, pressupõe a justiça e contém a mais firme condenação da injustiça. «Amor e justiça não estão em paralelo, mas são continuidade e expressão um do outro. Onde a justiça não tem por fundamento o amor pelo homem, não se trata de uma justiça que se coloque na perspectiva do Novo Testamento. Por outro lado, um amor que não tente, neste mundo onde o bem e o mal se confundem, traduzir-se em ordenamentos jurídicos concretos da sociedade permanece estéril, torna-se utopia romântica e, consequentemente, não é autêntico amor»[54].

---

(54) S. Mosso, *Il problema della giustizia e il messaggio cristiano*, Pietro Marietti, Roma, 1982, p. 123. Uma explanação sobre a justiça nos Evangelhos tem-se em J. Dupont, *Le beatitudini*, 2 vols., Edizioni Paoline, Roma, 1977-1979.

c) O pensamento grego e romano

O pensamento grego e romano é o segundo elemento que, junto à tradição bíblica, convergiu na reflexão cristã sobre a justiça. Na tradição grega mais antiga, a justiça exprime a ordem de todo o cosmos, em razão da qual cada coisa ocupa o seu próprio lugar e realiza a tarefa que lhe foi atribuída[55].

Platão – Reagindo à crise da sofística, Platão devolveu à justiça o seu conteúdo objetivo. Na *República*, ele expõe completamente a sua concepção. A justiça do Estado consiste na harmonia das três classes que o compõem (filósofos, guerreiros e artesãos), e cada uma delas tem de cumprir o seu próprio dever. No homem a justiça consiste no perfeito equilíbrio das partes da alma (intelecto, parte irascível e parte concupiscível).

Aristóteles – Foi e continua a ser muito importante o estudo da justiça empreendido por Aristóteles. Ele dedica a esta virtude todo o livro V da *Ética a Nicômaco.* Aristóteles privilegia o significado mais restrito e específico da justiça, como virtude que consiste em observar o justo meio na distribuição dos bens e dos encargos. O justo meio se inspira em um critério de igualdade, que não se concebe do mesmo modo nos diversos tipos de justiça. Há em primeiro lugar uma justiça geral, que tem por objeto o respeito às leis da comunidade política. Como as leis da *pólis* grega cobriam todo o âmbito da vida moral, a justiça geral é compreensiva de todas as outras virtudes: «Por isso a justiça é muitas vezes considerada a maior das virtudes, e nem Vésper nem a estrela-d'alva são tão admiráveis; e proverbialmente, *na justiça estão compreendidas todas as virtudes*»[56]. Depois, há uma justiça particular, que tem por objeto o respeito dos direitos individuais, tanto por parte da comunidade política como por parte dos outros indivíduos. A distribuição dos bens e dos benefícios aos cidadãos por parte da comunidade política segue

---

(55) Cf. A. MacIntyre, *Giustizia e razionalità,* 2 vols., Anabasi, Milão, 1995; para a tradição grega mais antiga, ver o vol. I.

(56) Aristóteles, *Ética a Nicômaco*, V, 1.

um critério de igualdade proporcional. Nas relações entre os indivíduos, como a de compra, venda, aluguel, etc., a regra é, ao contrário, a da igualdade aritmética: quem vende deve receber o valor exato da coisa vendida, e quem realiza uma prestação deve receber o que lhe é devido por ela, e assim é restabelecida a igualdade entre os dois[57]. A justiça envolve um reconhecimento do outro. Nesse sentido, Aristóteles afirma que «somente a justiça, entre todas as virtudes, é o "bem de outro", visto que se relaciona com o nosso próximo fazendo o que é vantajoso a outro, seja um governante, seja um associado. Ora, o pior dos homens é aquele que exerce a sua maldade tanto para consigo mesmo como para com os amigos, e o melhor não é o que exerce a sua virtude para consigo mesmo, mas para com outro; pois difícil tarefa é essa»[58]. Encontra-se também em Aristóteles uma clara distinção entre o elemento natural e o elemento convencional do direito[59]. Neste e em outros pontos, a reflexão aristotélica sobre a justiça foi retomada por São Tomás de Aquino, como teremos ocasião de ver.

Os juristas romanos – Os juristas romanos procederam a uma minuciosa determinação do que é próprio de cada um: do que vende e do que compra, do *paterfamilias* e dos membros que pertencem à família, dos cidadãos romanos[60], etc. A justiça é a vontade de agir conforme os direitos de cada um. Célebre é a definição de Ulpiano: *iustitia est constans et perpetua voluntas suum unicuique tribuendi*[61], a qual depois foi substancialmente acolhida pela tradição teológica.

---

(57) Para uma primeira informação sobre o conceito aristotélico de justiça, cf. E. Zeller, R. Mondolfo, *La filosofia dei greci nel suo sviluppo storico,* Parte II, vol. VI, La Nuova Italia Editrice, Florença, 1966, pp. 50-57; G. Reale, *Storia della filosofia antica,* Vita e Pensiero, Milão, 1979, vol. II, pp. 357-362. Para aprofundamento, ver: W. F. R. Hardie, *Aristotle's Ethical Theory,* 2ª ed., Oxford, 1980; S. Broadie, *Ethics with Aristotle,* Oxford University Press, Oxford-Nova York, 1991; G. Zanetti, *La nozione di giustizia in Aristotele. Un percorso interpretativo,* Il Mulino, Bolonha, 1993; F. D. Miller, *Nature, Justice, and Rights in Aristotle's "Politics",* Clarendon Press, Oxford, 1995.

(58) Aristóteles, *Ética a Nicômaco,* V, 1.

(59) Cf. id., V, 7: 1134 b 18-22.

(60) Cf. At 16, 37-38; 22, 25-29.

(61) *Digesto,* I, I, 10: «Justiça é a vontade constante e perpétua de dar a cada um o que é seu» [o seu direito].

d) Os Padres da Igreja

Nos primeiros escritores cristãos e nos Padres da Igreja, voltamos a encontrar, de forma não sistemática, muitas das questões que vimos a propósito do Antigo e do Novo Testamento. Também há amplos ecos do pensamento grego e romano, os quais, porém, não são tomados acriticamente. Assim, por exemplo, São Gregório de Nissa, comentando a quarta bem-aventurança (Mt 5, 6), não oculta o seu desencanto quanto à possibilidade da edificação de uma sociedade fundada sobre a igualdade[62].

Lactâncio – Nos livros V e VI das *Divinas instituições,* bem como no sucessivo *Epitome*, Lactâncio (250-325) oferece o primeiro tratamento sistemático da justiça. Lactâncio é um bom mediador: ótimo conhecedor da cultura clássica grega e latina, do Oriente e do Ocidente, convicto apologista cristão, viu o nascimento de uma nova época depois do Édito de Constantino (313). Reinterpretou criticamente o conceito romano de justiça, sobretudo o de Cícero, a partir da fé cristã. A justiça não é só equidade, mas antes de tudo piedade: «A piedade e a equidade são como os seus veios profundos; destas duas fontes provém de fato toda a justiça: mas o seu princípio e a sua origem residem na primeira; na segunda se encontra toda a força e racionalidade»[63]. Se falta a piedade para com Deus, por cuja paternidade somos todos irmãos, tampouco haverá igualdade. Os pagãos, com efeito, conheciam a equidade, mas o seu objeto não eram todos os homens, senão apenas alguns.

Santo Ambrósio – Em uma linha muito diferente se move Santo Ambrósio. Ele oferece amplas reflexões sobre a justiça no *De officiis*, no

(62) Cf. *Sulle beatitudini*, Or. IV: PG 44, 1236 a. Trad. italiana em Gregório de Nissa, *Commento al Nuovo Testamento*, organizado por A. Penati, Coletti, Roma, 1992. Veja-se sobre o tema: A. Penati Berbardini, *Giustizia e giustificazione nei Padri Cappadoci: l'argomentazione di Gregorio di Nissa*, em Aa.Vv., *Giustizia-giustificazione nei Padri della Chiesa* (Dizionario di Spiritualità Biblico-Patristica, 29), Borla, Roma, 2001, pp. 200-202.

(63) Lactâncio, *Divinarum institutionum*, V, 14, 11: SC 204, 202. Sobre Lactâncio, veja-se: V. Loi, «I valori etici e politici della romanità negli scritti di Lattanzio». *Salesianum*, 3, 1965, pp. 66-133; Id., «Il concetto di "Iustitia" e i fattori culturali dell'etica di Lattanzio». *Salesianum*, 4, 1966, pp. 583-625; V. Buchheit, «Die Definition der Gerechtigkeit bei Laktanz und seinen Vorgängern», *Vigiliae Christianae*, 33, 1979, pp. 356-374; V. Lombino, «La giustizia nei primi apologeti latini», em Aa.Vv., *Giustizia-giustificazione nei Padri della Chiesa*, cit., pp. 152-172.

Comentário ao Salmo 118 e em outras obras. Partindo do conceito clássico, põe a justiça em relação com a piedade, com a caridade e com a misericórdia[64]. Todavia, sublinha igualmente a radical abertura ao bem do outro, própria da justiça: «Somente a justiça é a virtude que em toda circunstância, precisamente porque a sua natureza é a de abrir-se aos outros mais do que encerrar-se em si mesma, tem utilidade cotidiana e vantagem comum; salvaguarda a utilidade dos outros ainda à custa de uma desvantagem pessoal. É a única que não obtém a mínima vantagem e que tem, em contrapartida, o máximo mérito»[65].

Santo Agostinho – Já dissemos que Santo Agostinho vê todas as virtudes cardeais em sua íntima conexão com a caridade. Agora acrescentamos que ele considera que, em sua essência específica, a virtude da justiça coincide com a regra de ouro: «*Não fazer aos outros o que não queres que te façam a ti* (Tob 4, 16). [...] Ninguém quer ser prejudicado por outro; com o que ele mesmo não deve prejudicar a ninguém»[66]. No *De diversis quaestionibus 83*, exprime substancialmente a mesma ideia, tirada de Cícero: «A justiça é um hábito da alma mantido pela utilidade social, que dá a cada um o seu mérito»[67]. A mesma definição é retomada no livro XIX do *De civitate Dei*, mas inserida numa complexa discussão teológica acerca da «verdadeira justiça», sobre a qual não nos deteremos. Santo Agostinho concebe a justiça como uma virtude fundamental da vida social e política, na qual sublinha o valor de cada pessoa, titular de direitos inalienáveis, e garante a ordem nas transações e o respeito ao bem comum[68].

---

(64) Cf. *De officiis ministrorum*, I, 27, 127–28, 138: Biblioteca Ambrosiana 13, 101-107.

(65) *Comentário ao Salmo 118*, 16, 14: Biblioteca Ambrosiana 10, 183. Sobre a justiça em Santo Ambrósio, veja-se: A. Fernández, *Teología moral, III: moral social, económica y política*, Aldecoa, Burgos, 1993, pp. 411-413; A. Bonato, «Il tema della giustizia nel pensiero di Ambrogio», em Aa.Vv., *Giustizia-giustificazione nei Padri della Chiesa*, cit., pp. 225-273.

(66) *De doctrina christiana*, 3, 14, 22: NBA 8, 159.161.

(67) *De diversis quaestionibus 83*, 31, 1: NBA 6/2, 61.

(68) Sobre a justiça em Santo Agostinho, cf. M. T. Clark, «Augustine on Justice». *Revue del Études Augustiniennes*, 9, 1963, pp. 87-94; id., «Platonic Justice in Aristotele and Augustine». *Downside Review*, 82, 1964, pp. 25-35; F.-J. Thonnard, «Justice de Dieu et justice humaine selon Saint Augustin». *Augustinus*, 12, 1967, pp. 387-402; G. Filoramo, «Giustizia-giustificazione in Agostino», em Aa.Vv., *Giustizia-giustificazione nei Padri della Chiesa*, cit., pp. 274-287.

e) Da escolástica aos nossos dias

São Tomás de Aquino – No período da escolástica medieval, destaca-se a síntese precisa de São Tomás de Aquino[69], que retomaremos em seguida na parte sistemática. Sendo a justiça a norma fundamental da vida social e política, a reflexão teológica sobre esta virtude teve de enfrentar ao longo da história os novos problemas sociais ligados às mudanças econômicas, sociais e políticas. O tratado sobre a justiça é provavelmente a parte da moral especial que teve desenvolvimentos mais numerosos e mais complexos. No século XV merece atenção o estudo contido na *Summa sacrae theologiae* de Santo Antonino de Florença (1389-1459)[70].

A descoberta do Novo Mundo e a segunda escolástica – Com a descoberta do Novo Mundo e a afirmação na Europa do absolutismo político, aumentam as questões que requerem discernimento teológico, e assim vêm à luz os volumosos tratados *De iustitia et iure*, entre os quais vale a pena citar ao menos os de Domingos de Soto (+1560), de Luis de Molina (+1600), de Gregório de Valência (+1603), de Domingos Báñez (+1604); o monumental *De legibus*, de Francisco Suárez (+1617); e o importante tratado de João de Lugo (+1660)[71]. São arrostadas questões como a propriedade privada e a sua função social; o

(69) Cf. *S.Th.*, II-II, qq. 57-122. Cf. F. Olgiati, *Il concetto di giuridicità in S. Tommaso d'Aquino*, 2ª ed., Vita e Pensiero, Milão, 1944; L. Lachance, *L'humanisme politique de saint Thomas: individu et État*, 2 vols., Recueil Sirey, Paris-Les éditions du lévrier, Ottawa, 1939; Id., *Le concept de droit selon Aristote e saint Thomas d'Aquin*, Ottawa, 1948; G. Granieris, *Contributi tomistici alla filosofia del diritto*, Turim, 1949; J. Pieper, *Sulla giustizia*, Morcelliana, Brescia, 1956; D. Mongillo, «La struttura del "De iustitia". *Summa theologiae* II-II, qq. 57-122». *Angelicum*, 48, 1971, pp. 355-377; J. F. Ross, «Justice Is Reasonableness: Aquinas on Human Law and Morality». *The Monist*, 58, 1974, pp. 86-103; J. Martínez Barrera, C. I. Massini Correas, «Notas sobre la noción de justicia política en Tomás de Aquino». *Sapientia*, 47, 1992, pp. 271-280; J. Porter, «*De ordine caritatis*: Charity, Friendship, and Justice in Thomas Aquinas' *Summa theologiae*». *The Thomist*, 53, 1989, pp. 197-213; E. S. Stump, «Aquinas on Justice». *American Catholic Philosophical Quarterly. Supplement*, 71, 1997, pp. 61-78.

(70) Uma ampla síntese dos conteúdos encontra-se em A. Fernández, *Teología moral, III,* cit., pp. 193-201.

(71) Sobre os conteúdos fundamentais, veja-se A. Fernández, *Teología moral, III,* cit., pp. 201--232. Ver também A. Folgado, «Los tratados *De Legibus* y *De justitia et jure* en los autores españoles del siglo XVI y primera mitad del XVII». *La ciudad de Dios*, 172, 1959, pp. 457-484.

comércio; o empréstimo, a usura e a atividade bancária; o preço justo das mercadorias; o trabalho e o salário justo; a origem e o fundamento do poder político; o direito das gentes e questões que hoje pertencem ao direito internacional, etc.

Os dois últimos séculos – Os últimos dois séculos abriram novos e importantes caminhos para a teologia da justiça. A Revolução Industrial, com a «questão social», bem como a afirmação dos regimes políticos ateus e ditatoriais e do positivismo jurídico, serviu como poderoso estímulo não só para a teologia, mas também para o Magistério da Igreja, que produziu um corpo de ensinamentos conhecidos hoje como «Doutrina Social da Igreja»[72]. A trágica experiência da Segunda Guerra Mundial deu novo impulso à reflexão sobre o direito natural e sobre os direitos humanos, tanto nos aspectos teóricos de fundamentação como nos aspectos práticos de aplicação efetiva[73]. Além do desenvolvimento da teologia da libertação[74], cumpre destacar que nestes terrenos a doutrina cristã da justiça continua a confrontar-se com as tentativas

---

(72) Cf. A. F. Utz, *La doctrine sociale de l'Eglise à travers les siècles*, 4 vols., Roma-Paris, 1969; J. Y. Calvez, J. Perrin, *Chiesa e società economica. L'insegnamento sociale dei papi da Leone XIII a Giovanni XXIII*, Centro Studi Sociali, Milão, 1965; J. Höffner, *La dottrina sociale cristiana*, Paoline, Cinisello Balsamo, 1987; J. M. Ibáñez Langlois, *La dottrina sociale della Chiesa: itinerario testuale dalla* Rerum novarum *alla* Sollicitudo rei socialis, Ares, Milão, 1989; A. F. Utz, *Dottrina sociale della Chiesa e ordine economico: economia, etica, politica*, EDB, Bolonha, 1993; P. Donati, *Pensiero sociale cristiano e società post-moderna*, AVE, Roma, 1997; A. Luciani, *Catechismo sociale cristiano*, San Paolo, Cinisello Balsamo, 2000; E. Colom, *Curso de doctrina social de la Iglesia*, Palabra, Madri, 2001. De grande utilidade é a síntese: Congregação para a Educação Católica, *Orientações para o estudo da Doutrina Social da Igreja na formação sacerdotal*, 30.12.1988: *Enchiridion Vaticanum*, vol. 11. Mais volumosa e completa é a síntese: Pontifício Conselho «Justiça e paz», *Compêndio da Doutrina Social da Igreja*, Paulinas, São Paulo, 2005.

(73) Cf. J. Maritain, *I diritti dell'uomo e la legge naturale*, em Id., *Cristianesimo e democrazia*, Edizioni di Comunità, Milão 1950; L. Strauss, *Diritto naturale e storia*, Neri Pozza, Veneza, 1957; L. Lachance, *Le droit et les droits de l'homme*, PUF, Paris, 1959; A. Passerin d'Entreves, *La dottrina del diritto naturale*, 3ª ed., Edizioni di Comunità, Milão, 1980; G. Concetti (ed.), *I diritti umani*, AVE, Roma, 1982; V. Buonomo, *I diritti umani nelle relazioni internazionali: la normativa e la prassi delle Nazioni Unite*, Pontifícia Universidade Lateranense, Roma-Múrcia, Milão, 1997; G. M. Chiodi, *I diritti umani: un'immagine epocale*, Guida, Nápoles, 2000.

(74) Cf. S. Cotta, *Liberazione & liberazione*, Ares, Milão, 1975; J.M. Ibáñez Langlois, *Teología de la liberación y lucha de clases*, Universidade Católica de Chile, Santiago do Chile, 1985.

de fundamentação contratualística da justiça[75]. O desenvolvimento das ciências biomédicas e da genética abriu o vasto campo da bioética e do biodireito[76], assim como o desenvolvimento do comércio e das comunicações fizeram emergir o conjunto de problemas que hoje designamos pelo termo "globalização". São estes, principalmente, os desafios que a doutrina cristã da justiça deve enfrentar atualmente.

3. *Essência e formas da justiça*

a) Objeto da virtude da justiça

São Tomás acolhe a definição da virtude da justiça dos juristas romanos, a qual já conhecemos: «A vontade constante e perene de dar a cada um o que lhe pertence». Considera-a substancialmente exata, mas pensa que poderia ser expressa com maior rigor dizendo que «a justiça é o hábito mediante o qual se dá a cada um o que lhe pertence com vontade constante e perpétua»[77]. Objeto da virtude da justiça é, portanto, dar a cada um o seu direito, dar ou respeitar aquilo que é seu e lhe é devido: a vida, a liberdade, os bens de que é legítimo proprietário, a fama, etc. Mais brevemente se pode afirmar que o objeto da virtude da justiça é o direito, mas entendendo por direito *ipsam rem iustam*[78]

---

(75) Talvez o representante mais conhecido desta tendência seja J. Rawls, *Una teoria della giustizia*, Feltrinelli, Milão, 1982. É interminável a literatura crítica sobre Rawls. Veja-se, a título de exemplo, M. J. Sandel, *Il liberalismo e i limiti della giustizia*, Feltrinelli, Milão, 1994.

(76) Dos problemas bioéticos nos ocuparemos no cap. V.

(77) *S.Th.*, II-II, q. 58, a. 1, c.

(78) «Assim também, a palavra *direito* foi empregada primeiramente para significar a própria coisa justa; em seguida, estendeu-se à arte de discernir o que é justo; ulteriormente, passou a indicar o lugar onde se aplica o direito, quando por exemplo se diz que alguém comparece ao *juri;* finalmente, chama-se ainda direito o que foi decidido por quem exerce a justiça, ainda que seja iníquo o que foi decidido» (*S.Th.*, II-II, q. 57, a. 1, ad 1). Sobre este conceito de direito, cuja importância é difícil exagerar, vejam-se: M. Villey, *La formation de la pensée juridique moderne*, 4ª ed., Les Éditions Montchretien, Paris, 1975; Id., *Philosophie du droit*, 2ª ed., Dalloz, Paris, 1978; J.-P. Schouppe, *Le réalisme juridique*, Story-Scientia, Bruxelas, 1987; J. Hervada, *Introducción crítica al derecho natural*, 5ª ed., Eunsa, Pamplona, 1988.

(a coisa justa em si mesma, aquilo que é justo), e não a lei ou a ciência do direito.

Três são as características da justiça: a alteridade, o débito em sentido estrito e a igualdade.

Alteridade – Em seu sentido mais óbvio, *alteridade* significa que a justiça se dá em relação aos outros. Portanto, em toda relação de justiça se requerem duas ou mais pessoas físicas ou morais. Em sentido estrito, não há uma relação ou um dever de justiça para consigo mesmo, o que não significa naturalmente que não existam deveres morais importantes para consigo próprio. Existem, mas não são objeto da virtude da justiça. A alteridade possui também um significado mais profundo. A justiça regula as relações com as pessoas que são *alter* em relação a nós, que são ou podem ser alheias, «outros-além-de-nós». Àqueles que nos são alheios é dado aquilo que lhes é próprio, trate-se de pessoas amigas ou não, simpáticas ou antipáticas, conhecidas ou desconhecidas, da nossa mesma cidade ou da cidade vizinha e rival. Aquilo que é devido em justiça é devido *a quem quer* que detenha o legítimo título. A justiça é representada por uma mulher com os olhos vendados porque não vê a face de ninguém. *Ouvi vossos irmãos e julgai com justiça as questões que cada um tiver, seja com seu irmão israelita, seja com um estrangeiro. Não façais acepção de pessoas em vossos julgamentos. Ouvi tanto os pequenos como os grandes* (Deut 1, 16-17). Ilustra bem tal ideia a repulsa natural provocada pelo comportamento de um funcionário público que dá somente aos recomendados, ou àqueles que são do mesmo partido político, aquilo que deveria dar igualmente a todos os cidadãos que tenham direito.

Débito em sentido estrito – Débito em sentido estrito significa que o dever de justiça é o dever de dar ao outro aquilo que é seu. Por isso, o outro pode exigir e reivindicar ativamente o cumprimento do dever de justiça da nossa parte, e a comunidade política pode usar legitimamente a coação a fim de que cumpramos esse dever mesmo. Aquele que realizou um trabalho para nós tem o direito de receber em pagamento a quantidade estabelecida. Esse dinheiro é dele, e se não o pagamos ele poderá processar-nos, ao que seremos obrigados a realizar o pagamento. Se aquele que trabalhou para nós foi generoso e rápido no desempenho do seu trabalho, pode esperar razoavelmente de nós algum sinal de agradecimento, ao menos umas palavras carinhosas. Isto, porém, não lhe é devido em justiça (ainda que lhe seja devido a outro título), e portanto a autoridade judiciária não poderia obrigar-nos a expressar o agradecimento.

Igualdade – A igualdade é característica da justiça no sentido de que o cumprimento do dever de justiça restabelece a igualdade entre duas pessoas: quando quem encomendou um trabalho paga aquele que o realizou, restabelece-se a igualdade, e nenhum dos dois deve mais nada ao outro. A justiça pode dar-se apenas entre pessoas que se situam em um plano fundamental de igualdade. Quando duas pessoas estão em uma relação em que jamais uma poderá pagar à outra aquilo que deve, não existe propriamente relação de justiça. Assim, as relações entre o homem e Deus não são relações de justiça em sentido próprio, como tampouco o são as relações entre pais e filhos. O homem jamais poderá dar a Deus algo equivalente ao que dele recebeu, e os filhos jamais poderão dar aos pais algo equivalente à vida recebida deles. Entre o homem e Deus, entre filhos e pais, não se pode atingir o pleno «ajuste» implicado no conceito de justiça.

Estas três características evidenciam que *a justiça implica fundamentalmente reconhecer que cada homem, pelo simples fato de ser homem, tem a mesma personalidade, a mesma subjetividade e a mesma e fundamental dignidade.* Também os outros têm os seus direitos. Direito é o vínculo irrevogável e inalienável que liga cada um aos bens que possui por natureza (a vida, a liberdade, a fama, etc.) ou que adquiriu legitimamente e que são necessários para a vida e para o desenvolvimento pessoal. A justiça exige fundamentalmente o reconhecimento do vínculo irrevogável e inalienável que há entre as outras pessoas e os seus bens. E deve-se fazer assim não porque um tal reconhecimento seja proveitoso àquele que age, mas sobretudo porque é bom para os outros. A justiça representa um nível primeiro e fundamental de autotranscendência da pessoa. Citamos mais acima a clara expressão de Santo Ambrósio segundo a qual a justiça «salvaguarda a utilidade dos outros mesmo à custa de uma desvantagem pessoal»[79]. Agora podemos acrescentar que este reconhe-

(79) *Comentário ao Salmo 118*, 16, 14: Biblioteca Ambrosiana 10, 183.

cimento radical do outro na sua personalidade e na sua subjetividade é condição primeira e essencial da vida social. Sem justiça não é possível para os homens viverem juntos. A comunidade política deve adotar todos os meios necessários para fazer respeitar a justiça e restabelecê-la quando é ofendida. Está em jogo a sobrevivência da própria sociedade.

b) Tipologia da justiça

No que diz respeito às espécies ou partes subjetivas da justiça, há diversas opiniões. Duas são fundamentais. Para alguns existem três espécies de justiça: a *justiça geral ou legal*, que ordena as relações das pessoas com a sociedade[80]; a *justiça distributiva*, que ordena as relações da sociedade com as pessoas; e a *justiça comutativa*, que ordena as relações das pessoas entre si[81]. Para outros, entre os quais Aristóteles e São Tomás[82], as espécies de justiça são duas: *justiça geral ou legal*, por um lado, e *justiça particular*, por outro. Esta última se divide, depois, em justiça comutativa e justiça distributiva.

Parece preferível a segunda opinião, uma vez que as virtudes não se distinguem segundo as diferenças dos sujeitos cujas relações são ordenadas, mas segundo o seu objeto formal. E no nosso caso a única diferença formal existente é a diferença entre o bem comum, ao qual se dirige a justiça geral ou legal, e o bem particular ou privado, ao qual se refere a justiça particular[83]. O bem particular enquanto objeto da justiça distributiva e enquanto objeto da justiça comutativa é sempre o mesmo bem privado, e não se vê nenhuma diferença formal no seu interior.

A. Günthör evidencia a diferença de fundo existente entre estas duas opiniões. Se se aceita a tríplice subdivisão, as três espécies de justiça

---

(80) Quando neste contexto falamos de pessoas, incluímos também as pessoas morais (uma associação, uma sociedade comercial, etc.).

(81) Cf., por exemplo, A. van Kol, *Theologia moralis*, Herder, Barcelona, 1968, vol. I, n. 540.

(82) Cf. *S. Th.*, II-II, q. 58, a. 7.

(83) «O bem comum da cidade e o bem particular de uma pessoa diferem não apenas em quantidade, mas também formalmente. Uma é a razão que constitui o bem comum, outra o bem particular, como se dá com o todo e a parte. Por isso o Filósofo declara: "Não acertam os que estabelecem entre a cidade, a família e outras realidades dessa ordem apenas uma diferença de número e não de espécie"» (*S. Th.*, II-II, q. 58, a. 7, ad 2).

parecem simplesmente justapostas no mesmo nível, e o indivíduo com os seus direitos parece ser o único ponto de referência da justiça comutativa e distributiva. «No entanto, segundo Tomás de Aquino as várias espécies de justiça constituem um todo unitário. A *iustitia legalis*, também chamada *iustitia generalis*, que orienta os homens ao bem comum, é como a alma de todo o *corpus iustitiae*. Ela não se situa no mesmo nível da *iustitia particularis* (comutativa e distributiva), mas acima desta, e a dirige e guia partindo do ponto de vista do bem comum. Mais ainda, assume todas as virtudes morais ao próprio serviço, para dirigi-las a este fim. Por isto Tomás chama à *iustitia legalis* ou *generalis* uma virtude superior (*virtutem superiorem*, *S.Th.*, II-II, q. 58, a. 6, ad 4). Segundo ele, a *iustitia generalis* ou *legalis* é a virtude suprema entre as virtudes morais, porque o seu objeto, o bem comum, supera o bem da pessoa singular (cf. *S.Th.*, II-II, q. 58, a. 12). A propósito da *iustitia particularis*, ele diz de maneira significativa que ela dá ao outro aquilo que lhe corresponde tendo em consideração o bem comum (*quasi considerans bonum comune*, *ibidem*, ad 1), isto é: em todas as relações e em todos os negócios jurídicos que se dão entre as pessoas singulares e também entre as diversas comunidades dentro do grande todo, não se pode jamais perder de vista o bem comum. Quando se toma uma decisão a propósito daquilo que é exigido pela *iustitia particularis*, é preciso tê-lo em conta»[84]. Com efeito, a tripartição da justiça facilitou uma visão individualista da justiça, que hoje parece superada.

A justiça geral ou legal ordena as pessoas ao bem comum da sociedade, estimulando cada um a dar voluntariamente a própria contribuição. O bem comum é o objeto da justiça geral *diretamente*. Pode sê-lo *indiretamente* de qualquer outra virtude moral, visto que todas as virtudes podem ser referidas ao bem comum. A justiça geral, no entanto, não é o gênero de que todas as outras virtudes são espécies. O seu caráter de virtude geral significa unicamente que ela pode imperar os atos de todas as outras virtudes morais em vista do bem comum[85].

Com o fim de evitar uma concepção totalitária ou individualista da justiça, é bom recordar que, se é verdade que as pessoas físicas e

---

(84) A. Günthör, *Chiamata e risposta. Una nuova teologia morale*, 6ª ed., Paoline, Cinisello Balsamo, 1989, vol. III, n. 95.

 (85) Cf. *S.Th.*, II-II, q. 58, aa. 5-6.

morais são parte da sociedade, é igualmente verdadeiro que nenhuma pessoa se limita a ser exclusivamente parte da sociedade ou, em geral, de um todo, e menos ainda pode ser um simples meio para o bem da sociedade. Além disso, a necessária subordinação do bem particular ao bem comum não pode ser interpretada como subordinação da pessoa à sociedade, e isso pelo menos por três razões: 1) porque uma coisa é o bem particular e outra muito diferente é a pessoa à qual pertence; 2) porque o bem comum não se identifica com a sociedade política, sendo esta última um meio para alcançá-lo; e 3) porque o bem comum não é o bem da sociedade como se esta fosse uma coisa separada ou independente das pessoas físicas e morais contidas nela: o bem comum é por definição um bem alcançado com a colaboração de todos, comunicável a todos e para ser comunicado a todos. Em última análise, a sociedade está ao serviço da pessoa, tese que no entanto não pode ser interpretada como se o bem comum fosse um simples meio. O bem comum é um fim comum. A organização política, a sociedade como aparato estatal, administrativo, etc., é, ao contrário, funcional para o atingimento do bem comum[86].

A justiça comutativa regula as relações jurídicas entre as pessoas físicas ou morais e rege-se segundo um critério de igualdade aritmética: nos intercâmbios de diversos gêneros, deve dar-se exatamente o preço do que se recebe ou, mais em geral, o que se é obrigado a dar por uma prestação profissional, etc. *A justiça distributiva regula a relação entre a comunidade e os seus membros. Na distribuição do bem comum, deve observar-se um critério de igualdade proporcional.* Não se dá nem se exige a todos exatamente a mesma coisa, mas se leva em conta, em cada caso, as diversas posições, os diversos títulos e as diversas necessidades dos membros da comunidade.

Muito se discutiu sobre a exata natureza da *justiça social,* à qual com frequência se refere o Magistério da Igreja. Para alguns se trata de outra espécie de justiça; para outros, ao contrário, ela se reduz fundamentalmente à justiça geral ou legal, ou até à comutativa ou distributiva. Por tudo o que foi dito antes, fica claro que a justiça nos seus diversos aspectos é, por natureza, uma virtude social: «Promove a equidade em prol

---

(86) Veja-se sobre este ponto A. M. Quintas, *Analisi del bene comune*, 2ª ed., Bulzoni, Roma, 1988.

das pessoas e do bem comum»[87]. Mesmo os contratos entre particulares têm uma incidência sobre o conjunto da sociedade, que exige deles não apenas que não se oponham ao bem comum, mas que o favoreçam. A justiça social não é por isso alheia à justiça comutativa, uma vez que inclui temas como o salário justo, as relações entre empresários e trabalhadores, etc. Por outro lado, a justiça social se encontra em relação com a justiça distributiva, na medida em que se lhe atribuem funções próprias desta última: regulação das taxas, redistribuição da renda, etc. Tudo isso explica por que não existe opinião comum sobre a natureza da justiça social. Parece-nos que ela coincide substancialmente com a justiça geral ou legal, ainda que a questão deva ser posteriormente aprofundada no volume IV.

A VIRTUDE DA JUSTIÇA

Justiça geral		Ordena as relações das pessoas com a sociedade
Justiça particular	Justiça comutativa	Ordena as relações das pessoas entre si
	Justiça distributiva	Ordena as relações da sociedade com as pessoas

c) As virtudes anexas à justiça

Mencionaremos agora as partes potenciais da justiça, ou seja, aquelas virtudes morais que têm um objeto muito próximo do da justiça, mas carecem de uma das suas características essenciais.

Às virtudes morais da *religião,* da *piedade* e da *observância* falta a nota da *igualdade.* A primeira inclina a prestar a Deus o culto devido e é tratada no segundo volume. A segunda e a terceira têm por objeto o respeito e a obediência devidos aos pais e às legítimas autoridades. A elas se refere o quarto mandamento do Decálogo[88].

Por sua vez, à *veracidade*, à *gratidão*, à *«vindicatio»*, à *liberalidade*, à *afabilidade*, à *fidelidade* e à *«epiqueia»* falta a nota do *débito* em sentido

(87) *Catecismo*, n. 1807.

(88) Cf. *Catecismo*, nn. 2197-2257.

estrito. A veracidade se refere à verdade das palavras e dos gestos. A gratidão inclina a reconhecer de algum modo a benevolência que outros tiveram para conosco. A *vindicatio* tenta obter reparação pelas injúrias sofridas; não se refere, no entanto, à punição dos delitos por parte das autoridades públicas[89]. A liberalidade facilita a generosa doação dos próprios bens para além dos deveres de estrita justiça. A afabilidade faz que o nosso relacionamento com o próximo seja decoroso e grato. A fidelidade mantém os compromissos livremente assumidos com pessoas ou ideais de vida, apesar dos obstáculos internos e externos que possam sobrevir[90]. A *epiqueia* exige a correção da lei quando, por causa de sua universalidade, não é adequada. Foi estudada no primeiro volume.

d) Justiça e caridade

A doutrina da Igreja ensina que a convivência humana se apoia sobre dois pilares: caridade e justiça. A constituição pastoral *Gaudium et spes* se detém sobre a relação entre estas duas virtudes pelo menos sete vezes[91]. A doutrina foi exposta sinteticamente por São João Paulo II com as seguintes palavras: «A experiência do passado e do nosso tempo demonstra que a justiça, por si só, não basta e que pode até levar à negação e ao aniquilamento de si própria, se não se permitir àquela força mais profunda, que é o amor, plasmar a vida humana nas suas várias dimensões. Foi precisamente a experiência da realidade histórica que levou à formulação do axioma: *summum ius, summa iniuria*. Tal afirmação não tira valor à justiça, nem atenua o significado da ordem instaurada sobre ela, indica apenas, por outro aspecto, a necessidade de recorrer às forças mais profundas do espírito, que condicionam a própria ordem da justiça»[92].

(89) O termo latino *vindicatio* às vezes é traduzido como «vingança». Esta palavra tem um significado na linguagem comum bem diferente daquele da virtude moral designada pelo vocábulo latino. Veja-se *S.Th.*, II-II, q. 108. Sobre a diferença da punição dos delitos por parte das autoridades públicas, veja-se *S.Th.*, II-II, q. 108, a. 2, ad 1.

(90) Sobre a fidelidade, veja-se a interessante monografia de J. Morales, *Fidelidad*, Rialp, Madri, 2004.

(91) Cf. nn. 21/6, 30/2, 72/1-2, 76/5, 77/2, 78/1-2 e 93/1. Sobre a relação entre justiça e caridade, veja-se E. Colom, *Chiesa e società*, Armando, Roma, 1996, cap. XII.

(92) São João Paulo II, *Dives in misericordia*, 30-XI-1980, n. 12.

Estas duas virtudes se situam em diferentes níveis: a justiça é uma virtude moral natural, ainda que exista a virtude infusa correspondente, que procura garantir o fundamento natural da vida social. A caridade, ao contrário, é uma virtude teologal divina, infusa com a graça santificante. A sua finalidade é amar a Deus em Si mesmo e, por consequência, amar todos aqueles que são amados por Ele. *A caridade ultrapassa a justiça, e por isso a pressupõe.* Amar os outros como irmãos pressupõe que os outros sejam reconhecidos como pessoas que têm tanta subjetividade, tanta dignidade e tantos direitos como nós temos, reconhecimento este que está na base da justiça. Quanto a isso não há dúvidas. Os problemas podem vir mais do medo de que se atribuam à caridade gratuita coisas que em verdade pertencem aos mais rigorosos deveres de justiça, falsificando-se assim a verdadeira natureza dos problemas sociais; ou que a insistência nos vínculos mais íntimos levem a descuidar das exigências mais basilares da justiça. Por exemplo, os vínculos de caridade existentes entre quem encomenda um trabalho e quem o realiza não podem de nenhum modo levar a pagar menos do que se deve ou a desempenhar o trabalho de qualquer jeito. A má consciência de quem não respeita os direitos dos outros não pode ser purificada pela esmola nem por nenhum outro ato de caridade. A este propósito, escreve Aubert que «o respeito e a justa importância dados às exigências que a singularidade de cada pessoa impõe, tanto no tocante aos seus direitos como no tocante aos seus bens (e isto é realizado pela justiça), são pressupostos de toda busca de unidade interpessoal, de toda tentativa de comunicação entre pessoas (tal é o sentido da amizade). Mas, porque a caridade, em razão do seu objeto, integra, para superá-lo, o objeto da própria amizade, por isso mesmo assegura também o vínculo com a justiça. A realização desta última é, assim, uma *condição permanente da caridade,* momento prévio indispensável e, ao mesmo tempo, sua propagação»[93]. A caridade exige a realização da justiça como condição necessária para a sua veracidade. Sem justiça a caridade se torna ilusória e uma caricatura de si mesma: o respeito dos direitos alheios é uma manifestação necessária do amor, e toda injustiça é, ao menos indiretamente, uma falta de caridade.

Todavia, também a justiça necessita da caridade. O fim da justiça, que é assegurar o respeito da alteridade pessoal, tem os seus limites: a alteri-

---

(93) J. M. Aubert, *Morale sociale,* 2ª ed., Cittadella, Assis, 1975, pp. 109-110.

dade não pode ser levada ao extremo de prejudicar a unidade e a comunicação, que são exigências igualmente importantes da plena verdade sobre o homem. Da justiça surge a tendência à superação de si mesmo para pôr-se a serviço da amizade. Compete à justiça tornar possível a amizade, enquanto à amizade corresponde englobar a justiça em uma relação de alteridade entre pessoas que se respeitam reciprocamente no amor. A justiça requer a prática da caridade como qualidade necessária para interiorizá-la e personalizá-la, porque só o amor rende completa «justiça» à dignidade da pessoa. Uma justiça «coisificada» e impessoal é sempre imperfeita. A experiência demonstra que uma justiça entregue a si mesma – com excessiva exaltação da alteridade – desemboca facilmente no egoísmo e no individualismo, trazendo consigo o risco das maiores injustiças. A justiça desencarnada – convém não esquecê-lo – carrega em si algo de duro e até de cruel. No *Mercador de Veneza,* Shakespeare nos deixou disso um magnífico exemplo.

O primado cristão da caridade não equivale a uma dissolução das exigências das outras virtudes, como se o amor pudesse justificar qualquer comportamento. A caridade é a forma de todas as virtudes não porque anula os seus objetos formais próprios, mas porque se comporta como causa final e eficiente dos outros objetos morais. O papel da caridade é o de elevar toda a vida moral, com a graça do Senhor Jesus Cristo, ao amor do Pai em comunhão com o Espírito Santo e, em consequência, ao amor dos irmãos. «A caridade representa o maior mandamento social. Respeita o outro e seus direitos. Exige a prática da justiça, e só ela nos torna capazes de praticá-la. Inspira uma vida de autodoação»[94]. Justiça e caridade são virtudes necessárias – como escreve São João – porque são «de Deus»[95].

e) A justiça do desejo: o décimo mandamento

A raiz da injustiça está no coração do homem[96]. *A virtude da justiça deve estender-se até à purificação do coração. O coração do homem justo*

(94) *Catecismo*, n. 1889.

(95) *Aquele que não pratica a justiça não é de Deus, como também não é de Deus quem não ama o seu irmão* (1 Jo 3, 10).

(96) Cf. Mt 15, 19.

se alegra com o bem dos outros, e os seus desejos reconhecem a dignidade e os bens do próximo como norma indiscutível. Esta exigência da justiça é expressa pelo décimo mandamento do Decálogo: Não cobiçarás a casa do próximo, nem seu campo, nem seu escravo, nem sua escrava, nem seu boi, nem seu jumento, nem coisa alguma que lhe pertence (*Deut* 5, 21)[97]. Este mandamento proíbe a inveja, o desejo de apropriar-se sem medida dos bens terrenos, «a *cupidez* desmedida nascida da paixão imoderada das riquezas e de seu poder. Proíbe ainda o desejo de cometer uma injustiça pela qual se prejudicaria o próximo em seus bens temporais»[98].

O cristão é guiado pelo Espírito[99] e segue os desejos do Espírito[100]. A justiça dos desejos constitui uma das primeiras manifestações da ação do Espírito Santo na alma. Mas ela vai além, até a pobreza de coração[101]. Os cristãos procurarão «ordenar retamente os próprios afetos, para não serem impedidos de avançar na perfeição da caridade pelo uso das coisas terrenas e pelo apego às riquezas, em oposição ao espírito da pobreza evangélica»[102]. A virtude da justiça encontra a sua melhor e mais eficaz garantia fora de si mesma. Somente no seguimento de Jesus, que *se fez pobre por nós* (2 Cor 8, 9)[103], a fome e a sede de justiça são mais fortes que a desordem da cupidez.

f) As formas fundamentais de injustiça

Chamaremos *injúria* ou *injustiça* a toda ação contrária à virtude cardeal da justiça, tanto se se trata da justiça geral como da comutativa ou distributiva. *Injúria é o nome genérico dos pecados contra a justiça. Duas são as grandes classes de injúria: a apropriação dos bens alheios (*ablatio rei alienae*) e a danificação dos bens ou dos direitos dos outros (*iniusta damnificatio*).* A diferença entre as duas classes depende do fato de haver ou não enriquecimento ou vantagem material daquele que comete a

(97) Cf. Êx 20, 17.

(98) *Catecismo*, n. 2536.

(99) Cf. Rom 8, 14.

(100) Cf. Rom 8, 27.

(101) Cf. Mt 5, 3.

(102) *Lumen gentium*, n. 42.

(103) 2 Cor 8, 9.

injúria. Pertence à primeira classe a ação de roubar um automóvel ou um relógio; à segunda, a ação de incendiar um automóvel ou a calúnia (danificar a fama). Os bens dos outros que se encontrem em nossa posse devem ser restituídos ao seu legítimo proprietário; os danos causados injustamente exigem reparação ou ressarcimento.

A injúria é pecado mortal *ex genere suo*[104], isto é, em si mesma é pecado grave, mas será leve se o bem roubado ou o dano causado forem de escassa entidade (por exemplo, roubar uma quantia irrisória de uma pessoa de boa posição econômica)[105]. A Sagrada Escritura inclui os pecados contra a justiça entre aqueles que excluem do Reino de Deus[106]. Sendo uma virtude que tem a ver com o próprio fundamento da vida social e, além disso, um pressuposto da caridade, não é difícil entender que os pecados contra a justiça sejam graves.

A injúria não constitui a espécie moral ínfima de um pecado. Nem sequer as duas grandes classes de injúrias a constituem. No sacramento da Penitência se deve especificar o tipo de injúria cometido: furto, roubo, homicídio, calúnia, falso testemunho em um processo, etc.

Em termos gerais não se comete injúria a quem com ela consente. Mas é necessário que o consentimento do titular seja livre e lícito. Obviamente, isto não acontece quando se trata de direitos irrenunciáveis (direito à vida e à integridade corporal, fidelidade conjugal, etc.).

4. A lesão da propriedade alheia

a) Fundamento e limites do direito de propriedade

Para o nosso estudo, não é necessário adentrar em complicadas reflexões teóricas sobre o direito de propriedade privada. *A tradição teológica católica sempre sustentou tanto o direito de propriedade como o seu caráter não absoluto, na medida em que a propriedade privada é entendida à luz*

(104) Cf. *S.Th.*, II-II, q. 59, a. 4. Sobre o significado exato do termo técnico *ex genere suo*, veja-se *Escolhidos em Cristo I*, cap. XI, § 4 (a).

(105) Naturalmente, como ocorre em qualquer ação pecaminosa, uma injúria grave pela matéria poderia ser subjetivamente um pecado venial se falta a plena advertência ou o consentimento perfeito.

(106) Cf. 1 Cor 6, 9-10.

do princípio mais geral da destinação universal dos bens[107]. Com o surgimento da questão social, o Magistério da Igreja ocupou-se muitas vezes do princípio da destinação universal dos bens e do direito de propriedade, a começar pela grande encíclica social de Leão XIII, *Rerum novarum*[108]. A mesma doutrina foi retomada por outros papas, pelo Concílio Vaticano II[109] e por São João Paulo II[110].

Interessa-nos agora indicar o sujeito e o objeto do domínio ou propriedade, o que faremos muito sinteticamente, pois será preciso voltar ao assunto no estudo dos problemas singulares. Em relação aos bens intrínsecos da própria natureza, seja da alma ou do corpo, o homem possui um domínio ministerial, como um administrador (não pode dispor arbitrariamente da própria vida e da própria integridade corporal). Tem, ao contrário, domínio pleno em sentido estrito sobre os bens externos, tanto móveis como imóveis – o qual porém não é absoluto, pela razão antes indicada –, assim como sobre os bens que são produtos do seu trabalho ou engenho (propriedade intelectual e artística, patentes industriais e informáticas, etc.). Possui também domínio pleno, em sentido rigoroso, sobre os bens que são em parte internos e em parte externos, como a honra e a fama, ainda que submetido a certos limites, em virtude dos quais às vezes os bens se tornam irrenunciáveis e, às vezes, ocorre a perda dos direitos sobre eles (o bem comum pode exigir a manifestação de um crime oculto, com a consequente perda da boa fama). Não se pode ter domínio pleno e direto sobre outro ser humano (escravidão), ainda que se possa ter direito a uma prestação laboral que tenha sido livre e licitamente estipulada mediante um contrato.

São sujeitos do domínio ou propriedade as pessoas físicas ou morais. Entre as pessoas físicas se contam também os ainda não nascidos e as pessoas carentes de uso de razão por idade ou doença mental. Quando não houver exercício em ato da razão, é claro que se deverá prover a administração dos bens em conformidade com as prescrições da lei ou

---

(107) Cf. *S.Th.*, II-II, q. 32, a. 5, ad 2; q. 66, a. 2.

(108) Cf. Leão XIII, *Rerum novarum*, 15-V-1883: *Leonis XIII P.M. Acta*, XI, Romae 1892, 99-107; 111-114; 131-133. Veja-se E. Colom, *Chiesa e società*, cit., pp. 242-247.

(109) Cf. *Gaudium et spes*, nn. 69; 71. Veja-se E. Lio, *Morale e beni terreni. La destinazione universale dei beni terreni nella "Gaudium et spes" e in alcune fonti*, P.U.L.-Città Nuova Editrice, Roma, 1976.

(110) Cf., por exemplo, *Centesimus annus*, 1-V-1991, nn. 30-32.

com as disposições do juiz tutelar. As pessoas físicas falecidas já não são proprietárias de bens externos, mas conservam, a princípio, o direito à fama. Em algumas situações particulares, como entre pais e filhos menores ou entre marido e mulher, o direito de propriedade adquire características específicas, que costumam ser reguladas minuciosamente pelas leis civis. Estas leis devem ser respeitadas, salvo no caso em que sejam manifestamente injustas.

b) O furto: natureza e moralidade

O furto é um pecado contra a justiça que consiste na apropriação oculta de um bem alheio, contra a razoável oposição do proprietário[111]. Equiparam-se plenamente ao furto a não restituição daquilo que foi encontrado e que se sabe pertencer a outros, a não restituição daquilo que foi tomado mediante engano ou em empréstimo e o não pagamento das dívidas[112]. Se a usurpação do bem alheio não é oculta, mas feita na presença do proprietário mediante intimidação ou violência, temos o pecado de roubo, que à injúria real (de *res,* coisa) acrescenta a injúria pessoal, isto é, a ofensa e a violência ao dono. Se a coisa roubada é um objeto sagrado, temos o *furto sacrílego,* que é um pecado também contra a virtude da religião.

Na definição de furto se fala da razoável vontade contrária do proprietário porque «não há roubo se o consentimento pode ser presumido ou se a recusa é contrária à razão e à destinação universal dos bens. É o caso da necessidade urgente e evidente, em que o único meio de acudir às necessidades imediatas e essenciais (alimento, abrigo, roupa...) é dispor e usar dos bens do outro»[113].

O furto é pecado mortal ex genere suo. É contrário ao sétimo mandamento do Decálogo e, enquanto tal, vem incluído pela Sagrada Escritura entre os pecados mais graves[114]. Para São Paulo, trata-se de uma das

(111) O *Catecismo da Igreja Católica* define o furto como «a usurpação do bem de outro contra a vontade razoável do proprietário» (n. 2408).

(112) Cf. P. Palazzini, *Vita e virtù cristiane*, Paoline, Roma, 1975, p. 328.

(113) *Catecismo*, n. 2408. O caso de extrema necessidade não pode ser considerado um «furto lícito» nem uma exceção à intrínseca malícia do furto.

(114) Cf. Êx, 20, 15; Lev 19, 11; Mt 15, 19; 19, 18; Mc 7, 22; Lc 18, 20.

culpas que excluem do Reino de Deus[115]. Para avaliar especificamente a gravidade de cada furto, deve-se considerar, por um lado, o injusto enriquecimento de quem comete o furto e, por outro, o dano que se faz tanto ao proprietário como à boa ordem social. A este propósito se devem distinguir a *matéria absolutamente grave* e a *matéria relativamente grave*. Retomemos a explicação de Chiavacci: «É preciso atender aos dois motivos da malícia do furto: o injusto enriquecimento é grave se for verdadeiro enriquecimento, tendo-se em conta a situação econômica média da sociedade em que se vive. Há dado objetivo, ainda que variável: o que pode ser considerado verdadeiro enriquecimento é sempre matéria grave, independentemente do dano provocado à vítima (*materia absolute gravis*). Mas o dano causado pode ser grave mesmo que o objeto do furto tenha valor inferior àquele que pode considerar-se enriquecimento objetivo: há, pois, uma gravidade de matéria ligada à condição da vítima do roubo, isto é, a um dado relativo e não determinável objetivamente. Se o dano é grave, a matéria deverá também considerar-se grave, ainda que não constitua verdadeiro enriquecimento (*materia relative gravis*). A gravidade da matéria, e do pecado de furto, deverá ser proporcional à gravidade do dano, mas até certo limite. Além do limite do verdadeiro enriquecimento, a matéria será sempre grave, ainda que o dano causado seja leve: a *materia absolute gravis* funciona, portanto, como um teto para a *materia relative gravis*; um teto além do qual haverá sempre pecado mortal»[116]. Assim, pode acontecer que o furto de soma não muito relevante de uma pessoa de condição econômica modesta seja uma culpa grave e que seja grave também o furto de uma soma relevante com o qual, no entanto, não se causa um grave dano a uma pessoa muito rica.

Questão delicada, e sempre discutida, é a de indicar valores específicos para as matérias relativa e absolutamente graves[117]. Referindo-se à *matéria relativamente grave*, Mausbach considera que, «para as categorias inferiores e médias de assalariados, normalmente se considera matéria grave o pagamento de uma jornada de trabalho, o qual constitui o

---

(115) Cf. 1 Cor 6, 10.

(116) E. Chiavacci, *Furto*, em F. Compagnoni, G. Piana, S. Privitera (eds.), *Nuovo dizionario di teologia morale*, cit., p. 469.

(117) Cf., por exemplo, Santo Afonso Maria de Ligório, *Theologia moralis*, lib. IV., tract. V, cap. 1, dubium II, nn. 526-528.

sustento de um homem e da sua família por um dia. Quando se trata de pessoa em má condição econômica, o limite pode ser inferior»[118]. Esta nos parece uma boa indicação, compartilhada por outros autores. Quanto à *matéria absolutamente grave*, Palazzini afirma que «os teólogos estabelecem a matéria grave do furto na renda mensal de um empregado ou de um assalariado médio»[119]. Outros autores falam na renda líquida semanal de um operário ou empregado de tipo médio. Aproximamo-nos mais desta última opinião.

O valor destas indicações é certamente muito relativo. Não se devem aplicar de maneira mecânica. Para um juízo específico, é necessário ter em conta as circunstâncias, e o nível médio de vida da sociedade em que se vive. Mas, por um lado, mesmo que o dano causado a uma pessoa muito rica seja pouco relevante, certas transgressões da justiça são graves pela sua relação negativa com a boa ordem social e com o respeito que toda pessoa merece. Por outro, é preciso ter critério orientador para saber quando existe o dever grave de restituir no caso de furtos em pontos de venda de grandes redes comerciais, etc., cujos proprietários gozam presumivelmente de ótima posição econômica.

c) Alguns furtos de natureza particular

Furtos em âmbito doméstico – Falaremos agora dos furtos que podem ocorrer em âmbito familiar, entre pessoas que habitam sob o mesmo teto. O furto de alimentos sólidos ou líquidos para uso próprio imediato, por parte dos filhos ou até do pessoal de serviço, dificilmente constituirá matéria grave, seja pelo valor objetivo, seja porque o chefe de família normalmente se opõe mais ao modo oculto de tomá-los do que ao fato de que sejam tomados. Poderia haver culpa grave se os alimentos tomados pelo pessoal de serviço ou pelos filhos em certa quantidade fossem vendidos a pessoas estranhas ou se se tratasse de alimentos ou de bebidas de grande valor. O furto de dinheiro por parte do pessoal de serviço é considerado, por sua vez, como furto entre estranhos.

---

(118) G. Mausbach, *Teologia morale*, ed. revista por G. Ermecke, Paoline, Alba, 1959, p. 1067.

(119) P. Palazzini, *Vità e virtù cristiane*, cit., p. 329, nota 273.

O furto entre marido e mulher normalmente não constitui matéria grave. Para atingir matéria grave, o valor da coisa roubada deveria ser mais alto (talvez o dobro) se se trata de bens do outro cônjuge, e muito mais alto (talvez o quádruplo) se se trata de bens comuns. No entanto, existirão casos verdadeiramente graves, como quando um cônjuge dispõe de uma quantidade muito elevada de dinheiro, contra a grave e razoável oposição do outro, para despesas supérfluas ou para o jogo, com considerável dano da situação econômica familiar.

O furto dos pais por parte dos filhos que deles ainda dependem deve ser julgado considerando todas as circunstâncias: condição econômica da família, presumível permissão dos pais, quantidade que os pais dariam voluntariamente se lhes fosse pedida de maneira aberta, destinação da coisa roubada, etc. Para alcançar a matéria grave, é necessária uma quantidade ao menos em dobro daquela dos furtos entre estranhos. Mas podem ocorrer pecados graves, dos quais se origina um verdadeiro dever de restituição, seja porque se causa um dano muito grave aos pais, privando-os dos fundos que haviam reservado para a sua velhice ou para os outros irmãos ou irmãs, seja porque, por exemplo, um filho gasta em atividades supérfluas ou nocivas as somas que os pais lhes dão com grande sacrifício para realizar os estudos universitários, etc. A este respeito, parecem apropriadas as palavras do livro dos Provérbios (28, 24): *Quem rouba de seu pai e de sua mãe, dizendo: «Não é pecado!», é cúmplice de um homicida.*

Os pequenos furtos repetidos – A repetição de furtos em matéria leve pode constituir pecado grave em dois casos: a) se se devem à má intenção de chegar pouco a pouco a uma quantidade suficiente para constituir matéria grave; b) se, mesmo sem tal intenção, são realizados sem considerável intervalo entre eles, sem que tenha havido arrependimento e restituição, e o seu valor total constitui matéria grave[120]. Santo Afonso, e muitos moralistas com ele, considera que nestes casos o valor das coisas roubadas deve ser de 50% ou mais se a pessoa roubada é uma

(120) Aqui se aplicam os princípios sobre a distinção numérica dos pecados que explicamos em *Escolhidos em Cristo I*, cap. XI, § 5. Inocêncio XI condenou a seguinte proposição: «Ninguém é obrigado sob pena de pecado mortal a restituir o que tiver sido tirado por meio de alguns pequenos furtos, por grande que seja a quantidade total» (DH 2138).

só e o dobro se são roubadas diversas pessoas[121]. Outros pensam que, se as pessoas roubadas são muito numerosas, para que haja pecado mortal deve ser alcançada a matéria absolutamente grave[122]. A razão é que em cada uma destas hipóteses se causa um dano menor do que quando a mesma quantia é subtraída com um só ato a uma só pessoa.

d) As condutas fraudulentas

A fraude é a atividade lesiva do direito alheio mediante o engano e realizada com má-fé. Pode ser uma fraude alimentar, fiscal, comercial, etc. Este fenômeno aparece sempre mais estendido: não atinge somente o mundo dos negócios, mas também a vida política, a justiça, os meios de comunicação e até a pesquisa científica. Certo tipo de fraude é o *estelionato,* ou seja, induzir alguém a erro com enganos para conseguir um injusto proveito causando prejuízo a outros. Do ponto de vista moral, podem existir alguns elementos que são específicos de determinado âmbito, mas os princípios aplicáveis são aqueles que já foram indicados, uma vez que a fraude nada mais é do que um roubo feito com engano[123]. O abuso de poder se dá quando um funcionário público usa de modo ilegítimo as suas funções para obter para si ou para outros alguma vantagem ou mesmo algum prejuízo; os critérios morais são os mesmos do furto (no primeiro caso) ou do dano injusto (no segundo).

Mais complexo, do ponto de vista moral, é o tema da *corrupção*[124]. A Sagrada Escritura dedica a ele diversas passagens. No livro do Êxodo (23, 8), aconselha-se a não aceitar presentes, *pois o suborno cega os que têm os olhos abertos e perverte as palavras dos justos.* Os Salmos (14, 1.4) perguntam: *Senhor, quem pode habitar na tua tenda? [...] [Quem] empresta dinheiro sem usura, e não aceita presentes para condenar o inocente*; e Isaías (33, 15-

---

(121) Cf. Santo Afonso Maria de Ligório, *Theologia moralis*, lib. IV., tract. V, cap. 1, dubium II, n. 530.

(122) Cf. D. M. Prümmer, *Manuale theologiae moralis*, 15ª ed., Herder, Barcinone-Friburgi Brisg.–Romae, 1961, vol. II, n. 82.

(123) Cf. *Catecismo*, n. 2409.

(124) Sobre este tema seguimos de perto: H. Fitte, *Teologia e società*, Apollinare Studi, Roma, 2000, pp. 260-267. Para uma visão global do problema, veja-se também J. T. Noonan, *Bribes*, MacMillan, Nova York, 1984.

-16) afirma que é sábio *aquele que caminha na justiça [...] que esconde a mão para não aceitar suborno.* No Novo Testamento (Lc 3, 13-14), João Batista admoesta: *Não cobreis nada mais do que foi estabelecido, [...] não tomeis dinheiro à força [...] e contentai-vos com o vosso salário.* Em sentido amplo se pode dizer, com o *Catecismo da Igreja Católica*, que a corrupção é o ato pelo qual «se desvia o juízo daqueles que devem tomar decisões segundo o direito»[125]. Trata-se de uma compensação ilícita que é oferecida ou pedida a um funcionário público, um dirigente ou um empregado de uma empresa, etc., com o fim implícito ou explícito de obter ou de fazer um favor em qualquer negócio econômico ou em qualquer prática administrativa, ou então para evitar que seja causado um dano injusto ou seja negado um direito mediante um abuso no exercício das atribuições do próprio cargo ou função; é normalmente chamada «suborno» ou «propina».

Tais ações produzem efeitos deletérios nas pessoas e na sociedade porque atentam diretamente contra a dignidade humana. Com efeito, a corrupção desmotiva a responsabilidade e a iniciativa das pessoas, impede a concorrência sadia e o empenho por melhorar a qualidade dos produtos e faz perder a autoestima e o profissionalismo em um trabalho que já não respeita o mérito ou as capacidades pessoais. Além disso, deteriora as relações interpessoais e difunde a suspeita entre as pessoas e as instituições; os contratos, as normas, os compromissos e as promessas perdem credibilidade; e estabelece-se uma sociedade paralela guiada mais pela força e pelo poder do que pela justiça e pela competência profissional, bem como organizada de modo complexo a fim de assegurar os próprios direitos. Agigantam-se o ordenamento legal e os controles para garantir o cumprimento da lei e, consequentemente, a burocracia, facilitando que a legislação seja considerada algo arbitrário. Tudo isso fere mais profundamente as sociedades pobres: a corrupção se encontra «entre as causas que predominantemente concorrem para determinar o subdesenvolvimento e a pobreza»[126] e está também – junto a outros motivos – na origem da crise das dívidas de muitos países pobres[127]. A difusão da corrupção gera verdadeiras estruturas de pecado que tornam bastante difícil o reto comportamento e incitam à injusti-

(125) *Catecismo*, n. 2409.

(126) Pontifício Conselho "Justiça e Paz", *Compêndio da doutrina social da Igreja*, n. 447.

(127) Cf. Id., n. 450.

ça. Nas palavras de São João Paulo II: «A falta de segurança, acompanhada da corrupção dos poderes públicos e da difusão de fontes imprópias de enriquecimento e de lucros fáceis fundados em atividades ilegais ou puramente especulativas, é um dos obstáculos principais ao desenvolvimento e à ordem econômica»[128].

No âmbito legal se especificam diversos tipos de corrupção, os quais servem também para a moral[129]. Chama-se *corrupção* (ou suborno) quando quem deseja obter algo oferece uma compensação a quem pode dá-lo ou facilitá-lo. A *concussão* (ou extorsão) ocorre, por sua vez, quando a compensação é pedida, por quem é capaz de fazê-lo (funcionário público, político influente, etc.), como condição para agilizar uma prática ou para fazer algo em favor da outra pessoa. A casuística é bastante ampla. A compensação pode ser pedida (concussão), por exemplo, para proceder sem atrasos voluntários a um trâmite burocrático que se tem o dever de cumprir, ou para não realizar fiscalizações tributárias e, se é o caso, não delatar irregularidades tributárias ou de balanço, etc. A compensação pode ser oferecida (corrupção) para receber um tratamento favorável em um concurso ou em uma licitação, para obter informações reservadas ou recomendações, para assegurar um contrato de fornecimento, etc. Com as quantias obtidas deste modo, podem-se buscar um enriquecimento pessoal, o financiamento de um partido político ou outras finalidades igualmente inaceitáveis pela moral[130]. Para avaliar estes comportamentos, deve-se ter em conta que há o dever moral de cumprir o trabalho ou a função acordados em todo contrato privado ou público que prevê uma retribuição justa. Condicionar a prestação pactuada à obtenção de outros bens é um descumprimento do contrato contrário à justiça. A esta culpa se acrescenta o prejuízo muitas vezes causado a terceiros (outros concorrentes, outras empresas, etc.), o escândalo ou instigação a pecar (corrompe-se alguém) e, em todo caso, a cooperação à difusão de comportamentos imorais.

(128) *Centesimus annus*, n. 48.

(129) Na linguagem coloquial, fala-se às vezes de propina, entendida como uma pretensão ilícita de dinheiro (ou de bens similares), garantindo àquele que paga a obtenção de alguma vantagem. Outras vezes a palavra propina é usada para referir-se à quantia oferecida para alcançar um favor ilícito.

(130) Esta circunstância não modifica o objeto moral da ação e a sua malícia, que continua sendo uma concussão.

A oferta espontânea e o pedido deste tipo de compensações são, portanto, contrários à virtude da justiça, mesmo quando o fim é apenas o de obter coisas às quais se tem direito ou de fazer coisas devidas. Há ainda um enriquecimento (próprio, do partido, etc.) que não corresponde a nenhum título legítimo, e por isso se trata de enriquecimento injusto. Se o fim pelo qual se oferece ou se pede a compensação é o de obter ou fazer coisas contrárias à lei moral ou às leis civis, eventualmente em prejuízo de terceiros, do Estado, dos habitantes de um território, do ambiente, etc., acrescentam-se novas razões de ilicitude moral. Estes comportamentos causam frequentemente prejuízos ou situações injustas que impõem o grave dever de restituir ou ressarcir.

Às vezes, determinado ambiente profissional ou administrativo pode ser tão corrupto que torna impossível ou muito difícil que os cidadãos e os empreendedores honestos possam levar adiante as próprias atividades, correndo o risco de pôr em perigo não só a própria subsistência, mas também a dos trabalhadores que dependem deles e de suas famílias (por exemplo, quando um empresário honesto se vê obrigado à falência econômica com a consequente dispensa dos operários e empregados). Não se pode excluir que em alguma ocasião seja lícito dar uma compensação a um funcionário público ou privado, se ocorrerem *simultaneamente* as seguintes condições:

1) Que o funcionário ou a pessoa privada *o peçam explicitamente.*

2) Que seja *necessária* para obter algo a que se tem não apenas o *direito,* mas também o *grave dever* de obter (por exemplo, para não ser obrigado a dispensar os empregados), ou para evitar o prejuízo proporcionalmente grave derivado do comportamento injusto de quem pede a compensação.

3) Que não se cause um dano injusto a terceiros e que se evite cuidadosamente o perigo de escândalo[131].

4) Que se pondere atentamente o dever moral de contribuir com a

(131) Pode-se escandalizar a própria pessoa que exige a compensação, porque o seu comportamento imoral se vê reforçado pelo fato de que até pessoas prezadas pela sua boa consciência o aceitam. Podem ficar escandalizados também os colegas, amigos ou dependentes daquele que dá a compensação, porque podem não saber que este foi constrangido a agir contra as próprias convicções éticas para salvar o trabalho dos seus dependentes, etc. A prática da concussão normalmente é punida pelas leis civis. Se o caso chega a ser conhecido, ocorrerá também um escândalo público. Todas estas circunstâncias devem ser avaliadas com muita atenção.

própria ajuda à sanação moral das estruturas políticas, sociais, trabalhistas, econômicas, etc.

Dissemos que não se pode excluir que às vezes seja moralmente lícito agir seguindo estes critérios. Nestes casos não se comete uma injustiça, mas antes se sofre uma injustiça não por interesse pessoal, mas por um interesse de natureza superior, ligado ao bem de outras pessoas e famílias. É preciso advertir, no entanto, que a princípio é necessário agir positivamente para eliminar estas situações de injustiça, unindo os próprios esforços aos de outras pessoas honestas que se encontram em situação idêntica, procedendo à delação oportuna (caso seja possível fazê-lo com resultados positivos), promovendo através dos órgãos de classe ou de organizações empresariais reformas legais e ações judiciais idôneas a proteger as atividades profissionais ou produtivas dos cidadãos honestos e a opor-se à corrupção, etc. As soluções casuísticas para situações de emergência não podem ser tomadas como critérios habituais de comportamento sem grave prejuízo do bem comum e, antes ou depois, sem detrimento dos próprios interesses profissionais ou trabalhistas[132].

e) Situações particulares: a extrema necessidade e a oculta compensação

Extrema necessidade – Tomar um bem cuja propriedade legal pertence a outro nem sempre constitui uma injustiça. Como consequência do princípio da destinação universal dos bens, São Tomás afirma que, «se a necessidade é de tal modo evidente e urgente que seja manifesto que se deva obviar à instante necessidade com os bens ao nosso alcance quando, por exemplo, é iminente o perigo para a pessoa e não é possível salvá-la de outro modo, então alguém pode licitamente satisfazer à própria necessidade utilizando o bem de outrem, dele apoderando-se

(132) São João Paulo II, falando sobre o pecado social, recorda que «trata-se dos pecados pessoalíssimos de quem gera ou favorece a iniquidade ou a desfruta; de quem, podendo fazer alguma coisa para evitar, ou eliminar, ou pelo menos limitar certos males sociais, deixa de o fazer por preguiça, por medo e temerosa conivência, por cumplicidade disfarçada ou por indiferença; de quem procura escusas na pretensa impossibilidade de mudar o mundo; e, ainda, de quem pretende esquivar-se ao cansaço e ao sacrifício, aduzindo razões especiosas de ordem superior. As verdadeiras responsabilidades, portanto, são das pessoas» (Exort. ap. *Reconciliatio et paenitentia*, 02-XII-1984, n. 16).

manifesta ou ocultamente. E esse ato, em sua própria natureza, não é furto ou rapina»[133]. A conclusão de São Tomás é comumente aceita. É necessário esclarecer, no entanto, que a faculdade de disposição dos bens alheios surge apenas de necessidade verdadeiramente extrema (perigo de morte, de lesão da integridade corporal, de grave dano à saúde) que não possa ser evitada de outra maneira e se estende somente ao uso ou consumo daquilo que é necessário para superar o perigo. Geralmente se deve restituir a coisa usada quando já não é necessária. Quando se trata de um bem que se consome com o uso, e posteriormente é possível ressarcir o seu valor, o homem amante da justiça o fará se a coisa antes tomada tem valor relevante, mesmo podendo-se discutir teoricamente se existe ou não o dever de fazê-lo[134]. Em todo caso, os bens alheios não podem ser tomados se, em consequência disso, o proprietário vier a encontrar-se em estado de extrema necessidade.

Oculta compensação – Pode-se perguntar se é justo retomar às ocultas um bem próprio que se encontra injustamente na posse de outra pessoa (*oculta compensação*). Decerto existe o direito sobre os próprios bens, mas também é verdade que geralmente ninguém deve fazer justiça com as próprias mãos. Por isso São Tomás escreve que quem «retoma furtivamente seu próprio bem a alguém que o detém injustamente peca sem dúvida, não por lesar o detentor, e por isso não está obrigado a nenhuma restituição ou reparação, mas porque vai contra a justiça legal, arrogando-se o direito de fazer-se justiça por si mesmo, negligenciando a ordem jurídica. Está, portanto, obrigado a satisfazer a Deus e a reparar o escândalo porventura causado ao próximo»[135]. No entanto, normalmente se considera que a oculta compensação seja lícita se: a) há um direito em sentido rigoroso e certo sobre o bem em questão; b) não é possível obter o que é próprio de outra maneira sem grave incômodo; c) é evitado o perigo de causar um dano injusto ao possuidor (por exemplo, exagerando o valor do bem a compensar) ou a terceiros, sobre os

(133) *S.Th.*, II-II, q. 66, a. 7. A *Gaudium et spes*, n. 69, ensina a mesma doutrina remetendo a esta passagem do Aquinate.

(134) No passado já se tinham formulado várias opiniões sobre a matéria. Cf. J. Mausbach, *Teologia morale*, cit., pp. 1070-1071; D. M. Prümmer, *Manuale theologiae moralis*, cit., vol. II, n. 86.

(135) *S.Th.*, II-II, q. 66, a. 5, ad 3.

quais poderia recair a suspeita da subtração; d) se evita o escândalo e a perturbação da ordem pública. Na prática, mesmo admitindo a licitude do ponto de vista teórico, o homem justo raramente recorrerá a ela e mais raramente ainda a aconselhará aos outros[136].

5. O dano injusto em geral

a) Natureza e moralidade do dano injusto

*Chama-se genericamente dano injusto (*iniusta damnificatio*) a lesão intencional do direito do próximo aos seus bens naturais sem que haja enriquecimento ou vantagem material para quem causa o dano*, ao contrário do que acontece no furto e no roubo. O dano dos bens sobrenaturais do próximo é o escândalo, pecado contra a caridade do qual se fala no volume II deste manual. Nas páginas seguintes trataremos do dano dos bens naturais, tanto espirituais (difamação, calúnia, etc.) como corporais (mutilação, aborto, etc.) ou externos (destruição de bens materiais).

Enquanto lesão da justiça, o *dano injusto é um pecado* ex genere suo *grave*. Já sabemos que *ex genere suo* grave significa que pode ser leve nos casos em que a matéria é de escassa entidade e não há outras circunstâncias agravantes.

Do dano injusto decorre o dever rigoroso de reparar ou ressarcir o dano causado se a ação é verdadeira, eficaz e formalmente injusta. A ação é *verdadeiramente injusta* se fere a justiça e, portanto, um direito do outro. Se um transeunte não ajuda a apagar um incêndio em um comércio, mesmo podendo fazê-lo, peca contra a caridade mas não atenta contra um direito do proprietário do negócio, e assim não é obrigado a ressarci-lo. É *eficazmente injusta* a ação que é a causa do dano; não o é, ao contrário, uma ação lícita que se torna ocasião ou *conditio sine qua non* para a causação de um dano por outro sujeito. Quem, respeitando as disposições legais, vende uma arma própria para a caça, mas que depois é usada para ferir uma terceira pessoa, não cometeu uma ação eficazmente injusta. *Formalmente injusta* é a ação que constitui um pecado

---

(136) Cf. D. M. Prümmer, *Manuale theologiae moralis*, cit., vol. II, n. 88.

contra a justiça. Não é formalmente injusta a lesão de um direito alheio totalmente involuntária. É possível, no entanto, que causar de modo não intencional um dano constitua uma culpa jurídica. Neste caso há o dever moral de ressarcir se: a) assim estabelece uma sentença judicial; b) assim havia sido livremente estipulado, explícita ou implicitamente, em um contrato[137].

b) A cooperação para o dano injusto

Acontece com frequência que diversas pessoas concorram para causar um dano injusto. *Tradicionalmente se distinguem seis formas de cooperação positiva e três formas de cooperação negativa ou passiva,* que eram memorizadas com os seguintes versos latinos:

Iussio, consilium, consensus, palpo, recursus,
Participans, mutus, non obstans, non manifestans[138].

Coopera positivamente o mandante, quem aconselha, quem consente, quem move a fazer o mal mediante a adulação, quem oferece os meios e quem participa da ação injusta. Coopera negativamente ou

---

(137) Referindo-se à afirmação de São Tomás na *S.Th.*, II-II, q. 62, a. 6, Francisco de Vitória escreve: o Aquinate «estabelece um princípio universal em matéria de restituição [...]: o de que se pode ser obrigado à restituição, tanto pelo bem tomado como pela injustiça da ação cometida. – Primeira conclusão: quem possui um bem alheio, mesmo que o tenha recebido, é obrigado a restituí-lo. Segunda conclusão: pela injustiça cometida é obrigado à restituição quem destrói a coisa alheia, por exemplo incendiando-lhe a casa, ou destruindo os seus pertences. Terceira conclusão: mesmo tendo tomado o bem alheio com o consentimento do proprietário, mas para minha exclusiva utilidade [empréstimo], sou obrigado a restituí-lo em caso de perda. Quarta conclusão: se pelo contrário o aceitei para utilidade do proprietário [depósito], e o perco sem culpa, não sou obrigado à restituição» (Francisco de Vitoria, *Comentarios a la Secunda Secundae de Santo Tomás*, Salamanca, 1934, vol. III, p. 175).

(138) Cf. M. D. Prümmer, *Manuale theologiae moralis*, cit., vol. II, n. 100; J. Mausbach, *Teologia morale*, cit., pp. 1093-1097. Também o *Catecismo da Igreja Católica* considera tanto a cooperação positiva como a negativa ou passiva: «O pecado é um ato pessoal. Mas, além disso, nós temos responsabilidade nos pecados cometidos por outros, quando neles cooperamos: tomando parte neles, direta e voluntariamente; ordenando-os, aconselhando-os, aplaudindo-os ou aprovando-os; não os denunciando ou não os impedindo, quando a isso somos obrigados; protegendo os que praticam o mal» (n. 1868).

passivamente quem não adverte antes que ocorra o dano, quem não impede a realização do dano e quem não o delata depois.

Em termos gerais vale para o concurso do dano injusto tudo o que foi dito antes. *Há o dever moral de reparar ou ressarcir se a própria cooperação é verdadeira, eficaz e formalmente injusta.* Em caso de cooperação material, se assim estabelecer uma sentença judicial ou se tiver sido livremente estipulado. Acrescentamos algumas especificidades sobre certas formas de cooperação.

Ordem e mandato – A incitação ao mal mais eficaz é a ordem (*iussio*) e o mandato (*mandatum*)[139]. O mandante é a causa principal do mal e, se ocorrem as condições antes mencionadas, deve ressarcir não só quem sofreu o dano[140], mas também o mandatário ou executor caso tenha havido abuso de autoridade, força ou fraude de sua parte.

Conselho – Quem aconselha outro a causar dano a uma terceira pessoa não é considerado causa principal do dano acarretado e é obrigado a reparar o dano somente na medida em que o conselho influi eficazmente sobre a ação injusta. Deveria ressarcir apenas quem cometeu o dano caso este último tivesse sido arrastado ao erro mediante a mentira ou a fraude, ou então se quem aconselhou tivesse, em virtude do próprio ofício, o dever de dar bons conselhos (funcionário público, confessor, etc.). Não se considera ação injusta o conselho pelo qual, em lugar de um mal maior *que não se pode absolutamente evitar,* se aconselha um mal menor incluído no maior e contra a mesma pessoa. Tal conselho é dado no interesse desta última[141].

Consentimento – O consenciente pode ser simplesmente quem aprova o mal realizado por outro, sem influir sobre ele, ou quem se

(139) Fala-se propriamente de comando (*iussio*) quando o mandante se aproveita da sua autoridade sobre quem executa o mandato (por exemplo, se o mandante é um chefe militar e quem executa é um seu subordinado). O encargo (*mandatum*) ocorre, ao contrário, por livre acordo; por exemplo, se o mandante paga a alguém para que realize uma ação injusta.

(140) Foi condenada por Inocêncio XI a seguinte tese: «Aquele que força ou induz outro a causar um grave dano a uma terceira pessoa não é obrigado à reparação deste dano causado» (DH 2139).

(141) Cf. M. D. Prümmer, *Manuale theologiae moralis*, cit., vol. II, n. 103 b); J. Mausbach, *Teologia morale*, cit., p. 1094.

põe de acordo com outros para causar um dano (um juiz que entra em concordância com os outros membros do tribunal para emitir uma sentença injusta, ou a mesma coisa entre vários membros de um órgão legislativo).

Participação na ação – A cooperação mais estrita no apoio de uma injustiça é a participação na própria ação que provoca o dano. A cooperação formal é sempre moralmente ilícita e implica o dever de ressarcir se e na medida em que foi causa do dano. Se a cooperação era de tal modo necessária que sem ela a injustiça não teria sido possível, o dever de ressarcir se estende a todo o dano *in solidum;* se a cooperação não era necessária, deve-se ressarcir apenas uma parte do dano causado. Da cooperação material e das condições para sua licitude já falamos no primeiro volume[142]. Com algumas ações, como o assassinato, o adultério, etc., nunca é lícito cooperar materialmente de modo imediato, «porque nestes casos o direito é acompanhado de um dever absoluto a que não se pode renunciar livremente e que não pode ser compensado por um bem superior da outra parte»[143].

Cooperação passiva – A cooperação negativa ou passiva (calar, não impedir, não denunciar) é uma injustiça, da qual deriva certo dever de ressarcir quando quem coopera era obrigado em virtude do seu ofício ou de um contrato tácito ou expresso a impedir a ação injusta, desde que isso fosse possível sem grave incômodo. Seria o caso dos policiais, dos operadores de caixa, dos guardas florestais, dos inspetores, dos administradores, etc., que não impedissem ou não denunciassem os ilícitos que ocorrem no âmbito das suas competências específicas. Eles são pagos para exercer funções de prevenção e controle e faltam com a justiça comutativa se não as realizam conscienciosamente.

Muitas vezes a medida em que se deve ressarcir é regulada pelas leis civis. É moralmente lícito e devido adequar-se a elas, exceto nos casos em que sejam manifestamente injustas.

---

(142) Cf. *Escolhidos em Cristo I*, cap. XI, § 8.

(143) J. Mausbach, *Teologia morale*, cit., pp. 1095-1096.

6. *A responsabilidade para com a verdade, para com a honra e para com a fama do próximo*

Mediante a linguagem (oral, escrita, por imagens ou sinais) se promovem, se protegem ou se ofendem a verdade, a honra e a fama, bens de importância tão grande para a pessoa que a sabedoria bíblica chega a afirmar que *morte e vida estão no poder da língua* (Prov 18, 21). Por isso, o uso da palavra constitui um necessário capítulo do estudo da virtude da justiça e suas partes (a veracidade). É fácil perceber, no entanto, que a teologia da palavra e da comunicação, ou, se quisermos, o estudo teológico da verdade e da mentira, abre perspectivas mais amplas. A elas dedicaremos algumas considerações sintéticas – subparágrafo (a) – antes de arrostar o estudo dos problemas normativos específicos concernentes ao uso da palavra – subparágrafos (b) a (g) –, os quais constituem o objeto principal deste parágrafo[144].

a) Reflexões teológicas sobre a verdade, a linguagem e a comunicação

O estudo do significado bíblico da palavra se encontra imediatamente com a palavra criadora, reveladora e redentora de Deus, a Palavra divina que comunica o ser ao homem, a verdade e a salvação, na qual se manifestam a Sabedoria e o Amor que cumulam a comunhão pessoal intratrinitária, origem e modelo supremo de toda comunicação entre Deus e o homem e dos homens entre si[145]. A Revelação faz compreender que o caráter essencialmente comunicativo da pessoa humana – o seu viver em

(144) Para toda a temática a respeito da responsabilidade para com a verdade, veja-se A. Sarmiento, T. Trigo, E. Molina, *Moral de la persona*, Eunsa, Pamplona, 2006, caps. 17-21.

(145) São suficientes algumas referências à palavra criadora. *Tudo fizeste com a tua Palavra* (Sab 9, 1). A criação é obra da palavra de sabedoria que afirma: *saí da boca do Altíssimo* (Eclo 24, 5; cf. Prov 8, 22-31; Col 1, 15-16). Deus cria falando (Gên 1, 3.6.9.14.20.24.26). Junto à Palavra de sabedoria está o Espírito de amor: *O Espírito de Deus pairava sobre as águas* (Gên 1, 2). É «o mesmo Espírito que perscruta as profundezas de Deus»: perscruta as profundezas do Pai e do Verbo-Filho no mistério da criação. «Não somente é a testemunha direta do seu recíproco amor, do qual deriva a criação, senão que Ele próprio é esse Amor. Ele mesmo, como Amor, é o eterno Dom incriado. N'Ele está *a fonte e o início de toda a boa dádiva para as criaturas*» (São João Paulo II, *Dominum et vivificantem*, n. 34).

relação, o fato de que para o homem viver significa encontrar e encontrar-se – indica que na criação do homem foi inscrita certa semelhança da comunicação intratrinitária[146]. A dimensão comunicativa é expressão da dignidade do homem criado à imagem e semelhança de Deus. E, assim, a Palavra divina abre o significado teológico e moral da palavra humana. A palavra criadora e, de modo análogo e mais pleno, a palavra reveladora e redentora de Deus são a palavra de verdade e de amor. É palavra que dá o ser, a verdade e a vida, palavra que une, palavra que salva e faz feliz o homem. Assim é e deve ser, dentro dos limites do nosso poder, a palavra humana.

Contra a comunicação salvífica de Deus com o homem se levanta a palavra tentadora do pai da mentira (Jo 8, 44), que semeia a suspeita sobre as intenções de Deus. É palavra que provém da inveja, que busca dividir e causar a morte: *foi por inveja do diabo que a morte entrou no mundo, e experimentam-na os que são do seu partido* (Sab 2, 24). O pai da mentira *é homicida desde o princípio* (Jo 8, 44). A origem da morte é a negação da verdade da palavra de Deus. Essa é a mentira radical, na qual tem origem toda outra mentira. Ao *Verbo da vida* (1 Jo 1, 1) e ao *Espírito da verdade* (Jo 14, 17; 15, 26) opõe-se a palavra mentirosa que detém a comunicação divina e impede a percepção da glória de Deus e de todas as suas manifestações no mundo e no homem.

Cristo renova o homem e todas as dimensões do seu ser. São Paulo exorta a que nos despojemos do homem velho com a conduta de antes e a que nos revistamos do homem novo, criado segundo Deus na justiça e na santidade da verdade[147]. *Portanto, tendo vós todos rompido com a mentira, que cada um diga a verdade ao seu próximo, pois somos membros uns dos outros* (Ef 4, 25). A palavra, o diálogo e a comunicação humana são resgatados e elevados até a participação, ainda que com a infinita distância da analogia, na comunicação entre o Pai, o Filho e o Espírito Santo. *Na espera da realização escatológica, a palavra e a comunicação humana permanecem, contudo, um bem e uma tarefa confiada à liberdade.* Devemos vigiar a fim de que as nossas palavras exprimam a verdade e sejam inspiradas pelo amor, de modo que vivamos *segundo a verdade, no amor* (Ef 4, 15).

---

(146) Cf. São João Paulo II, Carta ap. *Mulieris dignitatem*, 15-VIII-1988, n. 7.

(147) Cf. Ef 4, 22-24.

O significado da palavra humana pode deformar-se. O homem pode transformá-la em instrumento de ódio e de mentira, palavra que fere, palavra que divide, palavra que faz sofrer, palavra que mata. *Muitos caíram ao fio da espada, mas não tantos quantos os que pereceram por causa da língua* (Eclo 28, 22). O justo deve rogar ao Senhor: *Protege-me da conjura dos ímpios, do tumulto dos maus. Afiam suas línguas como espadas, lançam como flechas palavras amargas* (Sal 64, 3-4). Não é possível nenhuma conexão entre a palavra do ódio, que fere e divide, e a comunhão do Pai com o Filho no Espírito Santo. *Quem disser ao seu irmão «imbecil» deverá responder perante o sinédrio; quem chamar seu irmão de «louco» poderá ser condenado ao fogo do inferno* (Mt 5, 22). Os difamadores e caluniadores são contados entre aqueles que se apartaram do Senhor[148] e que não herdarão o Reino de Deus[149]. A deformação da palavra nem sempre procede do ódio e da inveja. Às vezes exprime simplesmente o vazio interior, a superficialidade e a falta de escrúpulos. A advertência do Senhor é, no entanto, explícita: *Eu vos digo: de toda palavra vã que se proferir há de se prestar conta, no dia do juízo. Por causa das tuas palavras serás considerado justo; e por causa das tuas palavras serás condenado* (Mt 12, 36-37).

Na sociedade atual o poder da palavra, para o bem e para o mal, teve notável crescimento. Nos dias de hoje têm importância cada vez maior a comunicação, a opinião pública, a rápida difusão das mensagens e das imagens. Se por um lado isso constitui uma garantia de liberdade, de solidariedade até em escala mundial, de livre desenvolvimento e de fecunda concorrência, por outro torna mais complexo o discernimento ético e mais amplo o alcance moral da ação comunicativa, tanto pública como privada. A vida profissional, a atividade econômica e política, a vida da Igreja e a ação evangelizadora das instituições eclesiásticas ou de cada fiel podem ser condicionadas pelo ambiente de confiança ou de desconfiança que o fluxo comunicativo cria ao seu redor, com razão ou sem. Ninguém ignora que em tais circunstâncias é ainda mais importante que a comunicação, em todas as suas formas, seja inspirada pelo respeito das exigências éticas da verdade, da honra, da fama e, em última análise, da caridade.

---

(148) Cf. Rom 1, 29-30; 2 Tim 3, 3.

(149) Cf. 1 Cor 6, 10.

Por isso é particularmente importante não esquecer que a comunicação segundo a justiça e a caridade é um bem muito caro aos fiéis. *O amor* – ensina o Apóstolo – *não faz nenhum mal contra o próximo. Portanto, o amor é o cumprimento perfeito da Lei* (Rom 13, 10). O vício da detração, como qualquer outra palavra que pretenda ferir, «é principalmente contrário à caridade, que é Deus, e combate-a mais que os outros vícios, como vós mesmos podeis advertir. Quem difama mostra-se acima de tudo vazio de caridade. Além disso, falando mal, que outra coisa pretende, senão que aquele de quem se fala seja odiado e desprezado por aqueles a quem se fala? Assim, pois, a língua maledicente fere a caridade em todos aqueles que a escutam e, no que dela depende, sufoca-a e mata-a na sua raiz; e não só isso, senão que prejudica também todos aqueles a quem chegarão as palavras maléficas por meio daqueles que as escutaram. Vede com que facilidade e em breve tempo pode ser infectado, por uma palavra maliciosa, grande número de almas»[150].

A partir destas considerações se compreende a importância de promover uma cultura de verdadeiro respeito à pessoa humana no escrever, no falar e no desempenho das atividades profissionais, especialmente aquelas (médicos, jornalistas, advogados, juízes, consultores de vários gêneros, etc.) que frequentemente lidam com dimensões da vida humana que, pela sua natureza, devem ser tratadas com discrição e às vezes até com total reserva. A promoção de uma cultura assim corresponde em boa parte às leis civis e aos códigos de ética das classes profissionais, os quais devem harmonizar segundo a justiça o direito à honra e à boa fama com outros direitos, igualmente importantes e necessários, como o direito à informação ou o direito à liberdade de expressão do próprio pensamento. Deste ponto de vista, é desejável que a proteção de todos os direitos mencionados se torne sempre mais justa e mais eficaz, seja como garantia jurídica da dignidade e da liberdade de pessoas e de instituições, seja na importante dimensão educativa que tal proteção exerce, sobretudo com as novas gerações.

A promoção de uma cultura de verdadeiro respeito da pessoa deve ser também objeto de intensa ação pastoral por parte da comunidade cristã e dos seus pastores, os quais têm o dever de edificar o corpo de Cristo na cari-

---

(150) São Bernardo, *Sermones super Cantica Canticorum*, 24, 4: *Opera*, Editiones Cistercienses, Roma, 1957, vol. I, pp. 154-155.

dade[151]. Desde os tempos das primeiras comunidades cristãs de origem apostólica, os pastores têm advertido os fiéis para que sejam bem conscientes da responsabilidade moral ligada ao uso da palavra, com vista à guarda e proteção da concórdia, do respeito e do amor recíproco, e também com vista à eficaz difusão do Evangelho, a qual seria bastante dificultada se viesse a faltar nos fiéis o exemplo da caridade que torna conhecidos os verdadeiros discípulos do Senhor[152]. Assim, por exemplo, anunciando São Paulo a sua terceira viagem a Corinto, manifesta o temor paterno de não encontrar os fiéis como ele desejaria encontrá-los: *Receio que haja entre vós contendas, ciúmes, iras, disputas, maledicências, murmurações, insolências, desordens* (2 Cor 12, 20), comportamentos e ações que em outro lugar são condenados como *obras da carne* (Gál 5, 20-21) e do homem velho[153]. Assim exorta os fiéis de Éfeso: *De vossa boca não saia nenhuma palavra maliciosa, mas somente palavras boas, capazes de edificar e de fazer bem aos ouvintes [...]. Desapareça do meio de vós todo amargor e exaltação, toda ira e gritaria, ultrajes e toda espécie de maldade. Pelo contrário, sede bondosos e compassivos uns para com os outros, perdoando-vos mutuamente, como Deus vos perdoou em Cristo* (Ef 4, 29.31-32). Tudo poderia resumir-se glosando as palavras de Tiago, para quem não pecar ao falar constitui o sinal da perfeição cristã a que somos chamados[154].

b) A veracidade e a mentira

A Sagrada Escritura ensina claramente que a mentira é uma culpa moral[155] particularmente detestável ao Senhor[156]. *A Igreja considera que a mentira é proibida pelo oitavo mandamento do Decálogo*[157]. Existe am-

(151) Cf. Ef 4, 11-16.

(152) Cf. Jo 13, 35.

(153) Cf. Col 3, 8-9.

(154) Cf. Tg 3, 2.

(155) Cf. Êx 23, 7; Lev 19, 11; Prov 12, 22; Eclo 20, 26; Col 3, 9; e outras passagens do *corpus paulinum* citadas no subparágrafo anterior.

(156) Cf. Sal 5, 6-7; Prov 6, 17.

(157) Cf. *Catecismo*, n. 2464.

plo acordo entre os teólogos, ainda que sem completa unanimidade, em afirmar que a mentira constitui em si uma culpa venial, que porém se torna mortal quando lesa gravemente a justiça ou a caridade[158]. Há contudo um grande debate sobre a exata definição da mentira e sobre outras questões afins, como, por exemplo, a licitude ou não da reserva ou restrição mental, do «discurso falso» (*falsiloquium*), do uso de expressões ambíguas ou equívocas, sobretudo quando se deve guardar um segredo ou quando outras exigências de justiça ou de caridade exigem a ocultação da verdade[159].

Santo Agostinho – Ocupemo-nos em primeiro lugar da natureza e da definição de mentira. Santo Agostinho tem uma ideia precisa sobre a natureza e a imoralidade da mentira, mas se dá conta de que o tema não é fácil. O primeiro livro que escreveu sobre o tema começa assim: «Com relação à mentira há um grande problema: um problema que, com frequência, até nos comportamentos da vida cotidiana suscita dificuldades. Com efeito, acontece que com certa ligeireza chamamos mentira àquilo que não é mentira, e depois consideramos lícito mentir quando se trata de uma mentira justificada, como quando é dita em vista de um bem ou por misericórdia»[160]. Segundo

---

(158) Cf. *Catecismo*, n. 2484. Alguns teólogos consideram, no entanto, que a mentira é pecado grave *ex genere suo*, que se torna venial quando há *parvitas materiae*. Assim, por exemplo, J. Mausbach, *Teologia morale*, cit., p. 1125.

(159) Vejam-se A. Vermeersch, «*De mendacio et necessitatibus commercii humani*». *Gregorianum*, 1, 1920, pp. 11-40 e 425-474; Id., «*De mendacio. Supplementum duarum priorum partium*». *Gregorianum*, 2, 1921, pp. 279-285; St. Bersani, «*De intrinseca mendacii deformatione*». *Divus Thomas* (Pia.), 29, 1936, pp. 3-14; G. Müller, *Die Wahrhaftigkeitspflicht und die Problematik der Lüge*, Herder, Friburgo-Basileia-Viena, 1962; K. Hörmann, *Verità e menzogna*, Paoline, Roma, 1958; M. Brunec, «*Mendacium intrinsece malum sed non absolute*». *Salesianum*, 26, 1964, pp. 608-685; W. Molinski, verbete *Ethos della Verità*, em *Sacramentum Mundi. Enciclopedia teologica*, vol. VIII, Morcelliana, Brescia, 1977, col. 619-631; A. Günthör, *Chiamata e risposta*, cit., vol. III, pp. 443-460; M. Cozzoli, verbete *Bugia*, em F. Compagnoni, G. Piana, S. Privitera (eds.), *Nuovo dizionario di teologia morale*, cit., pp. 105-112; A. Bondolfi, «*"Non dire falsa testimonianza". Alcuni rilievi critici sul preteso carattere assoluto dell'ottavo (nono) comandamento*», em B. Marra (ed.), *Verità e veracità*, ATISM, Nápoles, 1995, pp. 69-72; S. Kodera, *El debate sobre el «derecho a la verdad» en la Teología moral católica (1850-1950)*, Pontifícia Universidade da Santa Cruz, Roma, 1997; F. Roca Benito, *Estudio y valoración del pensamiento de A. Vermeersch sobre la naturaleza de la mentira*, Pontifícia Universidade da Santa Cruz, Roma, 2000.

 (160) *De mendacio*, 1, 1: NBA 7/2, 311.

ele, «a mentira é uma afirmação falsa proferida com a intenção de enganar»[161]; ele considera a vontade de enganar como um elemento essencial da mentira; assim, quem diz uma falsidade pensando dizer a verdade não é um mentiroso[162]. A sua avaliação moral da mentira é sempre negativa: para Agostinho a Sagrada Escritura manda «não mentir jamais»[163]. A mentira é, portanto, uma ação intrinsecamente má porque as palavras foram criadas para que os homens compartilhassem os seus conhecimentos, de modo que servir-se das palavras para enganar constitui pecado[164]. Distingue diversos gêneros de mentira e, em consequência, diversos graus de gravidade, «mas em geral todo tipo de mentira é um mal, que deve ser evitado a todo custo pelos perfeitos e pelos homens espirituais»[165].

São Tomás de Aquino – São Tomás distingue três elementos na mentira: a afirmação falsa (falsidade material), a vontade consciente de pronunciá-la (falsidade formal) e a intenção de induzir ao engano (falsidade efetiva)[166]. Ele considera que a essência da mentira se situa na falsidade formal, ou seja, na vontade consciente de afirmar o falso. A vontade de induzir ao engano é um efeito da mentira, o pleno desenvolvimento da sua natureza ética, mas não a essência[167]. São Tomás sublinha desse modo a desordem intrínseca da mentira. As palavras são sinais do pensamento, e por isso é contra a sua natureza exprimir como verdadeiro aquilo que na mente se considera falso. Aqui está a raiz da desordem, e não só no prejuízo que se possa acarretar ao próximo[168] e à convivência social[169]. A mentira pode ser definida adequadamente

---

(161) *De mendacio*, 4, 5: NBA 7/2, 319.

(162) Cf. *De mendacio*, 3, 3: NBA 7/2, 313.

(163) *De mendacio*, 21, 42: NBA 7/2, 385.

(164) Cf. *Enchiridion*, 7, 22: NBA 6/2, 501.

(165) *De mendacio*, 17, 34: NBA 7/2, 373. De modo análogo se exprime em outro livro: «Muitas são as espécies de mentira, e nós devemos odiá-las a todas, sem distinção» (*Contra mendacium*, 3, 4: NBA 7/2, 415).

(166) Cf. *S.Th.*, II-II, q. 110, a. 1.

(167) *Cupiditas fallendi pertinet ad perfectionem mendacii, non autem ad speciem ipsius: sicut nec aliquis effectus pertinet ad speciem suae causae* (*S.Th.*, II-II, q. 110, a. 1, ad 3).

(168) Cf. *S.Th.*, II-II, q. 110, a. 3, c. e ad 4.

(169) Cf. *S.Th.*, II-II, q. 109, a. 3, ad 1 e q. 114, a. 2, ad 1.

como *locutio contra mentem*[170], como voluntária e consciente afirmação de algo que se considera falso.

Quanto à íntima natureza da mentira, com frequência se ressaltou exageradamente a divergência entre Santo Agostinho e João Duns Scoto, por um lado, e São Tomás por outro. Uma importante contribuição de D. Waffelaert[171] esclareceu satisfatoriamente que, ainda que para São Tomás a malícia intrínseca da mentira consista na contradição entre o juízo interior da mente e as palavras que se apresentam como natural expressão exterior de tal juízo, a vontade de induzir ao engano é implícita na vontade de afirmar o falso[172].

Grócio – Um terceiro conceito de mentira é aquele proposto por Grócio na sua obra *De jure belli et pacis* (1625). Para Grócio a mentira é um discurso que lesa o direito atual do interlocutor a conhecer a verdade[173]. Mentira é a negação da verdade devida a outro. Se o outro não tem direito de conhecer o nosso pensamento, porque se disséssemos a verdade seria lesado o direito superior de uma terceira pessoa, ou mesmo por qualquer outra razão, a afirmação consciente da falsidade por nossa parte não é mentira, mas um simples discurso falso (*falsiloquium*) moralmente indiferente ou até moralmente necessário. Esta concepção da mentira foi acolhida por alguns – poucos, na verdade – teólogos católicos, como Bolgeni, Berardi e Dubois, bem como pelas primeiras sete edições do manual de A. A. Tanquerey, *Synopsis theologiae moralis et pastoralis*. Ela permite solucionar com simplicidade alguns casos difíceis e tem o mérito de levar em consideração a pessoa do interlocutor, mas afinal é dificilmente aceitável. São raros os casos em que existe em sentido verdadeiro e próprio um direito de conhecer o nosso pensamento.

---

(170) Cf. *S.Th.*, II-II, q. 110, a. 1, c.

(171) Cf. D. Waffelaert, «Dissertation sur la malice intrinsèque du mensonge». *Nouvelle Revue Théologique*, 13, 1881, pp. 479-497, e 14, 1882, pp. 258-265 e 362-375.

(172) Waffelaert considera que a mentira deve ser definida como *expressio assertiva illius quod interne iudicatur falsum* (Id., p. 481). Mas acrescenta que desta desordem *resulta (*«nata est sequi»*) em si e pela própria natureza das coisas, o engano do próximo que escuta. Esse engano, por conseguinte, é necessariamente querido de uma maneira implícita na expressão da falsidade. É por esse motivo que São Tomás e quase todos os teólogos que o sucederam situam a mentira,* completiva e perfectiva, *na intenção de enganar* (Id., p. 482).

(173) *Sermo repugnans cum iure exsistente et manente illius quem alloqueris* (*De jure belli et pacis*, lib. III, cap. 1, § 8).

A mentira não se opõe em si à justiça, mas a uma parte potencial dela, que é a veracidade. Como escreve Günthör, «o dever de dizer a verdade se situa em um campo muito mais vasto: nasce do respeito perante a pessoa do próximo, do amor e da responsabilidade de que a vida dos homens seja dominada por uma atmosfera de confiança. A teoria do discurso falso é, portanto, baseada no fundamento demasiado estreito da suposta existência de um direito à verdade no próximo, direito que este poderia possuir ou mesmo perder»[174]. Afirmar que em todos os casos em que o nosso interlocutor não tem o direito de conhecer a verdade podemos tranquilamente afirmar coisas falsas parece muito difícil de sustentar.

A restrição mental – Não há duvida, no entanto, de que em alguns casos é lícito e até obrigatório ocultar a verdade[175] – para não revelar um segredo, para evitar tornar-se cúmplice de um crime, por cortesia (as normais fórmulas de cortesia), e por outras razões ainda. Uma via para resolver estes casos, além do silêncio, que porém não será sempre possível, é o uso de palavras, frases ou sinais ambíguos (que objetivamente possuem dois ou mais significados possíveis), ou então da reserva ou restrição mental. A propósito desta última, costuma-se distinguir entre a *restrictio pure mentalis* (também chamada *restrictio stricte mentalis*) e a *restrictio late mentalis* (conhecida também como *restrictio realis*). Na *restrictio pure mentalis*, quem fala dá às próprias palavras um significado restrito ou diferente, que porém só ele pode conhecer, e assim nos encontramos na prática diante de uma mentira. Há amplo consenso entre os moralistas em considerá-la ilícita. A *restrictio late mentalis* é também um discurso ambíguo, mas neste caso a ambiguidade não procede de um sentido especial que quem fala dá às próprias palavras mediante um ato interior só conhecido por ele, mas da situação objetiva em que se encontra. Assim o explica Günthör: «É a situação o que torna o discurso ambíguo. Aquele que fala utiliza tal ambiguidade sobretudo para proteger o segredo. Ao fazê-lo, certamente tem no pensamento determinado significado que pode ser presumido por seu interlocutor ou por quem o interroga, mas o discurso nessa determinada situação fica obje-

(174) A. Günthör, *Chiamata e risposta*, cit., vol. III, n. 394.

(175) Cf. *S.Th.*, II-II, q. 110, a. 3, ad 4.

tivamente ambíguo»[176]. Se há uma causa séria, é moralmente lícito este segundo tipo de restrição mental (*restrictio late mentalis*). Considera-se lícito também o uso de palavras ou de frases objetivamente ambíguas na medida em que uma causa séria as torna necessárias, bem como as normais fórmulas de cortesia[177], desde que usadas com moderação.

Para um conceito mais adequado de mentira – No plano teórico, as soluções expostas não parecem satisfazer totalmente. Cremos que é necessário um conceito mais exato de mentira, que explique melhor as nossas evidências. Existem muitas situações em que se afirmam coisas falsas ou até se procura induzir a engano os outros, e nas quais o bom senso não vê mentira alguma. Há muitos jogos em que um jogador deve tentar enganar o outro (quem bate um pênalti, no pôquer, etc.); a ficção na literatura, no cinema e no teatro; os agentes de serviços de segurança nacionais trabalham e interagem com outros cidadãos com uma identidade falsa; as pessoas obrigadas por um segredo às vezes devem afirmar que não sabem coisas que na realidade sabem devido a uma ciência não comunicável; em uma ação militar se utilizam vários expedientes (incluindo pôr em mãos inimigas documentos falsos) para induzir a engano acerca da data e do lugar de um ataque, etc.

A teoria de Vermeersch – Uma tentativa interessante de aprofundamento foi feita por A. Vermeersch[178]. Este autor foi um defensor convicto da intrínseca negatividade da mentira. Ele considera que a

---

(176) A. Günthör, *Chiamata e risposta*, cit., vol. III, n. 398. Este autor propõe o seguinte exemplo: «O acusado, interrogado pelo juiz no decorrer de um processo penal se cometeu a ação imputada a ele, responde que "não". Todos sabem que semelhante resposta pode significar uma negação real da acusação, como pode também ter este sentido: "Compete a você como juiz demostrar a ação de que sou acusado (e que talvez tenha cometido); não cabe a mim poupar-lhe deste trabalho ou facilitá-lo com a minha confissão". A praxe jurídica se desenvolveu neste sentido e até estabeleceu de maneira positiva que o culpado não é obrigado a confessar o fato sob interrogatório do juiz, de modo que segundo a praxe usual o seu "não" tem o significado descrito acima. Em vez de falar de uma *restrictio late mentalis* seria melhor falar de uma *restrictio realis*, ou seja, de uma restrição do sentido da palavra, que resulta da situação objetiva».

(177) Seria o caso, por exemplo, da pessoa convidada a comer que se dirige à anfitriã para elogiar a sua comida, mesmo pensando em verdade que ela não é uma boa cozinheira.

(178) Veja-se, por exemplo, A. Vermeersch, *De mendacio et necessitatibus commercii humani*, cit. Cf. F. Roca Benito, *Estudio y valoración del pensamiento de A. Vermeersch sobre la naturaleza de la mentira*, cit.

linguagem e outros sinais análogos são o único meio de comunicação entre os homens. Esta comunicação é absolutamente necessária para a vida pessoal e social, e a própria caridade pressupõe a comunicação de bens espirituais por meio da linguagem. Por isso a linguagem, enquanto instrumento de comunicação, deve considerar-se inviolável, sendo a desunião e a falta de comunicação uma das primeiras consequências do pecado original. No entanto, pronunciar conscientemente palavras falsas não basta para constituir um pecado de mentira. O que constitui este pecado é a pronúncia de afirmações falsas em um contexto em que elas são apresentadas e vistas como sinal do nosso pensamento interior, ou seja, como palavras com que exprimimos as nossas convicções[179]. A mentira é *locutio contra mentem*, mas nem sempre que se pronunciam palavras há verdadeira *locutio* em sentido formal. Às vezes, do contexto ou do sentido das palavras fica claro que não se pretende exprimir as próprias ideias; outras vezes é duvidoso que exista tal intenção. Em ambos os casos, pode não haver propriamente o pecado da mentira. Particularmente, quando é difícil guardar um segredo importante, uma vez que não basta o silêncio ou a ambiguidade, e aquele que interroga injustamente se encontra em posição de força, Vermeersch considera lícito aplicar o princípio da legítima defesa, usando palavras defensivas (*verba defensiva*), com as quais diretamente se pretende a legítima defesa e indiretamente (*praeter intentionem*) se *permite,* na estrita medida da atual necessidade, a falsa afirmação que leva a engano o injusto agressor. A teoria de Vermeersch recebeu em seu tempo algumas críticas[180] – umas vezes devido, sobretudo, à não exata compreensão do seu pensamento por parte dos críticos; outras, a dificuldades objetivas e a certas oscilações do próprio Vermeersch.

Parece-nos que tanto a explicação da *restrictio realis* de Günthör como a teoria de Vermeersch se aproximam do núcleo da questão, mas

(179) *Mentiens peccat, non quatenus verba profert obiective falsa (in notione obiecti includendo ipsam mentem suam seu cogitationes et affectus) sed quatenus ea formaliter adhibet ut signa intellectus, seu quatenus, exercite seu ipso verborum usu dicit se loqui, idest mentem suam communicare. Recordemur dictum a Scoto: «Mendax ad hoc loquitur ut conceptum suum exprimat, et illud non exprimit sed oppositum». Quare, qui aperte ludit vel fabulam recitat, non mentitur* (A. Vermeersch, *De mendacio et necessitatibus commercii humani*, cit., p. 36).

(180) Por exemplo, por parte de St. Bersani, M. Ledrus, P. Lumbreras, M. Brunec e M. Huftier.

não a focalizam com suficiente clareza. Consideramos que a mentira deve ser definida a partir da virtude da veracidade e, portanto, a partir da definição das relações e dos contextos éticos que são regulados por esta virtude. Nesta linha se move M. Rhonheimer, cuja proposta exporemos em seguida[181].

A teoria de Rhonheimer – Para Rhonheimer a mentira deve ser vista como uma infração da parte potencial da virtude da justiça que se chama *veracidade*. A veracidade constitui a base comunicativa da convivência humana. Uma mentira é uma afirmação voluntariamente falsa dentro de um contexto comunicativo. Um contexto comunicativo é caracterizado pelo fato de nele existir uma convivência humana mediada pela comunicação linguística, na qual a linguagem possui a função de sinal para os pensamentos, para os sentimentos, para as intenções, etc., de quem utiliza estes sinais. O abuso da língua por meio de falsas afirmações é um ato de engano comunicativo.

A mentira não é simplesmente uma afirmação falsa. Uma falsa afirmação é um ato linguístico em que o sinal (a palavra) não coincide com o pensamento de quem fala. Isto pode acontecer porque não se fala bem uma língua, por exemplo, ou por alguma falha. Uma mentira é uma afirmação *deliberadamente* falsa pronunciada dentro de um contexto comunicativo. A mentira é, *objetivamente*, uma ação linguística dirigida contra a orientação do agente à convivência humana, e ainda mais contra o bem do outro. Este espera razoavelmente não ser enganado, porque tem o «direito à sociedade». Além do mais, tem também o direito ao funcionamento das instituições sociais, o que pressupõe igualmente a veracidade. Portanto, mentir se opõe à benevolência para com o outro e é uma negação do reconhecimento do outro como igual a mim.

A identidade objetiva da afirmação deliberadamente falsa dentro de uma comunidade de comunicação subsiste independentemente das intenções ulteriores com que se conta uma mentira: para prejudicar alguém (mentira perniciosa); para adquirir uma vantagem ou para evitar uma desvantagem a si próprio, a outro ou até ao enganado (mentira oficiosa ou por interesse); ou por gracejo (mentira jocosa). Em última

 (181) Cf. M. Rhonheimer, *La prospettiva della morale*, cit., pp. 288-293.

análise, uma afirmação falsa deve ser considerada mentira quando o outro pode esperar razoavelmente que aquele que fala lhe diga a verdade ("razoavelmente" não significa "previsivelmente", mas "segundo a virtude da veracidade").

Mencionamos acima alguns contextos objetivos em que uma afirmação deliberadamente falsa não pode ser uma mentira: alguns jogos, ações de guerra, serviços de segurança nacional, ações de quem injustamente nos pede para revelar um segredo profissional, etc. Tornou-se célebre o exemplo discutido por Kant e Hegel: entra numa sala um indivíduo enfurecido com um punhal e quer assassinar alguém que se escondeu. Pergunta-se se alguém que está na sala e sabe onde se escondeu a pessoa é obrigado absolutamente a dizer a verdade. O que fazer se o intruso não se contenta com o silêncio, mas exige uma resposta? Calar não é problema, mas é lícito dizer algo falso? Parece que isto possa ser efetivamente sustentado: como a indicação da verdade seria equivalente à ação de «colocar um punhal na mão de alguém», uma falsa informação seria neste caso uma mera ação de defesa («tirar-lhe da mão o punhal»). Não se pode de nenhum modo falar aqui de contexto comunicativo. O intruso não pode esperar razoavelmente que lhe digam a verdade. E, se ele quisesse a morte do outro apenas porque naquele momento se encontrava em estado de agitação, provavelmente depois agradeceria ao «mentiroso» por ter-lhe dado uma informação errada. Na realidade, existem ainda outras possibilidades: para defender o ameaçado se poderia e se deveria tentar dominar o intruso, expulsá-lo, fazê-lo fugir, etc.

Admitindo-se que exista um contexto comunicativo ou uma comunidade de comunicação, a proibição da mentira tem valor absoluto enquanto infração contra a virtude moral da veracidade. Ao contrário, não teria valor absoluto para aqueles que sustentam a opinião de que uma mentira é simplesmente uma falsa afirmação *injustificada,* que uma afirmação falsa é apenas um mal não moral e que a ação de «pronunciar uma falsa afirmação» significa causar um mal não moral, de modo que a *única* formulação sensata *possível* da norma seria: «Não se deve pronunciar injustamente, ou seja, sem motivo adequado, uma falsa afirmação». Isto implica efetivamente considerar a própria comunicação um bem apenas não moral, que pode ser violado por motivos adequados. Mas isto implica também que em determinadas condições seria justo violar a base comunicativa da convivência humana, quando daí se pudesse esperar uma quantidade maior de boas consequências.

No entanto, deveria considerar-se que não podem ser apontadas como fundamento da ilicitude da mentira a intenção má ou as presumíveis consequências negativas, mas apenas o contexto de uma comunidade de comunicação existente, *um contexto que existe ou não existe independentemente das intenções e de outras consequências.* Dentro deste contexto ético, não há por isso nenhuma contingência da matéria da ação; o próprio contexto, no entanto, é contingente, isto é, não existe sempre. Uma proibição absoluta, como toda norma moral e toda ação humana, só pode ser definida em relação a um contexto ético.

Avaliação final – Até aqui, tivemos a explicação de Rhonheimer. Parece-nos que, considerando aquilo que é propriamente lícito ou ilícito, o contexto ou relação ética particular de que fala este autor não seja muito diferente da situação objetiva que segundo Günthör dá lugar à "*restrictio realis*" ou que segundo Vermeersch evidencia que não se trata de uma "*locutio*" em sentido formal. No entanto, pressupõe uma argumentação ética diferente e em nossa opinião mais adequada, própria da ética das virtudes.

Tudo depende da reta compreensão da virtude moral da veracidade. Esta não consiste simplesmente em manifestar sempre o que se pensa, mas em manifestá-lo quando, onde e no modo em que convém fazê-lo[182]. A expressão daquilo que consideramos verdadeiro também deve estar em conformidade com outras virtudes: a prudência, a justiça, a caridade, etc., assim como ordenada ao bem individual e ao bem comum. Por isso, tudo quanto dissemos não significa que em certos contextos se possa fazer livremente todo tipo de afirmação falsa, nem que qualquer agressão justifique o discurso falso, ou ainda que seja possível subtrair-se ao peso que a afirmação da verdade tantas vezes traz consigo. Do contrário, o martírio daqueles que deram a vida em lugar de renegar a própria fé não teria razão de ser. Acontece que certos contextos ou relações têm suas regras próprias, e quem age segundo essas regras, conhecidas e compartilhadas por todos, não falta à veracidade. Fere-se a

(182) *Virtus inclinans ad dicendum verum, quando, ubi et quomodo oportet* (D. M. Prümmer, *Manuale theologiae moralis*, cit., vol. II, n. 165).

veracidade, porém, quando se pronunciam conscientemente afirmações falsas que atentam contra a comunicação que se desenvolve segundo as regras próprias daqueles contextos ou daquelas relações. Como esclarece o próprio Rhonheimer, «ainda que estejam em guerra, os homens são sempre "próximos" em um sentido fundamental. A guerra é uma situação de exceção e só se justifica enquanto não se possa restabelecer a situação normal de "paz". Esses homens são, portanto, potenciais parceiros de convivência e de comunicação. Por isso existem, mesmo na guerra, ações que visam a restabelecer a comunidade de comunicação; por exemplo, propostas de negociação que podem ser indicadas com a bandeira branca. Utilizá-la para enganar equivaleria a uma mentira, assim como o abuso de qualquer outro modo de agir ou ação comunicativa que tivessem o mesmo sentido»[183]. Em outras situações, por exemplo, no futebol, não é mentira enganar o goleiro quando se vai bater um pênalti, ao passo que é mentira dizer ao árbitro que sofreu uma falta que na realidade não existiu. Do mesmo modo, a comunicação do médico com o doente e com os seus familiares tem regras bem precisas. O médico não é obrigado a dizer de imediato a um doente menor de idade toda a verdade sobre o seu estado de saúde, mas deve comunicá-la aos pais.

Trata-se de entender, em síntese, que assim como existem diversos gêneros literários, e em alguns deles a hipérbole, por exemplo, não é mentira, da mesma forma existem diversos contextos nas relações interpessoais e sociais, e é necessário ater-se às regras éticas próprias da comunicação em cada um deles. Tendo-se em conta a diversidade de contextos éticos, a mentira é uma ação intrinsecamente má, e a sua proibição possui valor absoluto.

c) Conservação e violação do segredo

Entendemos por segredo o conhecimento de coisas ou acontecimentos ocultos que devem permanecer escondidos pela sua natureza ou pelo dano às pessoas e ao bem comum que seria causado com a sua divulgação. O segredo pode ser *natural*, *prometido* ou *commissum*. O segredo natural

(183) M. Rhonheimer, *La prospettiva della morale*, cit., p. 290.

é o simples conhecimento de coisas ou eventos que devem permanecer escondidos, pelas razões há pouco indicadas. Fala-se de segredo prometido quando quem toma conhecimento de coisas ocultas promete em seguida, à pessoa a quem se refere o segredo, não revelá-lo. O segredo *commissum* é o conhecimento confiado por outros com a condição, expressa ou tácita, de mantê-lo secreto. Se a condição tácita de manter o segredo é ligada ao exercício de um trabalho ou função (médico, magistrado, advogado, sacerdote), temos o segredo de ofício ou segredo profissional. O segredo de ofício é ainda mais forte quando, ao se assumir a função desempenhada, há juramento de manter o segredo. O segredo sacramental, ou seja, a obrigação de não se revelar a ninguém os conhecimentos adquiridos pelo sacerdote na administração do sacramento da Penitência, tem valor absoluto. Não pode ser manifestado por nenhum motivo e em nenhuma circunstância[184].

Das reflexões éticas feitas anteriormente[185] se conclui que *a conservação da própria intimidade é um bem de importância fundamental para a existência moral e social da pessoa humana.* A própria intimidade é, em sentido rigoroso, objeto de um direito fundamental da pessoa humana. Como recordou o Concílio Vaticano II, entre os direitos da pessoa se inclui o direito «à boa fama, ao respeito, à conveniente informação, direito de agir segundo as normas da própria consciência, direito à proteção da sua vida e à justa liberdade mesmo em matéria religiosa»[186]. Trata-se de um direito reconhecido em toda parte pela Igreja e pelo Estado. O *Código de Direito Canônico* determina que «ninguém tem o direito de lesar ilegitimamente a boa fama de que outrem goza, nem de violar o direito de cada pessoa a defender a própria intimidade»[187]. No âmbito da vida civil é também universalmente aceito que o ordenamento jurídico do Estado deve reconhecer a todos os cidadãos o direito à proteção contra as agressões à própria personalidade moral, tanto em razão dos importantes interesses privados que estão em jogo como em virtude do interesse público da convivência civil. Em decorrência disso, todo cidadão individual possui o direito subjetivo de obter do Estado

(184) Cf. *CDC*, c. 1388, § 1; *Corpus canonum Ecclesiarum Orientalium*, c. 1456.

(185) Cf. (a), acima.

(186) *Gaudium et spes*, n. 26.

(187) *CDC*, c. 220.

uma proteção concreta e eficaz contra a injúria e a difamação, e, por sua vez, o Estado tem o direito e o dever de assegurá-la, ainda sob a forma de uma adequada tutela penal.

No entanto, acontece com certa frequência que fatos reservados de caráter privado, cuja difusão não é justificada pelo bem comum ou cuja reserva é até garantida pela lei civil ou eclesiástica, se tornem uma mercadoria cobiçada, que se adquire como uma arma com que se pode eliminar um concorrente político ou econômico, ou ainda para serem escandalosamente difundidos pela mídia em busca de maior lucro e audiência. Outras vezes chega-se até a fabricar mentiras[188] contra o próximo, maquinações infamantes sem nenhum fundamento na realidade dos fatos e que são abominadas por Deus[189]. Em face das agressões de uma curiosidade mais ou menos mórbida, deve-se fazer valer o direito de não exibir-se, de conservar uma justa reserva quanto a assuntos concernentes à própria família, etc.

Princípios morais quanto à guarda do segredo – Descendo a aplicações mais específicas, devem-se ter em conta os seguintes princípios morais:

1) A intromissão nos segredos e na intimidade alheia sem justa causa é considerada injusta.

2) A obrigação de manter o segredo natural é em si mesma grave enquanto derivada de um verdadeiro direito do próximo. Admite-se, no entanto, a *parvitas materiae.*

3) A obrigação de não se revelar o segredo *meramente prometido* geralmente é leve. Note-se bem o significado da expressão meramente prometido. Se o segredo prometido for também um segredo natural, então se aplica o princípio (2). Se se prometeu não revelar algo que em si não seria um segredo natural, mas cuja revelação causaria um dano grave ao próximo, o dever de reserva é grave.

4) O dever de não revelar o segredo *commissum* é grave, e ainda mais grave do que aquele relativo ao segredo natural.

5) Com exceção do segredo sacramental, o dever de não revelar o segredo não é absoluto. A *urgente necessidade* do bem comum, do bem do

---

(188) Cf. Eclo 7, 12.

(189) Cf. Prov 6, 16-19.

depositário do segredo, daquele a quem se refere ou de terceiros pode justificar, em certas condições, a sua revelação[190].

A aplicação destes princípios requer o bom senso. É claro, por exemplo, que quem recorre a um escritório de advogados e discute questões reservadas com um deles consente implicitamente com que este advogado possa falar com o dono ou outro colega do escritório que entenda mais do assunto se isto for necessário para levantar e resolver com êxito as questões apresentadas. O mesmo vale para médicos e outros profissionais. O segredo profissional seria violado quando se falasse com os colegas das questões apresentadas pelos clientes por curiosidade ou levianamente. Na avaliação das causas que justificam a revelação do segredo, deve-se considerar que, quando o bem comum o exige, a pessoa que confiou o segredo não possui em rigor o direito ao silêncio do profissional em questão. Em todo caso, a necessidade que justifica a revelação do segredo deve ser urgente, real e, além disso, proporcional ao dano que eventualmente causaria a manifestação daquilo que é oculto.

d) O juízo temerário

O juízo temerário é o assentimento interno, ainda que tácito, mediante o qual se admite como verdadeiro, sem fundamento suficiente, um defeito moral no próximo[191]. A justiça e a caridade levam os fiéis cristãos a conservar a unidade e o amor recíproco. Na prática, a norma positiva de comportamento é: *rivalizai-vos em atenções recíprocas* (Rom 12, 10). Tal estima recíproca começa no pensamento, com o esforço para superar a tendência a sempre pensar mal, a qual às vezes se dá até naqueles que se consideram seguidores de Cristo[192]. De igual modo, deve-se superar a atitude daqueles que pensam ser quase impossível a retidão dos demais. Para tanto é necessário, em primeiro lugar, não admitir facilmente sus-

---

(190) «Os segredos profissionais – por exemplo, de políticos, militares, médicos, juristas – ou as confidências feitas sob sigilo devem ser guardados, salvo casos excepcionais em que a retenção do segredo cause àquele que os confia, àquele que os recebe ou a um terceiro prejuízos muito graves e somente evitáveis pela divulgação da verdade. Ainda que não tenham sido confiadas sob sigilo, as informações privadas prejudiciais a outros não podem ser divulgadas sem uma razão grave e proporcionada» (*Catecismo*, n. 2491).

(191) Cf. *Catecismo*, n. 2477.

 (192) Cf. Jo 9, 2.

peitas em relação às boas obras: «Quando descobrem claramente o bem, esquadrinham tudo para examinar se, além disso, não haverá algum mal oculto»[193]. Também é preciso dominar o desejo de emitir juízos sobre coisas incertas. Como diz Santo Agostinho, a paz «não julga o que é incerto, não afirma com obstinação o que não conhece; com relação aos outros, é mais inclinada a pensar bem do que a formular suspeitas temerárias. Não se lamenta quando se equivoca ao atribuir o bem a quem é mau; lamenta-se como de um dano grave quando por casualidade atribui o mal a quem é bom. Eu não sei que tipo de pessoa é aquela: mas o que perco por pensar que seja boa? Na incerteza, é-te lícito agir com cautela, porque poderia ser má de verdade, mas não te é lícito condená-la sem apelação, como se de verdade fosse má»[194].

Mesmo quando não se pode justificar a ação, deve-se evitar julgar as intenções e a intimidade da pessoa. «Ainda que vejais algo de errado, não julgueis imediatamente o vosso próximo, mas desculpai-o no vosso interior. Desculpai a intenção, se não puderdes desculpar a ação. Pensai que terá sido levado a ela por ignorância, por surpresa ou por fragilidade. Se a coisa for tão clara que não vos seja possível dissimulá-la, ainda assim procurai crer desse modo e dizei no vosso interior: a tentação deve ter sido muito forte; o que teria acontecido comigo se sobreviesse a mim essa tentação?»[195].

A Sagrada Escritura ensina que, quando houver o dever de julgar, tenha-se presente esta regra: *Antes de averiguar, não censures ninguém; depois de interrogar, porém, repreende com justiça* (Eclo 11, 7). De modo mais geral, antes de se dar crédito ao que se diz de outros, a prudência, e quase sempre também a justiça, exige que se conceda às pessoas ausentes a possibilidade de esclarecer, de desmentir ou de defender-se. *Corrige o amigo que talvez tenha feito o mal e diz que não fez, e, se o fez, para que não torne a fazê-lo. Corrige o próximo, que talvez tenha dito algo inconveniente; e se o disse, para que não o repita. Sonda o amigo, pois muitas vezes se faz incriminação sem provas, para que não acredites em qualquer palavra. Há quem falhe na língua, mas*

(193) São Gregório Magno, *Moralia in Iob*, 6, 22: CCL 143, 311.

(194) Santo Agostino, *Enarrationes in Psalmos*, Salmo 147, 16: NBA 28, 831.

(195) São Bernardo, *Sermones super Cantica Canticorum*, 40, III, 5: *Opera*, Editiones Cistercienses, Roma, 1958, vol. II, p. 27.

não intencionalmente: pois quem há que não tenha pecado com a língua? Indaga o próximo, antes de ameaçá-lo, e deixa a Lei do Altíssimo seguir o seu curso (Eclo 19, 13-17). Finalmente, temos a clara lição do Evangelho: *Não julgueis, e não sereis julgados. Pois com o mesmo julgamento com que julgardes os outros sereis julgados; e a mesma medida que usardes para os outros servirá para vós* (Mt 7, 1-2).

O juízo temerário consciente e deliberado, plenamente temerário, e que atribui ao próximo um vício grave, constitui pecado ex genere suo *grave contra a justiça.* É um ato interno contra o direito do próximo ao bem da boa fama, do qual frequentemente derivam também pecados externos.

e) A difamação ou maledicência e a calúnia

Por difamação ou maledicência entende-se a revelação, sem motivo objetivamente válido, de defeitos e de faltas alheias a pessoas que os ignoravam. Comete pecado de calúnia quem, com afirmações contrárias à verdade, fere a reputação dos outros e dá ocasião a falsos juízos a seu respeito[196]. Ambas são pecados contra a reputação ou fama do próximo, ou seja, contra o conhecimento e o apreço que se tem de uma pessoa e que exprime o bom nome e a estima que os outros têm dela. A diferença entre os dois pecados está no fato de que a difamação leva ao conhecimento público defeitos verdadeiros que eram ocultos, ao passo que a calúnia atribui culpas não verdadeiras, razão pela qual adquire, além disso, a malícia da mentira danosa[197].

Não é difícil compreender a ilicitude da difamação e da calúnia. Com a intenção de prejudicar ou por simples leviandade, a palavra di-

---

(196) Cf. *Catecismo*, n. 2477.

(197) Sobre a fama, a difamação e a calúnia, vejam-se: G. B. Guzzetti, verbete *Fama*, em *Enciclopedia cattolica*, Sansoni, Florença, 1950, vol. V, col. 976-977; G. Sette, verbete *Detrazione*, em *Enciclopedia cattolica*, cit., vol. IV, col. 1494-1497; J. Farraher, «*Detractio et ius in famam*». *Periodica*, 41, 1952, pp. 6-35; J. Étienne, «Les fondements du droit à l'honneur et à la réputation». *Rev. Dioc. Namur*, XI, 1957, pp. 251-260; M. Huftier, «Les méthodes d'investigation de la conscience et les principes de la morale. II. Respect de la réputation et de l'honneur d'autrui». *Ami du Clergé*, 75, 1965, pp. 390-392; W. Korff, «De l'honneur au prestige». *Concilium*, 45, 1969, pp. 107-114; P. Fernández Presa, *La fama y su respeto en la literatura teológica moderna. Valoración y perspectivas*, Pontifícia Universidade da Santa Cruz, Roma, 2002.

famatória sai da boca com facilidade, mas dá lugar a inúmeros males. Tendo sido caluniado pela esposa de Putifar, José perde uma ótima posição e termina na prisão[198]; acusada falsamente por dois anciãos pérfidos, Susana foi libertada pelo profeta Daniel quando estava para ser conduzida à morte[199]. Como afirma eficazmente o Eclesiástico: *A língua do caluniador inquietou a muitos e os dispersou de nação em nação; destruiu as cidades amuralhadas dos ricos e subverteu as casas dos grandes. A língua caluniadora fez com que mulheres íntegras fossem repudiadas e as despojou do fruto de seus trabalhos. Quem a levar em conta não terá descanso, nem terá amigo com quem repousar. O golpe do chicote produz a contusão, mas o golpe da língua quebra os ossos; muitos caíram ao fio da espada, mas não tantos quantos os que pereceram por causa da língua* (Eclo 28, 16-22).

A difamação e a calúnia são pecados ex genere suo *graves contra a justiça e contra a caridade*[200]. O fato de que a difamação e a calúnia possam chegar a grande número de pessoas, como acontece, por exemplo, quando sucede através dos meios de comunicação social, constitui sem dúvida uma circunstância que torna mais grave o pecado. Outras circunstâncias, como a qualificação tanto da pessoa que difama como da difamada ou das que escutam a difamação, podem aumentar ou diminuir a gravidade do pecado, que em si admite a *parvitas materiae.* Merece atenção particular a cooperação na difamação e na calúnia: aqueles que induzem à difamação ou a escutam com aprovação, ou não a impedem devendo e podendo fazê-lo, podem pecar até gravemente[201].

Uma urgente e manifesta necessidade do bem comum ou do bem privado pode justificar a revelação de defeitos ou culpas ocultas. Nada, porém, pode justificar a calúnia. O *Catecismo da Igreja Católica* adverte justamente que «os responsáveis pela comunicação devem guardar uma justa proporção entre as exigências do bem comum e o respeito pelos direitos particulares. A ingerência dos órgãos de informação na vida privada das pessoas comprometidas numa atividade política ou

(198) Cf. Gên 39, 7-20.

(199) Cf. Dan 13, 1-64.

(200) Cf. 1 Cor 6, 10; *S.Th.*, II-II, q. 73, a. 2.

(201) Cf. *S.Th.*, II-II, q. 73, a. 4.

pública é condenável na medida em que atenta contra a sua intimidade e a sua liberdade»[202].

Quem lesou a fama do próximo, mediante a maledicência ou a calúnia, está gravemente obrigado a reparar a fama lesada e a ressarcir os danos materiais derivados da difamação e que eram previsíveis ao menos de modo genérico. A lesão da fama é, para todos os efeitos, um dano injusto. Quem caluniou deve restabelecer a verdade privada ou publicamente, segundo a modalidade da calúnia. Quem simplesmente difamou decerto não pode reconhecer ter mentido, mas deve escusar a pessoa difamada e ressaltar as suas ações ou qualidades positivas. A reparação da fama pode ser omitida quando de fato ninguém deu crédito às palavras difamatórias, quando a difamação ocorreu há muito tempo e já foi esquecida por todos, quando a pessoa difamada dispensa legitimamente de tal obrigação ou quando ela mesma difamou o primeiro culpado e, finalmente, quando a reparação se torna física ou moralmente impossível por comportar, por exemplo, para quem deve reparar, um dano muito mais grave do que aquele causado pela difamação.

A divulgação de defeitos ou de culpas notórias – com notoriedade de direito ou de fato – não constitui um pecado contra a justiça, mas pode sê-lo contra a caridade se é cometida sem justa causa. Por exemplo, por mera loquacidade ou pelo mórbido prazer de narrar acontecimentos difamatórios. Quanto às pessoas que trabalham nos meios de comunicação social, diz o *Catecismo da Igreja Católica* que têm o dever, «na difusão da informação, de servir a verdade sem ofender a caridade. Esforçar-se-ão por respeitar, com igual cuidado, a natureza dos fatos e os limites do juízo crítico em relação às pessoas. Devem evitar ceder à difamação»[203]. Certo modo de divulgar as notícias causa não poucos prejuízos à moralidade pública, até porque pode suscitar mecanismos perversos de indução ou de imitação. Mesmo quando seja necessário fazer referência a fatos pouco edificantes, é possível fazê-la de modo construtivo ou destrutivo. É totalmente razoável que uma pessoa de consciência reta deseje servir-se das próprias qualificações e competências para realizar um trabalho socialmente positivo[204].

---

(202) *Catecismo*, n. 2492.

(203) *Catecismo*, n. 2497.

(204) Cf. P. Palazzini, *Cronaca e vita cristiana*, em Id., *Morale di attualità*, Ares, Roma, 1963; C. J. Pinto de Oliveira, «Diritto alla verità e comunicazione sociale», em T. Goffi (ed.), *Problemi e prospettive di teologia morale*, Morcelliana, Brescia, 1976, pp. 363-390; P.

f) A contumélia

Enquanto a difamação e a calúnia lesam a fama, *a contumélia é a lesão da honra. A honra é o reconhecimento da dignidade e da virtude do próximo através de manifestações exteriores de estima*[205]. A honra se tributa a uma pessoa presente. A fama, ao contrário, se respeita ou se fere de uma pessoa ausente. *A contumélia é, portanto, a lesão da honra de uma pessoa presente mediante palavras, gestos ou outros sinais*[206]. São contumélia os ultrajes, os insultos e as afrontas graves.

A contumélia é uma culpa ex genere suo *grave*[207]. As palavras do Senhor são claras: *Ouvistes que foi dito aos antigos: «Não matarás! Quem matar deverá responder no tribunal». Ora, eu vos digo: todo aquele que tratar seu irmão com raiva deverá responder no tribunal; quem disser ao seu irmão «imbecil» deverá responder perante o sinédrio; quem chamar seu irmão de «louco» poderá ser condenado ao fogo do inferno* (Mt 5, 21-22). O ultraje nasce muitas vezes da ira, que não apenas nega a dignidade do próximo, mas tende a constituir uma negação da pessoa em si mesma. O ultraje se aproxima bastante da violência física. Em qualquer caso, fere o direito de toda pessoa a ver reconhecida a própria dignidade. Às vezes a contumélia fere também a virtude da piedade e da religião (ultraje ao pai ou à mãe, blasfêmia, etc.).

Como se disse a propósito da fama, *também há o dever de reparar a lesão da honra*, pública ou privadamente caso a ofensa tenha sido pública ou privada. O Evangelho testifica de forma clara a importância e o caráter prioritário dessa obrigação: *Portanto, quando estiveres levando a tua oferenda ao altar e ali te lembrares de que teu irmão tem algo contra ti, deixa a tua oferenda diante do altar e vai primeiro reconciliar-te com teu irmão. Só então vai apresentar a tua oferenda* (Mt 5, 23-24).

É próprio do cristão suportar com paciência os ultrajes[208]. Às vezes,

---

Barroso Asenjo, «Relación ética-derecho y límites al derecho de la información», em Aa. Vv., *Información y derecho a la información*, Fragua, Madri, 1987; A. Azurmendi Adarraga, *El derecho a la propia imagen: su identidad y aproximación al derecho a la información*, Civitas, Madri, 1997.

(205) Cf. *S.Th.*, II-II, q. 103, a. 1; q. 129, a. 1.

(206) Cf. *S.Th.*, II-II, q. 72, a. 1.

(207) Cf. *S.Th.*, II-II, q. 72, a. 2.

(208) Cf., por exemplo, Mt 5, 39.

porém, o bem daquele que comete o ultraje ou o bem comum obrigam a rechaçar com mansidão, mas terminantemente, o ultraje sofrido.

g) A justiça no âmbito processual e judiciário

O dano injusto por meio de palavras mentirosas tem particular importância no âmbito da administração da justiça. A mentira da testemunha judicial que fala depois de ter jurado dizer a verdade ou a sentença falsa e infamante daquele que age em nome do Estado corrompem a justiça e causam prejuízos muito graves, às vezes irreparáveis, a pessoas e instituições. Normas e ensinamentos que visam a garantir a justiça dos processos e a imparcialidade dos juízes se encontram já na Lei de Moisés[209] e são retomados com grande vigor na literatura sapiencial e profética[210]: a parcialidade dos juízos que negam aos fracos os seus direitos é abominável aos olhos de Deus. Também hoje existe uma viva sensibilidade a respeito, tanto por parte dos que creem como dos que não creem. A complexidade dos nossos sistemas jurídicos e das normas processuais deu à deontologia jurídica um caráter altamente técnico e especializado. Podemos, no entanto, indicar aqui os aspectos mais importantes[211].

A mentira das testemunhas – O falso testemunho num processo é o pecado a que mais diretamente se refere o oitavo mandamento do Decálogo[212]. *Constitui um pecado grave* contra a justiça legal e, geralmente, também contra a justiça comutativa (se o falso testemunho acarreta prejuízos) e contra a verdade, ao qual se acrescenta quase sempre o perjúrio. *Aquele que presta falso testemunho em um processo tem a obrigação de reparar todos os danos consequentes* e não pode receber a absolvição no sacramento da Penitência se não aceita esta obrigação. Quanto ao dever de testemunhar, em geral se devem seguir as leis do país, exceto no caso

(209) Cf., por exemplo, Êx 21, 12-22, 5, com diversas normas de direito criminal; Lev 19, 15; Deut 1, 6 e 10, 8, sobre a imparcialidade dos juízes; Deut 17, 1-13, sobre o direito penal; Deut 19, 15-21, sobre as testemunhas e o falso testemunho nos processos.

(210) Cf. Prov 29, 14; Sab 9, 12; Eclo 20, 29; Is 5, 23 e 10, 1-4; Miq 7, 3, sobre a parcialidade dos juízes.

(211) Cf. Aa.Vv., *Ética de las profesiones jurídicas. Estudios sobre Deontología*, 2 vol., UCAM-AEDOS, Múrcia, 2003.

 (212) Cf. Êx 20, 16.

em que sejam manifestamente injustas. Do ponto de vista moral, este dever pode originar-se da caridade, da justiça comutativa e da justiça legal. Deriva da caridade quando o próprio testemunho prestado espontaneamente é necessário para evitar graves danos ao próximo ou ao bem comum; da justiça comutativa quando se deve testemunhar em virtude do ofício (polícia, vigia, guarda florestal, médico legal, etc.); da justiça legal quando a testemunha é convocada legitimamente pelo juiz. Existem, no entanto, algumas circunstâncias que impedem de dar testemunho ou permitem não prestá-lo. Antes de tudo, o sigilo sacramental. Com efeito, as leis de muitos países reconhecem aos sacerdotes o direito de não testemunhar sobre coisas conhecidas no exercício do seu ministério. O segredo profissional pode eximir em alguns casos do dever de testemunhar, ainda que nem sempre, porque, como foi dito acima, graves exigências do bem comum ou do bem individual podem obrigar a manifestar eventos ou circunstâncias conhecidas no exercício da própria profissão. Não há obrigação de testemunhar quando o testemunho ocasionar grave dano para si mesmo ou para parentes próximos (pais, filhos, irmãos): as leis civis costumam reconhecer esta causa eximente. Também não há obrigação moral de testemunhar se o juiz ou o processo não são legítimos.

A função do juiz – É de extrema importância a função do juiz. A sentença judicial é um dos principais modos de resolução pacífica e concorde com a justiça dos conflitos entre as pessoas físicas e morais. Tarefa fundamental do juiz é «dizer o direito» (*ius dicere*), isto é, emitir uma sentença de acordo com a verdade e a justiça no pleno respeito das leis justas, dos princípios e regras processuais e dos critérios para avaliação das provas e indícios suscitados ao longo do processo. Tudo isso exige que o juiz seja independente e imparcial antes, durante e depois do processo. O seu comportamento no processo não pode estar condicionado por interesses econômicos, ideológicos ou políticos. Deve opor-se a toda instrumentalização possível do processo. *Peca gravemente o juiz que aceita dinheiro, presentes ou outro tipo de vantagens pessoais de uma das partes* a fim de emitir tanto uma sentença justa como uma sentença conscientemente injusta. No primeiro caso, deve restituir os bens recebidos; no segundo, deve, além disso, reparar os danos causados pela sentença injusta. Tudo isso vale igualmente quando a sentença é proferida por um júri.

O juiz e as leis injustas – Surge um delicado problema quando o juiz se encontra na situação de ter de aplicar uma lei manifestamente injusta. Em termos gerais, o juiz não pode descarregar a própria responsabilidade sobre a lei ou sobre o órgão legislativo. Na aplicação das leis em vigor, o juiz não pode impor a realização de ações intrinsecamente más. Não é moralmente lícito aplicar leis que constringem à apostasia ou à esterilização, ou que infligem punições por motivos raciais ou religiosos, ou, em qualquer caso, que sejam injusta e gravemente discriminatórias. Também são ilícitos comportamentos que impliquem uma aprovação de tais leis. Em alguns casos, como, por exemplo, nos processos de divórcio civil, sobretudo quando não existe outro instrumento jurídico para uma das partes obter importantes efeitos civis a que tem direito, e tendo em conta que normalmente não é reconhecida a objeção de consciência ou a possibilidade de abster-se, o juiz pode cooperar materialmente para a aplicação da lei, sempre que se deem as condições que tornam lícita a cooperação material. Neste caso, é necessário algum gesto discreto que torne clara a não aprovação da lei injusta por parte do juiz. Quando a lei atribui ao juiz o dever de avaliar e decidir, por exemplo, as leis que autorizam o juiz tutelar a decretar ou a vetar a esterilização de pessoas deficientes mentais, consideramos que o juiz deva procurar o maior interesse da pessoa tutelada em conformidade com as leis morais.

A prisão preventiva – Os juízes a quem compete analisar e aplicar medidas de prisão preventiva têm o dever moral de ater-se escrupulosamente às leis em vigor, mantendo a devida independência e imparcialidade tanto em relação ao promotor público como à defesa. Devem evitar absolutamente a desnaturalização do instituto da prisão preventiva. Esta não pode tornar-se um meio de pressão para obter a confissão ou a colaboração do acusado. Compete à acusação produzir provas através de meios lícitos. O acusado não é moralmente obrigado a confessar, e a confissão não pode ser-lhe extraída mediante a coação física ou moral. A pena, prisional ou de outro tipo, deve ser sofrida depois – não antes – de que a culpabilidade tenha sido definitivamente comprovada em processo legítimo.

Os advogados – O advogado está a serviço do cliente, mas apenas como colaborador na administração da justiça. Em nenhum caso pode defender o cliente por meios injustos, como, por exemplo, a corrupção de uma testemunha, a falsificação de documentos, etc. Não é lícito ao advogado aceitar causas cíveis que sabe serem injustas (causas fundamentadas em documentos falsos, em direitos inexistentes, etc.). Pode, ao contrário, aceitar todas as causas penais, exceto aquelas manifestamente injustas promovidas por um querelante. Nas outras causas penais, o acusado tem sempre o mais amplo direito de defesa. O advogado pode e deve empenhar-se para que o cliente não seja condenado se a culpabilidade não tiver sido demonstrada segundo as regras do processo penal. No caso de provada culpabilidade, o advogado deve fazer valer de acordo com a verdade as atenuantes e as outras circunstâncias que determinam uma diminuição da pena. Sendo livre para aceitar ou não as causas, o advogado incorreria em cooperação formal se aceitasse agir de acordo com leis manifestamente injustas (aborto, divórcio, esterilização, eutanásia, etc.). Pode haver alguma exceção em causas de divórcio civil nos países onde não exista outro instrumento jurídico para obter os efeitos civis derivados de uma separação que se tornou moralmente necessária. O advogado deve, por fim, observar os princípios deontológicos da sua profissão no que diz respeito aos honorários que recebe, ao dever de informar o cliente sobre o andamento da causa de acordo com a verdade, à diligência no desempenho do seu trabalho, etc.

7. *A restituição e a reparação do dano*

a) A restituição dos bens alheios

A teologia moral entende por restituição o ato próprio da justiça comutativa que consiste na devolução do bem que foi subtraído a outro, assim como na reparação ou ressarcimento do dano injustamente causado[213]. O direi-

(213) Cf. *S.Th.*, II-II, q. 62, a. 1. Discutiu-se entre os teólogos se da lesão da justiça distributiva ou legal deriva também o dever de restituição. A este propósito, escreve Günthör que «não há dúvida de que é possível que a autoridade seja obrigada à *restituição* quando agiu de modo injusto na distribuição dos bens comuns. Já Tomás de Aquino conhece o dever da restituição no campo da justiça distributiva; no entanto, para esta reparação ele faz entrar em cena a justiça comutativa, porque aquilo que antes tinha sido retido injustamente deve ser determinado com precisão e exige portanto a aplicação da medida "da coisa" *rei ad rem* própria da justiça comutativa» (A. Günthör, *Chiamata e risposta*, cit., III,

to sobre os próprios bens, econômicos, corporais ou espirituais (fama, honra), permanece igual, ainda que tenha sido lesado, e a lesão persiste enquanto não forem restituídos, reparados ou ressarcidos ao legítimo proprietário os danos injustamente causados.

A restituição efetiva, ou ao menos o firme e sincero propósito de realizá-la o antes possível, é totalmente necessária para a remissão dos pecados contra a justiça. Por isso se afirma que, quando se trata de injustiças graves, a restituição é necessária para a salvação[214]. A necessidade da restituição é testificada pela Sagrada Escritura[215].

A tradição teológico-moral tem prestado grande atenção aos critérios práticos que regulam a restituição[216]. Hoje a matéria é regulada em boa parte pelo direito civil, que deve ser respeitado, exceto nos casos em que seja manifestamente injusto. Por isso nos limitaremos aqui aos aspectos morais essenciais.

O possuidor de um bem alheio pode sê-lo de boa-fé, de má-fé ou de fé duvidosa. Possuidor de boa-fé é aquele que ignora invencivelmente que o bem possuído era propriedade de outro e só por acaso vem a sabê-lo. Possuidor de má-fé é aquele que culpavelmente toma ou possui um bem que sabe pertencer a outro (é, portanto, um ladrão). Possuidor de fé duvidosa é quem, baseado em sérios motivos, tem dúvidas quanto a se o bem possuído realmente lhe pertence.

Considerando o bem em relação ao seu legítimo proprietário, podemos estabelecer os seguintes princípios[217]:

1) A propriedade tende ao seu dono (*res clamat ad dominum*).

2) O bem frutifica para o seu proprietário, ou seja, os frutos que o

---

n. 100). Parece-nos que os deveres de justiça distributiva e legal cuja lesão comporta o dever de restituir têm aspectos de justiça comutativa, ao menos no sentido de que causam positivamente um dano real e quantificável, sem cuja reparação não se pode pensar que a justiça tenha sido restabelecida.

(214) Cf. *S.Th.*, II-II, q. 62, a. 2. São Tomás cita a respeito Santo Agostinho: *Si enim res aliena propter quam peccatum est, cum reddi possit, non redditur, non agitur poenitentia, sed fingitur; si autem veraciter agitur, non remitettur peccatum, nisi restituatur ablatum; sed, ut dixi, cum restitui potest* (*Carta 153*, 6, 20: NBA 22, 546).

(215) Cf. Êx 22, 5; Ez 33, 14-16; Lc 19, 8-9.

(216) Veja-se, por exemplo, D. M. Prümmer, *Manuale theologiae moralis*, cit., vol. III, nn. 207-247. Para uma visão muito mais sintética, veja-se A. Günthör, *Chiamata e risposta*, cit., vol. III, n. 697.

 (217) Seguimos sobretudo a síntese de Günthör.

bem produz naturalmente (e não por habilidade do possuidor) pertencem ao proprietário e a ele devem ser restituídos (*res fructificat domino*).

3) Quando o bem perece naturalmente, perece para o seu proprietário (*res perit domino*).

4) Ninguém pode enriquecer-se injustamente mediante a propriedade alheia (*nemo ex aliena re iniuste locupletari potest*).

No que diz respeito ao possuidor efetivo, devem observar-se os seguintes princípios:

1) Quando há dúvida quanto a quem pertença um bem, o seu possuidor efetivo se encontra em posição de vantagem (*melior est conditio possidentis*).

2) Depois de certo tempo, o bem pode prescrever em favor do possuidor de boa-fé, que então será considerado legítimo proprietário (*possessor bonae fidei potest praescribere rem et fructus*).

3) O possuidor de boa-fé não é obrigado a sofrer danos por causa da posse do bem alheio (*possessor bonae fidei non meretur, ut damnum patiatur, et potest damni compensationem postulare*).

Se o bem ainda se encontra em poder do possuidor, é preciso restituí-lo assim que se saiba quem é o seu proprietário, exceto no caso em que ocorra a prescrição. Além disso, o possuidor de má-fé deve ressarcir todos os danos sofridos pelo legítimo proprietário por ter sido privado da sua propriedade, e que podem referir-se aos frutos naturais do bem em questão, as rendas perdidas, e outros males incluídos nas categorias técnicas de *damnum emergens* e *lucrum cessans* (danos emergentes e lucros cessantes). Quando se chega à certeza de que um bem pertence a outro, mas não se consegue encontrá-lo, o possuidor de boa-fé pode permanecer com ele; o possuidor de má-fé deve destiná-lo aos pobres ou às obras de caridade.

Quando a coisa é perdida ou se encontra em poder de terceiros, aquele que o possuiu pela primeira vez em boa-fé deve restituir ao legítimo proprietário a riqueza obtida mediante a posse da coisa e os seus frutos naturais. O possuidor de má-fé deve dar ao proprietário o preço do bem que se perdeu (salvo no caso em que, com toda a certeza, o bem se teria perdido, mesmo que tivesse permanecido em poder do proprietário) e os frutos naturais que o bem produziu. Poder-se-iam, no entanto, deduzir as despesas necessárias feitas pelo legítimo proprietário para a manutenção da sua propriedade.

Se um possuidor de boa-fé começa a duvidar do seu direito, é obrigado a esclarecer a dúvida. Caso contrário se torna, devido à sua negligência, um possuidor de má-fé. Se a dúvida for insolúvel, ele pode considerar-se um possuidor de boa-fé. A situação, porém, daquele que tem dúvida já desde o momento em que passa a possuir um bem (dúvida antecedente) depende do modo como entrou na posse do bem em questão. Se o tomou por iniciativa própria de um possuidor de boa-fé com base em um título duvidoso, cometeu uma ação culpável, porque o princípio *in dubio melior est conditio possidentis* joga a favor do primeiro possuidor. Se entrou na posse do bem legalmente, por exemplo comprando-o, mas duvidando da confiabilidade do vendedor, é obrigado a solucionar a dúvida antes de tomar posse dele.

b) O dever de ressarcimento no caso do dano injusto

O princípio fundamental já foi explicado[218]: *os danos devem ser ressarcidos caso a ação tenha sido verdadeira, formal e eficazmente injusta, ou então se o ressarcimento for imposto por uma sentença judicial ou por um contrato previamente estipulado.* Resta saber qual ressarcimento é devido pela lesão de alguns bens de particular valor.

A lesão do direito à vida e à integridade corporal jamais pode ser reparada em sentido próprio. Ao dano acarretado à pessoa, costumam seguir-se também danos materiais, os quais, sim, é possível ressarcir. A quem foi ferido injustamente, devem ser pagas todas as despesas necessárias para o tratamento e a cura, além das perdas sofridas no trabalho. Ainda que geralmente seja o juiz quem determine a soma que deve ser dada em reparação, deve-se ter presente que ela é moralmente devida, não dependendo da intervenção de um juiz. Aos herdeiros de quem foi morto injustamente, devem ser reembolsadas as despesas ligadas ao delito. Devido ao lucro cessante e à diminuição da herança, deve-se uma reparação ao cônjuge e aos filhos, cujo valor geralmente é determinado pelo juiz.

Os pecados contra o sexto mandamento que constituem também uma

(218) Veja-se acima § 5 (a).

lesão da justiça geram um dever moral de reparação. Caso tenha havido livre e recíproco consentimento, não há outra obrigação que aquela natural de manter a eventual prole. A relação sexual realizada mediante astúcia, violência, ameaças ou abuso de relações de dependência constitui uma ação gravemente injusta, da qual surge a obrigação de ressarcir os danos que a outra parte tenha sofrido nos seus bens e na sua situação de vida. Se tiver havido uma promessa séria de casamento por parte do homem, existe, via de regra, o dever de cumpri-la, ainda que este princípio admita diversas exceções, e então se deverá proceder à reparação como na hipótese anterior.

Já tratamos da cooperação para o dano injusto[219]. Quanto à reparação do dano causado deste modo, devem observar-se os seguintes princípios morais.

1) Quem, mesmo ajudado por outros, foi causa principal de todos os danos (por exemplo, o mandante) é moralmente obrigado à reparação *in solidum* de todo o prejuízo, sem poder exigir nada daqueles que agiram como causa instrumental. Somente no caso em que não ocorresse a restituição por parte do causador principal, aqueles que agiram como causa instrumental seriam obrigados a ressarcir o dano.

2) Todos aqueles que, colaborando entre si, foram causa eficaz de todo o dano são obrigados à restituição condicionada *in solidum* de todo o dano. São causa eficaz de todo o dano aqueles sem cujo concurso o dano não teria sido possível, ou então aqueles que conspiraram para produzi-lo. Este dano deve ser reparado por todos, mas, se um deles não o fizer, os outros são obrigados a suprir a parte faltante.

3) Aqueles que sem conspirar tiverem sido causa parcial do dano devem reparar na medida da sua real participação.

c) Cumprimento e cessação do dever de restituir

A quem restituir – Destinatário da restituição é aquele cujo direito foi lesado e, caso já tenha falecido, os seus herdeiros. Se o proprietário é desconhecido, deve-se proceder a uma cuidadosa investigação para

(219) Cf. acima § 5 (b).

identificá-lo. Se a investigação não obtiver nenhum resultado, o possuidor de boa-fé pode permanecer com o bem em questão; o possuidor de má-fé deve destiná-lo aos pobres ou às obras de caridade ou beneficência. Se o proprietário é incerto ou duvidoso, tem-se igualmente de tentar identificá-lo. Se a dúvida permanece e se refere a três ou quatro pessoas, o valor do bem deve ser dividido entre elas; porém, se a dúvida se refere a muitas pessoas, a restituição deve ser destinada aos pobres ou a obras de beneficência a seu favor.

Quando restituir – A restituição deve ser realizada assim que possível. Procrastiná-la por muito tempo sem justa causa constitui um pecado grave se a matéria for grave, dado que a demora causa um dano ao proprietário. O possuidor de boa-fé pode deixar o bem à disposição do seu dono no lugar em que se encontra o bem. O possuidor de má-fé e quem tenha causado dano devem assumir as despesas necessárias para transferir o bem ao lugar em que se encontraria caso não tivesse sido injustamente tomado ou danificado. É lícito deduzir as despesas que o dono teria igualmente feito para transportar o bem ao lugar onde agora deveria encontrar-se.

Modo de restituir – Quanto ao modo de restituir, geralmente basta que o direito lesado seja reparado. A restituição pode ser realizada secretamente, sem autodifamação.

Causas que eximem do dever de restituir – O perdão explícito ou tácito por parte do credor, a compensação das dívidas recíprocas, a prescrição, a remissão da dívida referente a bens eclesiásticos por parte do Romano Pontífice e a extrema ou quase extrema necessidade do devedor eximem do dever de restituir. Permitem atrasar a restituição a impossibilidade temporária física ou moral e a cessão dos próprios bens, judicial ou extrajudicial, por parte do devedor insolvente. Se o direito civil determina que a cessão dos bens extinga a dívida, e não apenas permita o atraso, tal disposição é moralmente aceitável, desde que a situação de insolvência não seja fraudulenta.

8. Os contratos

Os tratados clássicos sobre a virtude da justiça incluíam um longo e pormenorizado estudo dos contratos[220]. Isto era razoável, porque os contratos são uma das principais fontes da propriedade (compra e venda, doação, etc.) e das obrigações de justiça (contratos de trabalho, de aluguel, etc.). Os tratados mais modernos já não contém este estudo, devido a várias razões. A matéria é regulada exaustivamente pelo direito civil e, exceto nos casos em que este seja manifestamente injusto, tal regulamentação obriga em consciência, com base na virtude moral da justiça. Para a resolução de problemas particulares, é preciso, portanto, ater-se às prescrições do direito civil de cada país, e assim o estudo teológico-moral deveria ser uma reprodução do direito civil para poder ser verdadeiramente útil. Por outro lado, a matéria tem uma complexidade técnica tal que, na prática, a resolução da maioria dos problemas exige o conselho e a intervenção de um advogado. Enfim, algumas das questões mais importantes, como o contrato de trabalho, a usura, etc., serão estudadas no volume IV deste manual. Aqui nos limitaremos a ressaltar a seriedade da matéria e a indicar os principais tipos de contrato.

Todo contrato legítimo, ou seja, todo contrato sobre uma matéria idônea, estabelecido entre sujeitos juridicamente capazes, com consentimento livre e deliberado, feito na forma exigida, gera uma verdadeira obrigação moral de justiça que, de acordo com a matéria, pode ser grave e até muito grave. Os contratos não devem, portanto, ser considerados como coisa de índole meramente legal, burocrática ou penal. As exigências derivadas dos contratos envolvem plenamente a consciência moral humana e cristã.

Chamam-se contratos *unilaterais* aqueles em que só uma das partes dá algo, enquanto a outra deve apenas aceitar e receber. São, ao contrário, contratos *bilaterais* aqueles em que as duas partes se comprometem a uma prestação efetiva. Estes podem ser gratuitos ou onerosos. Nos contratos *gratuitos*, há dupla prestação em sentido jurídico, mas o ganho ou vantagem econômica é de apenas uma das partes. Nos contra-

---

(220) Cf., por exemplo, H. Noldin, A. Schmitt, *Summa theologiae moralis*, 27ª ed., F. Rauch, Lipsiae, 1941, vol. II, nn. 523-623; D. M. Prümmer, *Manuale theologiae moralis*, cit., vol. II, nn. 248-322; J. Mausbach, *Teologia morale*, cit., pp. 1018-1059.

tos *onerosos*, as duas partes condividem perdas e ganhos, as duas dão e recebem. São contratos gratuitos a doação, a promessa, o depósito e o comodato (empréstimo). São contratos onerosos a compra e venda, o contrato de trabalho ou de prestação de serviço, o contrato de fiança, o aluguel, o mútuo, o contrato de seguro, etc.

Capítulo IV

A JUSTIÇA PARA COM A VIDA HUMANA (I)

1. Os ensinamentos da Sagrada Escritura sobre o valor da vida humana

Um estudo completo sobre a vida na Sagrada Escritura deveria incluir temas como a vida em Cristo ou a vida eterna, os quais fogem do nosso atual propósito. Limitar-nos-emos a uma apresentação sintética dos aspectos mais relevantes para o objeto do nosso estudo, que se irão somando ao longo deste e do seguinte capítulo à medida que o requeiram cada um dos temas abordados[1].

---

(1) Para uma visão de conjunto, cf. R. Cavedo, verbete *Vita*, em P. Rossano, G. Ravasi, A. Girlanda (eds.), *Nuovo dizionario di teologia biblica*, cit., pp. 1660-1680; H. G. Link, verbete *Vita*, em L. Coenen, E. Beyreuther, H. Bietenhard, *Dizionario dei concetti biblici del Nuovo Testamento*, cit., pp. 1994-2001. Com relação aos temas que aqui mais nos interessam, cf. E. Schockenhoff, *Etica della vita. Un compendio teologico*, Queriniana, Brescia, 1997, cap. III. Quanto ao Magistério da Igreja, a exposição mais ampla dos ensinamentos bíblicos sobre o valor da vida humana sem dúvida se encontra na encíclica *Evangelium vitae*, de João Paulo II, 25-III-1995. Sobre esta encíclica, veja-se: E. Sgreccia, R. Lucas Lucas (eds.), *Commento interdisciplinare alla* Evangelium vitae, Li. Ed. Vaticana, Cidade do Vaticano, 1997; L. Melina, *Corso di bioetica. Il Vangelo della vita*, Piemme, Casale Monferrato, 1996.

a) O Antigo Testamento

A fé no Deus vivo – Para o pensamento hebraico veterotestamentário, a vida não é principalmente um conceito biológico ou antropológico, mas um *conceito teológico*[2]. A percepção da vida como prerrogativa divina está na base da distinção entre Javé, o Deus vivo, e as divindades pagãs sem alento nem vida[3]. A vida compete a Javé de modo próprio, enquanto não recebida de ninguém. Desde sempre e para sempre é o Vivente, o princípio da vida, aquele que ama a vida[4]. A vida dos homens é vista como um bem que Deus doa aos homens e sobre o qual Ele exerce completo domínio[5].

Segundo o Gênesis 2, 7 (tradição javista), Javé forma o homem do pó do solo e sopra sobre o seu corpo inanimado, infundindo-lhe o espírito divino: assim o homem se torna um ser vivente. Se Deus retirasse o espírito de vida, o homem voltaria ao pó[6]. A criação divina é considerada uma permanente dependência da força criadora de Deus. O texto sacerdotal evidencia a ideia da criação através da palavra divina[7]. Deus chama o homem à existência, e a criação é um chamado divino, diálogo que dá a vida. O livro do Deuteronômio põe a vida em relação com a Aliança. A palavra e os mandamentos de Javé situam a comunidade diante da escolha entre a vida e a morte[8]. Se permanece fiel à aliança, a vida é tarefa, não somente um dom. O homem vivo é portador de um projeto divino.

Criado à imagem de Deus – É de extrema importância a afirmação de que o ser humano, homem e mulher, foi criado à imagem e semelhança de Deus[9], seja porque a Sagrada Escritura apresenta essa mesma afirmação como fundamentação do mandamento *não*

---

(2) Cf. E. Schockenhoff, *Etica della vita. Un compendio teologico*, cit., p. 110.

(3) Cf. Sal 113.

(4) Cf. Sab 11, 26.

(5) Cf. Deut 32, 39.

(6) Cf. Jó 34, 14-15.

(7) Cf. Gên 1, 26.

(8) Cf. Deut 30, 1-20.

(9) Cf. Gên 1, 26-27.

matarás[10], seja porque daí em diante assumirá um papel central na antropologia cristã, que encontra nela o fundamento último da dignidade humana. Somente do homem se diz que foi criado à imagem de Deus, distinguindo-o assim das coisas, das plantas e dos animais. O valor desta imagem foi, e continua a ser, bastante debatido: em que consiste, por que o homem é imagem, etc. De qualquer modo, parece claro que esta afirmação pretende sublinhar que o homem é capaz de entrar em diálogo com Javé e que, como Javé, o homem deve voltar-se para o mundo com inteligência e com amor. Está indubitavelmente presente a ideia de que ser imagem e semelhança de Deus é um bem permanente no homem, uma graça que protege a vida humana, tornando-a sagrada e inviolável.

Os abusos contra a vida – O livro do Gênesis mostra que Deus fez todas as coisas com perfeição. Colocou Adão e Eva no Paraíso. Eles agem à imagem e semelhança de Deus, quase como seus representantes, capazes de guardar e de transformar com o trabalho o próprio Paraíso, bem como de dominar os animais, aos quais podem até impor um nome. Mas depois do primeiro pecado prolifera o mal, e a tal ponto que Deus quase se arrepende de ter criado o homem. Uma das principais faces do mal é o homicídio. Caim mata Abel, e os seus filhos se matam uns aos outros. O assassinato de Abel evidencia um aspecto presente em todo homicídio e que tem profundo significado teológico. Trata-se da violência entre irmãos: o irmão tira a vida do irmão, de alguém que é igual a ele, filho do mesmo pai divino. Javé apresenta-se sempre como protetor da vida. Até como protetor da vida de Caim. Ninguém deve fazer justiça pelas próprias mãos. Ninguém pode dispor da vida do próximo.

Após o dilúvio, Javé renova a aliança com Noé, e o respeito da vida é um dos pontos capitais da aliança. Tendo em conta as condições que se criaram depois do pecado, os homens podem dispor dos animais. Mas este poder tem limites: devem respeitar o sangue (*não deveis comer carne com vida, isto é, com o sangue*) e respeitar a imagem de Deus: *Da mesma forma pedirei contas do vosso sangue, que é a vossa vida, a qualquer animal. E da vida do homem pedirei contas a seu irmão. Quem derramar*

(10) Cf., por exemplo, Gên 9, 6.

sangue humano, por mãos humanas terá seu sangue derramado, porque Deus fez o ser humano à sua imagem (Gên 9, 5-6). Esta passagem indica que os crimes contra a vida humana são crimes contra o próprio Deus, uma profanação da sua imagem, se bem que pareça indicar também que Deus, como detentor do supremo domínio sobre a vida, autoriza a execução com a pena capital daqueles que com o assassinato tenham violado a imagem divina no homem. Mas contra eles não é lícita a vingança particular.

O mandamento «não matarás» – O Decálogo é o núcleo normativo da aliança do Sinai. O quinto mandamento do Decálogo é *não matarás*[11]. A fórmula não possui um objeto e, portanto, parece muito ampla. Mas o verbo *rasah* limita o seu alcance. *Rasah* não indica a morte dos animais, nem a morte na guerra (*harag*) ou em conflitos violentos com os estrangeiros. Mesmo a pena de morte (*hemit*) e a morte enviada por Deus são indicadas por outros vocábulos. *Rasah* poderia ser traduzido por assassinato. Implica um ato de violência particularmente pérfido e desleal, que atinge uma vítima inerme. Com *rasah* se pretende dizer que o sangue inocente não deve ser derramado, em sentido semelhante a Êx 23, 7: *não mates o inocente e o justo.* O mandamento representa uma proteção divina da vida humana contra toda forma de vontade homicida, que fica absolutamente excluída.

b) O Novo Testamento

Vida terrena e vida eterna – No Novo Testamento se encontra a clara plenitude da revelação da vida eterna: o homem é chamado a viver eternamente em comunhão com Deus à imagem de Cristo ressuscitado. Cristo veio anunciar e conduzir a esta vida eterna[12]. A vida terrena não é a única vida e não é o bem supremo do homem. Pela vida eterna se deve estar disposto até a renunciar à vida terrena. Mas isto não diminui a inviolabilidade da vida humana e a responsabilidade moral em relação a ela.

---

(11) Cf. Êx 20, 13; 21, 12; Lev 24, 17; Deut 5, 17; 17, 8.

(12) Cf. Jo 10, 10.

Retomada e aperfeiçoamento do preceito «não matarás» – O mandamento *não matarás* é retomado no Novo Testamento[13]. Cristo o assume, apresentando-o como condição irrenunciável para poder *entrar na vida*[14], e o leva à perfeição. A proibição de matar chega agora até as raízes da violência homicida no coração do homem e às primeiras manifestações exteriores de rancor e de aversão. *Ouvistes o que foi dito aos antigos: «Não matarás! Quem matar deverá responder no tribunal». Ora, eu vos digo: todo aquele que tratar seu irmão com raiva deverá responder no tribunal; quem disser ao seu irmão «imbecil» deverá responder perante o sinédrio; quem chamar seu irmão de «louco» poderá ser condenado ao fogo do inferno* (Mt 5, 21-22). Jesus encoraja os discípulos a construir com os outros relações que tornem insuportável todo desacordo[15].

O mandamento do amor – No Novo Testamento, o mandamento é desenvolvido em sentido positivo – amar a todos, também aos estrangeiros (o bom samaritano) e até aos inimigos, aqueles que nos perseguem: *Ouvistes que foi dito: «Amarás o teu próximo e odiarás o teu inimigo!» Ora, eu vos digo: Amai os vossos inimigos e orai por aqueles que vos perseguem! Assim vos tornareis filhos do vosso Pai que está nos céus; pois ele faz nascer o seu sol sobre maus e bons e faz cair a chuva sobre justos e injustos. Se amais somente aqueles que vos amam, que recompensa tereis? Os publicanos não fazem a mesma coisa?* (Mt 5, 43-46). No contexto da antítese entre os filhos de Deus, que vivem no amor, e o mundo, que vive no ódio, e aludindo ao episódio de Caim, João afirma a coincidência entre a total falta de caridade, como é o ódio, e o homicídio[16]. A inclusão do quinto mandamento, como de todo o Decálogo, na lei da caridade é proclamada também por São Paulo[17].

Imagem de Deus e imagem de Cristo – O Novo Testamento retoma pacificamente o ensinamento veterotestamentário segundo o qual

(13) Cf. Mt 5, 21; Mc 10, 19; Rom 13, 9; Ti 2, 11.

(14) Cf. Mt 19, 16-19.

(15) Cf. Mt 5, 23-24.

(16) Cf. 1 Jo 3, 11-15.

(17) Cf. Rom 13, 8-10.

o homem é imagem de Deus[18]. Mas acrescenta algo muito importante. Jesus Cristo é a verdadeira e única imagem de Deus[19]. Em Jesus Cristo, Deus põe diante dos olhos dos homens a própria imagem, a fim de que reconheçam a que dignidade foram chamados. Em Cristo, torna-se visível o que significa uma existência livre e repleta de amor para com a vida humana. Cristo ensina o que é a solidariedade e a justiça para com o homem. O homem é, na realidade, imagem da Imagem, e em Cristo tem uma ideia perfeitamente clara da imagem que deve reproduzir na própria vida: *Eu vos dou um novo mandamento: amai-vos uns aos outros. Como eu vos amei, assim também vós deveis amar-vos uns aos outros. Nisto conhecerão todos que sois meus discípulos: se vos amardes uns aos outros* (Jo 13, 34-35). A ideia da imagem e da semelhança com Deus exprime, assim, a dupla relação de Deus com o homem mediante a criação e a Encarnação-redenção.

A postura de Cristo e de seus seguidores, diante de todo homem, pressupõe uma profunda visão moral, da qual o próprio Jesus expôs as virtualidades cuja explicitação era exigida pelo confronto com algumas interpretações farisaicas da lei de Moisés. Trata-se das antíteses formuladas por Jesus: *Ouvistes que foi dito: «Amarás o teu próximo e odiarás o teu inimigo!» Ora, eu vos digo: Amai os vossos inimigos e orai por aqueles que vos perseguem...* (Mt 5, 43). Mal as comunidades apostólicas e subapostólicas entraram em contato com o mundo greco-romano, aquela visão havia de explicitar até o fim todas as suas virtualidades éticas. Pense-se no modo como os Padres Apostólicos reagiram ao aborto, à homossexualidade, etc. Neste ponto deveremos deter-nos mais adiante.

O contributo cristão ao surgimento do conceito de pessoa – Limitando-nos agora aos aspectos fundamentais, no cristianismo o homem é chamado por Deus no seu ser mais próprio. Em virtude da sua relação direta com Deus, o homem não pode ser possuído por nenhuma instância humana, uma vez que transcende todas as relações humanas e mundanas em que se encontra envolvido. O homem não é constituído como tal pelas relações horizontais e nem deve a elas o seu ser. Não pode ser reduzido a papéis ou funções. Possui por si a própria existên-

(18) Cf. 1 Cor 11, 7; Ti 3, 9.

(19) Cf. Col 1, 15; Rom 8, 29; 1 Cor 15, 45-49; 2 Cor 3, 18.

cia, recebida de Deus e amada por Deus na sua irrepetível singularidade. Um homem não pode dispor de outro homem, não pode ser inteiramente funcional a outro semelhante a ele, nem pode ser tratado por ele instrumentalmente. O homem é a única criatura que Deus quis por si mesma[20]. *Temos aqui as ideias constitutivas da contribuição cristã para o conceito de pessoa, destinadas a exercer um influxo decisivo na história da humanidade.* Da relação particular e direta existente entre Deus e o homem, que se torna manifesta em Cristo, depende a não disponibilidade radical do homem, a qual nos obriga a respeitar-nos uns aos outros incondicionalmente, respeito este que está contido na ideia de pessoa. Ela diz que, no outro homem, encontramos alguém que deve a própria existência ao amor criador (e redentor) de Deus, exatamente como nós.

2. Fundamento filosófico e teológico do princípio de inviolabilidade da vida humana

Os princípios fundamentais da ética da vida se reduzem, em última análise, à justiça, que o teólogo vê também na sua relação com a caridade. Trata-se, no fundo, de dar a cada um o que é seu, respeitando os seus bens e os seus direitos, mesmo em situações altamente conflituosas. No entanto, é necessário formular orientações normativas mais específicas, que mostrem quais são as exigências da justiça e da caridade tanto nas situações ordinárias como nas extraordinárias e conflituosas. De outro modo, corre-se o risco de permanecer em um plano formal aberto às mais variadas interpretações subjetivas.

Agora nos ocuparemos de uma exigência fundamental e mínima da justiça, ou seja, o princípio da inviolabilidade da vida humana. Segundo este princípio, *toda ação voltada deliberada e diretamente à supressão de um ser humano inocente, ou o abandono intencional de vidas humanas cuja subsistência depende da própria responsabilidade e que estão sujeitas ao próprio controle, constitui objetivamente uma desordem moral grave.* Tal princípio é absoluto e não admite exceções: exclui de forma absoluta a morte intencional, toda forma de vontade homicida.

(20) Cf. *Gaudium et spes*, n. 24.

Encararemos a questão do ponto de vista teológico-moral. Tratando-se de uma questão de justiça, movemo-nos em terreno de argumentação fundamentalmente racional, compreensível para todos, que encontra na fé uma confirmação e ulteriores aprofundamentos. Tenha-se presente aqui que o Evangelho da vida também pode ser conhecido nos seus traços essenciais pela razão humana[21].

a) A dignidade do homem

O fundamento do princípio da inviolabilidade da vida humana é a dignidade do homem. O conceito de dignidade exprime sinteticamente o valor do homem. Tal conceito é fruto de um longo processo de amadurecimento histórico da consciência humana e possui aspectos de índole antropológica, ética, política e religiosa. A encíclica *Evangelium vitae* fala de um «Evangelho da dignidade da pessoa», que constitui «um único e indivisível Evangelho» com o «Evangelho da vida» e com o «Evangelho do amor de Deus pelo homem»[22].

Do ponto de vista da sua gênese histórica, *a ideia de dignidade humana deve muito ao cristianismo, mas pode ser suficientemente fundamentada sobre motivações racionais de caráter reflexivo.* De fato, o pensamento cristão sobre a dignidade humana percorreu simultaneamente duas vias complementares[23]. Por um lado, uma via de reflexão racional que se move no âmbito da justiça e daquilo que a tradição chamava direito natural. Por outro, uma via mais especificamente teológica ligada à teologia da criação e da história da salvação, tal como podemos encontrar,

---

(21) Cf. *Evangelium vitae*, n. 29.

(22) *Evangelium vitae*, n. 2.

(23) Cf. Comissão Teológica Internacional, «Dignidade e direitos da pessoa humana» (1985), em Id., *Documenti (1969-1985)*, Lib. Ed. Vaticana, Cidade do Vaticano, 1988, pp. 421-461. Veja-se ainda E. Schockenhoff, *Etica della vita. Un compendio teologico*, cit., pp. 172-186; J. Vial Correa, E. Sgreccia (eds.), *Natura e dignità della persona umana a fondamento del diritto alla vita. Le sfide nel contesto culturale contemporaneo* (Atos da VIII Assembleia Geral da Pontifícia Academia para a Vida, 25 a 27 de fevereiro de 2002), Lib. Ed. Vaticana, Cidade do Vaticano, 2003; J. M. Haas, «Dignità umana e bioetica», em G. Russo (ed.), *Enciclopedia di bioetica e sessuologia*, Elledici, Leumann (Turim), 2004, pp. 627-629.

por exemplo, na constituição pastoral *Gaudium et spes*[24] e também na encíclica *Evangelium vitae*.

Do primeiro ponto de vista, o pensamento cristão se encontra com *a evidência ético-filosófica de que o homem transcende o ser meramente indivíduo de uma espécie*. O homem possui uma interioridade que lhe permite desenvolver uma vida e uma especial comunicação com o mundo, com os outros e com Deus, pela qual é um sujeito, um alguém em si mesmo em sentido pleno. Características da vida que preenchem a interioridade humana são a autoconsciência, a autodeterminação e o senhorio de si, o ser incomunicável no sentido de inalienável e de insubstituível[25].

Na perspectiva propriamente teológica, a dignidade dos seres humanos se apresenta acrescida do fato de serem criados à imagem e semelhança de Deus[26] e resulta ulteriormente potencializada pela redenção[27] e pela chamada a tornar-se partícipe da eterna vida divina como filho de Deus em Cristo[28]. A existência de cada homem responde a uma chamada divina. O ser de cada homem singular remete diretamente a Deus. E nesta remissão está a sua verdade mais profunda, da qual dimana em última análise a sua «altíssima dignidade»[29].

Parece-nos oportuno fazer menção à teologia da imagem. A imagem é um tipo de analogia, de «marca»[30], que o ato criador deixa em cada homem singular e em todos os homens. Para São Boaventura, *dicitur imago quod alterum exprimit et imitatur*[31]. *A substância do conceito de imagem consiste nisto: ao criar o homem, Deus não só comunica o ser e a vida, mas também comunica e exprime algo de Si mesmo. Isto é, mediante uma intervenção particularmente direta*[32], *comunica e exprime algo que*

(24) Cf. *Gaudium et spes*, nn. 12-17 e 22-32.

(25) Para um tratamento mais amplo, Cf. A. Rodríguez Luño, R. López Mondéjar, *La fecondazione «in vitro». Aspetti medici e morali*, Città Nuova, Roma, 1986, pp. 55-66.

(26) Cf. Gên 1, 26-27.

(27) Cf. Ef 1, 7; 1 Tim 2, 5-6.

(28) Cf. Rom 8, 14-17; Ef 1, 4-5.

(29) *Evangelium vitae*, n. 34.

(30) *Evangelium vitae*, n. 39.

(31) São Boaventura, *In I Sententiarum*, 31, 2, 1, 1, Concl. [ed. Quaracchi] vol. I, p. 540. Cf. também São Tomás de Aquino, *S.Th.*, I, q. 35, ad 1 e q. 93.

(32) Cf. *Evangelium vitae*, n. 53; Atenágoras, *Súplica pelos cristãos*: PG VI, 970.

Ele é, se bem que esta comunicação seja imperfeita, já que somente nas processões intratrinitárias Deus se comunica e se exprime perfeitamente a Si próprio. Em suma, há no homem uma imagem expressiva de Deus e, consequentemente, muito mais do que um simples vestígio ou uma sombra distante. Se, ao criar o homem, Deus deixa nele algo Seu, este «algo» divino presente no homem é um bem sagrado, divino[33]*, no sentido de que é imagem de Deus.*

A ideia de dignidade, como a de pessoa, significa excelência, um valor acima das coisas e suprautilitário, não negociável. É conhecida de todos a reflexão de Kant segundo a qual «tem um preço aquilo em cujo lugar se pode pôr outra coisa equivalente; pelo contrário, o que se eleva acima de qualquer preço, e por isso não admite nenhuma equivalência, tem dignidade»[34]. A dignidade é um valor intrínseco, não relativo e não instrumental. Em relação a este valor, não seria possível conceder um peso determinante a categorias como útil, inútil, oneroso, desejado, não desejado, etc. O homem é comparável somente àqueles que possuem também a condição humana, mas tal condição os torna precisamente iguais e não constitui para ninguém um privilégio natural de superioridade sobre os outros.

Este conceito de dignidade humana é visto pela tradição teológica católica como ponto de referência normativo supremo. Nas atividades que se referem às pessoas, não se pode esquecer que elas não podem ser tratadas de modo exclusivamente instrumental, em vista da satisfação dos desejos, de exigências econômicas, do progresso da pesquisa ou de técnicas terapêuticas, etc. Diante delas somente o respeito e o amor são atitudes justas.

b) A dignidade como valor de todo indivíduo humano vivo

Existe certamente uma dignidade também no sentido moral, que se conquista com o bem e se perde com o mal que cada um pratica, mas

(33) Cf. *Evangelum vitae*, nn. 34-39.

(34) I. Kant, *Fondazione della metafisica dei costumi*, Rusconi, Milão, 1994, p. 157 (modificamos ligeiramente a tradução). Para uma análise do contexto da reflexão kantiana, cf. A. Rodríguez Luño, *I. Kant: Fundamentación de la metafísica de las costumbres*, Ed. Magisterio Español, Madri, 1977.

a dignidade humana essencial, de que estamos falando agora, é de índole ontológica. Depende da própria natureza, e não daquilo que se faz ou se é capaz de fazer efetivamente. A dignidade pertence igualmente a cada ser individual singular que possua estas duas características: ser humano e ser vivo. Enquanto tal é imagem de Deus, irmão de Cristo e chamado à vida eterna. Portanto, a dignidade dos homens não depende da sua condição social, da sua formação cultural, do seu desenvolvimento físico e espiritual, da sua aparência exterior, da sua idade, das suas convicções filosóficas e religiosas. O conceito de dignidade humana exclui qualquer tentativa de estabelecer sub-repticiamente distinções fundamentais entre os homens baseadas no balanço entre as suas prestações, assim como exclui todo intento de subordinar o valor de qualquer indivíduo humano vivo ao cálculo utilitarista da diferença entre alegria e dor, ou mesmo ao confronto comparativo entre utilidade e dano para a comunidade.

Do acima exposto se depreende que é uma ofensa à dignidade humana pôr um ser humano vivo na situação de ter de demonstrar a própria humanidade ou de dever justificar o próprio valor segundo critérios estabelecidos pelo consenso científico ou social. Os direitos fundamentais alicerçados na dignidade humana implicam em si mesmos um critério de humanidade. Como escreveu R. Spaemann, «desde quando existe, falando em termos absolutos, um direito do homem, não se está autorizado a definir o caráter que deveriam ter os titulares deste direito»[35]. Se se atribui a um foro humano a competência de estabelecer, entre os homens vivos, quem é e quem não é pessoa, então os direitos humanos não seriam direitos ligados necessariamente à condição humana, mas uma concessão por parte daqueles que podem decidir quem é homem em sentido jurídico. *A ideia de dignidade consiste precisamente em afirmar que, no tocante ao seu valor fundamental, não é possível estabelecer distinções relevantes entre os homens vivos.* Nesse sentido, pode-se afirmar que o modo como um embrião se torna feto, criança, adolescente e adulto já exige que deva ser tratado não como uma coisa, mas como o que é: um ser humano. Se fosse tratado como uma coisa enquanto não se manifestem nele os primeiros sinais da racionalidade ou qualquer outro critério convencional de humanidade, estes critérios não se

(35) R. Spaemann, «Discussioni sulla vita "degna di essere vissuta"». *Cultura & Libri*, IV/27, 1987, p. 509.

manifestariam nunca. A própria ideia de direito humano implica que quem seja concebido por mãe humana tem direito a um crédito de humanidade[36].

c) O princípio de igualdade

A dignidade humana no seu significado essencial fundamenta-se na humanidade como condição ontológica, a qual é comum a todos os homens, e não na manifestação empírica de sinais particulares distintivos da personalidade. Todos os indivíduos humanos vivos possuem a mesma dignidade. Daqui nasce a exigência ética de tratar todos os homens como iguais em sentido fundamental, independentemente das suas múltiplas desigualdades empíricas, e isto pelo único motivo de que todos são igualmente seres humanos. Este é o princípio ético de igualdade, que também pode ser expresso assim: *o reconhecimento dos direitos de igualdade (igual respeito, igual liberdade, etc.) não é vinculado a outra distinção que a condição humana de um indivíduo vivo, condição ou natureza em que todos os indivíduos humanos coincidem antes de qualquer diferenciação biológica, social, política ou cultural.*

A justiça exige o reconhecimento do princípio de igualdade como limite ético insuperável: todos os homens, na busca dos seus objetivos, não podem violar os direitos fundamentais dos outros, assim como os outros devem respeitar os bens e os direitos ligados à condição humana de qualquer um de nós. Nesse sentido, o princípio da qualidade de vida, entendido como conjunto de parâmetros que permitiriam conhecer o valor real de cada vida humana singular, não é compatível com o princípio da igual dignidade fundamental de todos os homens. O valor da pessoa dependeria, neste caso, de critérios estabelecidos pelos outros, e não da condição humana. Além disso, com base em tais critérios se determinam diferenças qualitativas entre os seres humanos, segundo as quais a vida de alguns é mantida e a vida de outros pode ser abandonada ou interrompida. Nega-se, assim, a igualdade no que se refere à vida, um bem fundamental ligado essencialmente à dignidade humana.

 (36) Cf. Id., p. 510.

d) A inviolabilidade da vida humana como exigência mínima da dignidade do homem

A dignidade humana possui também uma dimensão moral ou, o que é o mesmo, uma dimensão ligada não ao fato de ser homem, mas à retidão moral do agir. Quem age moralmente bem é digno no sentido moral. Quem age mal, e somente enquanto age mal, não é digno, ofende a dignidade humana. Neste sentido, a dignidade humana é uma realidade muito ampla: evitar o furto, a mentira, o adultério, etc., são exigências da dignidade humana entendida na totalidade do seu conteúdo e, portanto, em sentido máximo. *A inviolabilidade da vida e da integridade física dos outros é, pelo contrário, uma exigência mínima da dignidade humana*[37]. Isto significa que o respeito da vida dos outros é um mínimo, absolutamente necessário, que se há de exigir de todos sem exceção, mesmo através da coerção jurídica, e que não se fundamenta em outro critério que aquele da nossa condição humana comum.

Que se trata de uma exigência mínima percebe-se claramente quando se considera que a vida é um bem de caráter fundamental, pressuposto de qualquer outro bem humano (a liberdade, etc.). Se não se garante o respeito à vida, não se garante o espaço em que a pessoa pode crescer, expandir-se e decidir livremente, ser uma coisa ou outra, etc. Possuir uma dignidade, e não um preço, tem por implicação mínima que ninguém pode ser sacrificado como meio para um fim alheio, nem sequer por amor de um grande bem como a saúde das futuras gerações. Portanto, *o respeito pela vida dos outros deve ser reconhecido como o limite que nenhuma atividade individual ou estatal pode ultrapassar.* Com razão dizia Guardini que a personalidade dá ao homem a sua dignidade, o distingue das coisas e o constitui como sujeito. Algo é tratado como coisa quando se possui, se usa e por fim se destrói. A proibição de matar o homem representa o coroamento da proibição de tratá-lo como se fosse uma coisa[38]. Não ser tratado como coisa é certamente exigência mínima da dignidade humana.

---

(37) Cf. E. Schockenhoff, *Etica della vita. Un compendio teologico*, cit., pp. 182-186.

(38) Cf. R. Guardini, *Il diritto alla vita prima della nascita*, La Locusta, Vicenza, 1985, p. 20.

Quanto a esta exigência fundamental da dignidade humana, não é admissível nenhuma discriminação, nem sequer aquela baseada nos diversos períodos da vida. Nascemos como homens em virtude do que nós somos. Não somos chamados a tornar-nos homens por vontade de uma maioria política. Por isso, mesmo em situações conflituosas, é determinante a pertença natural à espécie biológica humana, o único distintivo da descendência humana ou, no caso em que a linha delimitadora da intervenção biomédica devesse ser alargada, o distintivo da procriação a partir de seres humanos. O não matar, como exigência mínima da dignidade humana, vale igualmente para os estágios iniciais da vida do homem, quando começa a delinear-se o ser pessoal do filho. Com isto não se impõe à pesquisa biomédica limites diversos daqueles que a dignidade pessoal impõe à ação responsável em qualquer outro campo da atividade humana. É universalmente reconhecido que o princípio «não matar» deve ser respeitado na solução e conciliação civil de qualquer conflito.

e) A vida como objeto de um direito fundamental

Queremos frisar agora que *o respeito da vida humana é uma questão fundamental de justiça.* Por isso não se pode renunciar à sua proteção invocando a tolerância, a liberdade de pensamento, o pluralismo das concepções de bem, etc. Quando em uma sociedade existem diversas concepções do homem e do mundo que são de algum modo discordantes, pode-se pensar que não seja função do Estado resolver tal conflito e que, portanto, ele deva garantir as condições gerais de convivência, deixando aos cidadãos individuais a liberdade de promover as concepções que considerem justo promover. Cada um pode ter a sua ideia de felicidade, ao menos até certo ponto. Mas os conflitos éticos referentes a questões de justiça não podem ser resolvidos remetendo-se à própria posição, diferente da outra. Aqui não há somente um conflito de concepções ideais, senão que estão em jogo direitos certos de terceiros, que não se tutelam apenas com a tolerância. Tais questões só podem ser resolvidas com um fundamento que preexiste às preferências culturais de cada homem e que seja válido para todos. O modo mais antigo e universal de resolver os conflitos referentes ao corpo e à vida física com base em um critério elementar de justiça é precisamente a proibição de matar[39].

Talvez convenha acrescentar que a liberdade é um grau, o grau mais alto da vida do espírito. A liberdade exprime o modo de viver próprio do espírito. Invocar a liberdade (de pensamento, de opinião, etc.) para destruir a vida de um ser livre é uma contradição que não se sustenta. A minha liberdade termina onde começa o direito à vida dos outros, pela mesma razão por que a liberdade dos outros deve parar onde inicia o meu direito à vida. Quem atenta contra a vida dos outros não pode invocar para o seu benefício a liberdade, nem a tolerância, nem o pluralismo das concepções de bem.

f) A sacralidade da vida

A encíclica *Evangelium vitae*, adequando-se ao modo de falar tradicional da doutrina eclesial, da catequese e da teologia, afirma que *a vida humana é sagrada*[40]. Esta afirmação possui claro fundamento bíblico, mesmo que se discuta teologicamente o significado exato e o alcance do princípio da sacralidade da vida[41]. Nós consideramos que com esta ideia se pretende dar resposta à seguinte questão: por que a vida huma na é sempre um bem intrínseco de grande importância, mesmo quando as aparências possam levar a pensar o contrário? A resposta essencial a esta questão não é: porque a vida é agradável, porque todos os que vivem querem viver e não morrer, porque estou repleto de forças e de tantos bons projetos, etc. A resposta última é outra: *a vida humana é sempre um bem porque é um dom especialíssimo do Criador, vestígio da sua*

---

(39) Uma exposição sintética desta argumentação se encontra em: Sagrada Congregação para a Doutrina da Fé, *Declaração sobre o aborto provocado*, 18-XI-1974, n. 2. Para uma exposição mais ampla, veja-se E. Schockenhoff, *Etica della vita. Un compendio teologico*, cit., pp. 186-188.

(40) Cf. *Evangelium vitae*, nn. 2, 22, 53, 61, 62, 81, 87. Veja-se também *Catecismo*, nn. 2258 e 2319.

(41) Cf. B. Schüller, *La fondazione dei giudizi morali. Tipi di argomentazione etica nella teologia morale cattolica*, Cittadella Editrice, Assis, 1975, pp. 167-189. Schüller é muito crítico a respeito do modo como foi aplicado o princípio da sacralidade da vida pela teologia moral. Para uma interpretação mais construtiva do valor absoluto do mandamento «não matarás», cf. M. Rhonheimer, *La prospettiva della morale*, cit., pp. 280-288.

presença e sinal da sua glória. «No homem» – diz a *Evangelium vitae* – «brilha um reflexo da própria realidade de Deus»[42].

Isto explica, a nosso ver, por que a ideia da sacralidade foi invocada pela tradição católica para *excluir absolutamente a vontade homicida,* isto é, todo querer intencional que corresponda a um juízo prático segundo o qual é bom que Fulano seja eliminado porque a sua vida é um mal, seja considerando-a em si mesma, seja porque obstaculiza os próprios projetos ou porque impõe algum ônus ou responsabilidade. A ideia de sacralidade geralmente não é invocada, pelo contrário, diante de outros comportamentos, justos ou equivocados, que na sua estrutura intencional visem a defender a vida da pessoa ou da coletividade, mesmo que daí advenha a morte de alguém como efeito colateral ou preterintencional (por exemplo, a legítima defesa). Em outros termos, *o que a ideia da sacralidade da vida humana exclui absolutamente é o pensamento de que, em determinadas circunstâncias, a vida de um ser humano individual é um mal que legitimamente pode ser eliminado da face da Terra.* E, quando um ser humano é eliminado, a ideia de sacralidade ressalta a particular gravidade de tal ato[43]. A vontade homicida não só atenta contra um bem de grande importância, cometendo uma grave injustiça, mas atenta também contra um bem sagrado, divino, no qual «se reflete a própria inviolabilidade do Criador»[44].

Algumas objeções – Não faltam autores que apresentam criticamente uma interpretação caricaturesca do princípio da sacralidade da vida, como se o seu significado fosse o de afirmar uma prerrogativa divina que exclui qualquer intervenção da inteligência humana na promoção da vida e da sua desejável qualidade. Tais autores tendem a identificar este princípio com uma espécie de oposição áspera a quaisquer aplicações do progresso científico no âmbito da vida. Pode servir como exemplo um trecho do ensaio de David Hume *Sobre o suicídio:* «Devemos acreditar que o Onipotente tenha reservado para si em particular o poder de dispor da vida dos homens, e não tenha submetido este evento, como todos os outros, às leis gerais do universo? [...] Se dispor da

(42) *Evangelium vitae*, n. 34.

(43) Cf. *Evangelium vitae*, n. 55.

(44) *Evangelium vitae*, n. 53.

vida humana fosse uma prerrogativa peculiar do Onipotente, a ponto de que para os homens dispor da própria vida fosse uma usurpação dos Seus direitos, seria igualmente criminoso salvar ou preservar a vida. Se tento esquivar-me de uma pedra que me cai sobre a cabeça, altero o curso da natureza e invado o domínio peculiar do Onipotente, prolongando a minha vida além do período que, com base nas leis gerais da matéria e do movimento, lhe era atribuído»[45].

Esta objeção se equivoca quanto ao sentido do princípio da sacralidade da vida. *Este princípio afirma que a vida é sempre um bem, que foi confiado aos homens e que implica, portanto, uma tarefa e uma responsabilidade.* Não se deve interpretá-lo como se Deus e o homem fossem dois poderes opostos ou concorrentes e, portanto, o domínio de Deus excluísse qualquer intervenção da inteligência do homem a favor da vida humana e das suas qualidades (como se Deus e o homem fossem dois motoristas que disputassem entre si uma mesma vaga de estacionamento: ou a ocupa um, ou a ocupa o outro). Esta seria uma forma totalmente inadequada de exprimir em geral as relações que se estabelecem entre Deus e os homens: somos filhos de Deus, e nem por isso somos menos filhos dos nossos pais; devemos a vida aos nossos pais, e nem por isso é menos verdade que a devemos também a Deus. Não se é filho de Deus do mesmo modo e no mesmo plano em que o somos dos pais humanos. Estes geram a vida como colaboradores de Deus. Deus cria, os genitores humanos procriam. No que tange ao fim da vida, é verdade que nos mata, por exemplo, um tumor, mas, ao mesmo tempo, também é verdade que é Deus quem nos chama a passar para a vida definitiva.

A sacralidade da vida significa, portanto, que a vida humana é um bem sagrado, mas um bem sagrado que Deus confia à responsabilidade humana. Deus confia a cada um a própria vida, e em certas circunstâncias também a vida dos outros, particularmente quando se trata de uma vida frágil e que não pode sustentar-se por si mesma. A incumbência da vida humana ao homem implica sem dúvida um poder humano de disposição, que deve ser interpretado como colaboração com Deus e que, por isso, requer uma postura de serviço, de amor, e não de domínio arbitrário ou de produção. A encíclica o exprime afirmando que o ho-

(45) D. Hume, *Sul suicidio*, em *Opere filosofiche*, editado por E. Lecaldano, Laterza, Roma-Bari, 1987, vol. III, pp. 588-589.

mem possui um senhorio sobre a vida não absoluto, mas sim ministerial, «reflexo concreto do domínio único e infinito de Deus. Por isso, o homem deve vivê-lo com sabedoria e com amor, participando da sabedoria e do amor incomensurável de Deus»[46]. Na medida em que o princípio afirma ser a vida humana sempre um bem, mesmo quando não aparenta sê-lo, afirma também que destruí-la direta e deliberadamente é sempre um erro moral. Só Deus pode decidir o momento adequado para alguém deixar este mundo e passar para a vida definitiva. Isto não significa que só Deus pode matar. Deus não mata. São os homens os que devem morrer. Mas não compete aos homens determinar o momento em que a morte deva sobrevir a cada um, pois somente Deus é capaz de saber qual é o melhor momento para cada pessoa singular passar deste mundo para o outro. Perante o poder de decisão do homem, a vida é sempre um bem.

g) O papel ético-político do princípio da inviolabilidade da vida humana

A cultura política moderna pressupõe um *ethos* de paz-segurança, de liberdade e de justiça, que lhe assegura a legitimidade moral. No que diz respeito à paz-segurança, a cultura política moderna exige a monopolização da força física por parte do Estado e a abolição da violência nas relações humanas. Os indivíduos renunciam ao uso da força, e a sua segurança é inteiramente garantida pelo Estado[47]. Em outros termos, *o Estado moderno nasce na medida em que desarma os seus cidadãos e consegue fazer observar de modo cada vez mais efetivo a proibição de matar.* Este tipo de organização da convivência humana é considerado por todos como uma conquista que não pode ser abandonada.

O enfraquecimento deste princípio desencadearia o fenômeno conhecido como «pendente resvaladiça», que afinal conduziria à barbárie.

---

(46) *Evangelium vitae*, n. 52.

(47) A fundamentação do Estado moderno sobre os valores ético-políticos da paz, da liberdade e da justiça foi posta fortemente em evidência por M. Kriele, *Einführung in die Staatslehre. Die geschichtlichen Legitimitätsgrundlagen des demokratischen Verfassungsstaates*, 4ª ed., Westdeutscher Verlag, Opladen, 1990. Sobre toda esta temática, cf. M. Rhonheimer, «Perché una filosofia politica? Elementi storici per una risposta». *Acta Philosophica*, I/2, 1992, pp. 233-263.

A proibição de matar só pode desempenhar a sua função pacificadora, de eliminação da violência das relações humanas, quando é eficazmente observada e garantida mesmo nos casos-limite problemáticos. Por isso a vida é protegida pelo Estado. Trata-se de uma questão de justiça, a qual está na base da convivência e o Estado não pode delegar às variadas convicções individuais. Norberto Bobbio respondia acertadamente, a quem apelava ao pacto social em favor do aborto, «que o primeiro grande escritor político que formulou a tese do contrato social, Tomas Hobbes, considerava que o único direito a que os contraentes não tinham renunciado ao entrar na sociedade era o direito à vida»[48].

O respeito dos direitos humanos fundamentais – entre os quais o direito à vida ocupa o primeiro lugar – é a condição que verdadeiramente distingue um Estado constitucional democrático de um Estado que não o é[49]. Alguns regimes totalitários do passado possuíam uma constituição escrita, mas não eram Estados constitucionais, uma vez que o poder de certos órgãos do Estado (ou do Partido) não era limitado, pelo menos não na prática, pelos direitos da pessoa. Em outras palavras, em um Estado democrático e constitucional a vida não pode carecer de proteção. Se não fosse protegida, a longo prazo o Estado não poderia cumprir sua função pacificadora, e a violência privada passaria novamente a fazer parte das relações humanas.

3. Implicações normativas do princípio da inviolabilidade da vida humana

Do princípio da inviolabilidade da vida humana surge imediatamente uma norma negativa, formulada de modo bastante solene pela encíclica *Evangelium vitae*: «Com a autoridade que Cristo conferiu a Pedro

---

(48) Entrevista de Norberto Bobbio para *La Stampa* de 15-V-1981. Citada por A. Palini, *Aborto. Dibattito sempre aperto da Ippocrate ai nostri giorni*, Città Nuova Editrice, Roma, 1992, p. 74.

(49) Cf. P. Häberle, *Die Wesensgehaltgarantie des Art. 19 Abs. 2, Grundgesetz. Zugleich ein Beitrag zum institutionellen Verständnis der Grundrechte und zur Lehre vom Gesetzesvorbehalt*, 3ª ed. ampliada, C. F. Müller, Heidelberg, 1983 (tradução parcial italiana: *Le libertà fondamentali nello Stato costituzionale*, La Nuova Italia Scientifica, Roma, 1993); N. Matteucci, *Organizzazione del potere e libertà. Storia del costituzionalismo democratico*, UTET, Turim, 1976.

e aos seus Sucessores, em comunhão com os Bispos da Igreja Católica, confirmo *que a morte direta e voluntária de um ser humano inocente é sempre gravemente imoral.* Esta doutrina, fundada naquela lei não escrita que todo o homem, pela luz da razão, encontra no próprio coração (cf. Rom 2, 14-15), é confirmada pela Sagrada Escritura, transmitida pela tradição da Igreja e ensinada pelo Magistério ordinário e universal»[50].

A explícita referência ao Magistério ordinário e universal significa que neste ensinamento moral a Igreja se compromete com o carisma da infalibilidade[51]. A fórmula empregada aclara, além disso, que a ação de matar, que sempre e sem exceção é gravemente imoral, consiste naquela que responde a uma escolha deliberada e concerne a uma pessoa inocente. A legítima defesa e a pena de morte não recaem sob esta fórmula absoluta e são objeto de um tratamento específico[52]. É preciso esclarecer, além do mais, que o significado do adjetivo inocente aqui «não é o comum, isto é: quem é imune de culpa. Segundo a tradicional linguagem teológica e canônica, esse termo possui aqui, substancialmente, o seu significado etimológico, ou seja, *non nocens* (como, por exemplo, "incrível" = não crível"; "inconsciente" = "não consciente", etc.), e quer dizer que "não está agredindo", com a ulterior, mas subentendida, indicação do objeto da agressão, que é a vida alheia»[53]. Uma pessoa completamente louca, sem nenhuma responsabilidade moral, que agride gravemente outra, não seria inocente neste sentido.

O princípio moral da inviolabilidade da vida humana exclui toda forma de morte intencional de um ser humano inocente; não exclui, ao contrário, o poder de disposição que a *Evangelium vitae* denomina «ministerial»[54]. Se Deus confia à pessoa o dom da própria vida e, em certas circunstâncias, também o dom da vida alheia (dos filhos, dos pais anciãos ou doentes), a vida representa uma tarefa moral para aquele a quem foi confiada. Esta tarefa compreende o amor (o ódio nunca é lícito) e o respeito, bem como, em circunstâncias particulares, uma ação positiva de promoção, de

(50) *Evangelium vitae*, n. 57.

(51) Sobre o valor teológico deste pronunciamento, veja-se A. Rodríguez Luño, «La legge divina del "Non uccidere"». *Studi Cattolici*, 413/414, 1995, pp. 435-444.

(52) Cf. *Evangelium vitae*, nn. 55-56.

(53) L. Ciccone, *La vita umana*, Ares, Milão, 2000, p. 42

(54) *Evangelium vitae*, n. 52.

defesa ou de sustento (a mãe relativamente ao filho que carrega em seu seio, os filhos relativamente aos pais anciãos ou doentes). No entanto, a realização da tarefa ética contida em toda vida humana pode às vezes exigir a tomada de decisões, quanto a si mesmo ou quanto aos outros, que põem em risco até a própria vida. Isto acontece, por exemplo, no caso do médico ou do sacerdote que se dedicam ao cuidado de pessoas com doenças infecciosas graves e no caso da legítima autoridade que incumbe ao sacerdote ou ao médico o cuidado destas pessoas. Este sacrifício pessoal pode aceito ou legitimamente pedido a outros porque segue, ou até coincide com, a realização mais excelente e a valorização mais plena da personalidade ética do homem (caridade). Por isso, este sacrifício é perfeitamente congruente com o valor sagrado da vida humana, uma vez que também na capacidade de sacrificar-se em benefício do próximo necessitado o homem é imagem de Deus, que tomou a nossa natureza para oferecer o seu sangue por nós. Uma coisa, porém, é dispor da própria vida ou da vida alheia – no sentido que acabamos de indicar – para realizar a excelência moral em que o homem imita a Deus de modo supremo; *outra é negar ou destruir a própria vida ou a vida alheia porque se recusa completamente a tarefa ética que nos apresenta o nosso viver ou o viver da pessoa que nos foi confiada* (filho doente, aborto, eutanásia, etc.).

O que disse a *Evangelium vitae*, aplicando o princípio da sacralidade da vida, é:

1) que não existe nenhuma circunstância em que a decisão de matar um inocente seja adequada àquilo que uma pessoa é, à imagem divina nela presente;

2) que não existem circunstâncias em que a tarefa ética que toda vida encerra, para si mesma ou para os outros, possa ser realizada impedindo o próprio sujeito moral de viver ou, conforme o caso, impedindo-o de nascer, mesmo quando se prevê para ele uma vida repleta de dores ou limitada por uma grave incapacidade.

Do princípio da inviolabilidade e da sacralidade da vida deriva também um dever positivo geral de promover e de sustentá-la. Como acontece com as outras normas positivas, obrigam *semper, sed non pro semper*. É necessário ter em conta muitas circunstâncias (um médico é obrigado a certos comportamentos que não obrigam a quem não é médico). E, em todo caso, a morte inevitável deve ser aceita (ilicitude da obstinação terapêutica).

Em seguida nos ocuparemos dos comportamentos específicos, à luz deste princípio.

4. *A responsabilidade para com a própria vida*

a) O cuidado do corpo e da saúde

A responsabilidade para com a vida confiada a nós por Deus exige o cuidado razoável da própria saúde[55]. Trata-se, antes de tudo, de uma responsabilidade diante de Deus e, em segundo lugar, diante dos outros: parentes, filhos, marido, esposa, etc. Em relação consigo mesmo, o cuidado da saúde é um dever de caridade, não de justiça em sentido rigoroso, que pressupõe uma alteridade que neste caso não existe.

O cuidado de si mesmo é uma tendência natural. Para o cristão, no entanto, é mais que isso. «Este amor natural pela própria pessoa é reconhecido pelo cristianismo, que o eleva a virtude sobrenatural cristã e o introduz em uma interna e necessária relação com a vontade divina, tal como se revelou em Cristo e como convém ao Seu seguimento. Do fato de Jesus ter colocado o amor a si mesmo em seu primeiro e máximo mandamento, em íntima relação com o amor ao próximo – *Amarás a teu próximo como a ti mesmo* (Mt 22, 39) –, deriva a sua inclusão na esfera do amor a Deus. Assim como o amor ao próximo, cristãmente entendido, nos faz descobrir em cada homem uma criatura e uma imagem de Deus, assim também o amor a si mesmo, em sentido cristão, se torna objeto de uma real relação com Deus»[56].

Nesta matéria é importante entender bem o sentido e a finalidade do cuidado da própria saúde. O corpo é parte integrante do nosso ser nesta vida e, depois da ressurreição, sê-lo-á pela eternidade, e a saúde é normalmente uma condição necessária para o desenvolvimento dos nossos deveres, incluindo os mais espirituais. *O corpo humano possui,*

---

(55) Para esta nossa exposição, não é necessário estudar os diversos conceitos de saúde mais difundidos hoje em dia. O leitor interessado encontrará uma síntese em L. Ciccone, *Salute e malattia. Questioni di morale della vita fisica (II)*, Ares, Milão, 1986, pp. 32-38, e ampla bibliografia nas páginas 72-74.

(56) F. Tillmann, *Il maestro chiama. Compendio di morale cristiana*, 4ª ed., Morcelliana, Brescia, 1953, p. 219. Veja-se também Ef 5, 29.

na economia divina da salvação, um significado próprio e uma particular importância. O ensinamento de São Paulo é claro: o corpo é para o Senhor, o corpo é membro de Cristo, e somos chamados a glorificar a Deus no próprio corpo[57]. Por esta razão, no cuidado cristão do corpo há, por um lado, um sentimento de respeito pela obra divina e pelo próprio Cristo, e só por esta razão o cristão se torna devedor para com o próprio corpo. Por outro lado, no entanto, *o cuidado da saúde já não é razoável quando se torna um fim em si mesmo, culto do corpo e idolatria da saúde, e menos ainda se o corpo se transforma em um instrumento de perdição*[58]. Na submissão aos deveres particulares que Deus confia a cada um, o cristão deve conservar uma nobre liberdade em relação ao corpo e à saúde: *Quem quiser salvar sua vida a perderá, e quem perder sua vida por causa de mim a salvará. Com efeito, de que adianta a alguém ganhar o mundo inteiro, se vier a arruinar-se a si mesmo?* (Lc 9, 24-25). *Por isso, eu vos digo: não vivais preocupados com o que comer ou beber, quanto à vossa vida; nem com o que vestir, quanto ao vosso corpo. Afinal, a vida não é mais que o alimento, e o corpo, mais que a roupa?* (Mt 6, 25). Nem se pode esquecer que o corpo pode facilmente transformar-se em «corpo do pecado» que deve ser destruído[59]. Todos os nossos cuidados devem ser regidos pelo conhecido conselho paulino: *Assim, vós também, considerai-vos mortos para o pecado e vivos para Deus, no Cristo Jesus. Que o pecado não reine mais em vosso corpo mortal, levando-vos a obedecer às suas paixões. Não ofereçais mais vossos membros ao pecado como armas de injustiça. Pelo contrário, oferecei-vos a Deus como pessoas que passaram da morte à vida, e ponde vossos membros a serviço de Deus como armas de*

(57) Cf. 1 Cor 6, 13.15.20.

(58) «Se a moral apela para o respeito à vida corporal, não faz desta um valor absoluto, insurgindo-se contra uma concepção neopagã que tende a promover o culto do corpo, a tudo sacrificar-lhe, a idolatrar a perfeição física e o êxito esportivo. Em razão da escolha seletiva que faz entre os fortes e os fracos, tal concepção pode conduzir à perversão das relações humanas» (*Catecismo*, n. 2289). Especificando a natureza do sério dever moral de cuidar da própria saúde, Ciccone escreve justamente que «*a saúde é um bem no qual sabiamente se deve investir, mais do que conservar.* [...] *Todo dano ou desgaste da saúde inseparável do cumprimento de certos deveres não é outra coisa senão uma verdadeira valorização da própria saúde,* numa correta hierarquia de valores. Mas também, correlativamente, é moralmente *reprovável todo dano à saúde que não seja consequência do cumprimento dos deveres,* que deverão ser tão graves e imperiosos quanto mais grave é o dano previsível para a saúde» (L. Ciccone, *Salute e malattia*, cit., p. 49).

(59) Cf. Rom 6, 6.

justiça. De fato, o pecado não vos dominará, visto que não estais sob a Lei, mas sob a graça (Rom 6, 11-14).

A responsabilidade moral sobre o corpo e a saúde abrange o dever de alimentar-se adequadamente; a roupa, de que se deve cuidar na sua função protetora, expressiva e social; o dever da habitação digna, da normal higiene, de um sono suficiente e de um repouso adequado, além dos cuidados médicos oportunos e proporcionais do ponto de vista terapêutico[60]. A negligência irracional e o desprezo do corpo são pecados contra a obra de Deus, e o pecado nesta matéria pode ser grave.

Não nos parece supérfluo transcrever uma acertada observação de Tillmann: «Na concepção cristã do corpo como templo do Espírito Santo, merecedor portanto de respeito e de santidade, também o dever de asseio e limpeza encontra a sua raiz profunda e a sua relação com a virtude. *O corpo deve ser o espelho da alma*; e a experiência demonstra que quem não apresenta exteriormente limpeza e ordem na sua pessoa tampouco possui internamente estas qualidades. *A exigência da limpeza não é, portanto, apenas questão de etiqueta, de educação e de respeito devido ao próximo, senão que é também expressão do respeito a si mesmo e à própria pessoa, o qual constitui um dever cristão.* Os santos "sujos" não devem ser apresentados como modelo; tais manifestações devem ser consideradas no contexto do espírito dos tempos antigos, mostrando compreensão pela sinceridade de intenção, ainda que pareçam repugnantes à nossa sensibilidade. É preciso ter em conta que o cuidado bem entendido do corpo e da saúde é uma decorrência dos tempos modernos, e que a higiene, como ciência, é relativamente bastante jovem! A dignidade do cristão exige que ele não cuide *exageradamente* da própria saúde nem a comprometa por falta de preocupação; deve considerá-la como um dom de Deus, como um meio para trabalhar bem, dom e meio dos quais um dia deverá prestar contas. Menos ainda deve o cristão tornar-se escravo do próprio corpo e do seu cuidado a ponto de lhe absorver totalmente o pensamento e o tempo!»[61].

A Igreja considera que as autoridades públicas têm também uma parte de responsabilidade neste âmbito: «O *cuidado com a saúde* dos cidadãos requer a ajuda da sociedade para obter as condições de vida que permi-

---

(60) No cap. V, esclarecer-se-á a distinção entre terapias proporcionais e desproporcionais.

(61) F. Tillmann, *Il maestro chiama*, cit., pp. 230-231.

tam crescer e atingir a maturidade: alimento, roupa, moradia, cuidado da saúde, ensino básico, emprego, assistência social»[62]. Naturalmente, a responsabilidade principal sobre a vida e a saúde pertence a cada um. A cada um de nós, e não ao Estado, Deus confiou a vida e a saúde. Por isso, nos cuidados médicos ou de outro tipo se deve respeitar sempre o princípio do consenso informado. Só uma exigência necessária, grave e manifesta do bem comum ou de terceiras pessoas pode justificar uma intervenção à força.

Possuem uma negatividade totalmente especial as substâncias cujo uso ou abuso podem comprometer a saúde e até a vida, como as drogas pesadas e leves, os medicamentos, o álcool, o tabaco, os estimulantes, etc. Nelas nos deteremos ao estudar a virtude da temperança.

b) O suicídio

Conceito e tipologia do suicídio – Entendemos por suicídio *a supressão intencional da própria vida mediante uma ação ou omissão do próprio sujeito ou pedida por ele a outros* (tradicionalmente, a teologia moral dava a isso o nome de «suicídio direto»)[63]. O suicídio é um fenômeno grave e desconcertante, conhecido desde a Antiguidade, e que no mundo atual adquiriu dimensões relevantes, seja do ponto de vista quantitativo[64], seja sobretudo porque, sob a espécie da eutanásia, encontra crescente aprovação[65]. A psicologia e a sociologia, cada uma a partir de seu respectivo ponto de vista, estudam as suas formas e as suas causas[66]. Em

(62) *Catecismo*, n. 2288.

(63) Sobre os problemas da definição de suicídio, veja-se M. Van Vyve, «La notion de suicide». *Revue philosophique de Louvain*, 52, 1954, 593-618.

(64) Para uma primeira informação, cf. M. Garzia, verbete *Suicidio*, em F. Demarchi, A. Ellena, B. Cattarinussi (eds.), *Nuovo dizionario di sociologia*, Paoline, Cinisello Balsamo, 1987, pp. 2135-2149; L. Pavan, D. De Leo (eds.), *Il suicidio nel mondo contemporaneo*, Liviana, Pádua, 1988.

(65) Da eutanásia nos ocuparemos no cap. V.

(66) Cf. E. Ringel, *Selbstmord. Abschluss einer krankhaften psychischen Entwicklung*, Maudrich, Viena, 1953; Aa.Vv., *Il suicidio: follia o delirio di libertà?*, Paoline, Milão, 1989; L. Tomasi, *Suicidio e società. Il fenomeno della morte volontaria nei sistemi sociali contemporanei*, Angeli, Milão, 1989; E. Pavesi, «Tentativi di suicidio e la loro prevenzione. La sindrome presuicidaria». *Renovatio*, 25, 1990, pp. 110-125; E. Fizzotti, A. Gismondi, *Il suicidio. Valore*

seu célebre estudo sociológico, realizado segundo o método funcionalista, Durkheim distinguia três formas fundamentais de suicídio: egoísta, altruísta e anômico. Está frequentemente ligado a patologias mentais ou depressivas, ou então a situações de extremo mal-estar existencial. Nestes casos se pode presumir que seja realizado por sujeitos com responsabilidade moral subjetiva bastante limitada, e nalguma ocasião talvez totalmente ausente. Não faltaram, no entanto, justificações filosóficas para o suicídio (Sêneca, Hume, etc.).

A tradição e o Magistério da Igreja – *A tradição cristã sempre considerou o suicídio moralmente inadmissível.* Lactâncio, Santo Ambrósio, Santo Agostinho e tantos outros dão testemunho disso. Santo Agostinho, particularmente, esclarece que ninguém pode matar-se para proteger a própria virgindade: «Certamente, também o suicida é homicida e tanto mais culpável quanto mais inculpável acerca dos motivos pelos quais pensou em se matar»; ainda que se trate de expiar as próprias culpas: «Nós condenamos o que fez Judas, e a razão humana julga que, ao enforcar-se, mais acrescentou do que expiou a criminosa traição, porque, arrependendo-se para condenar-se, desesperou-se da misericórdia de Deus e não se permitiu o momento propício para o arrependimento que salva»[67].

Vários Concílios proibiram as orações de sufrágio e a sepultura ecle-

---

esistenziale e ricerca di senso, Sei, Turim, 1991; D. de Leo, L. Pavan (eds.), *Suicidio: verso nuove strategie preventive*, Kendall, Pádua, 1994; M. L. Di Pietro, A. Lucattini, «Condotte suicidarie e adolescenza nel dibattito attuale». *Medicina e morale*, 44, 1994, pp. 667-690; Aa.Vv., *Suicidio adolescenziale. Complessità sociale e prevenzione*, Angeli, Milão, 1996. Para a pesquisa sociológica, vejam-se: E. Durkheim, *Il suicidio*, UTET, Turim, 1969 (orig. 1897); E. A. Powell, «Occupation, Status and Suicide. Toward a Redefinition of Anomie». *American Sociological Review*, 1, 1958, pp. 131-139; L. I. Dublin, *Suicide: A Sociological and Statistical Study*, Ronald Press, Nova York, 1963; R. W. Maris, *Pathways to Suicide*, The John Hopkins University Press, Baltimore, 1981. No plano filosófico, veja-se o esclarecedor ensaio de F. D'Agostino «La riduzione moderna della persona: l'esempio del suicidio», em Id., *Bioetica. Nella prospettiva della filosofia del diritto*, G. Giappichelli, Turim, 1996, pp. 207-219.

(67) Santo Agostinho, *A cidade de Deus*, I, 17: NBA 5/1, 53. E, mais adiante, acrescenta: «E com razão em nenhuma parte dos sagrados livros canônicos se pode encontrar que nos tenha sido ordenado ou permitido matar para alcançar a imortalidade ou então para evitar ou livrar-se do mal. Ao contrário, deve-se entender que isto nos foi proibido naquela passagem da Lei que diz: *Não matarás*. Note-se que não se acrescenta "o teu próximo", como quando proíbe o falso testemunho: *Não darás falso testemunho contra o teu próximo* (Êx 20, 13.16) [...]. No preceito *Não matarás,* sem nenhum acréscimo, ninguém, nem mesmo o indivíduo a quem se dá o mandamento, deve considerar-se excluído. [...] Quem se mata a si mesmo, de fato, mata um homem» (Id., I, 20: NBA 5/1, 61.63).

siástica para os suicidas[68], disciplina que permaneceu substancialmente válida até a entrada em vigor do Código de Direito Canônico de 1983. Este último não menciona explicitamente os suicidas entre os pecadores públicos que não podem receber sepultura eclesiástica[69], e assim não dá por suposta, como regra geral, a plena imputabilidade de quem tirou a própria vida[70].

No Magistério recente basta recordar a firme condenação do suicídio por parte do Concílio Vaticano II[71] e citar a síntese da doutrina eclesial oferecida pela encíclica *Evangelium vitae*: «O suicídio é sempre moralmente inaceitável, tal como o homicídio. A tradição da Igreja sempre o recusou, como opção gravemente má. (Cf. Santo Agostinho, *De civitate Dei* I, 20; São Tomás de Aquino, *Summa theologiae*, II-II, q. 6, a. 5). Embora certos condicionamentos psicológicos, culturais e sociais possam levar a realizar um gesto que tão radicalmente contradiz a inclinação natural de cada um à vida, atenuando ou anulando a responsabilidade subjetiva, o suicídio, do perfil objetivo, é um ato gravemente imoral, porque comporta a recusa do amor por si mesmo e a renúncia aos deveres de justiça e de caridade para com o próximo, para com as várias comunidades de que se faz parte e para com a sociedade no seu conjunto (Congregação para a Doutrina da Fé, Declaração sobre a eutanásia *Jura et bona*, 5 de maio de 1980, I; *Catecismo da Igreja Católica*, nn. 2281-2283). No seu núcleo mais profundo, o suicídio constitui uma rejeição da soberania absoluta de Deus sobre a vida e sobre a morte, proclamada deste modo na oração do antigo Sábio de Israel: *Vós, Senhor, tendes o poder da vida e da morte, e conduzis os fortes à porta do Hades e de lá os tirais* (Sab 16, 13; cf. Tob 13, 2)»[72].

---

(68) Por exemplo, o cânon 15 do Concílio II de Orléans (ano 533) e o cap. 16 do Concílio II de Braga (ano 563): Mansi 8, 837 e 9, 779.

(69) Cf. *CDC*, c. 1184.

(70) Deve-se ter presente o Decreto da Congregação para a Doutrina da Fé de 20/09/1973 (AAS, 65, 1973, p. 500), sobre a conveniência de proceder a uma adequada catequese para evitar todo escândalo possível dos fiéis. Veja-se sobre esta temática L. Ciccone, *La vita umana*, cit., pp. 91-93. O *Catecismo* diz a este respeito: «Não se deve desesperar da salvação das pessoas que se mataram. Deus pode, por caminhos que só Ele conhece, dar-lhes ocasião de um arrependimento salutar. A Igreja ora pelas pessoas que atentaram contra a própria vida» (n. 2283).

(71) *Gaudium et spes*, n. 27.

(72) *Evangelium vitae*, n. 66.

Argumentação teológica – À luz de tudo o que acabamos de dizer sobre o princípio da inviolabilidade da vida humana[73], a compreensão da imoralidade do suicídio no plano objetivo não deveria apresentar dificuldades. Mesmo nos casos mais extremos de pessoas abandonadas por todos, para quem a vida parece mais um peso do que uma vantagem para a sociedade, a morte intencional de si mesmo é a negação do próprio sujeito moral, imagem do Deus vivente, pela qual a pessoa se subtrai a qualquer dever ético que a vida pode trazer consigo (a doença e a dor, a solidão, a incapacidade, as culpas passadas necessitadas de expiação, os fracassos cujas consequências é preciso assumir, etc.). Junto com o sujeito moral, a ordem moral inteira é objetivamente negada. No entanto, no plano da responsabilidade subjetiva há condições e situações tão complexas que só Deus pode avaliar.

O suicídio indireto – A tradição moral denominava «suicídio indireto», expressão certamente infeliz, aqueles comportamentos que, visando intencionalmente a alcançar um bem importante ou necessário, representam um grave perigo para a vida. O perigo de morte (e mesmo a morte, eventualmente) não é procurado nem querido de nenhum modo, nem como fim, nem como meio, mas tolerado enquanto ligado às ações que é necessário realizar por outros e importantes motivos. Militares, policiais, médicos e sacerdotes que socorrem pessoas afetadas por doenças infecciosas graves, etc., devem às vezes correr riscos graves. Tais comportamentos são moralmente lícitos, e algumas vezes obrigatórios, quando não há outro caminho para obter ou defender bens necessários, ou pelo menos de importância proporcional ao risco que se corre. O bem comum, a vida física ou espiritual dos outros, etc., podem tornar moralmente justos os comportamentos assaz arriscados.

c) As atividades perigosas

Constituem um capítulo diverso aquelas atividades que, pela sua natureza, ou pelo modo como são realizadas por determinada pessoa,

---

 (73) Acima, §§ 2 e 3 deste capítulo.

colocam em risco a própria vida ou a dos outros, o mais das vezes por motivos banais. A esta categoria pertencem certos comportamentos no volante (especialmente a direção em estado de embriaguez ou quase, ou então em horários em que o cansaço é demasiado grande), esportes extremos, ou para os quais determinada pessoa não possui as qualidades ou os equipamentos necessários, dietas alimentares não necessárias ou seguidas sem o devido controle médico, intervenções médicas superficiais ou sem a devida garantia, descuidos graves na manutenção de veículos, de aeronaves, de elevadores, de instalações domésticas, etc.

Mesmo quando o risco não é procurado intencionalmente, *estes comportamentos constituem uma culpa moral*, que pode chegar a ser grave. Segundo as situações e as circunstâncias, causam um número de mortes estatisticamente relevante, dão ocasião a graves tragédias familiares e representam notável peso econômico para a sociedade. As estruturas e as equipes de salvamento, os sistemas sanitários e de previdência, etc., devem remediar graves danos que o mais das vezes não têm outra causa que a imprudência, a superficialidade ou a vaidade de fazer aquilo que está na moda. No plano social e político, deve-se notar que a condescendência com comportamentos irresponsáveis, cujas consequências graves recaem, em última instância, sobre os outros e sobre a coletividade, nada tem a ver com o respeito da liberdade.

5. A responsabilidade sobre a vida do próximo

No estudo da inviolabilidade da vida do homem, expusemos em seus traços gerais os princípios teológicos e a doutrina eclesial que fundamentam a atitude que se deve ter perante a vida humana, seja a própria ou a do próximo. Expressão normativa da atitude inspirada na justiça é o mandamento «não matarás». Já indicamos que isso exclui absolutamente toda forma de morte intencional de um ser humano inocente. Não exclui, ao contrário, ou pelo menos não absolutamente, outros comportamentos dos quais pode seguir-se, de algum modo, a morte de um ser humano. Com base nos fundamentos teológicos já estudados, devemos individuar agora suas diversas espécies e avaliar a sua moralidade.

a) A morte intencional do inocente

Sabemos que a encíclica *Evangelium vitae* repropôs mais uma vez, de modo bastante solene, a doutrina segundo a qual «*a morte direta e voluntária de um ser humano inocente é sempre gravemente imoral*»[74]. Resta explicar ainda em que consiste a morte direta e voluntária de um inocente.

Já dissemos acima que, na linguagem técnica da moral, «inocente» não significa, neste contexto, «aquele que não tem culpa», mas «*aquele que não causa dano», isto é, «aquele que não está agredindo», a não ser no caso em que tenha um título positivo e válido para fazê-lo.* Assim, por exemplo, um homem completamente privado do uso da razão devido a uma doença mental grave que agride com violência outra pessoa, mesmo não tendo a capacidade de ser moralmente culpável, não é um «inocente», mas alguém que atenta contra o direito à vida, do qual é lícito defender-se. Um policial, ao contrário, que deve prender um delinquente por mandato do juiz é um «inocente», e não um «injusto agressor» ao qual seria lícito opor-se.

«Morte direta e voluntária» significa morte intencional, ou seja, toda forma de agir deliberada e consciente de privar um ser humano inocente da sua vida, tanto quando a privação da vida do próximo é querida qual fim em si como quando é querida qual meio para outro fim, mesmo bom[75]. Quem age quer conscientemente matar, e por isso realiza a ação. A expressão «como fim ou como meio» pretende incluir as duas modalidades do querer direto[76] – neste caso, da morte direta. Matar deliberadamente Fulano é a mesma coisa que «eliminar Fulano», pois de qualquer ponto de vista se considera que a sua existência é um mal. Isto pode significar duas coisas: 1) que eliminar Fulano é querido como fim em si mesmo, e isto acontece quando a intenção última da ação é simplesmente que Fulano não exista mais; 2) que eliminar Fulano é querido como meio visando a outra intenção: para que não obstaculize os próprios projetos, porque é testemunha ocular

---

(74) *Evangelium vitae*, n. 57. Veja-se acima § 3.

(75) Cf. *Evangelium vitae*, n. 57.

 (76) Cf. *Escolhidos em Cristo I*, cap. VI, § 2 (a).

de um crime que se deseja manter oculto, para evitar um perigo à própria saúde, etc.[77]

À morte entendida deste modo se referem o pronunciamento da *Evangelium vitae*, n. 57, e a proibição absoluta de matar por parte da tradição moral da Igreja. A escolha deliberada de matar jamais é conforme à justiça. *A morte intencional do inocente é sempre uma culpa moral grave*, um dos pecados que clamam ao céu por vingança[78], desde sempre considerado pelo sentido moral comum, pelas leis civis e da Igreja como um dos pecados mais graves[79]. Ainda hoje acarreta penas canônicas[80]. A negatividade moral do homicídio pode ser ulteriormente agravada quando o homicida viola com o seu ato vínculos naturais particularmente importantes: é o caso do aborto e do infanticídio, do fratricídio, do parricídio e da morte do cônjuge.

A morte de um homem inocente causada por outro pode ocorrer também como efeito colateral *não querido* de uma ação cujo *efeito imediato e querido é outro.* Dentro desta hipótese, devem distinguir-se duas espécies.

a) Na primeira, a morte de um inocente ocorre como efeito colateral, previsto mas não querido de nenhum modo, de uma ação boa, considerada seja em si mesma, seja no seu efeito imediato desejado pelo agente. A morte do inocente é então um *efeito indireto* da ação realizada pelo agente[81]. Encontramo-nos diante de uma ação de duplo efeito[82], e como tal deve ser avaliada moralmente. Se a ação é boa no que diz respeito ao seu efeito imediato e à intenção que a inspira, e se a necessidade de realizá-la é proporcional à importância do efeito indireto

(77) Cf. a análise de M. Rhonheimer, *La prospettiva della morale*, cit., pp. 280-289.

(78) Cf. Gên 4, 10; *Catecismo*, n. 2268.

(79) Cf. *Evangelium vitae*, n. 54.

(80) Cf. *CDC*, c. 1397.

(81) Cf. *Escolhidos em Cristo I*, cap. VI, § 2 (b).

(82) Cf. *Escolhidos em Cristo I*, cap. VI, § 5 (b). Recorde-se particularmente o que ali se diz sobre a importância de não confundir o efeito indireto com o efeito querido diretamente como meio. O critério distintivo fundamental é o seguinte: *para que o efeito previsto de uma ação possa ser considerado objeto indireto da vontade, tal efeito não pode ser querido como meio (no plano real, a causa) que permite alcançar ou realizar o que realmente interessa.* Todo efeito que é visto e querido como elo causal entre o sujeito e o seu fim é querido diretamente como meio e não pode ser considerado nem avaliado como efeito indireto.

negativo (neste caso, a morte de um inocente), a ação é moralmente lícita e não pode ser qualificada de homicídio. Assim, por exemplo, uma pessoa jovem pode ter uma grave doença que a levará certamente à morte dentro de poucos meses se não passar por uma intervenção cirúrgica. A cirurgia é perigosa. O organismo pode suportar bem a intervenção, e então o nosso jovem será definitivamente curado daquele mal, mas pode também não suportá-la, e neste caso não sairá vivo da sala de operações. Se, ainda que o cirurgião tenha agido com destreza, sobrevier a morte, esta será o efeito colateral, previsto mas não querido, de uma intervenção terapêutica necessária. Não há homicídio. Nestes casos, dada a extrema gravidade do possível efeito colateral negativo, é claro que a necessidade ou proporcionalidade da ação deve ser avaliada com muito rigor e precisão.

Vale a pena considerar a observação proposta por Günthör: «Devemos ser muito cautelosos perante certas definições de morte direta e indireta. Tais definições se afastam da interpretação tradicional e têm consequências deletérias. Por exemplo, a ação homicida direta foi identificada com uma ação que leva *de per si* à morte, ao passo que nos encontramos diante de uma morte indireta quando esta ocorre *por causa de uma circunstância particular de natureza extrínseca* (*per accidens*). Esta explicação dos conceitos é errada, como demonstra um par de exemplos particulares: permanecer em uma aeronave que com certeza se espatifará no chão é uma ação que leva *de per si* à morte; não obstante, só estamos diante de um suicídio indireto do piloto se ele, agindo assim, visa a salvar as casas e as pessoas, e não à própria morte. Inversamente, uma ação que acarreta a morte apenas por causa de circunstâncias particulares, isto é, *per accidens*, pode ser uma morte direta, como mostra o exemplo seguinte: certa injeção não é letal *de per si* e pode provocar a morte somente quando existem determinadas condições – por exemplo, quando o paciente já estava antes extraordinariamente debilitado; ou, então, quando alguém aplica uma injeção não letal em si mesma a um doente grave, mas que resultará tal em razão das condições do sujeito. Encontramo-nos, não obstante, diante de uma morte direta sempre que quem age assim visa intencionalmente à morte do outro»[83].

---

(83) A. Günthör, *Chiamata e risposta...*, cit., III, n. 462.

b) Uma figura diferente da anterior ocorre quando a morte advém como efeito não querido e até não previsto de uma ação moralmente negativa que lesa a pessoa que acaba morrendo, ou então como efeito não querido e não previsto de uma negligência relevante. O primeiro caso é chamado pelo Direito *homicídio preterintencional*, e nele incorre, por exemplo, aquele que pretende realizar e de fato realiza um roubo, mas a pessoa derrubada cai por terra, bate a cabeça na calçada e morre. O segundo caso se chama *homicídio culposo* e comete-se, por exemplo, quando um paciente morre na mesa de cirurgia por causa de uma negligência grave do cirurgião. O Direito reconhece uma responsabilidade penal em ambos os casos, a qual é punida, ainda que com uma pena menor do que aquela aplicada ao homicídio intencional (*homicídio doloso*).

Do ponto de vista moral, o homicídio preterintencional do exemplo precedente não é um homicídio diretamente voluntário: não fora previsto nem querido, nem sequer como meio. Agiu-se para roubar, não para matar. Daquele tipo de ação geralmente não se segue a morte, ainda que algumas vezes sim. No entanto, o agente é moralmente responsável pela morte causada, ainda que em grau menor do que quem mata intencionalmente. A razão disso foi estudada na moral geral a propósito da responsabilidade moral sobre os eventos subsequentes à ação voluntária: «Somos responsáveis pelas consequências negativas previsíveis das nossas más ações, ainda que não tenham sido previstas. Poderíamos tê-las evitado se tivéssemos feito o que é bom ou se não tivéssemos praticado a ação má»[84], que temos o dever de não realizar. A mesma razão vale para o homicídio culposo, ainda que geralmente de modo mais atenuado. Tudo depende da natureza e da culpabilidade da negligência em cada caso singular.

A morte de uma pessoa pode ser causada, enfim, de modo totalmente involuntário e inculpável. Seria o caso, por exemplo, de quem, ao treinar em um estande de tiro, respeitando todas as normas de segurança, mata uma pessoa que, de maneira inexplicável e absolutamente não previsível, entra em lugar proibido, onde ninguém poderia entrar. Semelhante morte não é moralmente imputável.

---

(84) *Escolhidos em Cristo I*, p. 221.

b) A legítima defesa

A doutrina mais recente da Igreja sobre a legítima defesa foi exposta no *Catecismo da Igreja Católica* e na encíclica *Evangelium vitae*. *A legítima defesa é intencionalmente um ato de autodefesa, e o eventual ferimento ou morte do injusto agressor é involuntário*[85]. A eventual morte é atribuída, de fato, «ao próprio agressor, que a tal se expôs com a sua ação, ainda no caso em que ele não fosse moralmente responsável por falta do uso da razão»[86]. Fazer respeitar o direito à vida própria ou alheia é um princípio fundamental da moral, e «quem defende sua vida não é culpado de homicídio»[87], desde que na autodefesa não se use maior violência que a necessária. «A legítima defesa pode ser não somente um direito, mas um dever grave, para aquele que é responsável pela vida de outros»[88]. Ao direito de autodefesa se poderia renunciar «apenas em virtude de um amor heroico que, na linha do espírito das bem-aventuranças evangélicas (cf. Mt 5, 38- 48), aprofunde o amor a si mesmo»[89].

Não faltam autores que levantam dúvidas quanto à licitude da legítima defesa e sua compatibilidade com o espírito evangélico[90]. Parece-nos que estas dúvidas procedem em boa parte de uma compreensão inexata da natureza do ato de autodefesa. Não consiste em uma escolha intencional da morte ou ao menos da violência para defender-se ou prevenir uma agressão. Se fosse assim, a autodefesa consistiria na morte direta e voluntária de um agressor e, portanto, na escolha de fazer justiça pelas próprias mãos, o que certamente não é lícito. Fazer justiça é dever das autoridades públicas. São Tomás afirma decididamente que não é lícito

(85) Cf. *Catecismo*, n. 2263, que cita as palavras de São Tomás: *S.Th.*, II-II, q. 64, a. 7.

(86) *Evangelium vitae*, n. 55. A encíclica remete a São Tomás, *S.Th.*, II-II, q. 64, a. 7, e a Santo Afonso de Ligório, *Theologia moralis*, lib.. III, tract. 4, cap. 1, dub. 3.

(87) *Catecismo*, n. 2264.

(88) *Catecismo*, n. 2265.

(89) *Evangelium vitae*, n. 55.

(90) Por exemplo, K. Barth, *Kirchliche Dogmatik*, III/4, pp. 488-499. Um tratamento mais equilibrado do problema encontra-se em F. D'Agostino, «Omicidio e legittima difesa», em F. Compagnoni, G. Piana, S. Privitera (eds.), *Nuovo dizionario di teologia morale*, cit., pp. 826 -830; L. Ciccone, *La vita umana*, cit., pp. 51-61 (com bibliografia). Correto nas conclusões práticas, mas um pouco tendencioso no enfoque, é, a nosso juízo, o recente e ótimo estudo de M. Faggioni, *La vita nelle nostre mani*, Edizioni Camilliane, Turim, 2004, pp. 123-136.

que um cidadão particular «vise (*intendat*) diretamente a matar para defender-se a si mesmo»[91].

Na autodefesa não há, pelo contrário, a escolha de matar o agressor. A autodefesa se dirige contra a ação homicida posta em ato pelo agressor, e não contra a sua vida. Se ocorre a morte do agressor, morte que se procura evitar e que certamente não se deseja, será uma consequência colateral não intencional da ação lícita e até devida de defender-se[92]. As condições normalmente exigidas pelos moralistas para que o ato de autodefesa seja lícito são: que se trate de uma agressão efetivamente injusta, que se use o mínimo de violência indispensável para repelir a agressão (*moderamen inculpatae tutelae*) e que o mal causado seja proporcional ao bem defendido. Na verdade, não são outros critérios que aqueles que permitem saber que o ato julgado foi verdadeiramente um ato de autodefesa e que a morte do agressor – se veio a ocorrer – foi uma consequência colateral não intencional do ato de autodefesa. A autodefesa é algo muito diferente da punição, da vingança e da descarga do ódio ou da ira contra o agressor. A legítima defesa não é um «homicídio autorizado» porque não é uma escolha de matar, mas uma escolha de defender-se. Neste sentido, deve-se afirmar que «a legítima defesa das pessoas e das sociedades não é uma exceção à proibição de matar o inocente»[93].

Como foi dito, em algumas circunstâncias particulares uma pessoa pode sentir-se chamada a exercitar heroicamente a caridade e a mansidão renunciando a defender a própria vida de uma agressão. No entanto, tal renúncia não pode ser apresentada como um dever moral geral. Em todo caso, devemos evitar pôr o Evangelho – com as suas exigências de caridade, de mansidão e de perdão – em contradição com as exigências fundamentais da justiça. O Evangelho nos chama à mansidão e ao perdão, mas não protege a agressão e não pode ser invocado para culpar quem se defende com moderação e sem ódio.

---

(91) *S.Th.*, II-II, q. 64, a. 7.

(92) Para análise detalhada da estrutura do ato de autodefesa legítima, veja-se M. Rhonheimer, *La prospettiva della morale*, cit., pp. 312-319. Uma análise mais ampla, com a discussão das opiniões discordantes, em Id., *Legge naturale e ragione pratica: una visione tomista dell'autonomia morale*, cit., pp. 434-455.

(93) *Catecismo*, n. 2263.

c) A justiça penal e a pena de morte

A justiça penal é uma parte potencial da virtude da justiça, o que equivale a dizer uma espécie de justiça. Alguns a consideram parte da justiça distributiva; para outros, ao contrário, situa-se no âmbito da justiça geral ou legal, ou então da justiça comutativa. A pena justa, conforme os casos e a perspectiva em que se examina, possui aspectos que a aproximam de cada uma das três espécies de justiça que acabamos de citar[94]. De qualquer modo, interessa-nos sublinhar agora que, sem sombra de dúvida, pertence à justiça que as autoridades públicas do Estado punam com penas adequadas os delitos cometidos pelos cidadãos. E é nesta perspectiva que deve ser analisado o delicado tema da pena de morte.

A Sagrada Escritura – A licitude ou não da pena de morte é um assunto que suscita hoje grandes controvérsias e que tem, também, uma longa história, à qual nos referiremos sinteticamente[95]. O quinto mandamento do Decálogo, *não matarás*, é parte da Lei de Moisés que prevê a pena de morte para diversos delitos. Muitos estudos especializados procuraram redimensionar ou reler este fato[96], mas ele subsiste em toda a sua evidência. No Novo Testamento não há um texto sequer que ofereça legitimação explícita da pena de morte. De Romanos 13, 4 não se

(94) Cf. D. M. Prümmer, *Manuale Theologiae Moralis*, cit., II, n. 71.

(95) Sobre a pena de morte, vejam-se: A. Günthör, *Chiamata e risposta*, cit., III, nn. 479 -490; L. Ciccone, *La vita umana*, cit., pp. 63-82 (com ampla bibliografia); M. Faggioni, *La vita nelle nostre mani*, cit., pp. 137-158; C. Caffarra, «Riflessione teologica sul diritto penale dello Stato». *Jus*, 26, 1979, pp. 367-371; A. Bondolfi, *Pena e pena di morte*, Dehoniane, Bolonha, 1985; L. Eusebi, «Cristianesimo e retribuzione penale», em L. Eusebi (ed.), *La funzione della pena: il commiato da Kant e da Hegel*, Giuffrè, Milão, 1989, pp. 173-213; S. Cotta, *La sanzione nell'esperienza giuridica*, Turim, 1989; G. Concetti, *Pena di morte*, Piemme, Casale Monferrato, 1993; N. Blázquez, *Pena de muerte*, San Pablo, Madri, 1994; M. A. Cattaneo (ed.), *Pena di morte e civiltà del diritto*, Giuffrè, Milão, 1997; S. Feminis, «La pena di morte oggi nel mondo». *Aggiornamenti Sociali*, 49, 1998, pp. 421-432; A. Acerbi, L. Eusebi (eds.), *Colpa e pena? La teologia di fronte alla questione criminale*, Vita e Pensiero, Milão, 1998. Para um exame mais profundo dos argumentos a favor e contra a pena de morte, cf. I. Campos Fernández-Figueras, *La argumentación sobre la pena de muerte en Niceto Blázquez y en Ernst van den Haag*, Pontifícia Universidade da Santa Cruz, Roma, 2006.

(96) Cf. P. Rémy, «Peine de mort et vengeance dans la Bible». *Science et esprit*, 19, 1967, pp. 323-350; E. Wiesnet, *Pena e retribuzione: la riconciliazione tradita. Sul rapporto tra cristianesimo e pena*, Giuffré, Milão, 1987.

pode extrair justificação clara. Mas tampouco há no Novo Testamento, como princípio, uma condenação da pena capital, ainda que o espírito evangélico implique uma superação da lei de Talião e pareça indicar outros caminhos na luta contra o mal.

Os escritores cristãos – Os Padres e os escritores eclesiásticos pré-nicenos são geralmente contrários à pena de morte, bem como ao serviço militar e a outras manifestações de violência. Os textos de Santo Agostinho são passíveis de diversas interpretações[97]. O fato é que no Medievo se afirmou pouco a pouco a tese da legitimidade da pena de morte. Nos começos do século XIII, a *Professio fidei* prescrita para a conversão dos valdenses abrangia a legitimidade da pena capital[98]. São Tomás e o beato João Duns Scoto, e com eles tantos outros doutores medievais, sustentam esta opinião[99]. Lutero, Zwinglio e Calvino seguem a opinião dos medievais, com diversos matizes. A tese favorável à legitimidade será pacificamente aceita pela tradição manualística, tanto católica como protestante, com algumas exceções. K. Barth se opôs decididamente à pena de morte por um motivo cristológico: a pena de morte não tem razão de ser uma vez que Cristo expiou na Cruz por todos os crimes e por todas as violações da ordem pública. No entanto, também ele a considera justa e até necessária em casos de extraordinária gravidade (estado de guerra, traição da pátria)[100].

---

(97) N. Blázquez, *La pena de muerte según San Agustín*, Madri, 1977, pensa que Santo Agostinho negou a eticidade da pena de morte. Mas há textos do Bispo de Hipona que levam a pensar de outro modo. Cf., por exemplo, M. Faggioni, *La vita nelle nostre mani*, cit., p. 142.

(98) «No que diz respeito ao poder secular, declaramos que pode exercer o julgamento de sangue sem pecado mortal, contanto que, na execução do castigo, não proceda por ódio, mas por ato judicial, não de modo incauto, mas com prudência» (DH 795).

(99) Cf. *S.Th.*, II, q. 11, a. 3; q. 64, aa. 2-3; *C.G.*, III, 146. Com a sua habitual determinação, N. Blázquez pensa que São Tomás «se equivoca solenemente»: N. Blázquez, «La pena di morte», em E. Sgreccia, R. Lucas (eds.), *Commento interdisciplinare alla "Evangelium vitae"*, cit., p. 415. Veja-se também N. Blázquez, «La pena de muerte según Santo Tomás y el abolicionismo moderno». *Revista Chilena de Derecho*, 10, 1983, pp. 277-316; *La pena de muerte*, Madri, 1994, pp. 57-76, 125-162. A questão não nos parece assim tão clara nem simples. Defende a argumentação tomista L. Dewan, «Thomas Aquinas, Gerard Bradley, and the Death Penalty: Some Observations». *Gregorianum*, 82, 2001, pp. 149-165. Veja-se também a ampla avaliação crítica da argumentação de Blázquez em I. Campos Fernández-Figueras, *La argumentación sobre la pena de muerte...*, cit., pp. 11-168.

(100) Cf. K. Barth, *Kirchliche Dogmatik*, III/4, pp. 506 ss., 510-515.

O Magistério da Igreja – O *Catecismo do Concílio de Trento* considerava lícita a pena de morte[101]. Alguns pontífices, tratando a questão de modo quase sempre incidental, sustentaram a mesma tese[102]. Recentemente, o *Catecismo da Igreja Católica* e a encíclica *Evangelium vitae* elaboraram uma atenta reflexão[103]. A primeira edição do *Catecismo* (1992) trata do assunto na perspectiva da legítima defesa. Seguindo «o ensinamento tradicional da Igreja», afirma a licitude da pena de morte em casos de extrema gravidade[104], acrescentando, no entanto, que, «se os meios incruentos bastarem para defender as vidas humanas contra o agressor e para proteger a ordem pública e a segurança das pessoas, a autoridade se limitará a esses meios, porque correspondem melhor às condições concretas do bem comum e são mais conformes à dignidade da pessoa humana»[105]. A encíclica *Evangelium vitae* aponta o fato de que «se registra, tanto na Igreja como na sociedade, a tendência crescente a pedir uma aplicação muito limitada, ou melhor, a total abolição dela»[106]. Esclarece que o problema deve ser enquadrado na ótica de uma justiça penal que esteja cada vez mais em conformidade com a dignidade humana e com o desígnio de Deus para o homem e a sociedade[107]. E acrescenta: a pena, que a sociedade inflige, tem «como primeiro objetivo reparar a desordem introduzida pela culpa» (*Catecismo*, n. 2266). A autoridade pública deve fazer justiça pela violação dos direitos pessoais e sociais, impondo ao réu uma adequada expiação

---

(101) Cf. *Il Catechismo Romano commentato*, Ares, Milão, 1990, pp. 356-358.

(102) Cf. Pio XI, *Casti Connubii*, 31-XII-1930: DH 3720; Pio XII, Alocução de 13 de setembro de 1952: AAS, 44, 1952, p. 787: «Mesmo quando se trata da execução de um condenado a morte, o Estado não dispõe do direito do indivíduo à vida. Neste caso, o poder público se limita a privar o condenado do *bem* da vida em expiação pela sua culpa, depois dele ter-se privado a si mesmo com o seu crime do *direito* à vida».

(103) Cf., além da contribuição já citada de N. Blázquez, F. Compagnoni, «La pena di morte nel Catechismo della Chiesa Cattolica». *Rivista di Teologia Morale*, 25, 1993, pp. 263-267; L. Eusebi, «Il nuovo Catechismo e il problema della pena». *Humanitas*, 48, 1993, pp. 285-296; P. Ferrari da Passano, «La pena di morte nel Catechismo della Chiesa cattolica». *La Civiltà Cattolica*, 144/4, 1993, pp. 14-26; M. Hendrickx, «Le magistère et la peine de mort. Réflexions sur le Catéchism et *Evangelium vitae*». *Nouvelle Revue Théologique*, 118, 1996, pp. 3-22.

(104) Cf. *Catecismo*, n. 2266 (edição de 1992).

(105) *Catecismo*, n. 2267 (edição de 1992).

(106) *Evangelium vitae*, n. 56.

(107) Cf. *Evangelium vitae*, n. 56.

do crime como condição para ser readmitido no exercício da própria liberdade. Desse modo, a autoridade há de procurar alcançar o objetivo de defender a ordem pública e a segurança das pessoas, não deixando, contudo, de oferecer estímulo e ajuda ao próprio réu para se corrigir e redimir (cf. *ibidem*). Claro está que, para bem conseguir todos estes fins, *a medida e a qualidade da pena* hão de ser atentamente ponderadas e decididas, não se devendo chegar à medida extrema da execução do réu senão em casos de absoluta necessidade, ou seja, quando a defesa da sociedade não for possível de outro modo. Hoje, todavia, graças à organização cada vez mais adequada da instituição penal, esses casos são já muito raros, se não até praticamente inexistentes»[108]. Em 1997 foi publicada a *Editio typica* latina do *Catecismo da Igreja Católica*, a qual introduziu algumas modificações no tratamento da pena de morte a fim de adequá-lo melhor à encíclica *Evangelium vitae*. Em seu n. 2267, agora mais amplo, é reconhecida a licitude em princípio da pena de morte segundo a *traditionalis doctrina Ecclesiae*, sempre que haja certeza absoluta da identidade e da responsabilidade do réu e que não exista outra via para defender eficazmente as vidas humanas[109]. Por fim, acrescenta: «Na verdade, nos nossos dias, devido às possibilidades de que dispõem os Estados para reprimir eficazmente o crime, tornando inofensivo quem o comete, sem com isso lhe retirar definitivamente a possibilidade de se redimir, os casos em que se torna absolutamente necessário suprimir o réu "são já muito raros, se não até praticamente inexistentes" (*Evangelium vitae*, n. 56)»[110]. São João Paulo II declarou

(108) *Evangelium vitae*, n. 56.

(109) Como justamente nota Ciccone, o fato de que a edição latina do *Catecismo* ainda fale de uma doutrina tradicional da Igreja acerca da licitude, em princípio, da pena de morte impõe uma rigorosa cautela antes de considerar incontestável a tese de Blázquez, segundo a qual existiria uma verdadeira tradição apostólica quanto à não licitude da pena capital e apenas uma tradição eclesiástica tardia quanto à sua licitude, que teria pouco a ver com o espírito da tradição apostólica original. Para as referências às obras de Blázquez, veja-se L. Ciccone, *La vita umana*, cit., pp. 72-73. Parece-nos teologicamente problemático o caminho empreendido por Blázquez. Pensamos que a solução do problema deve ser buscada por outras vias.

(110) *Catechismus Catholicae Ecclesiae*, Editio Typica, Libreria Editrice Vaticana, Cidade do Vaticano, 1996, n. 2267: *Revera nostris diebus, consequenter ad possibilitates quae Statui praesto sunt ut crimen efficaciter reprimatur, illum qui hoc commisit, innoxium efficiendo, quin illi definitive possibilitas substrahatur ut sese redimat, casus in quibus absolute necessarium sit ut reus supprimatur, «admodum raro [...] intercidunt [...], si qui omnino iam reapse accidunt» (Evangelium vitae, n. 56).*

ter visto um sinal de esperança no crescente reconhecimento de que a dignidade da vida humana nunca deve ser negada, nem sequer a quem praticou o mal, renovando o apelo «a fim de criar um consenso para abolir a pena de morte, que é cruel e inútil»[111].

Um debate inconcludente – No âmbito do Direito e da Ética política, desde quando Cesare Beccaria escreveu o famoso livro *Dos delitos e das penas* (Livorno, 1764), contrário à pena de morte, foram minuciosamente examinadas e ponderadas as razões a favor e contra ela. À luz desta discussão, Günthör escrevia: «Nos tempos modernos, os progressos do conhecimento da dignidade humana e das motivações profundas e complexas do agir humano, os meios que o Estado possui para tutelar a ordem pública, a necessidade de que a opinião pública – sempre, naturalmente, que seja justa e motivada – concorde com o Direito penal e outros motivos nos deixam ainda muito perplexos acerca da pena de morte. Além disso, é preciso considerar que o espírito do Evangelho exorta a tratar com mansidão mesmo o indivíduo que se tornou gravemente culpável. No entanto, não é possível demonstrar com evidência que a pena de morte deva claramente ser rejeitada como imoral em todos os casos»[112].

Discussão e tomada de posição – É hora de exprimir a nossa posição. Faz-se necessário esclarecer, em primeiro lugar, que o problema da pena de morte não deve ser associado ao mandamento *não matarás*, porque não é àquela que este se refere. Isto deriva claramente do fato de que, na cultura moral e jurídica do povo hebreu e de muitos outros povos, a vontade e a consciência de respeitar o quinto mandamento coexistiam pacificamente com o recurso à pena de morte. A escolha de matar intencionalmente um homem feita por uma pessoa privada é um tipo de ação moral essencialmente diferente da escolha de restabelecer a justiça violada mediante a aplicação da pena de morte, quando se considera que a pena capital seja necessária para este fim. Esta pena é um ato de justiça penal. A questão por elucidar não é, pois, se a pena de morte

---

(111) São João Paulo II, *Homilia em Saint Louis* (EUA), 27-I-1999, 5: *Insegnamenti* 22/1 (1999) 269.

(112) A. Günthör, *Chiamata e risposta*, cit., III, n. 490. Recorde-se que esta obra é anterior ao *Catecismo* e à *Evangelium vitae*.

é compatível com o quinto mandamento do Decálogo[113], mas antes se, no âmbito da justiça penal, que de acordo com o ordenamento divino o Estado deve administrar, a pena de morte é uma pena adequada para alguns delitos[114]. A adequação de uma pena tão cruenta depende da sua necessidade ou grande conveniência: para restabelecer a justiça e tutelar o bem comum é necessária ou muito conveniente a pena de morte? Aplicar a pena de morte é de verdade um ato de justiça penal?

Pensamos que a esta pergunta *a justiça penal não pode dar uma resposta válida para todos os períodos históricos.* As circunstâncias são muito diferentes. Além disso, a orientação proposta pela encíclica *Evangelium vitae* se refere aos dias de hoje e depende, ainda que só em parte, de uma questão de fato: «Mas hoje, graças à organização cada vez mais adequada da instituição penal, esses casos são já muito raros, se não até praticamente inexistentes»[115]. Atualmente existem ainda situações diferenciadas, e em alguns países a organização da instituição penal não é tão evoluída; em outros, a delinquência organizada é tão poderosa, que o Estado não consegue nem sequer controlar o território (pense-se em alguns grupos de narcotraficantes); em outros, ainda, a corrupção da máquina estatal torna impunes, na prática, graves e repetidos delitos; e, por fim, o crescimento atual do terrorismo torna mais sutil a distinção entre crime e guerra.

Somos, no entanto, da opinião de que a evolução atual da consciência moral e jurídica, que almeja limitar e até abolir a pena de morte, é positiva, desde que livre de certas ambiguidades: em primeiro lugar, porque o apreço pela vida de um culpado de graves delitos não pode pôr-se no mesmo nível do respeito pela vida dos inocentes; além disso, e sobretudo, porque, se essas ambiguidades não forem corrigidas, se chega a situações manifestamente injustas, nas quais o Estado deixa de lado alguns dos seus deveres mais fundamentais em ordem ao bem comum.

---

(113) Nem sequer a argumentação de K. Barth é conclusiva, porque confunde dois planos muito diferentes. Veja-se a refutação de A. Günthör, *Chiamata e risposta*, cit., III, n. 482.

(114) Tenha-se em conta que, se Romanos 13, 1-7 provavelmente não pode ser invocado como prova irrefutável de que a pena de morte seja lícita em princípio, ao menos demonstra com certeza que o poder das autoridades estatais «no campo do direito penal e da segurança pública provém de Deus» (H. Schlier, *La lettera ai Romani*, Paideia Editrice, Brescia, 1982, p. 631).

(115) *Evangelium vitae*, n. 56.

De fato, um Estado que puna a subtração criminal de milhões de reais do erário público com uma multa de mil reais é um Estado que não tutela o bem comum e que, na prática, favorece este tipo de delito. Pela mesma razão, um Estado que pune graves delitos de sangue, incluindo atentados terroristas, com penas de prisão muito reduzidas, que depois quase nunca são cumpridas integralmente, e que chega até a cometer erros de apreciação por permitir ao réu algumas saídas ocasionais da prisão, circunstância da qual às vezes o réu se serve para continuar a delinquir e até para voltar a matar, é um Estado que abandona o seu dever fundamental de tutelar a vida e a segurança. Isto é objetivamente uma injustiça muito grave. O Estado atraiçoa uma parte essencial da sua razão de ser – a tutela de bens como a vida, a segurança, a liberdade e a justiça –, e o sistema jurídico quase se torna um sistema de proteção ao delinquente.

Alguns a defendem ou ficam perplexos diante da abolição da pena de morte, não por desprezo à vida, nem por insensibilidade com uma pena tão cruenta, mas porque em certas situações não estão convencidos de que de outra maneira a vida humana pode gozar de proteção adequada e real. Não se iludem pensando que a existência da pena de morte fará diminuir a criminalidade (coisa que não parece demonstrada), mas consideram que, independentemente da eficácia preventiva, seja injusto um sistema penal que não consegue exprimir o valor e a dignidade da vida inocente. A objeção segundo a qual é contraditório suprimir a vida em nome da dignidade da vida não convence. Seria aplicável a qualquer pena: em nome da liberdade dos cidadãos honestos, o réu mandado para a prisão é privado da liberdade; em nome da propriedade dos inculpados, a propriedade dos culpados é gravada mediante uma multa ou o confisco dos bens, etc. O grande valor de um bem justifica a diversidade de tratamento entre quem o respeita e quem atenta contra ele.

À luz destas reflexões, a indicação da Evangelium vitae *pode ser vista como uma tarefa que se abre diante de nós.* Ela não declara a ilicitude da pena de morte em qualquer circunstância. Conforme os avanços da nossa sensibilidade acerca da dignidade humana, estimula-nos a fazer com que o sistema jurídico e a instituição penal venham a exprimir adequadamente, de todos os pontos de vista, o respeito e o valor dos bens dignos de tutela. Isto tornará possível alcançar o tão desejado consenso para abolir definitivamente a pena de morte em todos os países.

d) A guerra

Se a concórdia entre os homens e entre os povos se inclui entre os bens mais fundamentais, a guerra constitui um dos males mais cruéis e devastadores. A paz e a guerra foram objeto, e o são mais ainda hoje, de reflexão e de debate por parte dos moralistas e dos governantes. Na tradição teológica católica há uma doutrina moral sobre a guerra (Santo Agostinho, São Tomás, Francisco de Vitória, etc.) que o recente Magistério da Igreja retomou e atualizou à luz da experiência e das condições políticas e militares atuais. A este respeito, são de grande importância documentos como a encíclica *Pacem in terris*, de João XXIII (11-IV-1963), a constituição pastoral *Gaudium et spes* (nn. 77-82) e a síntese apresentada pelo *Catecismo da Igreja Católica* (nn. 2302-2317).

Os teólogos católicos, seguindo Santo Agostinho, nunca perderam de vista que a paz é o grande bem humano e cristão por buscar e conservar. O Bispo de Hipona aborrece a guerra e defende constantemente a paz: «A paz deve ser uma vontade, e a guerra apenas uma necessidade, para que Deus nos liberte da necessidade e nos conserve na paz [...]. Seja portanto a necessidade, e não a vontade, o motivo para eliminar o inimigo que combate»[116]. No entanto, dá-se conta de que, por causa do pecado, existem homens injustos e violentos que devem ser privados da possibilidade de ferir; isto, todavia, não se pode fazer de maneira imoral. Assim, em muitos de seus livros indica alguns critérios para fazê-lo licitamente[117]. Não é Santo Agostinho quem propõe a teoria da «guerra justa», se bem que as suas ideias serão tomadas por teólogos posteriores para teorizá-la.

Os grandes mestres medievais, na esteira de Agostinho e compreendendo realisticamente que nem sempre será possível evitar a guerra, preocuparam-se por formular as condições em que é justo empreen-

(116) Santo Agostinho, *Carta 189 (a Bonifácio)*, 6: NBA 23, 199. Em outra carta, escreve: «O maior título de glória é o de matar a guerra com a palavra, antes que matar os homens com a espada, e procurar ou manter a paz com a paz, não com a guerra». *Carta 229 (a Dario)*, 2: NBA 23, 709.711.

(117) Cf. *A cidade de Deus*, 19, 7: NBA 5/3, 37; *Questionum in heptateuchum libri septem*, 6, 10: NBA 11/2, 1141; *Contra Fausto*, 22, 74-75: CSEL 25, 671-674; *Carta 138 (a Marcelino)*, 2, 14: NBA 22, 185.187; *Carta 153 (a Macedônio)*, 6, 16: NBA 22, 541.

der um conflito armado, bem como o modo como se deve desenrolar para permanecer lícito. *Trata-se da doutrina da «guerra justa»*. Quanto ao entrar em guerra, as condições são substancialmente três: que seja declarada pela suprema autoridade política do Estado; que responda a uma causa justa e grave; e que seja inspirada por uma intenção reta[118]. Por causa justa e grave entendiam tanto a defesa do Estado que vê ameaçados a própria existência e os próprios bens pela agressão de outro Estado (guerra defensiva) como a guerra agressiva quando esse é o único modo de recuperar direitos fundados e graves ou de restabelecer a justiça depois de uma grave injúria sofrida. Mas de qualquer maneira havia de tratar-se de questões graves, porque a guerra era vista sempre como o último meio para solucionar o caso de extrema necessidade da comunidade. Agir com reta intenção significa buscar a paz e o bem comum ou, ainda, evitar um grande mal que se avizinha. Quanto ao modo de conduzir a guerra, devem manter-se livres da sede de vingança, da crueldade e da implacabilidade, respeitar os cidadãos não combatentes e observar as normas estabelecidas pelo *ius gentium* (falaremos em seguida das convenções internacionais).

A experiência trágica das guerras modernas, o aumento do poder destrutivo das armas, o desenvolvimento das relações diplomáticas e do direito internacional, bem como a existência de organismos internacionais, ainda que limitados, explicam o modo parcialmente novo como hoje a Igreja expõe a sua doutrina sobre a guerra. O enfoque tanto da *Gaudium et spes* como do *Catecismo* é significativo. Não se trata acima de tudo de delimitar as condições da guerra justa, mas de expor e de motivar a grave exigência moral de evitar a guerra. Para garantir as condições de paz, é necessário em primeiro lugar combater as causas da guerra – injustiça, miséria, exploração, etc. – e promover tudo o que possa favorecer a concórdia entre os povos: o respeito pela liberdade e pela integridade territorial de toda nação, a tutela dos direitos das minorias, o desarmamento, o cumprimento dos tratados, a tutela da liberdade religiosa, o empenho em solucionar as disputas pela via da negociação, etc.

Assim sendo, em ambos os documentos se reconhece que a guerra não é imoral sempre e absolutamante. «Na realidade, a guerra não

(118) Cf. *S.Th.*, II-II, q. 40, a. 1.

foi eliminada do mundo dos homens. E, enquanto existir o perigo de guerra e não houver uma autoridade internacional competente e dotada dos convenientes meios, não se pode negar aos governos, depois de esgotados todos os recursos de negociações pacíficas, o direito de legítima defesa»[119]. Nota-se imediatamente que se contempla somente a licitude da guerra defensiva, ou seja, a ação armada pela qual um Estado se defende legitimamente, depois de cumpridas todas as tentativas de atingir uma solução pacífica. Neste aspecto, a guerra às vezes será não só lícita, mas até obrigatória: «Cabe assim aos governantes e aos demais que participam na responsabilidade dos negócios públicos o dever de assegurar a defesa das populações que lhes estão confiadas, tratando com toda a seriedade um assunto tão sério»[120]. Exclui-se a guerra de agressão: «Mas uma coisa é utilizar a força militar para defender justamente as populações, outra coisa é querer subjugar as outras nações. O poderio bélico não legitima nenhum uso militar ou político que dele se faça»[121]. É sem dúvida imoral a guerra de agressão sem causa justa, mas parece que se trata de rejeitá-la mesmo como meio de reparar as injustiças sofridas. Encoraja-se o diálogo, a negociação, a discussão no âmbito dos organismos internacionais.

Também o *Catecismo* contempla apenas a guerra defensiva, resumindo as condições para a sua licitude moral: «É preciso considerar com rigor as condições estritas de legítima defesa pela força militar. A gravidade de tal decisão a submete a condições rigorosas de legitimidade moral. É preciso ao mesmo tempo que:

– o dano infligido pelo agressor à nação ou à comunidade de nações seja durável, grave e certo;

– todos os outros meios de pôr fim a tal dano se tenham revelado impraticáveis ou ineficazes;

– estejam reunidas as condições sérias de êxito;

– o emprego das armas não acarrete males e desordens mais graves que o mal por eliminar. O poderio dos meios modernos de destruição pesa muito na avaliação desta condição.

---

(119) *Gaudium et spes*, n. 79.

(120) *Ibidem*.

(121) *Ibidem*.

Estes são os elementos tradicionais enumerados na chamada doutrina da «guerra justa»[122]. E acrescenta-se que «a avaliação dessas condições de legitimidade moral cabe ao juízo prudencial daqueles que estão encarregados do bem comum»[123], os quais possuem também «o direito e o dever de impor aos cidadãos *as obrigações necessárias para a defesa nacional*»[124].

Quanto ao andamento dos conflitos armados, faz-se presente a perene validez das leis morais, bem como das normas quanto ao respeito aos não combatentes, aos soldados feridos e aos prisioneiros. As ações manifestamente contrárias ao direito das gentes são criminosas. «Uma obediência cega não basta para desculpar os que a elas se submetem. Assim, o extermínio de um povo, de uma nação ou de uma minoria étnica deve ser condenado como pecado mortal. É-se moralmente obrigado a resistir às ordens de praticar um genocídio»[125]. A *Gaudium et spes* condena explicitamente a guerra total: «Toda ação bélica que tende indiscriminadamente à destruição de cidades inteiras ou vastas regiões com os seus habitantes é um crime contra Deus e contra o próprio homem, o qual se deve condenar com firmeza, sem hesitação»[126]. Levantam-se sérias reservas morais quanto ao acúmulo de armas[127] e à sua incontrolada produção e comércio[128].

A licitude da guerra defensiva é geralmente admitida pelo Direito internacional. A Carta das Nações Unidas veda o uso da força nas relações internacionais (Art. 2, § 4). No entanto, o artigo 51 determina que «Nada na presente Carta prejudicará o direito inerente de legítima defesa individual ou coletiva no caso de ocorrer um ataque armado contra um membro das Nações Unidas, até que o Conselho de Segurança tenha tomado as medidas necessárias para a manutenção da paz e da

---

(122) *Catecismo*, n. 2309.

(123) *Ibidem.*

(124) *Catecismo*, n. 2310.

(125) *Catecismo*, n. 2313.

(126) *Gaudium et spes*, n. 80. Citado no *Catecismo*, n. 2314.

(127) Cf. *Catecismo*, n. 2315. Veja-se também *Gaudium et spes*, n. 81.

(128) Cf. *Catecismo*, n. 2316. Veja-se Pontifício Conselho "Justiça e paz", *Il commercio internazionale delle armi*, 1-V-1994; Aa.Vv., *Il problema degli armamenti. Aspetti economici e aspetti etico-morali*, Vita e Pensiero, Milão, 1980; Aa.Vv., *Armi e disarmo oggi. Problemi morali, economici ed strategici*, Vita e Pensiero, Milão, 1983.

segurança internacionais»[129]. Entre os juristas, há diversas opiniões sobre a extensão do princípio de legítima defesa. Parece-nos claro que, do ponto de vista moral, o agressor nem sempre é quem desfere o primeiro golpe, assim como quem dá o segundo golpe nem sempre coincide com quem se defende legitimamente. Defende-se quem reage com a força a uma agressão grave imediatamente iminente. Agride quem causa um dano prolongado tão grave a ponto de sufocar um povo inteiro e tornar-lhe muito difícil a sobrevivência.

As guerras modernas são tão devastadoras que é quase impossível pensar que a elas não correspondam gravíssimas culpas morais de uma ou das duas partes, sem falar de quem arma e incita as partes à luta. *Há o grave dever de empregar todos os meios disponíveis para alcançar uma solução pacífica dos conflitos e das situações de injustiça.* É gravíssima a responsabilidade de quem, por interesses comerciais ou de lucro econômico, ou ainda por motivos de domínio ou de estratégia geopolítica, desencadeia e alimenta conflitos que causam destruição e morte em grande escala. O mesmo deve-se dizer de quantos queiram justificar a violência por motivações religiosas.

Menção especial merece o terrorismo. A *Gaudium et spes* diz justamente que a complexidade «da atual situação e o intrincado das relações entre países tornam possível o prolongar-se de guerras mais ou menos larvadas, pelo recurso a novos métodos insidiosos e subversivos. Em muitos casos, o recurso aos métodos do terrorismo é considerado uma nova forma de guerra»[130]. O terrorismo merece a mais severa e incondicional condenação moral[131], assim como é de todo imoral que amplos setores da comunidade internacional o admitam tacitamente, de acordo com as próprias inclinações políticas ou ideológicas, como método de luta ou de legítima defesa. Entre o terrorismo e a guerra defensiva existe uma diferença moral abissal, bastante óbvia, aliás. Para debelá-lo, é necessário ter em conta que, da ótica de quem recorre a ele, o terrorismo tem razão de ser quando compensa. O empenho primeiro e incondicional da comunidade internacional em relação ao terrorismo é fazer que não

---

(129) Um exemplo de aplicação do direito natural de legítima defesa coletiva reconhecido pela Carta das Nações Unidas é a resolução do Conselho de Segurança n. 661/1990, por ocasião da invasão do Kuwait pelas forças militares do Iraque em 2 de agosto de 1990.

(130) *Gaudium et spes*, n. 79.

(131) Cf. *Catecismo*, n. 2297.

haja utilidade para quem recorre a ele, de nenhum ponto de vista e independentemente da maior ou menor razão das suas reivindicações. A absoluta renúncia ao terrorismo deve ser a condição, e não o resultado, para receber apoio político e ajudas econômicas da comunidade internacional. Agir em outra direção significa, não obstante as declarações condenatórias, confirmar a utilidade política do terrorismo e, de algum modo, legitimá-lo como método de luta eficaz.

e) O pacifismo e a objeção de consciência

Entendemos por pacifismo o amor e o empenho pela paz, pela sua promoção e pela sua conservação. Em termos gerais, não há dúvida de que a paz é um bem vinculante para todos, também para os cristãos[132].

Existe um *pacifismo absoluto e radical*, que por princípio rechaça qualquer tipo de guerra, ainda que em legítima defesa da própria nação, e que vê na paz o único imperativo absoluto e sempre obrigatório. A *Gaudium et spes* considera digno de louvor todo aquele que renuncia à violência na reivindicação dos seus direitos e dos próprios interesses, mas acrescenta que isto é justo desde que «se possa fazer sem lesar os direitos e as obrigações de outros ou da comunidade»[133]. A paz está ligada à justiça e a um conjunto de bens substanciais, por meio dos quais se exprime a dignidade humana[134]. O pacifismo absoluto e excessivo pode às vezes equivaler a uma aprovação da injustiça e da opres-

---

(132) A bibliografia atual sobre a paz e o pacifismo é inabarcável. Indicamos apenas alguns poucos títulos: M. Scheler, *L'idea di pace e il pacifismo*, (publ. póstuma em 1931) Franco Angeli, Milão, 1994; V. Possenti, *Frontiere della pace*, Massimo, Milão, 1973; N. Bobbio, *Il problema della guerra e le vie della pace*, Il Mulino, Bolonha, 1979; A. Cavagna, G. Mattai, *Il disarmo e la pace. Documenti del magistero, riflessioni teologiche, problemi attuali*, Dehoniane, Bolonha, 1982; A. Vögtle, *La pace. Le fonti nel NT*, Morcelliana, Brescia, 1984; G. Gallizzi (ed.), *Lo sviluppo dei popoli è il nuovo nome della pace*, Angeli, Milão,1984; «Teoria politica tra pace e guerra», fascículo monográfico de *La Nottola*, 1/2, 1986; G. Bianchi, R. Diodato, *Per un'educazione alla pace*, Piemme, Casale Monferrato, 1987. Nestas páginas, no que se refere ao pacifismo, seguimos em geral a proposta de A. Günthör, *Chiamata e risposta*, cit., III, nn. 506-507.

(133) *Gaudium et spes*, n. 78.

(134) São João Paulo II ocupou-se dos vários bens e das exigências éticas pressupostas pela paz nas mensagens à Jornada Mundial da Paz, que se celebra todos os anos.

são, além de a um abandono por parte do Estado dos seus deveres de tutela do bem comum.

Existe também um *pacifismo aparente*, que se apresenta a si mesmo como promotor da paz, mas que na realidade responde a motivos muito diferentes, pelos quais se torna às vezes até violento, mostrando assim a sua verdadeira natureza. A partir do momento em que no mundo ocidental começaram a diminuir as estruturas injustas que no passado foram objeto de contestação global do sistema social e político, a paz tornou-se para estes movimentos o mais idôneo meio utópico em que fundamentar os programas de crítica social, de contestação cultural e de luta política, programas que visam idealmente à construção de um sistema social que pretenderia suplantar aqueles que legitimamente pensam de modo diverso. O grande bem da paz é então oprimido por uma brutal instrumentalização ideológica e política.

Há enfim um *pacifismo de natureza ética e de índole realista*, que leva a buscar com todas as forças o bem da paz, associado com a justiça, a liberdade e outros bens nos quais se exprimem a dignidade humana e a justa ordem social e política. Em princípio não exclui a possibilidade da legítima defesa, ainda que leve justamente a avaliar com extremo rigor as condições que tornam lícito o uso das armas, bem como a fazer valer o dever de procurar por todos os meios lícitos a solução pacífica de eventuais conflitos. Somente esta forma de pacifismo é lícita; mais ainda, do ponto de vista ético, é obrigatória.

A objeção de consciência ocorre quando um comportamento tornado obrigatório pela lei civil é considerado gravemente imoral pela pessoa que o deveria realizar. O objetor pretende omitir tal comportamento e pede que esta omissão lhe seja permitida[135]. A objeção de consciência, en-

(135) Segundo Navarro Valls e Martínez Torrón, «a objeção consiste na recusa do indivíduo, por motivos de consciência, a sujeitar-se a uma conduta que a princípio seria juridicamente exigível (por obrigação proveniente tanto de uma norma como de um contrato). Além disso, de modo mais amplo, poder-se-ia afirmar que o conceito de objeção de consciência inclui toda pretensão contrária à norma (ou a um contrato protegido por ela), motivada por razões axiológicas – não meramente psicológicas – de conteúdo primariamente religioso ou ideológico, que tenha por objeto a escolha menos lesiva para a própria consciência entre as alternativas previstas pela norma, ou então evitar o comportamento contemplado no imperativo legal ou a sanção prevista no caso de sua omissão, ou ainda – no caso em que se aceite o mecanismo repressivo – provocar uma modificação da lei contrária à própria consciência moral» (R. Navarro Valls, J. Martínez Torrón, *Le obiezioni di coscienza: profili di diritto comparato*, G. Giappichelli, Turim, 1995, pp. 21-22).

tendida a rigor, não contesta a lei enquanto tal, ainda que denuncie implicitamente a sua imoralidade; tampouco constitui um programa estruturado de resistência ou de contestação. A objeção de consciência é diferente da desobediência civil, da resistência passiva, da resistência ativa e das ações positivas voltadas para a melhoria do ordenamento jurídico em vigor.

A objeção de consciência, antes, é tida sempre como um direito subjetivo da pessoa. Para alguns autores seria um direito fundamental e uma exigência do bem comum. Se a pessoa tem o direito de não ser constrangida a agir contra a própria consciência, é próprio de uma sociedade justa que não haja constrições deste gênero. Hoje é amplamente aceita a ideia de que a objeção de consciência é tutelada pelas constituições, na medida em que reconhecem a liberdade de consciência, a liberdade religiosa ou a liberdade ideológica, ainda que estas três liberdades não sejam na realidade a mesma coisa[136].

Em alguns países, a objeção de consciência é reconhecida pelas leis que regulam especificamente certos comportamentos. Em outros, é diretamente tutelada pela constituição ou por uma lei fundamental, e atribui-se aos tribunais de justiça a solução de eventuais conflitos (por exemplo, entre um médico e a diretoria médica de uma instituição hospitalar, etc.). Se é verdade que a regulamentação segundo leis específicas parece oferecer uma garantia mais segura ao objeto, é igualmente certo que a regulamentação específica da objeção de consciência tem o seu preço: o campo de ação positiva do objetor acaba por ser às vezes in-

---

(136) Cf. J. Hervada, *Libertad de conciencia y error sobre la moralidad de una terapéutica*, em «Persona y Derecho», 11 (1984), pp. 13-53. Sobre os vários aspectos da objeção de consciência, Cf. G. Giannini, *L'obiezione di coscienza al servizio militare: saggio storico-giuridico*, Edizioni Dehoniane, Nápoles, 1987; L. Vannicelli, *Obiezione di coscienza al servizio militare: normativa, fondamenti e carenze, analisi, prospettive*, Euroma, Roma, 1988; R. Botta (ed.), *L'obiezione di coscienza tra tutela della libertà e disgregazione dello Stato democratico* (Atas da Convenção de Estudos, Modena, 30 de novembro – 1° de dezembro de 1990), Giuffrè, Milão, 1991; B. Perrone (ed.), *Realtà e prospettive dell'obiezione di coscienza. I conflitti degli ordinamenti* (Atas do Seminário Nacional de Estudo, Milão, 9-11 de abril de 1992), Giuffrè, Milão, 1992; S. Cotta, *Coscienza e obiezione di coscienza (di fronte all'antropologia filosofica)*, «Iustitia», XLV, 1992, pp. 109-122; R. P. Palomino, *Las objeciones de conciencia: conflictos entre conciencia y ley en el derecho norteamericano*, Montecorvo, Madri, 1994; R. Bertolino, *L'obiezione di coscienza moderna*, Giappichelli, Turim, 1994; R. Venditti, *L'obiezione di coscienza al servizio militare*, 2ª ed., Giuffré, Milão, 1994; J. T. Martín de Agar, *Problemas jurídicos de la objeción de conciencia*, «Scripta Theologica», 27 (1995), pp. 483-504; R. Navarro-Valls, J. Martínez Torrón, *Le obiezioni di coscienza: profili di diritto comparato*, cit.

justamente limitado, e o valor de testemunho da objeção fica de algum modo atenuado[137].

Ainda que na Sagrada Escritura não se adote o atual conceito técnico de objeção de consciência, ela está presente sem sombra de dúvida[138]. O Magistério da Igreja se ocupou da objeção de consciência a propósito de comportamentos que colaboram para a eliminação intencional da vida humana[139]. Quanto ao serviço militar, a *Gaudium et spes* afirma prudentemente que «parece, além disso, justo que as leis tenham em conta com humanidade o caso daqueles que, por motivo de consciência, se recusam a combater, contanto que aceitem outra forma de servir a comunidade humana»[140].

A apreciação particular das situações que podem dar lugar à objeção de consciência ao serviço militar é ainda uma questão complexa. Em alguns casos, não há problema particular quando o exército é composto somente de voluntários ou a lei civil prevê, na prática, a possibilidade de um serviço civil alternativo para todos aqueles que o desejarem. Nos lugares onde o serviço militar é obrigatório, a recusa *absoluta e geral* mesmo em tempos de paz nos parece uma objeção de consciência *objetivamente* infundada do ponto de vista da moral católica[141]. Se tal objeção fosse *objetivamente* fundada, não se poderia afirmar, como faz a *Gaudium et spes*, que todos aqueles que «se dedicam ao serviço da pátria

---

(137) Cf. as interessantes reflexões de F. D'Agostino, *L'obiezione di coscienza nelle dinamiche postmoderne*, em V. Guitarte Izquierdo, J. Escrivá Ivars (eds.), *La objeción de conciencia: actas del VI Congreso internacional de derecho eclesiástico del Estado*, Valência, 28-30 de maio de 1992, Generalitat valenciana. Conselho de Administração Pública, Valência, 1993, pp. 23-36.

(138) Basta pensar em Êx 1, 16-17; 2 Mac 6, 27-30; At 4, 19; 5, 29. Vejam-se: R. Petraglio, *Obiezione di coscienza: il Nuovo Testamento provoca i cristiani*, EDB, Bolonha, 1984; G. Theissen, *Sociologia del cristianesimo primitivo*, Marietti, Gênova, 1987; G. Mattai, *Obiezione e dissenso*, em F. Compagnoni, G. Piana, S. Privitera (eds.), *Nuovo dizionario di teologia morale*, cit., pp. 815-822.

(139) Cf., por exemplo, São João Paulo II, *Discurso à Federação Internacional dos Farmacêuticos Católicos*, 03-XI-1990. *Insegnamenti*, 13/2, 1990, pp. 990-993; *Evangelium vitae*, n. 73.

(140) *Gaudium et spes*, n. 79.

(141) A objeção de consciência é infundada no sentido de que não é verdade que, aceitando o serviço militar, o sujeito se põe objetivamente em situação de pecado. Outra coisa são as ideias políticas ou sociais que cada um possa ter sobre a conveniência ou utilidade desse serviço. A objeção de consciência em sentido estrito se opõe a um comportamento legalmente obrigatório que uma pessoa concreta considera não poder cumprir sem agir imoralmente.

no exército considerem-se servidores da segurança e da liberdade dos povos; na medida em que se saem como convém nesta tarefa, contribuem verdadeiramente para o estabelecimento da paz»[142]. No entanto, se o objetor se encontra em uma situação de convencimento interior sério, e *hic et nunc* não superável (erro invencível), deve seguir a própria consciência, e o Estado deve respeitá-la, ao menos se isto for possível (e geralmente é possível) sem grave e manifesto prejuízo para o bem comum. Se esta convicção de consciência se manifesta quando o Estado deve defender-se de uma agressão, consideramos que na medida do possível o Estado deveria eximir o objetor do uso de armas, ao passo que o objetor deveria colaborar para a defesa do seu país de outros modos (serviços administrativos, assistência aos feridos, etc.)[143]. O objetor é obrigado a examinar de modo crítico e apurado as próprias convicções, porque não é fácil estar convicto, por motivos éticos, de não dever defender a própria pátria.

É, pelo contrário, objetivamente fundada e moralmente devida a objeção de consciência contra a ordem de executar, em tempo de guerra, ações manifestamente injustas, contrárias às leis morais e às convenções internacionais. A *Gaudium et spes* afirma neste sentido que as ações «que lhes são deliberadamente contrárias, bem como as ordens que as mandam executar, são, portanto, criminosas; nem a obediência cega pode desculpar os que as cumprem. Entre tais atos, devem-se contar, antes de tudo, aqueles com que se leva metodicamente a cabo o extermínio de toda uma raça, toda uma nação ou toda uma minoria étnica. Tais ações devem ser veementemente condenadas como horríveis crimes, e deve ser louvada no mais alto grau a coragem de quantos não temem resistir abertamente aos que as querem impor»[144].

Pode acontecer, enfim, que pareça totalmente injusta a guerra declarada pelo próprio país. Quem considera que a total imoralidade do conflito bélico está fora de qualquer dúvida razoável não tem o dever moral de participar dele, e facilmente haverá o dever moral de não

(142) *Gaudium et spes*, n. 79.

(143) Recorde-se que o *Catecismo* indica que, em caso de guerra defensiva, os poderes públicos «têm o direito e o dever de impor aos cidadãos as obrigações necessárias à defesa nacional» (n. 2310).

(144) *Gaudium et spes*, n. 79. Veja-se também *Catecismo*, n. 2313, citado no subparágrafo anterior.

tomar parte nele ativamente. Se se trata apenas de uma opinião ou de uma dúvida, devem-se adotar os meios para dirimi-la. No entanto, muitas vezes é difícil que um cidadão comum tenha as informações e a visão de conjunto necessárias para avaliar com fundamento as decisões dos governantes. Se depois de madura reflexão a questão parece afinal de contas discutível, pode-se e geralmente se deve aceitar o alistamento imposto pelas autoridades públicas. A elas compete avaliar as situações e tomar as decisões idôneas para resolver os conflitos tendo em vista o bem comum, e sobre elas recai a principal responsabilidade – gravíssima – pelas decisões tomadas. Na prática, podem ocorrer situações e avaliações muito diferenciadas, para as quais é difícil formular um critério único de ação.

Capítulo V

A JUSTIÇA PARA COM A VIDA HUMANA (II): OS PROBLEMAS BIOÉTICOS

1. O estudo teológico-moral dos problemas acerca da vida humana

A teologia moral tradicional – Tradicionalmente, a teologia moral católica estudava os problemas éticos vinculados à vida e à integridade física no âmbito da virtude da justiça ou no do quinto mandamento do Decálogo. Estudavam-se problemas como o aborto, o suicídio, a amputação de membros do corpo por motivos terapêuticos, o tratamento médico das «gravidezes de risco», etc. Durante muitos séculos, houve uma visão moral amplamente aceita acerca destes problemas, razão pela qual a teologia moral podia limitar-se a um breve e essencial estudo voltado para a definição do que era ou não era lícito.

A medicina pastoral – Pouco a pouco, e por diversas causas de ordem científica, cultural e social, fez-se necessário um estudo mais profundo destes problemas. Solicitavam-se cada vez mais aos pastores, e particularmente aos moralistas, respostas precisas aos dilemas éticos que o progresso da medicina apresentava aos fiéis e aos médicos. A primeira tentativa de resposta a estes problemas foi a introdução da *Medicina pastoral* no currículo dos estudos eclesiásticos. Tratava-se de uma disciplina que pretendia dar aos candidatos ao sacerdócio alguns conhecimentos práticos e fundamentais de anatomia, de fisiologia, de higiene, de psicologia, etc., que os ajudassem a compreender e a resolver bem as questões que com mais frequência se apresentavam na atividade pastoral[1].

A ética médica – Na primeira metade do século XX, os teólogos sentiram necessidade de elaborar manuais destinados não só aos sacerdotes, mas também aos médicos. Foram publicados livros de ética médica. Tiveram grande sucesso as obras de H. Bon[2] e de P. Tiberghien[3]. Nos anos 1950, foram publicados livros muito bons sobre o tema[4].

A bioética – No início dos anos 1960 do século XX, diferentes circunstâncias estimularam o nascimento de uma reflexão de maior alcance. Sentia-se a necessidade de estabelecer regras claras para as ciências biomédicas, que agora tinham de enfrentar os novos problemas surgidos com as mais modernas tecnologias: procriação artificial, engenharia genética, reanimação, transplantes, etc. Estas novas técnicas fizeram surgir questões éticas várias, podiam ter repercussões desestabilizadoras sobre a relação entre médicos e pacientes e punham os administradores diante da necessidade de formular regras para conter os gastos com a saúde e distribuir de maneira adequada os limitados recursos disponíveis. Ao mesmo tempo, problemas como a contracepção e o aborto tiveram forte impacto social, suscitando um inflamado debate público sobre a sua regulamentação legal. Assim nasceu a bioética. Entre o fim dos anos 1960 e início dos 1970, foram criados os primeiros centros de bioética (Hasting Center de Nova York, Kennedy Institute of Ethics, em

---

(1) O primeiro texto de medicina pastoral a ter sucesso foi o de C. Capellmann, *Pastoral-Medizin*, de 1878 (em 1920, havia alcançado a 18ª edição). O último dos clássicos da área foi o livro de A. Niedermeyer, *Handbuch der speziellen Pastoralmedizin*, Viena, 1949-1952.

(2) *Précis de Médicine Catholique*, Alcan, Paris, 1936.

(3) *Médicine et Morale*, Desclée, Paris, s.d.

(4) Por exemplo: Ch. Mcfadden, *Medical Ethics*, Filadélfia, 1953; J. Paquin, *Morale et médicine*, Montréal, 1955; G. Kelly, *Medico-Moral Problems*, St. Louis, 1958.

Washington, etc.), e pouco a pouco a bibliografia se tornou abundantíssima. Nos hospitais foram constituídas comissões éticas, e em muitos países começou a funcionar uma Comissão Nacional para a Bioética. No entanto, o estatuto científico da bioética ainda é muito discutido, e provavelmente estamos longe de ter uma resposta aceita por todos[5].

O nosso enfoque – Neste capítulo, procuramos arrostar o estudo dos problemas relativos à vida humana com o método próprio da teologia moral. Hoje a teologia moral pode e deve adotar da bioética o *status questionis* a respeito dos diferentes problemas, bem como uma boa parte dos elementos filosóficos que permitem um primeiro discernimento moral. Todavia, ela tem de avaliar e integrar todos estes elementos à luz da Revelação, interpretada e transmitida pela tradição eclesial. Isto não significa – como foi dito antes – que tudo o que veremos só possa ser aceito a partir da fé. Como escreveu São João Paulo II, em Cristo «é anunciado definitivamente e concedido plenamente aquele *Evangelho da vida* que, oferecido já na Revelação do Antigo Testamento e, antes ainda, de algum modo escrito no próprio coração de cada homem e de cada mulher, ressoa em toda consciência "desde o princípio", ou seja, desde a própria criação, de tal modo que, não obstante os condicionamentos negativos do pecado, *pode também ser conhecido nos seus traços essenciais pela razão humana*»[6].

2. O debate sobre o estatuto do embrião humano

a) As diferentes perspectivas de estudo

A importância social e cultural que problemas bioéticos como o aborto e a procriação artificial adquiriram nos nossos dias inspirou vivo

(5) Para uma visão de conjunto, veja-se E. Sgreccia, *Manuale di bioetica*, vol. I: *Fondamenti ed etica biomedica*, Vita e Pensiero, Milão, 1991, pp. 25-55; I. Carrasco de Paula, «Bioética», em L. Melina (ed.), *El actuar moral del hombre. Moral especial*, Edicep, Valência, 2001, pp. 89-162; A. Vendemiati, *La specificità bioetica*, Rubbettino Editore, Soveria Mannelli, 2002; L. Ciccone, *Bioetica. Storia, principi, questioni*, Ares, Milão, 2003, pp. 9-50.

(6) *Evangelium vitae*, n. 29.

debate sobre o estatuto do embrião humano[7]. *Com a expressão «estatuto do embrião humano», referimo-nos ao conjunto das características que configuram a condição do embrião.* A questão pode ser examinada de diferentes ângulos: *do ponto de vista científico* (conhecimentos com que a ciência contribui a respeito da formação e do desenvolvimento do embrião); *do ponto de vista do ser* (estatuto ontológico: o que é? Um aglomerado de células, um animal, um ser humano, etc.); *com relação ao dever e à responsabilidade do homem* perante ele (estatuto ético: como podemos ou devemos tratá-lo, o que se pode licitamente fazer a seu respeito, etc.; e *da perspectiva da lei* (estatuto jurídico: como a sociedade deve regular o comportamento dos cidadãos acerca dos embriões humanos). Cada enfoque tem as suas próprias exigências metodológicas, bem como suas limitações próprias: por exemplo, a embriologia não pode demonstrar a presença ou não de uma pessoa, ainda que possa oferecer conhecimentos a partir dos quais o filósofo pode discernir uma presença pessoal.

Naturalmente, *existem relações estreitas entre as diferentes perspectivas de estudo*. Pode-se pensar que o comportamento por adotar diante de um embrião dependa do que a ciência ensina a seu respeito. Na realidade, porém, as coisas são mais complexas, e a postura ética parece ter *relativa* autonomia em relação aos conhecimentos científicos. Basta

---

(7) Para uma primeira informação sobre este debate, cf. J. Gallagher, *Is the Human Embryo a Person? A philosophical Investigation*, Human Life Research Institute, Toronto, 1985; I. Carrasco de Paula, «Personalità dell'embrione e aborto», em Aa.Vv., *Persona, Verità e Morale*, Città Nuova, Roma, 1986, pp. 277-290; N. Ford, *When did I Begin? Conception of the Human Individual in History, Philosophy and Science*, Cambridge University Press, Cambridge, 1988 (veja-se a análise crítica de A. Serra, «Quando è iniziata la mia vita?». *La Civiltà Cattolica*, 140/4, 1989, 575-585); E. Blechschmidt, «Daten der menschlichen Frühentwicklung. Menschliches Leben beginnt im Augenblick der Befruchtung», em Aa.Vv., *Auf Leben und Tod*, 5ª ed., Bastei-Lübbe, Bonn, 1991, pp. 26-47; P. Caspar, *Penser l'embryon – d'Hippocrate à nos jours*, Èditions Universitarires, Paris, 1991; S. Biolo, (ed.), *Nascita e morte dell'uomo. Problemi filosofici e scientifici della bioetica*, Marietti, Genova, 1993; A. Serra, «Per un'analisi integrata dello "status" dell'embrione umano. Alcuni dati della genetica e dell'embriologia», em S. Biolo (ed.), *Nascita e morte dell'uomo...*, cit., pp. 55-105; A. Suárez, «Sono l'embrione umano, il bambino con anencefalia ed il paziente in stato vegetativo persistente delle persone umane? Una dimostrazione razionale a partire dai movimenti spontanei». *Acta Philosophica*, 2/1, 1993, 105-125; J. Vial Correa, E. Sgreccia (eds.), *Identità e statuto dell'embrione umano*, Lib. Ed. Vaticana, Cidade do Vaticano, 1998; N. López Moratalla, M.J. Iraburu Elizalde, *Los quince primeros días de una vida humana*, Eunsa, Pamplona, 2004 (excelente estudo, muito técnico, com ampla e atualizada bibliografia científica); M. Faggioni, *La vita nelle nostre mani. Manuale di bioetica teologica*, cit., pp. 219-259.

pensar que nos primeiríssimos séculos do cristianismo as noções de embriologia eram igualmente escassas tanto para os cristãos como para os pagãos. No entanto, no mundo pagão o aborto era amplamente aceito e praticado, ao passo que os cristãos não o aceitavam. Atualmente dispomos de conhecimentos científicos muito amplos sobre o embrião, e no entanto se repropõem exatamente as duas posições da Antiguidade. Não se trata de um problema científico, mas de um problema ético. É verdade que o progresso da ciência não faz mais que confirmar a posição dos cristãos, mas a razão se vê sufocada por motivações pessoais e sociais, por interesses econômicos, por exigências de prestígio científico, de militância política, etc.[8] Seja como for, não são os conhecimentos científicos sobre o embrião, ou a ausência desses conhecimentos, o que determinará *sempre* as posições éticas quanto ao respeito devido ao embrião humano.

b) A perspectiva científica

No mundo greco-romano, não faltaram observações empíricas dos embriões. Ph. Caspar cita um texto grego que descreve as estruturas visíveis de um embrião abortado de seis dias[9]. Este texto serviu como fundamentação biológica para os que, durante a Antiguidade greco-latina, sustentavam que o embrião é um ser vivo desde o primeiro momento de sua existência. No entanto, nos costumes e nas leis do mundo greco-romano teve muito mais importância a concepção estoica, que considerava o feto como uma parte da mãe e que a animação ocorreria apenas no nascimento. Antes disso, o feto *nondum est in rebus humanis*[10].

Do ponto de vista histórico, foi ainda mais importante a teoria aristotélica da geração. Para Aristóteles, a geração é fruto da ação do sêmen paterno no sangue materno. O Estagirita considera (*De generatione*

---

(8) Veja-se sobre esta temática A. Rodríguez Luño, «El concepto de respeto en la Instrucción *Donum vitae*». *Anthropotes. Rivista di studi sulla persona e la famiglia*, IV/2, 1988, pp. 261-272.

(9) Cf. Ph. Caspar, *Penser l'embryon – d'Hippocrate à nos jours*, cit., p. 15.

(10) Para uma boa visão histórica de conjunto, cf. E. Nardi, *Procurato aborto nel mondo greco romano*, Giuffrè, Milão, 1971; P. Sardi, *L'aborto ieri e oggi*, Paideia, Brescia, 1975.

animalium) que o sêmen paterno contém por natureza um princípio ou impulso capaz de transmitir a forma específica. Devido à resistência da matéria (materna), este processo é progressivo, e o princípio leva quarenta dias até que o embrião se torne um corpo orgânico. Antes destes quarenta dias, a alma nutritiva é em ato, enquanto o sêmen e a alma sensitiva são em potência. Também a alma racional está contida na potência, porque de outro modo não conseguiria passar ao ato[11]. Com base nisto, e segundo as suas próprias concepções éticas, Aristóteles considerava que, em certos casos, «é necessário fazer um aborto antes que o feto tenha sensibilidade e vida, porque a admissibilidade deste ato depende precisamente das condições de sensibilidade e de vida do feto»[12].

As ideias de Aristóteles sobre o aborto não tiveram nenhuma influência na qualificação moral do aborto por parte dos filósofos e teólogos cristãos. Influenciaram, contudo, a distinção entre feto formado e feto não formado, que foi erroneamente introduzida pela Septuaginta na tradução ao grego de Êxodo 21, 22-25[13] e admitida por alguns Padres, por muitos teólogos escolásticos, como São Tomás, por moralistas como Santo Afonso e pela disciplina canônica da Igreja no período compreendido entre o Decreto de Graciano e a recompilação de São Raimundo de Penhaforte (ano 1234) e a constituição *Apostolicae Sedis*, de Pio IX (ano 1869), com exceção dos anos que transcorreram entre a bula *Effraenatam* (1558), de Sisto IV, e a constituição *Sedes Apostolica*, de Gregório XIV (1591).

De acordo com esta teoria, denominada epigenética, considerava-se que a alma racional era infundida por Deus nos embriões de sexo

(11) Cf. Aristóteles, *De generatione animalium*, II, 3: 736 a 32 – b 29 (trad. italiana de D. Lanza em Aristóteles, *Opere biologiche*, Utet, Torino, 1971, pp. 892-894).

(12) Aristóteles, *Politica*, VII, 16: 1315 b.

(13) A tradução ao português do texto hebraico diz assim: *Se alguns homens ao brigarem atingirem uma mulher grávida, fazendo-a abortar mas sem maiores danos, o culpado será multado de acordo com aquilo que o marido da mulher exigir e os juízes decidirem. Se, porém, houver dano maior, então pagarás vida por vida, olho por olho, dente por dente, mão por mão, pé por pé, queimadura por queimadura, ferimento por ferimento, contusão por contusão.* Também a Vulgata traduz assim. Mas a Septuaginta coloca o dano por reparar em relação não com o dano sofrido pela mãe, mas com o dano sofrido pelo filho. Assim, a expressão *sem maiores danos* adquire nela o significado de «se o feto não é formado», ao passo que a expressão *se, porém, houver dano maior* quer dizer «se o feto é formado».

masculino no quadragésimo dia e entre o octagésimo nono e nonagésimo dias nos embriões femininos. Isto não introduzia entre os cristãos nenhuma dúvida quanto à grave imoralidade do aborto, considerado pecado grave, mas *em alguns casos dava lugar a diferenciações acerca da espécie moral do pecado do aborto e acerca das consequências penais*: a excomunhão era só para o aborto do feto formado. No entanto, durante todo o primeiro milênio cristão o aborto, qualquer aborto, havia recebido as mesmas penas ou penitências que o homicídio.

O desenvolvimento da embriologia científica foi pondo progressivamente em crise a teoria epigenética. No final do século XVII, o pesquisador William Harvey descobriu que o embrião dispõe de circulação sanguínea própria e tem vida própria dentro do organismo materno. Em 1827, Karl Ernst von Baer descobriu a existência do óvulo feminino, dando assim um duro golpe na teoria epigenética. Tornava-se cada vez mais claro que o momento determinante da geração era o encontro dos dois gametas, que dava lugar a um novo ser, e não a ação exclusiva do sêmen masculino no sangue materno. Em 1953, James D. Watson e Francis H. Crick conseguiram decifrar o código genético, desferindo o golpe de misericórdia na ideia de que o embrião fosse um aglomerado celular amorfo. *Ficava claro que, com a fecundação, quando ocorre a fusão da informação genética paterna e materna, temos um novo ser individual, geneticamente distinto tanto do pai como da mãe.* O embrião humano não se desenvolve apenas *em direção* ao homem, mas desde o princípio se desenvolve *como* homem. Estudos sucessivos demonstraram que no desenvolvimento do embrião há identidade de sujeito, absoluta continuidade e direção programada central. Como disse J. Lejeune, «aceitar o fato de que, depois da fecundação, vem à existência um novo ser humano já não é uma questão de gosto ou de opinião [...]. Não é uma hipótese metafísica, mas uma evidência experimental»[14].

A continuidade do desenvolvimento embrionário é tal que se demonstra totalmente arbitrário situar o início da nova vida individual na segunda, na quarta ou na oitava semana de gestação. O sujeito que somos cada um de nós começou a existir na concepção. Não antes da concepção, porém, porque já Aristóteles advertia uma profunda dife-

(14) Texto completo em *Sì alla vita*, 6/3, 1983, p. 4.

rença entre o embrião e os gametas. O sêmen necessita de outro princípio para desenvolver-se[15].

O Magistério da Igreja, a práxis canônica e a teologia tomaram consciência dessa realidade científica: *desde a concepção o embrião humano é um ser individual vivo da espécie humana, diferente da mãe, e portanto a distinção entre feto formado e feto não formado já não se sustenta nem sequer para efeitos penais* (do ponto de vista do juízo moral, tal distinção sempre foi irrelevante na tradição cristã).

Temos de considerar algumas das principais objeções que, sobretudo no âmbito do debate sobre o aborto, foram feitas a tudo o que acabamos de dizer.

O homem em potência – Houve quem retomasse a terminologia aristotélica e escolástica do homem em potência para afirmar que, se o embrião é um homem potencial, deve-se reconhecer que o embrião precoce não seria ainda um homem em ato. Quem destrói um embrião ou pratica um aborto não mata um ser humano vivo, mas algo que poderia vir a ser homem, e que ainda não o é.

É preciso fazer várias observações. Primeiro, não se vê a utilidade que possam ter hoje em dia tais objeções quanto aos embriões precoces. As leis abortistas autorizam o aborto voluntário de fetos de três meses, e muitas vezes de fetos muito mais maduros, que com toda a evidência são crianças vivas plenamente formadas. É claro que, se a lei nega toda proteção aos fetos de três meses, a negará também aos embriões precoces. Provavelmente se segue o seguinte raciocínio: a lei autoriza o aborto de um feto de três meses ou mais com base em um grave conflito com os direitos da mãe (à autodeterminação, à saúde). Se se quer poder dispor livremente de embriões precoces a favor da experimentação científica, que é uma instância menos urgente que os supostos direitos imediatos da mãe, é útil afirmar que tais embriões não podem ser considerados de modo algum seres humanos vivos.

Entremos no mérito da questão. A teoria de Aristóteles necessita ser esclarecida no que se refere ao conceito de potencialidade[16]. O *De ani-*

---

(15) Cf. Aristóteles, *Metafísica*, IX, 7: 1049 a 14-16.

(16) Para todo o seguinte, cf. E. Berti, «Quando esiste l'uomo in potenza? La tesi di Aristotele», em S. Biolo (ed.), *Nascita e morte dell'uomo. Problemi filosofici e scientifici della bioetica*, cit., pp. 109-113.

ma, para o qual remete o *De generatione,* explica que a alma superior contém as virtualidades das almas inferiores, mas não o contrário. Aristóteles pensa que no embrião humano a alma intelectiva já está presente em «ato primeiro», ainda que não exerça «em ato segundo» as suas faculdades (recorde-se que para Aristóteles a alma é «o ato primeiro de um corpo natural que tem vida em potência»[17]). Portanto, segundo as pesquisas de Berti, no embrião humano a alma intelectiva está presente como «ato primeiro», mas sem o ato segundo, ou seja, sem o efetivo exercício das faculdades superiores. De imediato, tem em ato somente as faculdades vegetativas. Não é verdade que segundo Aristóteles o embrião precoce tenha somente uma alma vegetativa que contém em potência a alma sensitiva e intelectiva. Em vez disso, ele pensa que tem em ato primeiro a alma intelectiva que, no início, tem em ato segundo apenas as faculdades vegetativas.

Tudo isto está confirmado pelo livro IX da *Metafísica.* O embrião pode ser chamado «homem em potência» somente no sentido de que é capaz, por virtude própria, de tornar-se homem. O embrião possui em ato primeiro a alma própria do homem. Isto significa que é verdadeiramente homem, mesmo que ainda deva desenvolver muitas de suas potencialidades. Coisa completamente diferente é o sêmen. Aristóteles esclarece que «não é ainda o homem em potência, porque deve ser depositado em outro ser e sofrer uma mudança [...], tem necessidade de outro princípio»[18]. É preciso entender bem a diferença que há entre possível e potencial: potencial é o que pode chegar a ser alguma coisa por virtude própria, e o será certamente, a não ser que surjam obstáculos que o impeçam. A possibilidade, ao contrário, algo abstrato, é a simples não impossibilidade: esta parede pode tornar-se verde, se alguém pintá-la de verde; porém potencialmente verde quer dizer que pode chegar a ser verde por si só, porque o verde já está na parede, precisando somente desdobrar seus efeitos. Na linguagem comum, diferente da linguagem metafísica, não se deveria dizer que o embrião humano é um ser humano potencial, mas um ser humano que deve desenvolver ainda muitas potencialidades.

(17) Aristóteles, *De anima*, II, 3: 412 a 23-29.

(18) Aristóteles, *Metafísica*, IX, 7: 1049 a 14-16.

Os gêmeos monozigóticos – Outra objeção se baseia no fenômeno dos gêmeos monozigóticos. Afirma-se que, enquanto não é ultrapassado o momento em que é possível a formação de gêmeos, não se pode falar de um ser humano individual.

Não dispomos ainda de compreensão exaustiva da gemelaridade monozigótica, mas nos últimos anos foram feitos grandes progressos, e no estado atual de conhecimentos pode-se afirmar que a objeção é inválida. Com efeito, atualmente se sabe com certeza que nem todos os gêmeos monozigóticos procedem da divisão de um embrião; e que, ainda que procedessem de um mesmo embrião, a capacidade de divisão de um embrião precoce não implicaria que o embrião que se divide não possua organização individual (isto é, não pressupõe um estado de indefinição). Hoje sabemos que de uma só fecundação podem derivar dois zigotos, ou seja, dois embriões. A alteração da difusão do íon de cálcio pode fazer que ocorra a primeira divisão antes do atingimento da organização celular própria do fenótipo do zigoto. É alterada a ordem temporal dos processos intracelulares da fecundação, e da divisão derivam dois zigotos ainda em fase de constituição. Estes gêmeos monozigóticos não procedem da divisão de um zigoto anterior, mas de uma única fecundação. Sabe-se também que a fecundação pode dar lugar a uma estrutura triploide (XXY), que pode morrer ou dar origem a dois zigotos: XX e XY. Isto explica também o fenômeno documentado de gêmeos monozigóticos de sexos diferentes. Nestes casos, a existência de um único córion e/ou âmnio se deve a um fenômeno de fusão[19]. Por outro lado, alguns experimentos de vivisseção de embriões humanos, que infelizmente foram realizados (J. Hall e R. Stillman, da George Washington University, outubro de 1993), demonstraram que se devem modificar as concepções quanto à totipotencialidade dos blastômeros humanos, a qual até agora era comumente aceita[20].

O fenômeno dos gêmeos monozigóticos, não implicando a ruptura da continuidade no desenvolvimento embrionário nem a negação da individualidade, do ponto de vista ético pode significar apenas que a

---

(19) A respeito de tudo isto, veja-se N. López Moratalla, M.J. Iraburu Elizalde, *Los quince primeros días de una vida humana*, cit., pp. 148-161.

(20) Cf. J. Lejeune, «L'impossibile clonazione». *Studi Cattolici*, 396, 1994, pp. 129-130.

supressão de um embrião precoce poderia impedir o desenvolvimento e o nascimento não de um homem, mas de dois.

Equiparação entre início e fim da vida – Outros autores pretendiam fazer valer um hipotético paralelismo entre o momento inicial e o momento final da vida humana. Afirma-se que, se se considera morto um homem quando se chega à cessação irreversível do funcionamento total do encéfalo, o início da vida humana não poderia ser anterior ao funcionamento do cérebro ou de qualquer estrutura equiparável a um cérebro primitivo. Não há vida humana se não houver atividade cerebral[21]. Este paralelismo é ilegítimo. Veja-se o caso do eletroencefalograma plano como diagnóstico de morte[22]. O homem neste estado está na fase final de um processo descendente, no qual todas as potencialidades se esgotaram. A ausência de atividade cerebral no embrião precoce revela, ao contrário, um ser que se encontra na fase inicial de um processo ascendente (cujo governo e cuja coordenação naturalmente correspondem não ao cérebro, mas ao genoma), no qual todas as potencialidades estão abertas. As duas situações não são equiparáveis[23]. Para o embrião precoce, é biologicamente natural e normal não ter um cérebro funcionando, já que tudo está coordenado pelo genoma. Para o adulto, ao contrário, biologicamente, a ausência irreversível das funções totais do encéfalo é sinal de morte.

c) O ponto de vista ontológico

O momento da infusão da alma espiritual – No âmbito da teologia católica, em diálogo com a teoria aristotélica, discutiu-se se a alma

(21) Esta objeção é formulada, por exemplo, por M. Mori, «Aborto e trapianto: un'analisi filosofica degli argomenti addotti nell'etica medica cattolica recente sull'inizio e sulla fine della vita umana», em M. Mori (ed.), *Questioni di bioetica*, Editori Riuniti, Roma, 1988, pp. 103-148.

(22) Deve-se acrescentar que o EEG não é o único critério diagnóstico de morte para um paciente submetido a reanimação, entre outras razões porque a «morte cerebral» não consiste apenas na cessação da atividade do córtex cerebral; deve cessar irreversivelmente a atividade de todo o encéfalo. Cf. sobre o tema: A. Rodríguez Luño, «Rapporti tra il concetto filosofico e il concetto clinico di morte». *Acta Philosophica*, I/1, 1992, pp. 54-68; J. Colomo, *Muerte cerebral. Biología y ética*, Eunsa, Pamplona, 1993.

(23) Cf. M.L. Di Pietro, R. Minacori, «La teoria della "brain birth" versus la teoria della "brain death": una simmetria impossibile». *Medicina e morale*, 49/2, 1999, pp. 321-336.

espiritual humana era infundida por Deus no momento da concepção ou quando o embrião estava formado (quarenta dias para os varões e oitenta/noventa para as mulheres)[24]. Os Padres Apostólicos e os Apologistas não entraram nesta questão. Limitaram-se apenas a condenar firmemente o aborto. Entre os Padres orientais, quase todos sustentam a animação imediata (São Basílio Magno, São Gregório de Nissa, São Máximo, o Confessor). Teodoreto de Ciro sustenta, ao contrário, a animação retardada. Como dissemos, a praxe penitencial da Igreja nos primeiros doze séculos pressupõe que todo aborto é um homicídio.

Entre os escolásticos, como São Tomás, era mais frequente pensar que a infusão da alma ocorresse algum tempo depois. Esta posição se deve ao propósito de evitar o traducionismo de Tertuliano e de sustentar a doutrina da unicidade da forma substancial. A tese pressupõe, no entanto, que o desenvolvimento embrionário tenha momentos de forte descontinuidade, ideia que hoje não é cientificamente aceitável. Em todo caso, tal postura não queria de maneira nenhuma pôr em dúvida a imoralidade de todo aborto.

A Igreja nunca se pronunciou formalmente sobre a questão teórica do momento da infusão da alma, pois não o considera determinante para a avaliação moral do aborto e do respeito devido aos embriões[25]. No entanto, a posição da Igreja não é neutra. A sua doutrina pressupõe que o embrião precoce seja um ser humano vivo.

Parece-nos que colocar o problema do momento da infusão da alma espiritual humana com o objetivo de determinar o estatuto ético do embrião humano é um enfoque desorientador. Quem conhece minimamente a história da metafísica ocidental sabe que os conceitos de potência e de ato foram cunhados para poder pensar o movimento, não para medi-lo. Analogamente, o conceito de alma corresponde à necessidade filosófica de pensar e captar a realidade que chamamos vida, o viver, e não à necessidade de determinar seu início ou seu fim. Assim como seria absurdo invocar os conceitos de potência e de ato para discutir com o policial rodoviário se ultrapassamos ou não o limite de velocidade na

---

(24) Para uma visão de conjunto, veja-se P. Sardi, *L'aborto ieri e oggi*, cit.; M. Chiodi, *Il figlio come sé e come altro. La questione dell'aborto nella storia della teologia morale e nel dibattito bioetico contemporaneo*, Glossa, Milão, 2001.

(25) Cf. Congregação para a Doutrina da Fé, *Declaração sobre o aborto provocado*, cit., n. 13 com nota 19; *Donum vitae*, I, 1; *Evangelium vitae*, n. 60.

estrada, uma vez que a velocidade é medida por outros procedimentos, assim tampouco tem sentido invocar o conceito de alma para saber se o homem que está diante de nós, caído no chão, está vivo e devemos levá-lo ao hospital ou está morto e devemos sepultá-lo. Do ponto de vista indutivo, ou seja, do ponto de vista das nossas possibilidades de conhecimento, partimos da vida ou da morte, realidade empiricamente conhecível, para fazer afirmações quanto à presença ou à ausência da alma, e não ao contrário. Devemos raciocinar assim: é um ser humano vivo, portanto a alma está presente. Não nos é possível raciocinar deste modo: a alma está presente, portanto é um ser humano vivo. Este segundo raciocínio não deixa de ser verdadeiro, mas o problema é que não temos nem teremos jamais condições de verificá-lo, pois não dispomos de percepção direta da alma espiritual.

O estatuto ontológico do embrião humano – O ponto importante, quanto ao qual atualmente se alcançou a certeza, é que o embrião humano, ainda que precoce, é um indivíduo humano vivo. Para enfraquecer esta certeza, tem-se recorrido ao conceito de pré-embrião, que se aplicaria aos embriões de menos de catorze dias ou aos embriões que ainda não se implantaram no útero. O conceito de pré-embrião, utilizado em algumas leis, é arbitrário. O 14º dia não é mais decisivo que os outros, nos quais ocorrem desenvolvimentos igualmente importantes. Do ponto de vista ético, é também inadmissível, pelas razões que explicamos no capítulo anterior e às quais voltaremos: quem nasce de uma mãe humana é homem enquanto não se demonstre o contrário, e ninguém é competente para pôr em dúvida a condição humana ou para fixar as condições que os homens deveriam ter para ser reconhecidos como tais.

Outros autores se refugiam no conceito de pessoa. Aceitam que o embrião seja vida humana individual, mas negam que seja pessoa. Aqui, tudo depende do que se entende por pessoa. Dão-se as seguintes propostas:

1) *Proposta sensista* (por exemplo, P. Singer[26]): pensa que o conceito de pessoa é um conceito vazio. Só merece respeito quem tem a possibilidade de sentir prazer e dor; portanto, quem desenvolveu um sistema

(26) Cf. P. Singer, *Etica pratica*, Liguori, Nápoles, 1989, pp. 102 ss.

nervoso central. Um animal adulto merece mais respeito que um embrião precoce.

2) *Proposta não naturalista ou antinaturalista*: considera que o dado empírico ou biológico é irrelevante para determinar o estatuto ético. O significado da vida pessoal estaria fundado nas relações humanas. O outro existe como pessoa somente na relação, e portanto a sua existência pessoal depende de mim, de minha relação com ele (R. McCormick[27], J. F. Malherbe[28]). Deve-se responder que na realidade acontece justamente o contrário. A sua individualidade biológica comprova que o embrião é outro além de mim, e, precisamente enquanto tal, torna-se um apelo a reconhecer o seu valor intrínseco, a sua realidade como sujeito. Sou pessoa em virtude do meu próprio ser, não do que os outros me dão. Se o ser pessoa dependesse dos outros, seria lícita toda discriminação.

3) *Proposta funcionalístico-atualista* (Engelhardt[29]): define-se a pessoa a partir da presença em ato de algumas características ou sinais: autoconsciência, autonomia, racionalidade, etc. Afirma-se desse modo que nem todos os homens vivos são pessoas. Esta teoria reduz a substância (em sentido metafísico) à função em ato. Implica a imposição do forte sobre o fraco, ou seja, de quem, em virtude de sua posição de vantagem, pode estabelecer os critérios de personalidade por aplicar aos outros. A própria ideia de direitos humanos pressupõe – como foi dito no capítulo anterior – o seu enraizamento na condição humana, sem que se possa exigir nenhuma outra característica em ato. Além do mais, não é admissível o uso de um conceito discutível de pessoa como princípio para fazer discriminações ou distinções fundamentais entre os seres humanos vivos.

Pensamos que, neste problema, o ponto fundamental consiste em que o embrião é um indivíduo vivo da natureza humana. Não se vê como tal indivíduo possa não ser pessoa. Não existe outra modalidade de existência para os seres humanos vivos que a de pessoa humana.

---

(27) Cf. R. McCormick, *Salute e medicina nella tradizione cattolica*, Camilliane, Turim, 1986, pp. 194-195.

(28) Cf. J.F. Malherbe, «L'embryon est-il une personne humaine?». *Lumière et vie,* 172/34 (1985), p. 30.

 (29) Cf. H.T. Engelhardt, *Manuale di bioetica*, Il Saggiatore, Milão, 1991, p. 126.

d) O estatuto ético do embrião humano

À luz das considerações precedentes, trata-se de ver agora qual é a atitude eticamente boa perante o homem em estado embrionário. Durante muitos séculos, este problema se identificava com a questão do aborto, porque não havia outras modalidades de intervenção sobre os embriões e fetos. Hoje o problema se ampliou porque o desenvolvimento das técnicas de fecundação artificial abre a possibilidade de outras formas de intervenção sobre os embriões humanos *in vitro*.

Desde que se puseram em contato com a cultura greco-romana, os primeiros cristãos pronunciaram um «não» decidido e unânime à prática do aborto, como se pode verificar já a partir dos Padres Apostólicos. O aborto é considerado um crime contra a vida humana, crime que provém do desprezo ao Criador. Reassumindo toda a tradição doutrinal católica, o Magistério recente tem expressado de modo muito solene e definitivo a doutrina da Igreja. Mesmo sem pronunciar-se formal e teoricamente sobre questões como a infusão da alma e o conceito de pessoa, mas sem assumir uma atitude neutra, o Magistério pressupõe que o embrião humano, em qualquer estado de desenvolvimento, é um indivíduo vivo de condição humana, ao qual se aplica integramente o princípio da inviolabilidade da vida. Por isso se afirma claramente que «*o ser humano deve ser respeitado como pessoa, desde o primeiro instante da sua existência. [...] O fruto da geração humana, portanto, desde o primeiro momento da sua existência, isto é, a partir da constituição do zigoto, exige o respeito incondicional que é moralmente devido ao ser humano na sua totalidade corporal e espiritual*»[30]. Esta posição pode ser considerada

(30) Cf. *Donum vitae*, cit., I, 1. A mesma doutrina é reapresentada na *Evangelium vitae*. A *Donum vitae* acrescenta: «Esta doutrina permanece válida e, além disso, é confirmada – se isso fosse necessário – pelas recentes aquisições da biologia humana, que reconhece que no zigoto derivante da fecundação já está constituída a identidade biológica de um novo indivíduo humano. É verdade que nenhum dado experimental, por si só, pode ser suficiente para fazer reconhecer uma alma espiritual; todavia, as conclusões da ciência acerca do embrião humano fornecem uma indicação valiosa para discernir racionalmente uma presença pessoal desde esta primeira aparição de uma vida humana: como um indivíduo humano não seria pessoa humana? O Magistério não se empenhou expressamente em uma afirmação de índole filosófica, mas reafirma de maneira constante a condenação moral de qualquer aborto provocado. Este ensinamento não mudou e é imutável» (I, 1). A instrução *Dignitas personae* esclareceu ulteriormente o sentido e o alcance do que afirmou a *Donum vitae*: «Se a instrução *Donum vitae*, para não se comprometer expressamente com uma afirmação de índole

como o ensinamento ético definitivo da Igreja, fundado na razão (tudo o que se disse até agora sobre a dignidade humana e sobre o estatuto ontológico do embrião) e na fé: devemos imitar a Cristo, que acolhe e cura a todos, especialmente os mais fracos, e que dá a sua vida por todos os seus irmãos, inclusive pelos que não o receberam. Um discípulo de Cristo, um filho do Deus que se doa a Si mesmo em Cristo, não pode suprimir a vida do filho que ele mesmo chamou à existência por meio dos próprios atos, seja porque esta vida não era desejada, seja porque impede os projetos pessoais, seja por causar graves problemas. Esta é uma intuição ética fundamental que não pode ser superada por nenhuma argumentação.

3. *O aborto voluntário*

a) Conceito de aborto

A encíclica *Evangelium vitae* define o aborto voluntário como «*a morte deliberada e direta, independentemente da forma como venha realizada, de um ser humano na fase inicial da sua existência, que vai da concepção ao nascimento*»[31]. Este conceito de aborto representa certa mudança com respeito ao que foi utilizado durante muito tempo pela manualística, que entendia por aborto procurado qualquer ação que se propusesse a expulsar ou extrair do útero materno um feto vivo ainda não viável[32]. As intervenções que causavam a morte do embrião ou do feto, não abrangidos por esta definição, recebiam outros nomes, como

filosófica, não definiu que o embrião é pessoa, revelou todavia que existe um nexo intrínseco entre a dimensão ontológica e o valor específico de cada ser humano. [...] A realidade do ser humano, com efeito, ao longo de toda a sua vida, antes e depois do nascimento, não permite afirmar uma mudança de natureza nem uma gradualidade de valor moral, porque possui *plena qualificação antropológica e ética.* O embrião humano, por isso, possui desde o início a dignidade própria da pessoa». (Congregação para a Doutrina da Fé, *Instrução "Dignitas personae" sobre algumas questões de bioética*, 08-IX-2008, n. 5; doravante será citada como *Dignitas personae*).

(31) *Evangelium vitae*, n. 58.

(32) *Abortus est eiectio immaturi foetus viventis ex utero materno* (D. M. Prümmer, *Manuale theologiae moralis*, cit., vol. II, n. 137). *Abortus est eiectio foetus immaturi ex utero matris* (H. Noldin, *Summa theologiae moralis*, cit., vol. II, n. 342).

craneotomia, feticídio, embriotomia, etc., e eram também consideradas gravemente ilícitas[33].

Seguindo a *Evangelium vitae,* aborto procurado é toda forma de eliminação intencional da vida humana no período que transcorre entre a concepção e o nascimento:

– onde quer que o embrião ou feto se encontre, seja na trompa, antes da nidação, seja no útero;

– seja qual for o tempo transcorrido desde a fecundação;

– seja qual for o meio pelo qual se realize (procedimentos cirúrgicos, DIU, métodos interceptivos, pílula RU-486, pílula do dia seguinte, metotrexato, etc.);

– e sejam quais forem os motivos que levam ao aborto direto (terapêuticos, sociais, criminológicos, eugenésicos, etc.).

A *Evangelium vitae* esclarece que *a mesma qualificação moral do aborto procurado se deve aplicar a qualquer forma de intervenção ou de experimentação nos embriões humanos que acarretem inevitavelmente a sua morte, bem como ao abandono de embriões humanos formados* in vitro *e ao uso de embriões ou fetos vivos como fornecedores de tecidos ou de órgãos para o transplante*[34].

Estudos históricos demonstram que o aborto procurado não é um fenômeno exclusivo dos nossos tempos. No entanto, hoje apresenta características novas com relação ao passado. A primeira novidade é de ordem quantitativa: o número anual de abortos em escala mundial é mui-

---

(33) A respeito disto e de todo o seguinte, veja-se A. Rodríguez Luño, *La valutazione teologico-morale dell'aborto*, em E. Sgreccia, R. Lucas (eds.), *Commento interdisciplinare alla* Evangelium vitae, cit., pp. 419-434 (os trabalhos contidos neste volume são muito úteis para o estudo dos diversos aspectos do aborto). Vejam-se também: G. Grisez, *El aborto. Mitos, realidades y argumentos,* Sígueme, Salamanca, 1972; J. Connery, *Abortion: The Development of the Roman Catholic Perspective,* Chicago, 1977; L. Ciccone, «Il confessore e l'aborto». *La rivista del clero italiano,* 60 (1979), pp. 886-896; id., «*Non uccidere*». *Questioni di morale della vita fisica,* Ares, Milão, 1984, pp. 144-256; P. Donati, «Riflessioni sociologiche sulla recente fenomenologia dell'aborto». *La famiglia,* 121 (1987), pp. 5-27; J. Ratzinger, «Dignità della vita nascente». *Medicina e morale,* 38 (1988), pp. 297-304; M.L. Di Pietro, E. Sgreccia, «La contragestazione ovvero l'aborto nascosto». *Medicina e morale,* 38/1 (1988), pp. 5-34; E. Gius, D. Cavanna, *Maternità negata. Ricerca sui vissuti e sugli atteggiamenti nell'interruzione volontaria della gravidanza,* Giuffré, Milão, 1988; A. Palini, *Aborto. Dibattito sempre aperto da Ippocrate ai nostri giorni,* cit.; J. e B. Willke, *Che ne sai dell'aborto?,* Cic Edizioni Internazionali, Roma, 1995; M. Palmaro, *Ma questo è un uomo. Indagine storica, politica, etica, giuridica sul concepito,* San Paolo, Milão, 1996.

(34) Cf. *Evangelium vitae,* n. 63.

to elevado. Mesmo segundo as estimativas mais baixas, pode-se calcular que a cada ano se registram algumas dezenas de milhões de abortos «legais»[35]. O *Book of the Year 1996* da Enciclopédia Britânica, o qual apresenta os dados de 1994 fornecidos por 61 países, de um total de 3,378 bilhões de habitantes (60% da população mundial) fala em mais de 23 milhões de abortos. Entre os dados mais impressionantes estão os da Rússia (339 abortos para cada cem nascimentos), Romênia (265 para cada cem) e Ucrânia (159 para cada cem). Na Itália há 26 abortos para cada cem nascimentos e, nos EUA, 35[36].

Também são novas algumas circunstâncias que caracterizam o aborto do ponto de vista qualitativo:

– é visto como um direito que o Estado deve reconhecer e garantir, e como tal é legalizado;

– é realizado pelos profissionais de saúde, justamente aqueles que deveriam proteger e promover a vida;

– e, finalmente, a grave circunstância de que tais atentados acontecem frequentemente dentro da família: em 1982, 71,1% das mulheres que abortaram na Itália eram casadas. Em 1991, as mulheres casadas eram 62,2%. Em escala mundial, os abortos «em família» ocorrem entre esposos que procuram retardar a chegada do primeiro filho ou entre esposos que não desejam ter um terceiro;

– no âmbito da família, às vezes servem para ocultar abusos indignos.

Estes significativos elementos de novidade se tornaram possíveis graças à atuação de estruturas imponentes de «apoio» cultural e econômico, muitas vezes de caráter internacional, que envolvem sofisticados procedimentos de manipulação linguística e simbólica, argumentações

(35) Podem ser consultados os *Demographic Yearbooks* publicados todos os anos pelas Nações Unidas. Além disso: S. K. Henshaw, «Induced abortion: A Worldwide Perspective». *International Family Planning Perspectives*, 1, 1987, p. 13; L. Iffy, G. Frisoli, A. Jakobovits, «Perinatal Statistics: The Effect Internationally of Liberalized Abortion». *New Perspectives on Human Abortion*, UPA, Maryland, 1981, p. 92.

(36) Cf. L. Ciccone, *La vita umana*, cit., pp. 103-104. Vejam-se também: E. Spaziante, «L'aborto provocato: dimensioni planetarie del fenomeno». *Medicina e morale*, 46, 1996, pp. 1083-1134; id., «L'aborto nel mondo. Aggiornamento statistico-epidemiologico in tema di aborto legalmente registrato». *Medicina e morale*, 48, 1998, pp. 313-368. Para a Itália: Istat, *L'interruzione volontaria della gravidanza in Italia. Un quadro socio-demografico e sanitario della legge 194 ad oggi*, Roma, 1997.

jurídicas e políticas, etc.. Desse modo, conseguiram obscurecer notavelmente a percepção pessoal e coletiva do valor da vida humana[37].

b) Os procedimentos para a realização do aborto

A técnica adotada para realizar o aborto depende em boa medida do tempo transcorrido desde a fecundação. Até o 14º dia da fecundação, empregam-se interceptivos que impedem a nidação do embrião no útero (espiral ou DIU, minipílula de progesterona, pílula do dia seguinte). Até o trigésimo dia, recorre-se ao uso de «contragestativos» (por exemplo, a RU-486).

Até o primeiro trimestre, usam-se duas técnicas. A aspiração endouterina por via vaginal, com cânulas flexíveis: alarga-se o orifício externo do colo uterino e introduz-se uma cânula para extrair o nascituro mediante aspiração, produzida por um aparelho similar ao aspirador de pó doméstico, mas muito mais potente. A morte do nascituro é provocada pelo desmembramento dos braços e das pernas. Os restos fetais se convertem em uma substância sanguinolenta. Ou, então, a dilatação do colo cervical e raspagem uterina: um instrumento alongado, cuja extremidade forma uma colherzinha afiada, é introduzido no útero para raspar as paredes, eliminando assim o seu conteúdo.

Depois do primeiro trimestre, emprega-se uma das seguintes técnicas. A dilatação cervical e o esvaziamento do útero com pinças e anéis (o feto é despedaçado): exige-se maior dilatação do colo do útero, o uso de pinças para desmembrar o feto (primeiro os braços e as pernas, depois as costas), a fragmentação em pedaços do crânio (para aspirar a cabeça) e a extração dos restos fetais mediante um fórceps e um anel. Ou, então, a administração de altas doses transvaginais de prostaglandina E2: hormônios que provocam as contrações do parto, injetados no líquido amniótico ou ministrados em forma de compressas vaginais. Depois da 16ª semana, o esvaziamento é precedido da administração de fármacos que estimulam as contrações uterinas e a dilatação cervical (por exemplo, solução salina hipertônica intra-amniótica). A solução sa-

(37) Cf. A. Rodríguez Luño, «La cultura della vita come compito sociale e comunicativo», em Id., *Cittadini degli del Vangelo (Fil 1, 27). Saggi di etica politica*, Edizioni Università della Santa Croce, Roma, 2005, pp. 61-74.

lina queima a pele, a garganta e os intestinos do feto. Finalmente, o feto é expelido. Por último a histerectomia, ou seja, a abertura cirúrgica do útero e do abdômen e a extração do feto.

c) O posicionamento da Igreja primitiva perante o aborto

É preciso começar por dizer que há discussões sobre o significado do termo *farmakeía* (neovulgata: *veneficia*), usado por São Paulo em Gálatas 5, 20 como objeto de condenação. Vários autores pensam que o uso paulino deste vocábulo não se refere somente às drogas abortivas então utilizadas, embora certamente as inclua[38].

A Igreja primitiva considera o aborto um crime contra a vida humana, que provém do desprezo ao Criador. A condenação do aborto é clara e sem matizes[39]. São numerosos os testemunhos desta doutrina. A *Didaquê* enumera os «assassinos dos filhos» e os «destruidores da criatura de Deus» entre os que escolhem o caminho da morte[40]. A *Carta de Barnabé* vê o aborto como uma grave transgressão do mandamento da caridade[41]. Em Atenágoras, a condenação do aborto é posta no contexto da luta do cristianismo contra as multiformes expressões do desprezo da vida no mundo romano. Ele afirma que os cristãos consideram homicidas as mulheres que recorrem a drogas abortivas, uma vez que as crianças em seu seio «são já objeto dos cuidados da Providência divina»[42]. Minúcio Félix, no *Octavius*, compara o aborto a um «parricídio»[43]. Clemente de Alexandria, no *Pedagogo*, denuncia o aborto como morte do senso de humanidade[44]. Tertuliano afirma que «é um homicídio antecipado impedir o nascimento; pouco importa que se suprima a alma já

---

(38) Cf. J.T. Noonan, «An Almost Absolute Value in History», em Id. (ed.), *The Morality of Abortion. Legal and Historical Perspectives*, Harvard University Press, Cambridge (Mass.), 1970, pp. 8-9; G. Palazzini, *Jus foetus ad vitam eiusque tutela in fontibus ac doctrina canonica usque ad saeculum XVI*, Urbaniae, 1943, p. 39, nota 3; B. Honings, *Aborto e animazione umana*, Roma, 1973, pp. 59 ss.

(39) Cf. os estudos anteriormente citados de J. Connery, P. Sardi e J. T. Noonan.

(40) *Didaquê*, 2, 2 e 5, 2.

(41) *Epístola de Barnabé*, 19, 5.

(42) Atenágoras, *Súplica pelos cristãos*, 35, 6: PG 6, 969.

(43) Cf. Minúcio Felix, *Octavius*, 30.

(44) Cf. Clemente de Alexandria, *Pedagogo*, 2, 10: PG 8, 511.

nascida ou que se faça desaparecer ao nascer. Já é um homem aquele que o será»[45]. Não menos clara é a posição de São Basílio Magno: «Não existem entre nós sutilezas que distingam entre o fruto do corpo plenamente formado e o fruto privado da forma»[46]. O aborto sempre é um homicídio. A disciplina penitencial da Igreja primitiva também era clara e unânime. Previa a excomunhão perpétua, atenuada a partir do sínodo de Ancira (314) a uma penitência decenal graduada.

Devemos concluir com Sardi que a Igreja antiga vê «no feto um ser humano já em ato e condena, por isso, o aborto procurado como homicídio. A insistência dos pastores da Igreja neste conceito é um repetido martelar: o fruto da concepção é "plasma" divino; eliminá-lo constitui homicídio agravado ("parricídio"), dado o vínculo de sangue que une a mãe com o filho»[47].

d) A doutrina eclesial sobre o aborto

Tudo o que foi dito até aqui permite compreender por que o prestigioso *Lexikon für Theologie und Kirche* afirma que *a tradição é tão clara e unânime, que se deve pensar que a condenação do aborto é uma verdade de fé*[48]. O Concílio Vaticano II condenou o aborto como crime abominável[49]. Paulo VI, em discurso de 1972, afirmou quc a doutrina da Igreja a respeito do aborto não mudou e é imutável[50]. A unanimidade da tradição e da doutrina eclesial quanto ao aborto está ilustrada sinteticamente na *Declaração sobre o aborto procurado* da Congregação para a Doutrina da Fé, de 18 de novembro de 1974, documento que expõe de modo muito preciso e ordenado a doutrina eclesial a respeito da

---

(45) Tertuliano, *Apologeticum*, 9, 8: CSEL 69, 24. No *De Anima*, Tertuliano ainda afirma: *Atquin et in ipso adhuc utero infans trucidatur, necessaria crudelitas, cum in exitu obliquatus denegat partum; matricida, ni moriturus* (*De Anima*, 25: PL 2, 691-692). Neste texto, a respeito de cujo significado os estudiosos discutem, parece-nos ver o problema a que mais adiante a teologia moral chamará aborto indireto.

(46) São Basílio, *Epistulae*, 188, 2: PG 32, 671.

(47) P. Sardi, *L'aborto ieri e oggi*, cit., p. 98.

(48) Cf. vol. I, p. 98.

(49) Cf. *Gaudium et spes*, n. 51.

(50) Cf. Paulo VI, *Discurso aos Juristas Católicos Italianos*, 09-XII-1972: AAS, 64, 1972, pp. 777.

matéria, com as suas bases teológicas e racionais, e que dá resposta às principais objeções.

A condenação moral do aborto foi reafirmada e confirmada de modo muito solene pela encíclica Evangelium vitae, *de 25-III-1995.* Nela, São João Paulo II recorda que os textos da Sagrada Escritura jamais falam explicitamente do aborto procurado (fenômeno que não existia no mundo bíblico), mas «mostram pelo ser humano no seio materno uma consideração tal que exige, como lógica consequência, que se estenda também a ele o mandamento de Deus: *não matarás*»[51]. Acrescenta que a tradição cristã «é clara e unânime, desde as suas origens até os nossos dias, em classificar o aborto como desordem moral particularmente grave [...]. Ao longo da sua história já bimilenária, esta mesma doutrina foi constantemente ensinada pelos Padres da Igreja, pelos seus Pastores e Doutores. *Mesmo as discussões de caráter científico e filosófico acerca do momento preciso da infusão da alma espiritual não incluíram nunca a mínima hesitação quanto à condenação moral do aborto*»[52]. Com base nisto, e tendo em conta os repetidos e unânimes juízos do Magistério mais recente, bem como a consulta de todos os Bispos da Igreja Católica no Pentecostes de 1991, São João Paulo II declara «que *o aborto direto, isto é, querido como fim ou como meio, constitui sempre uma desordem moral grave*, enquanto morte deliberada de um ser humano inocente»[53], esclarecendo que este juízo moral pertence à doutrina do Magistério ordinário e universal da Igreja. Isto significa, como já sabemos, que se trata de uma doutrina em que a Igreja empenha a sua infalibilidade[54], e que pertence ao segundo parágrafo da fórmula conclusiva da *Professio fidei*[55].

O fundamento deste juízo moral é o princípio da inviolabilidade da vida humana, já estudado por nós. Aqui é preciso acrescentar que no aborto há algumas circunstâncias que tornam particularmente grave o

(51) *Evangelium vitae*, n. 61. Em nota de rodapé citam-se os textos de Jer 1, 4-5; Sal 71 (70), 6; Is 46, 3; Jó 10, 8-12; Sal 22 (21), 10-11; Lc 1, 39-45.

(52) *Evangelium vitae*, n. 61.

(53) *Evangelium vitae*, n. 62.

(54) Veja-se a discussão em A. Rodríguez Luño, «La legge divina del "non uccidere"». *Studi Cattolici*, 413/414, 1995, pp. 436-438.

(55) Cf. Congregação para a Doutrina da Fé, *Nota doutrinal ilustrativa da fórmula conclusiva da* Professio fidei, 29-VI-1998.

atentado contra a vida. O ser humano no seio da mãe é o que «de mais inocente, em absoluto, se pode imaginar»[56]. Ele «está totalmente entregue à proteção e aos cuidados daquela que o traz no seio»[57]. Por outro lado, a paternidade e a maternidade são relações humanas e sociais de caráter fundamental. Sem elas, não haveria vida humana. Além do mais, constituem outro aspecto importante da imagem divina no homem: através delas, o homem e a mulher participam do amor criador de Deus[58], estabelecendo-se entre Deus e os pais uma delicada e recíproca relação de confiança. Deus confia a vida nascente aos cuidados dos pais, que por sua vez confiam que Deus os ajudará a levar o peso que a debilidade da nova vida e sua total dependência possam significar. À luz destas considerações, o aborto procurado representa objetivamente a corrupção da paternidade e da maternidade no seu sentido humano e teológico. A imagem do amor divino impressa na capacidade procriadora do homem é violada. A confiança de Deus nos homens é traída por eles. A dependência natural e a debilidade da vida nascente, que não tem voz para protestar, são mal interpretadas e sujeitas a abusos.

É verdade que os pais, e especialmente a mãe, às vezes encontram graves dificuldades e fortes pressões do ambiente, as quais podem chegar a obscurecer de modo momentâneo e parcial a gravidade dos seus atos, mas objetivamente sempre é verdade que com o aborto procurado se espezinha a imagem divina impressa tanto na humanidade dos pais como na da vítima, à qual se nega aquela condição de igualdade em relação a nós que ela possui ontologicamente e que lhe deve ser reconhecida.

Deve-se observar, finalmente, que *o problema do aborto revela a crise de certo conceito de liberdade como autonomia completa.* O problema é que o ser de uma pessoa humana está tão estreitamente entrelaçado com o ser de outra, da mãe, que por enquanto só pode subsistir absolutamente na sua correlação corpórea com ela, em uma unidade física que, no entanto, não elimina a sua alteridade e não permite pôr em discussão o ser que é em si mesma. No entanto, o ser da nova pessoa é «ser a partir de outro», da mãe, e reclama desta um «ser-para» o neo-

---

(56) *Evangelium vitae*, n. 58.

(57) *Evangelium vitae*, n. 58.

(58) Cf. *Evangelium vitae*, n. 43.

concebido, pôr-se à sua disposição. Quando esta petição de «ser-para» dirigida à mãe contradiz o seu querer, tal reclamo é visto como oposição à própria liberdade, que recusa todo «ser a partir de» e todo «ser-para». Quer ser pura autonomia, independência de todo vínculo. Esta imagem da liberdade humana não corresponde à verdade do homem criado à imagem de Deus. Deus é, na sua essência, «ser-para» (Pai), «ser-de» (Filho) e «ser-com» (Espírito Santo)[59].

e) Algumas objeções

No estudo do estatuto do embrião humano do ponto de vista científico, já consideramos algumas das objeções que com frequência se opõem também à doutrina eclesial[60]. Agora consideraremos outras duas, que se referem mais especificamente ao aborto.

1) É bastante conhecida a argumentação formulada por K. Rahner: se, sabendo-se que uma porcentagem não insignificante de zigotos se perde espontaneamente, não obstante afirmar-se que a formação individual do homem se realiza na fecundação, «será capaz o moralista de admitir que 50% dos "seres humanos" – seres humanos dotados de uma alma imortal e de um destino eterno – não passam do primeiro estágio da existência humana?»[61]. Deus não pode privar tantas almas humanas da possibilidade de expressar-se e enviá-las ao limbo.

Deixando agora de lado que a porcentagem de perdas espontâneas de embriões não é tão alta, devemos sobretudo observar que não se compreende por que se deve conceber de modo mecanicista a infusão da alma humana por parte de Deus. Por que dar por certo que Deus deva infundir uma alma humana em um óvulo fecundado que, pelo fato de possuir grandes aberrações genéticas (polispermia, etc.), Ele sabe que não é propriamente um embrião humano e que está destinado a perder-se? A infusão da alma, como toda a Criação, é um ato da sabe-

---

(59) Cf. J. Ratzinger, *Fede, verità, tolleranza. Il cristianesimo e le religioni del mondo*, Cantagalli, Siena, 2003, pp. 261-264.

(60) Cf., acima, § 2 (b).

(61) K. Rahner, «Zum Problem der genetischen Manipulation», em Id., *Schriften zur Theologie*, Bd VIII, Einsiedeln-Zurique-Colônia, 1967, p. 287.

doria e do amor de Deus, não o resultado cego de um processo automático, do qual o amor de Deus seria prisioneiro. Por outro lado, não há nenhuma conexão lógica nem ética entre a proposição «este embrião poderia perder-se espontaneamente» e a proposição «é lícito interromper diretamente o seu desenvolvimento atual», assim como não existe conexão alguma entre a proposição «este homem poderia morrer dentro de pouco tempo, ou até agora mesmo», e a proposição «é lícito matá-lo». Mediante o aborto, suprime-se intencionalmente o embrião que se considera poder chegar a termo, não o que se pensa que se perderá por si só.

2) Mais numerosos são os autores que invocam o direito de autodeterminação da mãe. Não tem muito sentido se o que está em jogo é a vida de uma pessoa humana (também o furto e o estupro são atos de autodeterminação por parte de quem os comete). No entanto, vamos considerá-lo.

Sustenta-se que, ainda que o embrião tenha vitalidade autônoma própria, não pode fazê-la valer em face da sua mãe, que não pode ser obrigada a pôr à disposição dele o seu próprio corpo durante nove meses e, depois, prodigalizar-lhe, normalmente, os cuidados durante alguns anos. Trata-se do embrião como um hóspede não convidado, cujo acolhimento – particularmente oneroso – pode ser um gesto generoso que se aceita voluntariamente, mas não pode ser imposto moral nem politicamente. Pretende-se apresentar o aborto como a decisão de negar a prestação de serviço a um hóspede não convidado[62]. Mas não é assim. Mata-se a um ser humano, e ninguém pode sustentar o direito de matar o hóspede não convidado. Por outro lado, a criança não aparece no seio da mãe por iniciativa própria (não é um hóspede inesperado). Essa criança é seu filho; ela e o pai a procriaram e conceberam juntos. Foram eles os que a chamaram à existência e, assim, fundaram o dever de alimentá-la e de protegê-la. A eles lhes cabe assumir as consequências de seus próprios atos, ainda que neste caso se trate de consequências não desejadas.

---

(62) Esta argumentação foi desenvolvida amplamente por J. J. Thomson, «A defence of Abortion». *Philosophy and Public Affairs*, 1 (1971), pp. 47-66. Para a crítica desta argumentação, veja-se E. Schockenhoff, *Etica della vita. Un compendio teologico*, cit., pp. 333-337.

Dá-se uma hipótese diferente se a concepção é consequência da violação sofrida pela mãe. A objeção passa então a qualificar o filho como um agressor e o aborto, como a negação de uma prestação positiva a um agressor. Mas agressor é somente aquele que cometeu a violência. Ademais, o aborto não é a negação de uma prestação positiva, mas a morte, que lesa o direito da criança de não ser morta. O que é inaceitável, em todo caso, é que aquele que os genitores conceberam, querendo-o ou não, tenha valor e direito à vida somente se for desejado e aceito. O princípio da sacralidade da vida humana consiste precisamente na afirmação de que o valor de um ser humano não reside nunca apenas, nem principalmente, no ser desejado pelos outros homens.

f) Problemas políticos ligados ao aborto

Uma vez que o aborto procurado foi legalizado pela lei civil em muitos países, acabou por converter-se também em um problema ético-político. Substancialmente, o problema consiste no fato de que em diversos países prevaleceu a vontade política de introduzir no ordenamento jurídico um princípio de injusta e fatal discriminação. A história nos ensina como é possível a coexistência de um sistema jurídico e político evoluído no que se refere à definição dos direitos civis com a escravidão ou a segregação por motivos raciais. As leis indicam perfeitamente quais são os direitos das pessoas e dos cidadãos, mas essas mesmas leis determinam que um amplo grupo de seres humanos, habitantes do país, fique excluído da categoria de cidadãos e pessoas. À discriminação racial, seguiu-se hoje em dia outro tipo de discriminação, também fundada em uma injusta dissociação entre a condição de ser humano vivo e a condição de pessoa em sentido jurídico[63]. Soma-se a isto que este novo

(63) Quanto a estes aspectos jurídicos e políticos, é muito útil M. Rhonheimer, *Derecho a la vida y estado moderno. A propósito de la Evangelium vitae*, Rialp, Madri, 1998. Há uma versão precedente do mesmo trabalho em italiano: «Diritti fondamentali, legge morale e difesa della vita nello stato costituzionale democratico. L'approccio costituzionalistico dell'enciclica "Evangelium vitae"». *Annales Theologici*, 9, 1995, pp. 271-334. Quanto à proteção jurídica da vida humana, vejam-se também: C. Casini, F. Cieri, *La nuova disciplina dell'aborto*, Cedam, Padova, 1978; C. Casini, *Diritto alla vita: la vicenda costituzionale*, Dehoniane, Napoli-Roma, 1982; M. A. Glendon, *Abortion and Divorce in Western Law*, Harvard University Press, Cambridge (Mass.), 1987; A. Rodríguez Luño, *«Cittadini degni del Vangelo» (Fil 1, 27). Saggi di etica politica*, cit., pp. 75-89.

tipo de discriminação nega aos sujeitos discriminados não tanto os direitos de liberdade, mas o próprio direito de existir, e que no tocante à quantidade de vítimas poderia ser considerado sem exagero uma Terceira Guerra Mundial[64]. *A responsabilidade ética no tocante à vida humana impõe a mais firme e total oposição a esta grave forma de discriminação.*

A encíclica *Evangelium vitae* levou em consideração as dimensões políticas do aborto. Ela não vê a lei civil como um instrumento repressivo por usar *contra* a mãe, mas como um ordenamento de justiça[65] cujas importantes dimensões simbólicas e culturais[66] devem ser postas a serviço do homem, do seu desenvolvimento e dos seus direitos fundamentais. Por outro lado, convém notar que a relação da lei civil com a lei moral não é vista pela encíclica como relação com uma instância externa de controle, mas a partir de uma perspectiva que não hesitaria em chamar «constitucionalista», visto que o que se põe em evidência é a relação intrínseca e indiscutível das opções do legislador ordinário com os direitos humanos fundamentais proclamados e protegidos pelas Cartas Magnas de todos os países civilizados do mundo. Trata-se dos direitos que, como valores substanciais de fundo da tradição constitucionalista moderna, de fato foram os principais promotores da concepção humanista e democrática da política e do direito.

Vamos expor sinteticamente os conteúdos da encíclica. Em primeiro lugar, reúnem-se os principais argumentos de ordem jurídica e política a favor das leis não respeitosas do valor absoluto da vida humana[67], para em seguida passar ao estudo da relação entre lei civil e lei moral[68], o qual se conclui com o seguinte enunciado: «*As leis que autorizam e favorecem o aborto e a eutanásia põem-se, pois, radicalmente não só contra o bem do indivíduo, mas também contra o bem comum, e, por conseguinte, carecem totalmente de autêntica validade jurídica.* De fato, o menosprezo do direito à vida, exatamente porque leva a eliminar a pessoa, a serviço da qual a sociedade tem a sua razão de existir, é aquilo que se contra-

(64) Não pretendemos iniciar aqui um debate sobre o número de abortos no mundo a cada ano. Mas ninguém pode negar que, mesmo segundo as estimativas mais modestas, as vítimas são vários milhões.

(65) Cf. *Evangelium vitae*, n. 70.

(66) Cf. Id., n. 73.

(67) Cf. Id., nn. 68-70.

(68) Cf. Id., nn. 71-72.

põe mais frontal e irreparavelmente à possibilidade de realizar o bem comum. Segue-se daí que, quando uma lei civil legitima o aborto ou a eutanásia, deixa, por isso mesmo, de ser uma verdadeira lei civil, moralmente obrigatória»[69].

Disto deriva em consequência a *«grave e precisa obrigação de opor-se a elas através da objeção de consciência»*[70], bem como a impossibilidade moral de apoiá-las com o próprio voto[71] e cooperar com a sua aplicação. «Na verdade, do ponto de vista moral, nunca é lícito cooperar formalmente no mal. E essa cooperação se verifica quando a ação realizada, pela sua própria natureza ou pela configuração que assumiu em um contexto concreto, se qualifica de participação direta em um ato contra a vida humana inocente ou de aprovação da intenção moral do agente principal. Tal cooperação nunca pode ser justificada»[72].

Contempla-se também o específico problema de consciência que se apresenta quando um voto parlamentar pode ser determinante para favorecer uma lei mais restritiva, como alternativa a outra lei mais permissiva já em vigor ou posta em votação. No caso em hipótese, «quando não for possível esconjurar ou ab-rogar completamente uma lei abortista, um deputado, cuja absoluta oposição pessoal ao aborto seja clara e conhecida de todos, pode licitamente oferecer o próprio apoio a propostas que visem a *limitar os danos* de tal lei e a diminuir os seus efeitos negativos no âmbito da cultura e da moralidade pública. Ao proceder assim, de fato, não se realiza a colaboração ilícita em uma lei injusta; mas cumpre-se, antes, uma tentativa legítima e necessária para limitar os seus aspectos iníquos»[73]. A solução dada a este problema específico de consciência deve ser examinada no contexto dos deveres éticos perante as leis injustas. Substancialmente, afirma-se que quando não é possível ab-rogar uma lei injusta, é lícito e obrigatório proceder à sua

(69) Id., n. 72 (grifo nosso).

(70) Id., n. 73. Cf., sobre este ponto, C. Caffarra, «Aborto e obiezione di coscienza». *Medicina e morale*, 28/3, 1978, pp. 101-109; G. Spaziante, «La legge 194/1978 quattro anni dopo. Obiezione di coscienza e possibilità di prevenzione dell'interruzione volontaria della gravidanza». *Medicina e morale*, 33/1, 1983, pp. 25-41; F. Stella, «La situazione legislativa in merito alla obiezione sanitaria in Europa». *Medicina e morale*, 35/2, 1985, pp. 281-302.

(71) Cf. *Evangelium vitae*, n. 73.

(72) Id., n. 74. Cf. L. Melina, *Corso di Bioetica. Il Vangelo della vita*, cit., pp. 239-255.

(73) Id., n. 73.

revogação parcial, desde que não se gere escândalo ou confusão nas consciências e sem se fazer verdadeiramente responsável pelo mal que permanece em vigor[74].

Se se verificam as condições indicadas na *Evangelium vitae,* n. 73, o objeto moral da ação realizada pelo parlamentar é *a eliminação de todos os aspectos injustos da lei anterior que aqui e agora ele pode eliminar,* sem por isso converter-se em causa da permanência de outros aspectos injustos que ele não quer nem aceita, mas que não pode eliminar. Um exemplo pode tornar mais clara a questão. Imaginemos um país que tenha uma lei de aborto muito permissiva. O Parlamento desse país possui cem deputados, divididos em três grupos. O grupo A, com quarenta membros, aceita a lei atual e não quer nenhuma mudança. O grupo B, com trinta membros, quer uma lei mais restritiva, mas não aceita de modo algum uma lei que proíba completamente o aborto, preferindo ficar com a lei atual a aceitar a proibição total do aborto. O grupo C, com trinta membros, é contrário a todo tipo de aborto e quer a sua proibição total. Um grupo de parlamentares católicos, do grupo C, poderia licitamente apresentar um novo projeto de lei, que proíbe todas as hipóteses de aborto que os do grupo B estão dispostos a aceitar depois de intensas negociações. Uma vez aprovada esta nova lei, votada pelos grupos B e C, com a oposição do grupo A, a situação real e substancial é a seguinte: 1) a maioria parlamentar que realmente sustenta as hipóteses de aborto ainda legais é formada pelos grupos A e B (setenta deputados); 2) a maioria parlamentar que suprimiu uma parte das hipóteses do aborto que antes eram legais é formada pelos grupos B e C (sessenta deputados); 3) o grupo C, no qual estão os católicos, é responsável unicamente pelo desaparecimen-

(74) Veja-se A. Rodríguez Luño, «Il parlamentare cattolico di fronte ad una legge gravemente ingiusta. Una riflessione sul n. 73 di *Evangelium vitae*». *L'Osservatore Romano*, 06-IX-2002, pp. 8-9 (publicado também na edição semanal do mesmo jornal em outras línguas). Publicado também em *Medicina e morale*, 52/5, 2002, pp; 952-964. Disponível em inglês em: www.priestsforlife.org/articles/02-09-18evangeliumvitae73.html. Também foram publicadas traduções ao polonês e alemão: «Katolicki prawodawca wobec problemu gleboko niesprawiedliwego prawa». *Ethos*, 61/62, 2003, pp. 143-158; «Der katholische Gesetzgeber und das Problem eines Gesetzes, das schwerwiegendes Unrecht enthält», em Johannes-Paul-II.-Institut der Katholischen Universität Lublin, *Unvollkommene oder ungerechte Gesetze?*, Lublin, 2005, pp. 76-90. A versão italiana se encontra, com algumas modificações, em A. Rodríguez Luño, *«Cittadini degni del Vangelo» (Fil 1, 27). Saggi di etica politica*, cit., pp. 91-108.

to do ordenamento legal de alguns casos de aborto que eram legais até o surgimento da nova lei.

O fundamento da licitude da conduta do grupo C não é simplesmente que a nova lei seja mais restritiva que a anterior. O fundamento é que o objeto moral de sua ação consistiu em eliminar todas as formas de aborto que foi possível derrogar, sem se tornarem, real e substancialmente, responsáveis de fato de que alguns abortos ainda sejam legais. A legalização destes abortos é sustentada no parlamento pelos grupos A e B, não pelo C. O grupo C não é substancialmente responsável pelos aspectos negativos da lei mais restritiva, ainda que formalmente o pareça. *O ponto fundamental por ter em conta é que a nova lei, ao declarar legais alguns poucos tipos de aborto, não permite nada que antes estivesse proibido, mas proíbe muitas coisas que antes eram permitidas.* É necessária uma última condição. Todos devem conhecer não somente a oposição do grupo C a todo tipo de aborto, mas também o real significado da sua ação no parlamento. Conseguiram uma substancial revogação parcial de uma lei injusta e devem dizer claramente que a nova lei continua a ser injusta. Não se pode colaborar na sua aplicação, e continua a ser necessário para os profissionais da área da saúde alegar objeção de consciência.

Os argumentos propostos contra as leis abortistas estão em consonância com a melhor doutrina constitucionalista moderna, que passou de uma compreensão protoliberal dos direitos fundamentais como meras liberdades do indivíduo perante o Estado a uma compreensão mais «institucional» de tais direitos: não são apenas liberdades do indivíduo garantidas perante as ingerências do Estado, mas expressam também uma ordem de valores a serem realizados por parte da comunidade política[75]. Os direitos fundamentais não são apenas liberdades *em face do* Estado, mas também liberdades *no* Estado[76]. Os direitos funda-

(75) Cf. M. Rhonheimer, *Diritti fondamentali, legge morale e difesa legale della vita nello Stato costituzionale democratico*, cit., pp. 271-334.

(76) Cf. P. Häberle, *Die Wesensgehaltgarantie des Art. 19 Abs. 2, Grundgesetz. Zugleich ein Beitrag zum institutionellen Verständnis der Grundrechte und zur Lehre vom Gesetzesvorbehalt*, cit. É citada a tradução parcial italiana: *Le libertà fondamentali nello Stato costituzionale*, La Nuova Italia Scientifica, Roma, 1993, p. 51. Häberle remete aos conhecidos estudos de K. Hesse, «Die verfassungsrechtliche Stellung der politischen Parteien im modernen Staat». *VVStRL*, 17 1959, pp. 11 ss.; R. Smend, *Bürger und Bourgeois im deutschen Staatrecht*, em *Staatsrechtliche Abhandlungen und andere Aufsätze*, 2ª ed., 1968, pp. 309 ss.; W. Hamel,

mentais, especialmente o direito à vida, não só garantem a imunidade em relação ao Estado, mas também conferem ao indivíduo o direito de ser protegido, mediante disposições legais, das ingerências feitas por outras pessoas[77]. Com acerto escreveu P. Häberle que, «se a liberdade pessoal não fosse protegida penalmente da ameaça decorrente do abuso da liberdade alheia, já não haveria lugar para falar do significado da liberdade para a vida social como um todo. Prevaleceria o mais forte. O resultado global para o qual se orientam os direitos fundamentais seria posto em questão, pois até a realização individual das liberdades ficaria seriamente ameaçada»[78].

Por outro lado, note-se que a exigência de proteção dos direitos fundamentais não se baseia unicamente no valor que os interesses garantidos por eles têm para um hipotético indivíduo não político. A esfera privada da vida individual não é um âmbito não político, mas antes o pressuposto da vida política. Por meio dos direitos fundamentais, realiza-se um processo de liberdade que constitui um elemento essencial da democracia. Os direitos fundamentais são o «fundamento funcional» da vida democrática. São garantias concedidas à comunidade, elementos de ordem pública e princípios estruturantes do nosso viver em comum. Os direitos fundamentais cumprem uma função social, e a sua tutela repre-

---

Die Bedeutung der Grunderechte im sozialen Rechtsstaat, 1957, p. 40. Vejam-se também os importantes estudos de J. Isensee, *Das Grundrecht auf Sicherheit. Zu den Schutzpflichten des freiheitlichen Verfassungsstaates*, Walter de Gruyter, Berlim-Nova York, 1983, e de E. Klein, «Grundrechtliche Schutzpflicht des Staates». *Neue Juristische Wochenschrift*, 42, 1989, pp. 1633-1640.

(77) Este princípio foi reconhecido plenamente pelo Tribunal Constitucional da Alemanha reunificada na conhecida sentença de 28 de maio de 1993. E é particulamente claro nas *Leitsätze* primeira e terceira: «A Constituição impõe ao Estado o dever de proteger a vida humana, também a vida pré-natal [...]. A dignidade humana pertence já à vida humana pré-natal. O ordenamento jurídico deve assegurar os pressupostos jurídicos do seu desenvolvimento no sentido de um autônomo direito à vida do nascituro. Este direito à vida é reconhecido independentemente da sua aceitação por parte da mãe. [...] A tutela jurídica é devida ao nascituro mesmo no confronto com a sua própria mãe. Esta proteção só é possível se o legislador proibir, como princípio, a mulher de abortar, e por conseguinte lhe impuser o dever jurídico de princípio de levar a gravidez a termo» (tradução nossa).

(78) P. Häberle, *Le libertà fondamentali nello Stato costituzionale*, cit., p. 47. No entanto, e para que se evitem mal-entendidos, gostaríamos de esclarecer que não se faz aqui apologia do encarceramento das mulheres. Em vez disso, pretende-se destacar que não é razoável desqualificar antecipadamente como «repressiva» a ideia de que os direitos fundamentais devem ser legalmente protegidos.

senta também um interesse público[79]. Em consequência, devemos concluir que, quando se sustenta que as leis que autorizam ou favorecem o aborto estão em contraste *também* com as exigências do bem comum[80], a *Evangelium vitae* se situa em um plano de raciocínio ético-jurídico perfeitamente congruente com os princípios fundamentais que estão na base da concepção moderna do Estado.

Do quanto foi dito, é evidente que as atuais legislações abortistas, que se apresentam formalmente como leis de proteção da maternidade e que introduzem certa regulação do aborto, não podem considerar-se como uma defesa da vida nascente compatível com o direito fundamental à vida. Assim afirma a *Evangelium vitae*: as leis do aborto «estão em contradição total e insanável com o direito inviolável à vida, próprio de todos os homens, e negam a igualdade de todos perante a lei»[81]. Com efeito, trata-se de leis que violam uma das condições fundamentais para uma ordenada vida coletiva no Estado.

g) Aspectos canônicos e pastorais

Já dissemos que o aborto procurado é castigado com a pena de excomunhão. *Na Igreja latina, «quem procurar o aborto, seguindo-se o efeito, incorre em excomunhão* latae sententiae*», ou seja, automática*[82]. *Nas Igrejas orientais, o aborto é penalizado com a excomunhão maior, mas sem o efeito* latae sententiae[83]. Em 1988, a Comissão Pontifícia para a Interpretação Autêntica do CDC esclareceu que por aborto se deve entender não somente a expulsão do feto imaturo, segundo a definição de Sisto V de 1588, mas também «a morte voluntariamente provocada do feto, de qualquer modo e em qualquer tempo em que esta se produza, desde o momento da concepção»[84]. Para efeitos penais, adota-se portanto o mesmo conceito de aborto que alguns anos depois seria dado

(79) Cf. Id., pp. 51-59. Veja-se neste sentido a já citada Sentença do Tribunal Constitucional da Alemanha de 28 de maio de 1993, D.I.1,b) e 2.

(80) Cf. *Evangelium vitae*, n. 72.

(81) *Evangelium vitae*, n. 72.

(82) *CDC*, c. 1398.

(83) Cf. CCEO, c. 1450 § 2.

(84) Cf. AAS 80, 1988, 1818.

pela encíclica *Evangelium vitae*[85]. A excomunhão é uma sanção canônica grave, que priva de determinados direitos e bens espirituais, entre os quais a recepção dos sacramentos. Incorre-se nela automaticamente – na Igreja latina – se houver a certeza de se ter procurado o aborto (*effectu secuto*) e se o delito for gravemente imputável[86]. Nos casos singulares, é preciso ter em conta, no entanto, as eventuais causas legais que eximem da pena, entre as quais a idade menor de dezesseis anos, o medo grave e a ignorância sem culpa da lei penal violada[87], bem como as circunstâncias atenuantes contempladas no cânon 1324[88], que eximem o réu das penas automáticas[89].

A excomunhão decorrente do aborto, não sendo reservada à Santa Sé nem normalmente declarada, pode ser remitida pelo ordinário do lugar aos próprios súditos e aos que estão em seu território ou aí tiverem cometido o delito, e também por qualquer bispo no ato da confissão[90], pelo cônego penitenciário ou por outros sacerdotes encarregados pelo bispo[91], por capelães de hospitais, de prisões e de navios[92], por

(85) Cf. *Evangelium vitae*, n. 58. Veja-se acima, § 3 (a).

(86) Cf. *CDC*, c. 1321 § 1.

(87) Cf. Id., c. 1323.

(88) «O autor da violação não se exime à pena, mas esta, imposta por lei ou preceito, deve atenuar-se ou em seu lugar aplicar-se uma penitência, se o delito for praticado: 1) por aquele que tinha apenas o uso da razão imperfeito; 2) por aquele que carecia do uso da razão por embriaguez ou outra perturbação mental semelhante, que tenha sido culpável; 3) pelo ardor grave da paixão, que no entanto não tenha precedido e impedido toda a deliberação da mente e o consentimento da vontade, e contanto que a própria paixão não tenha sido voluntariamente excitada ou alimentada; 4) por um menor que tenha completado dezesseis anos de idade; 5) por aquele que for coagido por medo grave, mesmo só relativamente, ou por necessidade ou por grave incômodo, se o delito for intrinsecamente mau ou redundar em dano das almas; 6) por aquele que agiu por causa da legítima defesa contra o agressor injusto de si ou de outrem, mas não guardou a devida moderação; 7) contra alguém que o tenha provocado grave e injustamente; 8) por aquele que por erro, mas com culpa, julgou existir alguma das circunstâncias referidas no cân. 1323, nn. 4 ou 5; 9) por aquele que, sem culpa, ignorava a existência de pena anexa à lei ou ao preceito; 10) por aquele que agiu sem plena imputabilidade, contanto que esta tenha permanecido grave» (Id., c. 1324 § 1).

(89) Cf. Id., c. 1324 § 3.

(90) Cf. Id., c. 1355 § 2.

(91) Cf. Id., c. 508.

(92) Cf. Id., c. 566 § 2.

qualquer sacerdote no caso de perigo de morte[93] e, nos casos urgentes, por qualquer confessor, no foro interno sacramental, nas condições indicadas pelo direito[94]. Nas Igrejas orientais, a absolvição do pecado de aborto está reservada ao bispo eparca[95].

Quanto aos sujeitos alcançados pela excomunhão, incorrem nela a mãe que tenha consentido, o autor do ato abortivo e os coautores[96], bem como os cúmplices necessários (mandantes, instigadores), ou seja, aqueles sem cuja ajuda o delito não teria sido perpetrado[97].

Do ponto de vista pastoral é necessário ressaltar que o acolhimento e a ajuda às pessoas que estiveram envolvidas no pecado do aborto requer particular prudência. É necessário discernir as diferentes situações. É preciso ter em conta o que São João Paulo II escreveu sobre as mulheres que recorreram ao aborto: «A Igreja está a par dos numerosos condicionalismos que poderiam ter influído sobre a vossa decisão, e não duvida que, em muitos casos, se tratou de uma decisão difícil, talvez dramática. Provavelmente a ferida no vosso espírito ainda não está sarada. Na realidade, aquilo que aconteceu foi e permanece profundamente injusto. Mas não vos deixeis cair no desânimo, nem percais a esperança. Sabei, antes, compreender o que se verificou e interpretai-o em toda a sua verdade. Se não o fizestes ainda, abri-vos com humildade e confiança ao arrependimento: o Pai de toda a misericórdia espera-vos para vos oferecer o seu perdão e a sua paz no sacramento da Reconciliação. A este mesmo Pai e à sua misericórdia, podeis com esperança confiar o vosso menino. Ajudadas pelo conselho e pela solidariedade de pessoas amigas e competentes, podereis contar-vos, com o vosso doloroso testemunho, entre os

---

(93) Cf. Id., c. 976.

(94) Cf. Id., c. 1357. Tenha-se presente sobretudo o cânon 1357 § 2: «Ao conceder a remissão, o confessor imponha ao penitente a obrigação de recorrer dentro de um mês, sob pena de reincidência, ao Superior competente ou a um confessor dotado de tal faculdade, e de sujeitar-se às suas ordens; entretanto, imponha a penitência conveniente e, na medida em que tal seja urgente, a reparação do escândalo e do dano; o recurso pode fazer-se também por meio do confessor, sem menção do nome».

(95) Cf. CCEO, c. 728 § 2.

(96) Cf. *CDC*, c. 1329 § 1: «os que, com intenção comum de delinquir, concorrerem para o delito».

(97) Cf. Id., c. 1329 § 2. Acerca de toda esta matéria, veja-se J. Herranz, «Aborto e scomunica», em Pontificia Academia Pro Vita, *Evangelium vitae. Enciclica e commenti*, Lib. Ed. Vaticana, Cidade do Vaticano, 1995, pp. 209-214.

mais eloquentes defensores do direito de todos à vida»[98]. Bem diferente pode ser alguma vez a condição moral dos executores e instigadores, ou daqueles que agiram por motivos banais, com fria deliberação ou com imperdoável falta de escrúpulos. Em todo caso, trata-se de uma ferida grave, que não pode ser curada de modo superficial. Tirar-lhe a importância seria um alívio apenas momentâneo. Contudo, a verdade deve ser apresentada na perspectiva da misericórdia e do perdão divino, de modo que as pessoas envolvidas não se sintam esmagadas pelo peso de suas culpas, nem caiam no desespero. Não é questão de severidade nem de benignidade pastorais, mas de identificar em cada caso concreto os caminhos idôneos para facilitar que a graça de Deus realize a cura completa e profunda da alma.

h) O aborto indireto

A morte do embrião ou do feto no seio materno pode ocorrer como efeito colateral («indireto») previsto, mas de nenhum modo querido, de uma ação terapêutica necessária e urgente para a mãe, devido a uma patologia (tumor, etc.), e não por causa da gravidez em si. Estamos diante de uma ação de duplo efeito, e como tal deve ser julgada. Depois de se ter avaliado cuidadosamente todas as circunstâncias, em particular a possibilidade de terapias alternativas, ou até o adiamento do início do tratamento, e tendo-se presente que aceitar sacrifícios e riscos para salvar os próprios filhos é parte da missão da mãe, de acordo com os princípios morais que regulam as ações de duplo efeito, *semelhante intervenção terapêutica pode ser moralmente lícita.* Assim se expressou Pio XII a respeito: «Se, por exemplo, a salvação da vida da futura mãe, independentemente do seu estado de gravidez, exigisse com urgência uma intervenção cirúrgica, ou outra ação terapêutica, que tivesse como consequência acessória, de nenhum modo querida nem pretendida, mas inevitável, a morte do feto, já não se poderia dizer que tal ação fosse um atentado *direto* contra a vida inocente. Nestas condições a operação pode ser considerada lícita, assim como outras intervenções médicas similares, sempre que se trate de um bem

(98) *Evangelium vitae*, n. 99.

de alto valor, como é a vida, e não seja possível adiá-la para depois do nascimento da criança, nem recorrer a outra solução»[99].

Este tipo de intervenções foi tradicionalmente chamado *aborto indireto*. O nome não é feliz, porque consideradas as coisas do ponto de vista moral não existe uma escolha pelo aborto: não se escolhe procurar o aborto, mas salvar a vida da mãe mediante a única intervenção possível, que é de natureza terapêutica e não letal. Naturalmente, a importância do efeito colateral (a possibilidade maior ou menor da morte do filho) torna obrigatória uma avaliação muito atenta da proporcionalidade e das outras circunstâncias.

Existem ainda outros tipos de situações clínicas, como, por exemplo, as *gravidezes ectópicas*. Aqui, a patologia não é independente da gravidez, mas está constituída pelo modo patológico em que ela acontece. Se a gravidez ectópica não se soluciona espontaneamente, chega-se a uma situação em que a vida do filho está irreversivelmente condenada pela natureza, e então é dever do médico realizar as terapias ou intervenções dirigidas a salvar a única vida possível, sempre com o máximo respeito para com a vida que necessariamente se está extinguindo. O fato de que a "escolha" entre uma vida e a outra já tenha sido feita pela natureza não autoriza o médico a realizar a escolha de matar, mas somente de pôr em prática os procedimentos necessários naquele instante para evitar riscos graves para a mãe, que neste caso seriam totalmente inúteis[100].

---

(99) Pio XII, «Discorso al "Fronte della Famiglia" e all'Associazione Famiglie numerose», 27 de novembro de 1951, em *Discorsi e radiomessaggi di Sua Santità Pio XII*, vol. XIII, Tipografia Poliglotta Vaticana, Cidade do Vaticano, 1952, p. 417.

(100) Quanto à tradução destes princípios éticos em termos operativos médicos, nem todos estão de acordo. Aqui não podemos senão remeter o leitor necessitado de maiores aprofundamentos à literatura especializada. Vejam-se: T. Lincoln Bouscaren, *The Ethics of Ectopic Operations,* 2ª ed. revista, Bruce Publishing Company, Milwaukee, 1944; J. Connery, *Abortion: The Development of the Roman Catholic Perspective,* cit., pp. 302-303; W. May, «The Management of Ectopic Pregnancies: A Moral Analysis», em P. J. Cataldo, A. S. Moraczewsky (eds.), *The Fetal Tissue Issue. Medical and Ethical Aspects (The Pope John XXIII Medical-Ethics Research and Education Center),* Braintree, 1994, pp. 121-147; A. G. Spagnolo, M. L. Di Pietro, «Bioetica clinica. Quale decisione per l'embrione in una gravidanza tubarica?». *Medicina e morale*, 45/2, 1995, pp. 285-310; E. F. Diamond, «Moral and Medical Considerations in the Management of Extrauterine Pregnany». *Linacre Quarterly*, 66, 1999, pp. 5-15; M. Rhonheimer, *Güterabwägung, Tötungsverbot und Abtreibung in vitalen Konfliktfällen. Lösungsversuch eines klassischen gynäkologischen Dilemmas aus tugendethischer Perspektive*, em Id., *Abtreibung und Lebensschutz. Tötungsverbot und Recht auf Leben in der politischen und medizinischen Ethik*, Verlag Ferdinand Schöningh, Paderborn, 2003, pp. 131-236.

Estas situações e outras semelhantes são muito diferentes do *aborto terapêutico,* que é, pelo contrário, um aborto direto querido como meio em vista da saúde física ou psicológica da mãe.

i) A interceptação e a «contragestação»

Chama-se contracepção toda ação moral que torna intencionalmente infecundas as relações conjugais, ou seja, que impede a fecundação. *Hoje se apresentam como contraceptivos alguns fármacos ou produtos sanitários cujo efeito principal ou mais seguro não é impedir a fecundação, mas a implantação no útero do zigoto originado pela fecundação (interceptação, métodos interceptivos), ou então eliminar o embrião recém-implantado («contragestação», métodos «contragestativos» ou «antigestativos»).* Trata-se, portanto, de métodos que provocam um aborto precoce, e em consequência são abortivos ou, em alguns casos, predominantemente abortivos[101]. No entanto, são apresentados como «contracepção de emergência», «contracepção pós-coital», «contracepção pré-implantatória», etc., uma vez que se usam depois da relação sexual que se pensa ter sido fecunda. São chamados assim para legitimar a sua venda mais ou menos livre em farmácias, para convencer a opinião pública e para permitir a sua distribuição evitando os procedimentos previstos pelas diversas legislações abortistas.

Os métodos interceptivos mais comuns são: os dispositivos intrauterinos (DIU); os diversos produtos hormonais conhecidos genericamente como «pílula do dia seguinte»; as pílulas de progesterona, injeções ou implantes subcutâneos. Todos têm, além disso, efeitos colaterais negativos para a saúde da mulher, sobre os quais não vamos deter-nos[102]. Os

(101) Há uma discussão sobre o modo de ação destes produtos. Em muitos ambientes médicos, chama-se aborto somente à eliminação do embrião após o implante, e assim estes produtos podem ser apresentados como contraceptivos. Na realidade, estes fármacos acabam por realizar uma liberalização antecipada do aborto, que escapa até às leis de aborto. Os estudos disponíveis mostram em geral que eles nem sempre impedem a ovulação, mesmo quando administrados na fase pré-ovulatória. O efeito contraceptivo é secundário. O efeito principal (80% do total de casos) ocorre após a fecundação e consiste em impedir a implantação do embrião no útero: trata-se, portanto, de efeito abortivo.

(102) Quanto aos aspectos científicos gerais, veja-se: J. Flórez, J. A. Armijo, A. Mediavilla, *Farmacología humana,* 3ª ed., Masson, Barcelona, 2000. Entre a abundante literatura especializada, cf. A. A. Yuzpe, J. J. Turlow, I. Ramzy, «Post-coital Contraception. A Pilot Study». *Journal of Reproductive Medicine,* 13, 1974, pp. 53-58; X. O. Bilian, Z. Xueling, F. Deuden,

principais métodos de «contragestação» são: a vacina antigonadotropina coriônica (vacina anti-hCG); a pílula RU-486 ou Mifepristona; as prostaglandinas. Estes métodos, apresentados às vezes como meios de «regulação menstrual», aplicam-se para pôr fim à gravidez até o 49º dia. Alguns produtos se usam até o 56º dia. Pertencem a esta categoria o Mifepristona (RU-486), o Misoprostol, o Gemeprost, etc. Usa-se também o Metotrexato (que inibe o desenvolvimento do trofoblasto).

Estes produtos mostram outra dimensão da conexão entre contracepção e aborto. Do comportamento moral que instrumentaliza a sexualidade, nasce a disponibilidade para destruir o seu eventual fruto. Do ponto de vista moral é certo que os métodos de «contragestação» são manifestamente abortivos, e no seu uso se tem normalmente a certeza de se haver obtido o efeito, o que é relevante para fins de excomunhão. Os métodos interceptivos são predominantemente abortivos. O uso deles, por parte de quem conhece o seu mecanismo de ação, implica a aceitação da possibilidade de realizar um aborto precoce, mesmo que em geral não se possa ter certeza de se ter obtido o efeito[103]. Em todo caso, o potencial

«Pharmacokinetic and Pharmacodynamic Studies of Vaginal Rings Releasing Low Dose Levonorgestres». *Contraception*, 32, 1985, pp. 445-471; E. E. Balieu, «Contragestion by Antiprogestina: a New Approach to Human Fertility Control», em Aa.Vv, *Abortion: Medical Progress and Social Implications*, Pitman, Londres, 1985, pp. 192-210; Y. Shi, S. Zheng, Y. Zhu, Ch. He, P. Yu, K. Fotherby, «Pharmacokinetic Study of Levonorgestrel Used as a Postcoital Agent». *Contraception*, 37, 1988, pp. 359-369; D. T. Baird, M. Rodger, I. T. Cameron, «Prostaglandins and the Interruption of the Early Pregnancy». *Journal of Reproduction and Fertility*, 36, 1988, (supl.) pp. 173-179; B. M. Landgren, E. Johannisson, A. R. Aedo, «The Effects of Levonorgestrel Administered in Large Doses at Different Stages of the Cycle on Ovarian Function and Endometrial Morphology». *Contraception*, 39, 1989, pp. 275-289; R. Peyron, E. Aubeny, V. Targosz, «Early Termination of Pregnancy with Mifepristone (RU486) and the Orally Active Prostaglandine Misoprostol». *The New England Journal of Medicine*, 328, 1993, pp. 1509-1513; R. J. Aitken, M. Paterson, P. Thillai Koothan, «Contraceptive Vaccines». *British Medical Bulletin*, 49, 1993, pp. 88-99; B. Bayle, «L'activité antinidatoire del contraceptifs oraux». *Contraception Fertilité Sexualité*, 22, 1994, pp. 391-395; A. A. Haspels, «Emergency Contraception: A Review». *Contraception*, 50, 1994, pp. 101-108; L. Marions, K. Gemzell, M. Swahn, M. Bygdeman, «Contraceptive Efficacy of Low Doses of Mifepristone». *Fertility and Sterility*, 70, 1998, pp. 813-816; D. Tremblay, E. Gainer, A. Ullmann, «The Pharmacokinetics of 750 mg Levonorgestrel Following Administration of One Single Dose or Two Doses at 12 or 24 h Interval». *Contraception*, 64, 2001, pp. 327-331; C. Kahlenborn, J. B. Stanford, W. Larimore, «Postfertilization Effect of Hormonal Emergency Contraception». *Annals of Pharmacotherapy*, 36, 2002, pp. 465-470.

(103) Neste sentido, a instrução *Dignitas personae* afirma: «o uso dos meios de intercepção e de contragestação reentra no *pecado de aborto*, sendo gravemente imoral» (*Dignitas personae*, n. 23).

abortivo destes métodos tem relevância no que se refere aos problemas éticos da cooperação com a sua produção, prescrição e administração e à legitimidade da objeção de consciência[104].

4. O diagnóstico pré-natal

Chama-se diagnóstico pré-natal a um conjunto de técnicas (ecografia, fetoscopia, biópsia das vilosidades coriônicas, ammiocentese) que permitem conhecer a eventual presença de malformações ou de doenças genéticas no feto[105]. Trata-se, portanto, de uma técnica diagnóstica que em si mesma simplesmente proporciona um conhecimento sobre o estado do feto. Essa prática se torna eticamente problemática devido à atual difusão da mentalidade abortista e de certas ideias sobre a qualidade de vida, sendo frequente que a um diagnóstico desfavorável se siga um aborto voluntário. Um profissional da saúde consciente de que todo ser humano vivo tem direito à vida, independentemente do seu estado de saúde, pode

(104) Sobre os aspectos éticos e bioéticos destes métodos, vejam-se: M. L. Di Pietro, E. Sgreccia, «La contragestazione ovvero l'aborto nascosto». *Medicina e morale*, 38/1, 1988, pp. 5-34; E. Sgreccia, «Dispensazione al pubblico di mezzi contraccettivi e/o abortivi». *Medicina e morale*, 39/4, 1989, pp. 744-746; K. M. Severkyn, «Abortifacient Drugs and Devices: Medical and Moral Dilemmas». *Linacre Quarterly*, 8, 1990, pp. 50-67; M. L. Di Pietro, R. Minacori, «Sull'abortività della pillola estroprogestinica e di altri "contraccettivi"». *Medicina e morale*, 46/5, 1996, pp. 863-900; A. C. Marcuello, «Contracepción hormonal y tratamiento hormonal». *Cuadernos de bioética*, 23, 1997, pp. 662-673; M. L. Di Pietro, R. Minacori, «"Contraccezione d'emergenza": problema medico, etico e giuridico». *Vita e pensiero*, 5, 1997, pp. 353-361; J. Suaudeau, «Contraception and Abortion. Foes or Friends?». *Linacre Quarterly*, 5, 2000, pp. 68-69; R. L. Pineda, «"Contracepción de emergencia", un mal llamado método contraceptivo». *Cuadernos de bioética*, 45, 2001, pp. 179-193; M. L. Di Pietro, R. Minacori, «La contraccezione d'emergenza». *Medicina e morale*, 51/1, 2001, pp. 11-39; J. López Guzmán, A. Aparisi Miralles, *La píldora del día siguiente*, Sekotia, Madri, 2002; M. L. Di Pietro, M. Casini, A. Fiori, R. Minacori, L. Romano, A. Bompiani, «Norlevo e obiezione di coscienza». *Medicina e morale*, 53/3, 2003, pp. 411-455; P. A. Talavera, V. Bellver Capella, «La objeción de conciencia farmacéutica a la píldora postcoital». *Medicina e morale*, 53/1, 2003, pp. 111-133.

(105) Cf. E. Sgreccia, *Manuale di bioetica*, cit., vol. I, pp. 181-197; A. Serra, «Problemi etici della diagnosi prenatale». *Medicina e morale*, 32/1, 1982, pp. 52-61; C. Caffarra, «Aspetti etici della diagnostica prenatale». *Medicina e morale*, 34/4, 1984, pp. 449-457; L. Leuzzi, «Indicazioni etiche per la diagnosi prenatale». *Medicina e morale*, 34/4, 1984, pp. 458-463; E. Sgreccia, «La diagnosi prenatale», em Aa.Vv., *Persona, verità e morale*, Città Nuova Editrice, Roma, 1987, pp. 315-331; D. Tettamanzi, *Nuova bioetica cristiana*, Piemme, Casale Monferrato, 2000, pp. 295-308.

realizar o diagnóstico pré-natal mesmo sabendo que a um resultado negativo se seguirá um aborto?

A instrução *Donum vitae* expõe em termos muito claros a doutrina eclesial sobre a matéria: *o diagnóstico pré-natal é moralmente lícito se respeitar a vida e a integridade do embrião e do feto humano e se orientar para a sua salvaguarda ou para a sua cura individual*[106]. Reconhece-se assim que em si mesmo o diagnóstico pré-natal não visa univocamente ao aborto voluntário, porque sobre algumas doenças genéticas – poucas, na realidade – se pode intervir com sucesso, assim como é possível realizar no feto outras intervenções médicas e cirúrgicas[107]. Naturalmente, visto que algumas técnicas diagnósticas são muito invasivas e comportam certo risco, a sua prática deve ser justificada pelos dados fornecidos pelos exames genéticos ou pelo estudo dos antecedentes familiares do casal[108].

Diferente é a situação quando se age em um contexto de falta de respeito à vida. Com efeito, a instrução *Donum vitae* afirma que o diagnóstico pré-natal «*está gravemente em contraste com a lei moral quando contempla a eventualidade, dependendo dos resultados, de provocar um aborto*: um diagnóstico que ateste a existência de uma deformação ou de uma doença hereditária não deve equivaler a uma sentença de morte»[109]. Portanto agem mal tanto a mulher que solicita um diagnóstico com o propósito de realizar um aborto no caso de um resultado negativo como o cônjuge ou os parentes que o aconselham ou o impõem à gestante com a mesma finalidade[110]. «Seria também», acrescenta a *Donum vitae*, «responsável por colaboração ilícita o especialista que,

---

(106) *Donum vitae*, I, 2.

(107) Cf. A Calisti, «Il feto, paziente chirurgico». *Medicina e morale*, 33/1, 1983, pp. 49-58; Id., «Diagnosi prenatale e possibilità terapeutiche chirurgiche». *Medicina e morale*, 34/4, 1984, pp. 493-497.

(108) O médico «deverá antes de tudo avaliar atentamente as eventuais consequências negativas que o uso necessário de determinada técnica de investigação pode ter em relação ao feto. Evitará também o recurso a procedimentos de diagnose quanto aos quais não se possuam seguras garantias no que se refere à sua honesta finalidade e ao seu caráter substancialmente inócuo. Se suceder, como por vezes acontece nas opções humanas, que exista uma margem de risco, ela deve ser efetivamente compensada por uma verdadeira urgência da diagnose e pela importância dos resultados positivos que se esperam sejam obtidos em favor do feto» (São João Paulo II, *Discurso aos participantes do Congresso do «Movimento pela vida»*, 3 de dezembro de 1982, citado pela *Donum vitae*, I, 2, nota 27).

(109) *Donum vitae*, I, 2.

(110) Cf. *ibidem*.

ao efetuar o diagnóstico e ao comunicar o seu resultado, contribuísse voluntariamente para estabelecer ou favorecer o nexo entre diagnóstico pré-natal e aborto. Por fim, deve-se condenar como violação do direito à vida com relação ao nascituro e como prevaricação contra os direitos e deveres prioritários dos cônjuges uma diretriz ou programa das autoridades civis e sanitárias ou de organizações científicas que, em qualquer modo, favorecesse a conexão entre diagnóstico pré-natal e aborto ou ainda induza as gestantes a se submeterem ao diagnóstico pré-natal planejado com a finalidade de eliminar os fetos atingidos por deformações ou doenças hereditárias ou delas portadores»[111].

Um problema específico se apresenta quando o médico não consegue prever antes dos exames qual será a vontade da mãe no caso de um diagnóstico desfavorável. Pensamos, com Sgreccia, que «o especialista, com a consciência e a convicção de dever proteger o nascituro, pode realizar o diagnóstico com a atenção devida e proporcionar toda a ajuda necessária à mulher e ao seu companheiro para que consigam aceitar um possível resultado adverso»[112]. Naturalmente, nestes casos o médico não pode limitar-se a comunicar o resultado de modo "neutro", já que a decisão posterior da mãe dependerá em grande parte da ajuda e da solidariedade recebida dos médicos.

5. *A procriação artificial*

a) Visão geral das técnicas de procriação artificial

Inicialmente, as técnicas de procriação artificial pretendiam superar os problemas de esterilidade[113]. Entre elas, as técnicas de fecundação extracorpórea ou fecundação *in vitro* almejavam superar os problemas

---

(111) *Ibidem.*

(112) E. Sgreccia, *La diagnosi prenatale*, cit., p. 331.

(113) Para uma primeira informação sobre estas técnicas, cf. A. Rodríguez Luño, R. López Mondéjar, *La fecondazione «in vitro»: aspetti medici e morali*, Città Nuova, Roma, 1986 (trad. espanhola: *La fecundación «in vitro»*, Palabra, Madri, 1986); E. Sgreccia (ed.), *Il dono della vita*, Vita e Pensiero, Milão, 1987; M. L. Di Pietro, E. Sgreccia, *Procreazione assitita e fecondazione artificiale tra scienza, bioetica e diritto*, La Scuola, Brescia, 1999; J. Vial Correa, E. Sgreccia (eds.), *La dignità della procreazione umana e le tecnologie riproduttive. Aspetti antropologici ed etici*, Lib. Ed. Vaticana, Cidade do Vaticano, 2005.

de esterilidade tubária definitiva e apresentavam-se como alternativa às técnicas de cirurgia e microcirurgia, nas quais se haviam realizados notáveis progressos, sobretudo quando, a partir de 1974, se difundiu o uso cirúrgico intra-abdominal do *laser*[114]. Atualmente, o recurso às técnicas de fecundação extracorpórea é mais amplo. A elas recorrem casais não estéreis que desejam selecionar o sexo do filho, estar seguros de não transmitir uma enfermidade, ou mesmo poder dispor de tecidos fetais para outro filho doente.

As técnicas de procriação artificial podem ser divididas em dois grandes grupos: fecundação intracorpórea e fecundação extracorpórea. Nas primeiras, o encontro dos dois gametas ocorre no corpo feminino; nas segundas, acontece fora, e o embrião ou embriões resultantes são depois transferidos para o corpo da mulher. Tanto as primeiras como as segundas podem ser homólogas ou heterólogas. São homólogas quando se utilizam gametas do casal; heterólogas, se pelo menos um dos gametas pertence a um doador ou doadora estranha ao casal.

Técnicas de fecundação intracorpórea – Os principais métodos são a inseminação artificial, a GIFT (*Gametes Intrafaloppian Transfer*) e a LTOT (*Low Tube Oocyte Transfer*). Agora vamos falar somente da primeira. Das outras duas nos ocuparemos mais adiante, no parágrafo 6.

A inseminação artificial é uma técnica que visa à obtenção de uma concepção mediante a transferência do esperma masculino às vias genitais femininas. É indicada nos casos de patologia do colo uterino, de presença de antiespermatozoides no muco cervical, de má-formações do aparelho genital feminino, ou de impotência ou oligoastenospermia masculina. Recorre-se à inseminação artificial heteróloga (IAD) nos casos de aspermia ou grave oligospermia, e também recorrem a ela mulheres solteiras, casais formados por duas mulheres, etc.

Os elementos fundamentais desta técnica são os seguintes: indução e monitoramento da ovulação da mulher (com ou sem estimulação ovariana), coleta do esperma com eventual tratamento prévio (capacitação) e transferência às vias genitais femininas (na vagina, no colo uterino, nas trompas ou na cavidade peritoneal).

---

(114) Cf. J. F. Daniell, «The Role of Lasers in Infertility Surgery». *Fertility and Sterility*, 42/6, 1984, pp. 815-822.

Além da distinção entre inseminação artificial homóloga (AIH) e inseminação artificial heteróloga (AID), do ponto de vista ético é muito importante a distinção entre *inseminação artificial propriamente dita* e *inseminação artificial impropriamente dita*. Na inseminação artificial propriamente dita, a intervenção médica substitui a relação conjugal, de modo que o esperma masculino é coletado fora da relação do casal. Na segunda, ao contrário, não se substitui, mas se ajuda a relação conjugal a alcançar os seus efeitos naturais. O esperma é coletado depois de uma relação conjugal.

Nos casos em que é indicada, a inseminação artificial alcança a concepção em 40% a 50% dos casos. Isto significa que 40% a 50% das mulheres que iniciam o tratamento ficam grávidas, mas geralmente depois de ter repetido a inseminação por vários ciclos. Uma vez obtida a gravidez, frequentemente surgem problemas: aborto espontâneo e gravidezes múltiplas, sobretudo.

Técnicas de fecundação extracorpórea – As duas principais são a FIVET (fecundação *in vitro* seguida de transferência de embrião) e a ICSI (*IntraCitoplasmic Sperm Injection*). Trata-se de técnicas complexas, que admitem pequenas variações e que podem ser homólogas ou heterólogas (também com doação de embriões).

Os elementos principais da FIVET são[115]:

– Coleta do óvulo ou dos óvulos: geralmente se recorre à estimulação ovariana e se tomam de uma só vez vários óvulos. Existem diversos métodos para coletá-los, mas todos pressupõem uma intervenção médica de certa consistência, de modo que se evita ter de repeti-la.

– Coleta e preparação do esperma masculino. Também aqui há diversos métodos de obtenção. Normalmente se recorre à masturbação.

– A fecundação, que ocorre na proveta, fora do corpo materno. Geralmente são fecundados vários óvulos.

– Transferência do embrião, geralmente dos embriões, ao corpo materno.

– Congelamento dos embriões não transferidos, que se utilizam em

(115) Nós nos limitaremos a indicar brevemente os elementos básicos, sem entrar na descrição das metodologias particulares, questão essa altamente especializada. O leitor interessado nos detalhes pode consultar a literatura citada na nota 112.

posteriores tentativas (como peças de reposição) ou permanecem congelados por alguns anos. As leis dos diversos países determinam que depois de certo período (cinco ou dez anos) os depósitos de embriões sejam esvaziados. Em todos os países em que se pratica a FIVET, existem depósitos com dezenas de milhares de embriões, geralmente centenas de milhares.

– Monitoramento da evolução da gravidez.

A ICSI (*IntraCitoplasmicSperm Injection*) se diferencia da FIVET pelo fato de o esperma masculino não ser deixado na proveta com o óvulo para que este seja fecundado por um espermatozoide, senão que se seleciona um espermatozoide que é injetado no óvulo[116].

Quanto aos resultados que se obtêm com estas técnicas, nos anos 1980 suscitaram muita atenção os dados apresentados no Congresso Internacional de Helsinki de 1983[117]. O estudo de vários centros então apresentado compreendia um total de 9.641 tratamentos, nos quais haviam sido coletados 24 mil óvulos; foi feita a transferência, quase sempre múltipla, a 7.733 mulheres, das quais nasceram 590 bebês. A porcentagem de embriões perdidos era muito elevada. Até os grupos médicos que obtinham então os melhores resultados, como a equipe do australiano C. Wood, perdiam 90,6% dos embriões transferidos[118]. Atualmente, as técnicas melhoraram consideravelmente, mas os resultados deixam ainda muito a desejar. Um profundo estudo de Adriano Bompiani, realizado em 2004 e publicado no início de 2005[119], apresenta os dados relativos a 1999 em 22 países europeus pertencentes à Sociedade Europeia para a Reprodução Humana: dos 343.162 embriões transferi-

---

(116) Sobre esta técnica, veja-se P. J. Sánchez Abad, L. M. Pastor García, *La inyección intracitoplasmática de espermatozoides. ¿Avance o imprudencia científica?*, UCAM, Múrcia, 2005 (com vasta bibliografia).

(117) Cf. *Proceedings of the III World Congress of In Vitro Fertilization and Embryo Transfer*, Helsinki, maio de 1984. Veja-se o estudo de J. Ferre Jorge, V. Martínez de Artola, «Fecundación artificial: aspectos médicos y cuestiones éticas». *Revista de Medicina de la Universidad de Navarra*, XXIX, 1984, pp. 203-204.

(118) Cf. C. Wood e col., «Clinical Implications of Developments in "In vitro" Fertilization». *British Medical Journal*, 289, 1984, pp. 978-980.

(119) Cf. A. Bompiani, «Lo sviluppo storico delle tecnologie ed il loro impatto nei processi di procreazione umana», em J. Vial Correa, E. Sgreccia (eds.), *La dignità della procreazione umana e le tecnologie riproduttive. Aspetti antropologici ed etici*, cit., pp. 42-113.

dos no período estudado, resultaram 44.026 gravidezes; ou seja, de cada cem embriões transferidos perdem-se 87[120]. Se quisermos fixar um valor médio arredondado, pode-se afirmar que hoje em dia, de cada cem mulheres que iniciam o tratamento, depois de uma ou mais tentativas vinte conseguem ter uma criança. Tendo presente que em cada tentativa são transferidos três ou mais embriões, as perdas são elevadíssimas. A porcentagem de embriões perdidos aumenta ainda mais quando se têm em conta os embriões produzidos *in vitro* não transferidos à mãe, os chamados embriões excedentes, que são congelados ou destinados a outros usos que de qualquer modo comportam a sua destruição[121].

b) A procriação artificial extracorpórea e o valor da vida humana

Ao se consultar a literatura científica sobre a fecundação extracorpórea, choca imediatamente o fato de *estes métodos implicarem uma perda muito elevada de embriões humanos.* É chocante, em segundo lugar, o rumo tomado pela pesquisa científica mais avançada. Existe o desejo de melhorar os resultados da técnica em termos de porcentagens de nascimentos por mulheres que iniciam o tratamento, mas não se registra nenhum interesse significativo em diminuir as perdas de seres humanos em estado embrionário. Tampouco suscitam grande entusiasmo as estratégias de prevenção da esterilidade, ao mesmo tempo que também não se pedem maiores recursos para melhorar as técnicas de microcirurgia reparadora das trompas.

Desde o começo foi sustentada abertamente a necessidade de dedicar embriões humanos à experimentação, tanto a de base como aquela dirigida a melhorar as técnicas de fecundação *in vitro.* Em uma publicação de 1984, Edwards afirmava que «dedicar-se à fecundação *in vitro* sem prevenir, na medida do possível, o nascimento de crianças defeituosas é uma posição indefensável. A aplicação clínica da fecundação *in vitro* exige, em todas as suas formas, a pesquisa com os em-

(120) Cf. A. Bompiani, *Lo sviluppo storico ...*, cit. p. 45. Outros autores apresentam quantidades diferentes, mas análogas quanto à porcentagem.

(121) Dos problemas éticos apresentados pelo congelamento de embriões humanos, ocupar-nos-emos mais adiante, no § 9 deste mesmo capítulo.

briões»[122]. Em referência à pesquisa de base, o mesmo autor afirmava em outra publicação: «Em alguns laboratórios, óvulos pré-ovulatórios são coletados de mulheres não estéreis com a sua autorização. Estes óvulos são coletados e fertilizados *in vitro* sem nenhuma intenção de transferir os embriões ao útero – são usados somente com fins de pesquisa, para estudos observacionais ou experimentais. Estes embriões não são os embriões de reserva que se mantêm nas clínicas que tratam a esterilidade mediante a fecundação *in vitro*, uma vez que são utilizados de modo similar aos embriões animais usados em pesquisas»[123]. Com não menor clareza se expressava J. Bernard, então presidente do Comitê de Ética da França: «Certos experimentos são moralmente necessários e necessariamente imorais»[124].

Atualmente, para o nascimento de alguns milhares de bebês, paga-se o preço suplementar de dezenas ou centenas de milhares de embriões congelados, e consolida-se cada vez mais a tendência de destinar os embriões «excedentes» à pesquisa com células-tronco, ou ainda para outros usos científicos ou industriais. As técnicas de cirurgia reparadora das trompas, mesmo contando com menos recursos econômicos, continuam a ter melhores resultados que a fecundação *in vitro*[125]. No entanto, as pessoas com problemas de esterilidade são enviadas imediatamente às clínicas de fecundação *in vitro* (ou ICSI). Além disso, admite-se comumente a prática da seleção eugenésica, pois recorrem às clínicas de procriação artificial casais não estéreis que poderiam transmitir enfermidades aos seus próprios filhos. Muitos países aprovam legalmente estas práticas, sem se deter diante de uma lógica de discriminação à qual não se quer pôr limites. A prevenção da diabetes ou da miopia, quando possível,

---

(122) R. G. Edwards, M. Puxon, «Parental Consent over Embryos». *Nature*, 310, 1984, p. 179 (tradução nossa). Veja-se também L. R. Mohr, A. Trounson, «Freezing and Donation of Human Embryos». *Journal of in Vitro Fertilization and Embryo Transfer*, 1, 1984, p. 127.

(123) R. G. Edwards, «The Ethical, Scientific and Medical Implications of Human Conception In Vitro», em C. Chagas, *Modern Biological Experimentation*, Pontifícia Academia das Ciências, Lib. Ed. Vaticana, Cidade do Vaticano, 1984; citado por A. Serra, «Interrogativi etici dell'ingegneria genetica». *Medicina e morale*, 34/3, 1984, p. 316.

(124) Declaração citada por J. Schmitt, «Biologie: jusqu'où peut-on aller?». *Le Point*, 03.12.1984, p. 52 (tradução nossa).

(125) Cf. R. Marana, «Le terapie chirurgiche della sterilità femminile», em J. Vial Correa, E. Sgreccia (eds.), *La dignità della procreazione umana e le tecnologie riproduttive. Aspetti antropologici ed etici*, cit., pp. 225-236.

será considerada causa suficiente para eliminar um embrião? Registra-se, finalmente, uma crescente comercialização, com publicidade agressiva, bem como um claro conflito de interesses no comportamento dos membros de comitês éticos. Em suma, hoje é evidente algo que já se intuía na primeira metade dos anos 1980: as técnicas de fecundação extracorpórea só são possíveis quando se parte do pressuposto de que os embriões são uma pré-estrutura biológica, uma espécie de «pré-coisa», inteiramente disponível nas mãos dos médicos, seja como peças de reposição em vista de uma eventual utilização reprodutiva, seja como objeto de pesquisa, como fonte de células-tronco ou, por último, como sobras que se jogam fora por não se saber o que fazer com elas.

É necessário esclarecer que as perdas de embriões no âmbito da fecundação *in vitro* não se produzem por má vontade. São a consequência inevitável de transferir a origem da vida humana da intimidade do amor conjugal para o contexto técnico do laboratório. A técnica possui uma lógica própria – governada pelo princípio da eficiência, da utilidade e da rentabilidade –, à qual não é possível renunciar sem cair em contradições ou em posições indefensáveis.

Quando a atenção da bioética e da teologia moral começou a se concentrar nestes métodos, a simples análise dos fatos e da literatura científica fez emergir com toda evidência uma nova dimensão do que a encíclica *Humanae vitae* tinha chamado inseparabilidade dos significados unitivo e procriador da sexualidade. Até aquele momento, a inseparabilidade se entendia no sentido de que as exigências da união amorosa se abrissem às da procriação, de modo que a abertura à transmissão da vida – ou ao menos a sua não exclusão positiva – constituía a melhor defesa da verdadeira natureza e dinâmica do amor entre o homem e a mulher. Agora é possível ver a outra face da moeda: a comunhão conjugal, também como intimidade sexual dos esposos, é o único âmbito em que a vida humana nascente recebe a proteção e os cuidados exigidos pela dignidade humana. Não existe melhor proteção para a nova vida do que aquela que é garantida pela intimidade do amor conjugal. Diante do ser humano chamado à existência, somente o amor é a atitude justa, porque amar é reconhecer, aceitar e respeitar o outro por si mesmo. Só um ato que seja ao mesmo tempo ato de amor pode pôr em movimento dignamente o processo da procriação humana.

A análise ética chega, desse modo, à conclusão de que a inseparabili-

dade entre a atividade procriadora e a efusão do amor desinteressado no âmbito conjugal é uma exigência da dignidade da pessoa que deve nascer e, portanto, um bem intrínseco, e não um simples fato biológico que poderia ser substituído por um procedimento técnico quando houvesse razões para tanto. A presença simultânea dos significados procriador e unitivo que caracteriza especificamente a sexualidade humana surge, em suma, como uma forte *estrutura* em que estão envolvidos bens de grandíssima relevância. A união das duas dimensões (unitiva e procriadora) na sexualidade não é um simples fato sem outro fundamento que o de estarem presentes, senão que possui um sentido facilmente compreensível: esta união garante e reforça os bens especificamente pessoais envolvidos na sexualidade do homem, ou seja, os bens postos em jogo pelo fato de que tanto os que geram como quem é gerado são pessoas humanas.

Fala-se de estrutura, e não de simples união, porque as duas dimensões da sexualidade se protegem e se potenciam mutuamente, de modo que a sua dissociação implica a lesão não apenas da dimensão que em cada caso se exclui, mas também daquela que se desejava conservar e promover. Estamos diante de uma estrutura antropológica de caráter fundamental, diante da qual não tem sentido invocar o amor dos esposos que desejam um filho ou outras circunstâncias ou intenções subjetivas. A intenção de amor dos esposos que têm problemas de esterilidade não exerce nenhum papel intrínseco nas técnicas de procriação artificial. Tal intenção, que aqui não é posta em discussão, fica isolada no exterior, e não determina o procedimento técnico, que é governado pela lógica da utilidade, da eficácia e da eficiência. O procedimento técnico é o mesmo, quer os esposos estejam movidos por uma intenção verdadeiramente nobre, quer falte tal nobre intenção. Em ambos os casos, os motivos subjetivos não podem atenuar a falta de adequação entre o procedimento técnico e os bens pessoais que estão em jogo.

Em conclusão: *as técnicas de procriação artificial não são congruentes com a dignidade da pessoa humana, pois, independentemente das intenções subjetivas, tratam a pessoa gerada como a um objeto, com todas as suas consequências. A primeira delas é o repetido atropelo do princípio da inviolabilidade da vida humana*[126].

---

(126) Este aspecto é fortemente enfatizado pela *Dignitas personae*, nn. 14-16. Para um tratamento mais amplo, remetemos o leitor a A. Rodríguez Luño, R. López Mondéjar, *La fe-*

Somente as técnicas mais simples de procriação artificial intracorpórea (na prática, a inseminação artificial homóloga) não implicam perdas de embriões. Outras técnicas mais complexas, como a GIFT, suscitam perplexidades também deste ponto de vista, como se verá mais adiante. Subsiste em todo caso a dissociação entre a união conjugal e a procriação, a qual atenta contra a estrutura axiológica da sexualidade humana. Do fundamento antropológico e das exigências ético-normativas que tal estrutura comporta nos ocuparemos no parágrafo 3 do capítulo VIII.

c) A doutrina eclesial sobre a procriação artificial

A instrução *Donum vitae*, publicada pela Congregação para a Doutrina da Fé em 22 de fevereiro de 1987, contém a exposição mais orgânica e completa da doutrina eclesial sobre a matéria. Os princípios morais fundamentais nela expostos são os seguintes:

1) A intervenção médica na procriação humana exige acima de tudo o respeito pela vida humana nascente. O embrião deve ser tratado como pessoa desde o primeiro instante da sua existência[127].

2) A procriação humana deve dar-se no matrimônio, entre um homem e uma mulher. Os esposos se tornam pai e mãe somente um por meio do outro[128].

3) A procriação humana é retamente buscada quando é querida como fruto do ato conjugal, do gesto específico da união corporal e espiritual dos esposos[129].

4) A intervenção médica é respeitosa da dignidade das pessoas quando se ordena a ajudar o ato conjugal, seja para facilitar o seu cumpri-

---

condazione «in vitro». Aspetti medici e morali, cit., pp. 67-116. Veja-se também C. Caffarra, «La fecondazione "in vitro". Problemi etici». *Medicina e morale*, 35/1, 1985, pp. 68-71; J. Testart, *L'uovo trasparente*, Bompiani, Milão, 1988. De notável interesse são dois documentos dos bispos do Reino Unido: The Bishops' Joint Catholic Committee on Bio-Ethical Issues, «Fertilizzazione "in vitro": Moralità e politica sociale». *Medicina e morale*, 33/4, 1983, pp. 435-448; Id., «Commenti sul Rapporto Warnock». *Medicina e morale*, 35/1, 1985, pp. 138--180 (em ambos os casos se publica o texto original inglês ao lado da tradução italiana).

(127) Cf. *Donum vitae*, I, 1.

(128) Cf. Id., II, A, 1.

(129) Cf. Id., II, B, 4.

mento, seja para permitir-lhe alcançar o seu fim, uma vez que tenha sido cumprido normalmente[130].

5) Na negatividade das intervenções médicas que não respeitam estes princípios, existe uma progressão, correspondente ao grau sempre maior de substituição do ato conjugal e da presença pessoal dos cônjuges na procriação, o que implica uma diferenciação do juízo ético e, particularmente no plano legislativo e político, uma diferente avaliação da sua contrariedade ao bem comum[131].

De acordo com estes princípios, *são moralmente ilícitas todas as técnicas de inseminação artificial heteróloga*, na medida em que são contrárias à unidade do matrimônio, *e também as técnicas de inseminação artificial homóloga propriamente dita*, porque nelas a procriação está dissociada da relação conjugal. *Pelo contrário, são admissíveis as técnicas de inseminação conjugal impropriamente dita que, sem substituir o ato conjugal, constituem uma ajuda para permitir-lhe alcançar o seu fim, uma vez que tenha sido normalmente realizado.* Quanto às técnicas de fecundação artificial extracorpórea, são moralmente ilícitas porque excluem o ato conjugal e, na prática, todas preveem a perda de embriões de modos diversos, também intencionalmente. Se, além disso, são heterólogas, são contrárias à unidade do matrimônio. Por último, se é imoral produzir embriões humanos *in vitro* para transferi-los à mãe, com maior razão é imoral produzir *in vitro* embriões com intenção ou previsão de não transferi -los à mãe, seja para transferi-los a outra mulher, seja para destiná-los ao congelamento, à pesquisa, à experimentação ou a outros usos[132].

Um dos princípios basilares que fundamentam o juízo moral quanto a essas técnicas é a absoluta ilicitude de toda modalidade de realizar a geração que exclua o ato conjugal. Por isso estes juízos recaem sobre as técnicas de fecundação *in vitro* e de inseminação artificial propriamente dita consideradas em si próprias, mesmo na hipótese de que pudessem reali-

---

(130) Cf. Id., II, B, 7.

(131) Cf. Id., III. Para alguns problemas específicos que se propõem no âmbito político, veja-se A. Rodríguez Luño, «I legislatori cattolici di fronte alle proposte migliorative delle leggi ingiuste in tema di procreazione artificiale», em J. Vial Correa, E. Sgreccia, *La dignità della procreazione umana e le tecnologie riproduttive. Aspetti antropologici ed etici*, cit., pp. 199-208.

(132) Para um aprofundamento de cada uma das técnicas, vejam-se E. Sgreccia, *Manuale di bioetica*, cit., vol. I, pp. 287-344; L. Ciccone, *Bioetica. Storia, principi, questioni*, cit., pp. 81-142 (ambos com ampla bibliografia).

zar-se sem os inconvenientes e abusos que geralmente as acompanham (perda e congelamento de embriões, seleção eugenésica, maternidade substitutiva, destruição de embriões, técnicas realizadas *post mortem* de um dos cônjuges, ou no âmbito dos casais homossexuais, etc.). O raciocínio que desenvolvemos no subparágrafo precedente tentava mostrar de modo indutivo que a conexão entre procriação e relação conjugal constitui um bem intrínseco, de incalculável alcance antropológico e ético, cuja lesão é sempre ilícita, mesmo no caso hipotético (não verificado) de que tal lesão pudesse ocorrer sem causar outros efeitos negativos. De todo modo, estamos convencidos, e a experiência o confirma, de que a introdução da geração humana em um contexto técnico não pode deixar de produzir consequências contrárias à dignidade da pessoa e da vida do homem.

6. As técnicas de ajuda à procriação

A Instrução *Donum vitae*, retomando o ensinamento de Pio XII, afirma que o juízo moral negativo sobre a inseminação artificial homóloga (propriamente dita) «não proíbe necessariamente o uso de alguns meios artificiais destinados unicamente ou a facilitar o ato natural ou a fazer que o ato natural, normalmente realizado, atinja o seu fim próprio»[133]. Entre estes métodos de ajuda ao ato conjugal, e não substitutivos, apresentam-se hoje três tipos de procedimento: técnicas de inseminação artificial impropriamente dita, a LTOT e a GIFT.

Naturalmente, também são uma ajuda à procriação a prevenção da esterilidade, as terapias hormonais e as intervenções cirúrgicas e microcirúrgicas. Esta ajuda poderia ser proporcionada, por exemplo, com o tratamento hormonal de uma infertilidade de origem gonadal, com o tratamento cirúrgico de uma endometriose limitada, com uma desobstrução dos tubos por meio de uma salpingografia seletiva, ou com a restauração cirúrgica (*transcervical fallopian tube catheterization*) ou microcirúrgica da permeabilidade tubária (salpingostomia ou fimbrio-

(133) Pio XII, *Discurso aos participantes do IV Congresso Internacional dos Médicos Católicos*, 29-IX-1949: AAS, 41, 1949, p. 560. Retomado pela *Donum vitae*, II, B, 6. Veja-se também *Dignitas personae*, nn. 12-13.

plastia). Estas e outras técnicas visam a resolver o problema que está na origem da esterilidade, de modo que o casal possa realizar atos conjugais com êxito procriador, sem que o médico deva interferir diretamente no próprio ato conjugal. Estes tratamentos da infertilidade e de restauração da fertilidade mediante reconstrução das trompas são sempre lícitos e devem ser encorajados. Somente o tratamento hormonal consistente na estimulação ovariana requer particular atenção e cautela, a fim de evitar situações que depois sejam erradamente corrigidas mediante a redução embrionária.

Mas vejamos agora as três técnicas mencionadas no início.

a) A inseminação artificial impropriamente dita

Segundo os ensinamentos de Pio XII e da *Donum vitae*, são admissíveis as intervenções mediante as quais os esposos, no contexto de um ato conjugal completo, procuram melhorar o êxito procriador deste ato por meio de um simples deslocamento do esperma para um lugar mais favorável à fecundação. Trata-se de uma «transferência do esperma depois do ato conjugal». São igualmente lícitas as intervenções de inseminação homóloga em um casal infértil na medida em que o sêmen é recolhido no contexto de um ato conjugal (*post-coital sperm retrieval*) – por exemplo, mediante um coletor vaginal perfurado ou um preservativo perfurado. O problema destas técnicas de ajuda é a insuficiência de resultados.

Buscou-se melhorar o resultado destas inseminações mediante intervenções médicas que conduzem o sêmen ao colo do útero (inseminação intracervical: ICI), diretamente ao útero (*intrauterine insemination:* IUI) – possivelmente associada à perfusão de uma suspensão de sêmen nas trompas (*fallopian tube sperm insemination:* FSP) –, diretamente à trompa (*sperm intrafallopian transfer:* SIFT), ou à cavidade peritoneal (*intraperitoneal insemination:* IPI ou *direct intraperitoneal insemination:* DPI). Estas técnicas são com frequência associadas à estimulação ovariana e geralmente requerem certos procedimentos dirigidos ao aprimoramento da capacidade do esperma mediante separação, *washing out*, concentração e seleção (no caso de oligozoospermia, oligoastenospermia). A inseminação homóloga intrauterina, muitas vezes combinada com uma estimulação ovariana, é tecnicamente simples e obtém resultados apreciáveis (porcentagem de gravidezes por ciclo de 12,6% a 21,7%, segundo os autores). A coleta do sêmen pode ser feita durante o ato conjugal. Não é possível, no entanto, inserir o sêmen fresco diretamente na cavidade uterina, porque isto traz o risco de uma atividade contrátil acentuada da musculatura uterina, desencadeada pelas prostaglandinas presentes no plasma seminal, e o risco de infecções pélvicas na mulher, uma vez que o sêmen não é estéril. Além disso, o sêmen recém-ejaculado não é capaz de fecundar uma célula-ovo: primeiro deve ser capacitado, operação que na fecundação natural ocorre nas vias genitais femininas, antes que os espermatozoides atinjam o terço externo da trompa. Finalmente, como a IUI geralmente é indicada para o caso de infertilidade masculina, o líquido seminal deve ser preparado com o fim de selecionar uma população de espermatozoides com alto índice de motilidade. Exige-se, portanto, a intervenção do médico no ambulatório ou na clínica.

Uma vez superada a simples inseminação intravaginal, surge a dúvida de até que ponto a técnica empregada continua a ser uma ajuda e quando começa a ser uma substituição do ato conjugal. Ao moralista se põe o problema de compreender o significado exato do ensinamento de Pio XII e da sua retomada pela *Donum vitae.*

Em seu autorizado comentário ao discurso de Pio XII de 1949, Hürth oferecia três esclarecimentos importantes[134]:

1) O Discurso de Pio XII não pretende dizer especificamente quais são estes meios de ajuda, mas apenas que estes meios não caem no juízo moral negativo formulado, e por isso das palavras do Pontífice não é possível extrair um esclarecimento a este respeito, uma vez que ele não quis dá-lo[135].

2) Quanto aos diversos métodos que ajudam o ato conjugal a atingir o seu fim natural, não existe uma opinião comum entre os moralistas. São objeto de discussão sobretudo os métodos que recolhem o esperma com uma seringa, operação que poderia parecer uma interrupção do processo naturalmente iniciado. Entre as diversas opiniões, menciona-se

---

(134) Cf. F. Hürth, «Annotationes». *Periodica de re morali, canonica e liturgica*, 38, 1949, pp. 282-295.

(135) *Quid de his auxiliis artificialibus accessoriis fec. naturalis sentiri debeat,* ex ipsa Allocutione erui non potest – *(quia de his evidenter deliberato consilio agere recusat) – sed aliunde disci et dijudicari debet* (Id., p. 293; grifo nosso).

também a de Merkelbach, segundo a qual é importante para a licitude a condição de que o esperma não seja extraído da vagina[136].

3) Finalmente, conclui Hürth: dado que a questão é controvertida entre os autores sérios, nem os médicos nem os cônjuges devem ser inquietados se usam métodos que implicam a capacitação do esperma fora do corpo da mulher[137].

Entre os autores mais sérios, foi aceita a distinção entre inseminação artificial propriamente dita e inseminação impropriamente dita. «Quanto a esta, há *consenso unânime entre os teólogos moralistas*: considera-se lícita moralmente a inseminação artificial homóloga com sêmen colhido com métodos que *pressupõem* o ato conjugal verdadeiro e próprio»[138]. C. Caffarra estuda o caso em que se exige uma intervenção que consiste em injetar o líquido seminal, com inseminação endouterina ou mesmo endotubária (*high insemination*), ou então com inseminação cérvico-vaginal ou puramente vaginal (*low insemination*). Este segundo caso pode apresentar-se de *duas formas*: os esposos realizam uma relação sexual verdadeira e própria, ou não se dá uma relação normal porque o esposo ou usa o preservativo ou interrompe o coito e o completa *inter foemera*[139]. Caffarra considera que a primeira forma pode ser aceita, «provavelmente, também no caso, parece-me, de ejaculação retrógrada. Trata-se, com efeito, de uma ajuda pura e simples que não substitui a intimidade conjugal dos esposos, *ainda que o líquido seminal, antes de ser mais profundamente introduzido, fosse extraído da vagina e eventualmente manipulado por motivos médicos.* Muito mais difícil é emitir um juízo certo sobre a segunda forma em que o caso pode apresentar-se. Se o preservativo é perfurado e uma parte do sêmen é introduzida na vagi-

---

(136) Merkelbach, depois de emitir um juízo decididamente negativo sobre a inseminação artificial, esclarece: «*Aliud esset si rite peracta copula et semine non ad ostium quidem sed in introitu vaginae deposito, ibi,* quin ex vagina extrahatur, *recolligeretur et ope syphunculi profundius ad uterum traiceretur. Sic enim nullo momento semen ordinatione sua ad finem generationis privaretur; unde id non videtur esse nisi adiuvare naturam*» (*Summa theologiae moralis*, III, n. 938, nota 1).

(137) «*At cum res controvertatur inter auctores serios, neque medici neque coniuges, stante hac controversia, inquietandi sunt, si hac methodo uti volunt*» (F. Hürth, *Annotationes*, cit., pp. 294-295).

(138) D. Tettamanzi, *Bambini fabbricati*, Piemme, Casale Monferrato, 1985, p. 27.

(139) Cf. C. Caffarra, «Riflessione etico-teologica sulla inseminazione artificiale». *Medicina e morale*, 30/2, 1980, p. 130.

na e outra parte fica nele retida, não consideraria improvável um juízo ético positivo»[140]. Acrescenta em seguida que considera ilícita a inseminação nos outros casos (coito interrompido, *inter foemera*, preservativo não perfurado).

Donum vitae explica que deve haver um vínculo entre a procriação e o ato conjugal. Para alguns autores, este vínculo é respeitado sempre que a técnica pressupuser um ato conjugal verdadeiro e próprio[141]. Outros autores parecem exigir algo mais. C. Caffarra observa que, mesmo admitindo que o processo procriador seja em parte atividade livre da pessoa, em parte processo não livre, que ocorre na pessoa, «o que de modo algum está fora de discussão, a juízo da instrução, é *a relação* que deve haver entre estes dois momentos: o segundo deve ser ou não uma consequência *imediata* do primeiro (ou – o que significa o mesmo – aquilo que põe as condições do processo natural deve ser um ato de amor pessoal)? Ou esse processo pode ser iniciado por um ato *diferente* do ato conjugal?»[142]. J. Seifert pensa que, para que uma intervenção médica possa ser definida como assistência ao ato conjugal, entre este e os seus efeitos deve haver clara continuidade. Uma interrupção total do processo, um hiato entre o ato conjugal e o efeito, implicaria que este último dependesse acima de tudo do ato médico, ficando ausente a devida continuidade. Para que se possa falar de assistência, é preciso que a intervenção médica tenha uma função de serviço relativamente modesta em relação à causa principal, que é o ato conjugal. Durante a intervenção médica, o efeito deve manter-se dentro do processo originado pelo ato pessoal[143].

---

(140) Id., p. 131 (grifo nosso). Hoje admite-se comumente que o ato conjugal em que se usa um preservativo perfurado, por exemplo para a realização de uma análise clínica do esperma, é um verdadeiro ato conjugal.

(141) Cf., por exemplo: E. Sgreccia, M.L. Di Pietro, «Procreazione artificiale», em F. Compagnoni, G. Piana, S. Privitera (eds.), *Nuovo dizionario di teologia morale*, cit., pp. 994-1007. Eles afirmam: «No que diz respeito em particular ao tipo de técnicas que se configuram como ajuda e não substituição do ato conjugal, faz-se referência àquele procedimento, também chamado "inseminação artificial impropriamente dita", que consiste na coleta do sêmen masculino depois do ato conjugal, para acompanhamento e veiculação que o levem a superar os obstáculos para um sucesso pleno» (p. 1004).

(142) C. Caffarra, «Il dono della vita: introduzione antropologica», em E. Sgreccia (ed.), *Il dono della vita*, cit., pp. 115-116.

(143) Cf. J. Seifert, «Substitution of the Conjugal Act or Assistance to It? IVF, GIFT, and Some Other Medical Interventions. Philosophical Reflections on the Vatican Declaration *Donum vitae*». *Anthropotes*, IV/2, 1988, pp. 273-286.

Em nossa opinião, para que a intervenção médica seja assistência e não substituição do ato conjugal, não basta que o ato conjugal normalmente completado seja pressuposto, senão que é necessário também que seja respeitada a unidade e a continuidade lógica e temporal do processo iniciado pelo ato conjugal normal. Parece-nos que esta tese pode ser afirmada com certeza, e bastará um exemplo para demonstrá-lo. Caso se proceda à inseminação artificial com o sêmen colhido do fundo vaginal depois de um ato conjugal completado normalmente *há dois anos* (antes de o marido partir para a guerra, da qual ainda não retornou) e depois congelado e descongelado, temos uma intervenção médica que, mesmo pressupondo o ato conjugal, é manifestamente contrária aos princípios da instrução *Donum vitae,* porque nela não há continuidade entre o ato conjugal e as outras fases do processo procriador, as quais em verdade são postas em movimento pela intervenção médica. O ato conjugal fica reduzido a um simples método ou ocasião para colher o líquido seminal.

O que, pelo contrário, parece difícil e problemático é formular em termos específicos quais são as exigências da unidade e continuidade do processo procriador que devem ser absolutamente respeitadas. Por um lado, corre-se o risco de dar lugar a uma detestável casuística sobre minutos, horas ou dias (a necessária continuidade entre o ato conjugal e o processo procriador é respeitada se o líquido seminal colhido for preparado em laboratório durante duas horas? E se passam quatro horas? E se passam seis? – e assim por diante). Por outro, uma vez que Pio XII e a *Donum vitae* se limitaram a formular um critério geral, sem pronunciar-se sobre métodos específicos, uma resposta negativa que pretenda ser mais precisa exige critérios seguros e bem fundamentados. Na ausência de um pronunciamento do Magistério da Igreja, o nosso parecer pessoal é que o fato de uma parte do esperma ter de ser tirado do corpo por um breve espaço de tempo não apresenta problemas morais graves. É certo que o espaço de tempo e a intervenção médica devem ser tais que não quebrem explicitamente a continuidade entre o ato conjugal e o processo procriador, e não devem assumir uma importância tal que faça do ato conjugal um mero procedimento para a colheita do esperma. A nossa opinião é que o intervalo de tempo entre o ato conjugal e o ato que introduz no corpo humano o sêmen retirado anteriormente pode ser de algumas horas, não de alguns dias.

b) A técnica LTOT

O procedimento inicialmente conhecido pelo nome de LOT (*Low Ovum Transfer*) ou LTOT (*Low Tubal Ovum Transfer*) foi desenvolvido no hospital St. Elizabeth's Medical Center of Dayton (Ohio), nos anos 1983-1985, como auxílio à procriação para mulheres afetadas por ausência, atresia (oclusão) ou bloqueio da permeabilidade das trompas. Seu objetivo era limitado, no sentido de que esta técnica pretendia apenas superar o obstáculo ou defeito das trompas, uma vez completo o ato conjugal, levando para a parte baixa da trompa de Falópio, mediante uma laparoscopia, o ovócito maduro colhido do ovário da mulher. A fertilização ocorria depois do ato natural.

Esta técnica não teve nenhum sucesso, e o interesse por ela residiu antes no âmbito da reflexão ética que no âmbito prático. Efetivamente, a LTOT podia ser considerada uma técnica de «ajuda», não substitutiva, na medida em que a fecundação do ovócito transferido era causada diretamente pelo ato conjugal, sem manipulação dos gametas masculinos. Os autores da LTOT a modificaram de modo que a tornassem praticamente igual à GIFT, de que nos ocuparemos em seguida.

c) A GIFT

A GIFT (*Gametes Intrafallopian Transfer*) foi proposta por Asch e colegas em 1984[144]. Nesta técnica são colhidos os dois gametas, introduzidos em um cateter e separados por uma bolha de ar, ao que são depositados na ampola da trompa, onde em seguida ocorre a fecundação. Naturalmente, pressupõe-se que ao menos uma das trompas esteja em bom estado. O ovócito ou os ovócitos são capturados através de uma laparoscopia que exige anestesia geral (como na FIVET). O esperma masculino poderia ser coletado por ocasião de um ato conjugal. A GIFT não requer nenhuma manipulação do embrião, mas, como na FIVET, dá lugar a uma porcentagem mais alta de gravidezes ectópicas

---

(144) Cf. R. H. Asch, L. R. Ellsworth, J. P. Balmaceda, P. C. Wong, «Pregnancy After Translaparoscopic Gamete Intrafallopian Transfer». *The Lancet*, 8410, 1984, pp. 1034-1035; Id., «Birth Following Gamete Intrafallopian Transfer», *The Lancet*, 8447, 1985, p. 163.

(média de 5,5% contra 0,8% *in natura*)[145]. Também ocorrem perdas de embriões, decerto não intencionais, ainda que eticamente discutíveis quando se utiliza mais de um ovócito.

A GIFT suscitou um maior interesse porque oferecia taxas de êxito notáveis e, por outro lado, foi apresentada como mais respeitosa da vida do embrião e da dignidade da sexualidade. O interesse inicial foi diminuindo sucessivamente, uma vez que a porcentagem de êxitos permaneceu inalterada, ao passo que a da FIVET conheceu ligeiro aumento. Muitos profissionais passaram a utilizar o ICSI.

A instrução *Donum vitae* não se pronunciou sobre a moralidade da GIFT, e até o momento o Magistério da Igreja não tomou nenhuma posição. Esta técnica certamente tem a vantagem de não implicar a manipulação dos embriões. Todavia, comporta um aumento das gravidezes ectópicas, bem como uma porcentagem de abortos espontâneos não indiferente (de 15,5% a 39,2%), cifra que não leva em conta os abortos precoces que não podem ser clinicamente aferidos[146]. É verdade que naturalmente também ocorrem abortos espontâneos, muitos dos quais precoces, mas essas duas situações não são totalmente equiparáveis, sobretudo quando se recorre à estimulação ovariana [147].

Por outro lado, *parece que na GIFT o papel do procedimento técnico é muito determinante, a ponto de que dificilmente poderia ser considerado mera «ajuda»*. O ato conjugal é dispensável, e quando muito se reduz a um expediente para a colheita do esperma, de modo que «seria o ato conjugal o que constituiria um meio de ajuda e facilitação da GIFT, ao passo que a criança concebida representaria antes um "fruto" dos procedimentos técnicos que do amor conjugal»[148]. O médico assume uma responsabilidade muito direta, e como consequência há sempre o risco hipotético de proceder a um controle de qualidade do embrião. Outros autores pensam, ao contrário, que, se a GIFT fosse realizada de-

---

(145) Cf. M. L Di Pietro, A. G. Spagnolo, E. Sgreccia, «Meta-analisi dei dati scientifici sulla GIFT: un contributo alla riflessione etica». *Medicina e morale*, 40/1, 1990, pp. 13-40.

(146) Cf. *ibidem*.

(147) Para uma discussão sobre a equiparabilidade destes abortos espontâneos com aqueles que ocorrem naturalmente, veja-se: A. Rodríguez Luño, R. López Mondéjar, *La fecondazione «in vitro»: aspetti medici e morali*, cit., pp. 82-89.

(148) R. Minacori, A. G. Spagnolo, «È compatibile la GIFT con l'insegnamento della *Donum vitae*». *Medicina e morale*, 48/1, 1998, p. 204.

pois de uma relação conjugal, de modo que permanecesse no corpo da mulher uma parte do esperma masculino que eventualmente pudesse chegar a fecundar o ovócito, a intervenção médica não faria mais que reposicionar *ad hoc* os gametas na trompa depois da relação conjugal, ajudando-os a atingir o seu fim natural no lugar igualmente natural (a ampola da trompa de Falópio). Reposicionar os gametas não seria uma substituição do ato conjugal: seria ajudar este ato a superar barreiras ou limites que o impedem de alcançar o seu fim natural[149].

Parece-nos que os argumentos apresentados a favor e contra não permitem chegar a um juízo moral apodíctico. *A nossa opinião, no entanto, é tendencialmente negativa.* Os protocolos que pudemos examinar nos levam a pensar que é muito fácil, na prática, que sejam desatendidas as condições estabelecidas pela *Donum vitae* para a admissibilidade ética de uma técnica de ajuda à procriação[150]. *Por isso, no âmbito pastoral, a nossa recomendação seria a de não recorrer a esta técnica. Em todo caso, seria necessário submeter ao estudo de um especialista o protocolo específico adotado na estrutura a que eventualmente se pretendesse recorrer.*

7. O diagnóstico pré-implantacional

O diagnóstico pré-implantacional, particularmente conhecido como exame genético (PGD: *preimplantation genetic diagnosis*), é uma forma inicial de diagnóstico pré-natal, ligado às técnicas de fecundação extracorpórea, em que os embriões produzidos *in vitro* são analisados com o objetivo de detectar defeitos genéticos ou cromossômicos bem definidos. Somente aqueles que estiverem livres de tais defeitos serão transferidos para a mãe. Diferentemente do diagnóstico pré-natal, que em si mesmo é um método diagnóstico, a diagnose pré-implantacional une em uma mesma ação o diagnóstico e a eliminação do embrião com características não desejadas. Se os exames dão um resultado po-

(149) Para a discussão das diversas argumentações a favor e contra, veja-se J. F. Doerfler, «Is GIFT Compatible with the Teaching of *Donum Vitae*». *The Linacre Quartely*, 64/1, 1997, pp. 16-29; Id., «Assisting or Replacing the Conjugal Act. Criteria for a Moral Evaluation of Reproductive Technologies». *The Linacre Quartely*, 67/3, 2000, pp. 22-66.

(150) Vejam-se as análises dos protocolos realizadas por F. Mernes Ruffinelli, *El método GIFT: estudio ético-médico*, tese de doutorado defendida na Pontifícia Universidade da Santa Cruz, Roma, 1989.

sitivo, o diagnóstico pré-implantacional torna-se *ipso facto* uma técnica abortiva precoce[151].

Os defensores do diagnóstico pré-implantacional baseiam-se sobretudo na ideia de que o embrião, antes da nidação, é vida celular, mas não vida humana individual. A seleção dos embriões sadios permite evitar a interrupção da gravidez por motivos terapêuticos e a difusão na sociedade de doenças hereditárias, além de disponibilizar tecidos compatíveis para fins terapêuticos. *No entanto, o diagnóstico pré-implantacional não pode ser aceito eticamente porque, além dos problemas éticos da FIVET, na qual se insere o diagnóstico, constitui ele mesmo uma violação do respeito devido ao embrião humano desde o primeiro instante da sua existência. O procedimento como um todo obedece à lógica do aborto seletivo*[152].

8. *A redução embrionária*

A administração de fármacos para estimular a ovulação e a transferência de mais de dois embriões no decorrer das técnicas de procriação artificial levam a um notável incremento do percentual de gestações múltiplas.

Enquanto a taxa natural de gestações múltiplas é de 1% (1,25% para a gravidez gemelar e 0,01% para a trigemelar), depois da esti-

---

(151) O Centro de Chicago (A. Kuliev, Y. Verlinsky) propôs o estudo dos dois glóbulos polares em vez do embrião para realizar o diagnóstico pré-implantacional. Cf. Y. Verlinsky, N. Ginsberg, A. Lifchez, J. Valle, J. Moise, C. M. Strom, «Analysis of the First Polar Body: Preconception Genetic Diagnosis». *Human Reproduction*, 5/7, 1990, pp. 826-829. Um glóbulo polar é uma pequena célula, que se degenera logo após a sua formação, produzida durante a maturação meiótica do ovócito. Possui um dos núcleos derivados da primeira ou da segunda divisão meiótica e é praticamente desprovido de citoplasma. O primeiro glóbulo polar se forma no primeiro processo meiótico, antes da fecundação; o segundo glóbulo polar se forma no segundo processo meiótico, que termina imediatamente depois da penetração do espermatozoide no ovócito. O estudo do primeiro glóbulo polar na verdade é feito sobre o ovócito, não sobre o embrião, e portanto com a intenção de descartar o ovócito defeituoso. Esta análise só pode recolher informações sobre o genótipo materno, e por isso não seriam individuadas eventuais desordens de origem paterna. Se em vez disso, para evitar este inconveniente, se procede à análise do segundo glóbulo polar, depois da fecundação do ovócito, emerge novamente o problema da eventual eliminação do embrião, e não apenas do ovócito. Na prática, o diagnóstico pré-implantacional em geral é feito sobre o embrião em fase de segmentação, sobretudo sobre o blastócito.

 (152) Cf. *Donum vitae*, I, 2; *Evangelium vitae*, n. 63; *Dignitas personae*, n. 22.

mulação ovariana com citrato de clomifeno passa a ser de 6% a 8%, de 15% a 53% quando se usam gonadotrofinas e de 20% a 40% nas mulheres que recorrem a técnicas de fecundação extracorpórea. Nos diversos países onde há mais tempo se praticam as técnicas de fecundação artificial, registrou-se um aumento progressivo da ocorrência de gravidezes múltiplas, principalmente gemelares (30% a 40%) e trigemelares (3% a 4%). Chegou-se a falar de uma «epidemia» de gestações múltiplas devida ao uso da fecundação artificial, e assinala-se atualmente este fato como o elemento mais preocupante no crescente emprego das técnicas de procriação artificial. As gravidezes múltiplas são preocupantes porque a gestação e o parto de muitos bebês são acompanhados com muito mais frequência de complicações para a mãe e para as crianças do que as gravidezes de um único bebê. As complicações se devem essencialmente a um risco elevado de parto prematuro (com menos de 37 semanas de gestação), com peso baixo (menos de 2500 gramas) ou muito baixo (menos de 1550 gramas) no nascimento. Tais complicações aumentam ainda mais quando a gravidez múltipla tem origem em uma fecundação artificial.

Por causa destas possíveis complicações, foi proposta a «redução» (MPR, *multifetal pregnancy reduction*, também chamada *embryo reduction*) dos fetos presentes no útero, ou seja, a redução do seu número para limitar os riscos para a mãe e incrementar a possibilidade de desenvolvimento para os fetos sobreviventes. A partir da metade dos anos 1980, a MPR, realizada via transabdominal ou transvaginal geralmente no primeiro trimestre da gestação, foi sendo cada vez mais aceita. A redução das gravidezes múltiplas tornou-se então um procedimento amplamente aceito no mundo da procriação artificial. As pacientes submetidas a esta experiência têm padecido grande desconforto psicológico[153].

(153) H. H. H. Kanhai, M. de Haan, L. A. van Zantem , C. Geerinck-Vercammen, H. M. van der Ploeg, J. B Gravenhorst, «Follow-up of Pregnancies, Infants and Families After Multifetal Pregnancy Reduction». *Fertility and Sterility*, 62/5, 1994, pp. 955-959; P. Schreiner-Engel, V. N. Walther, J. Mindes, L. Lynch, R. L. Berkowitz, «First-Trimester multifetal Pregnancy Reduction: Acute and Persistent Psychologic Reactions». *American Journal of Obstetrics and Gynecology*, 172/2, 1995, pp. 541-547; M. McKinney, J. Downey, I. Timor-Tritsch, «The Psychological Effects of Multifetal Pregnancy Reduction». *Fertility and Sterility*, 64/1, 1995, pp. 51-61; C. Bergh, A. Moller, L. Nilsson, M. Wikland, «Obstetric Outcome and Psychological Follow-up of Pregnancies After Embryo Reduction». *Human Reproduction*, 14/8, 1999, pp. 2170-2175.

No âmbito médico, deve-se acima de tudo discutir a oportunidade desta técnica, tendo em conta a importante taxa de perda de toda gravidez depois que a «redução» é feita[154]. A medicina atual é capaz de acompanhar e levar a termo as gestações múltiplas.

Passando para o plano ético, é claro que *o juízo acerca desta prática chamada «redução» de gravidezes múltiplas só pode ser negativo, uma vez que se trata de aborto direto*[155]. Mesmo na hipótese de que a redução embrionária represente uma vantagem do ponto de vista da gestão médica da gravidez, não se pode justificar a eliminação de seres humanos para salvar a vida de outros seres humanos, dado que o fim não justifica os meios.

Os problemas éticos da procriação artificial constituem uma barreira ética que não se deveria ultrapassar. Se ainda assim for ultrapassada, deve-se recordar que cada um é responsável pelas consequências negativas das próprias ações moralmente negativas, ainda que tais consequências não tenham sido previstas nem queridas, apesar de serem previsíveis[156]. Quem procede à transferência de mais de um embrião por vez assume a responsabilidade médica e moral pela possível gravidez múltipla que possa ocorrer, pelas suas complicações, pela perda de embriões e fetos, pela eventual mortalidade neonatal e pelas possíveis deficiências da prole.

Não se pode invocar o princípio do «mal menor» no campo da redução de uma gestação múltipla, pois há a possibilidade de respeitar a gravidez e de cuidar dela até o parto, que se procurará retardar o má-

(154) Cf. P. Kadhel, F. Olivennes, H. Fernandez, M. Vial, R. Frydman, «Are There Still Obstetric and Perinatal Benefits for Selective Embryo Reduction of Triplet Pregnancies?». *Human Reproduction*, 13/12, 1998, pp. 3555-3559; R. K. Silver, B. T. Helfand, T. L. Russell, A. Ragin, J. S. Sholl, S. M. MacGregor, «Multifetal Reduction Increases the Risk of Preterm Delivery and Fetal Growth Restriction in Twins: A Case-Control Study». *Fertility and Sterility*, 67/1, 1997, pp. 30-33; N. J. Sebire, C. Sherod, A. Abbas, R. J. M. Snijders, K. H. Nicolaides, «Preterm Delivery and Growth Restriction in Multifetal Pregnancies Reduced to Twins». *Human Reproduction*, 12/1, 1997, pp. 173-175; J. Salat-Baroux, J. Aknin, J. M. Antoine, S. Alvarez, D. Cornet, M. Plachot, J. Mandelbaum, «Is There an Indication for Embryo Reduction?». *Human Reproduction*, 7, 1992, supl. 1, pp. 67-72; M. Dommergues, I. Nisand, L. Mandelbrot, E. Isfer, N. Radunovic, Y. Dumez, «Embryo Reduction in multifetal Pregnancies After Infertility Therapy: Obstetrical Risks and Perinatal Benefits Are Related to Operative Strategy». *Fertility and Sterility*, 56/4, 1991, pp. 805-811.

(155) Cf. *Dignitas personae*, n. 21.

(156) Cf. *Escolhidos em Cristo I*, cap. VI, § 5 (a).

ximo possível. Por outro lado, tratando-se de aborto, o obstetra que se encontra diante de uma mulher com gravidez múltipla deve poder alegar a objeção de consciência contra a intervenção de redução embrionária, mesmo colocando à disposição da paciente e dos filhos nascituros toda a assistência necessária com o fim de prevenir um parto demasiado precoce e de cuidar adequadamente dos recém-nascidos plurigemelares.

9. A crioconservação e os problemas éticos conexos

Os motivos alegados para a crioconservação – No âmbito da fecundação *in vitro*, a estimulação hormonal do ciclo feminino é prática muito difundida. Com esta técnica é possível tanto programar o momento exato em que se deve proceder à captura do ovócito como obter muitos ovócitos em uma única captura. Permite transferir mais de um embrião e, caso falhe a primeira transferência, realizar sucessivas transferências sem precisar repetir a intervenção de captura dos ovócitos. Dado que até hoje não existe ainda uma técnica convalidada para o congelamento dos ovócitos[157], todos os ovócitos capturados são fecundados, e os embriões não transferidos para a mãe se conservam congelados como «peças de reposição» para eventuais tentativas posteriores. Às vezes é necessário congelar até os embriões destinados à primeira transferência, pois a estimulação hormonal do ciclo produz efeitos (abreviamento da fase lútea, desordem fisiológica do endométrio) que aconselham a esperar antes de proceder ao transferimento dos embriões. Estas razões explicam a difusão da crioconservação dos embriões humanos e a existência de grandes depósitos de embriões congelados em todos os países onde se pratica a fecundação extracorpórea[158].

Problemas éticos e legais da crioconservação – A técnica de congelamento dos embriões humanos e a consequente existência de bancos

(157) No momento da revisão do texto para a segunda edição (julho de 2012), o panorama está mudando. Já existe a possibilidade de congelar os ovócitos, muito embora, até onde sei, esta técnica ainda não esteja disponível em todos os centros de procriação artificial. Quanto aos aspectos éticos, veja-se *Dignitas personae*, n. 20.

(158) Para os aspectos científicos, veja-se A. Rodríguez Luño, R. López Mondéjar, *La fecondazione «in vitro»: aspetti medici e morali*, cit., pp. 32-39.

de embriões humanos crioconservados apresentam graves problemas éticos e legais. O processo de congelamento e de descongelamento é arriscado para a integridade e sobrevivência dos embriões. Vinte a trinta por cento dos embriões acabam destruídos ou inutilizados depois deste processo[159]. Surge então o problema, confirmado pela experiência de todos os países em que se pratica a FIVET, de que os embriões não utilizados imediatamente continuam órfãos na sua maioria. Permanecem congelados durante os anos permitidos por lei, e depois é necessário esvaziar os depósitos. Apresenta-se, assim, a questão quanto ao que fazer com os embriões congelados abandonados. Algumas vezes se procede à sua destruição. Três mil e trezentos embriões foram destruídos em 1º de agosto de 1996 na Grã-Bretanha. Uma destruição do mesmo gênero foi realizada em outros países. Desde então, as destruições dos embriões congelados se fizeram mais discretas, mas a realidade permanece a mesma. Podemos prever outras destruições deste tipo para os próximos anos[160]. Em outros casos, são destinados à pesquisa científica ou doados a casais inférteis no âmbito da procriação artificial heteróloga. Há quem proponha conservá-los congelados a expensas dos «genitores»; outros, enfim, propõem a chamada adoção pré-natal.

Do ponto de vista ético, é preciso constatar que *o congelamento dos embriões humanos acrescenta uma nova razão de negatividade às técnicas de fecundação extracorpórea.* A doutrina eclesial é clara a este propósito: «O próprio congelamento dos embriões, mesmo se executado para assegurar uma conservação em vida do embrião – crioconservação –, constitui uma ofensa ao respeito devido aos seres humanos, uma vez que os expõe a graves riscos de morte ou de dano à sua integridade física, os priva ao menos temporariamente da acolhida e da gestação

---

(159) Cf. J. Mandelbaum, «Discussion: Cryopreservation of Oocytes and Embryos». *Human Reproduction*, 13, 1998, supl. 3, p. 176; J. Mandelbaum, J. Belaïsch-Allart, A. M. Junca, J. M. Antoine, M. Plachot, S. Alvarez, M. O. Alnot, J. Salat-Baroux, «Cryopreservation in Human Assisted Reproduction Is Now Routine for Embryos but Remains a Research Procedure for Oocytes». *Human Reproduction*, 13, 1998, supl. 3, pp. 161-174; Fédération des Biologistes des Laboratoires d'Étude de la Fécondation et de la Conservation de l'Oeuf (Blefco), «Congelation d'embryon: statistiques françaises (1985-1993)». *Contraception, Fertilité, Sexualité*, 24/9, 1996, pp. 674-677.

(160) Cf., por exemplo, D. Hoffman, G. L. Zellman, C. C. Fair, J. F. Mayer, J. G. Zeitz, W. E. Gibbons, T. G. Turner Jr., «Cryopreserved Embryos in the United States and Their Availability for Research». *Fertility and Sterility*, 79/5, 2003, pp. 1063-1069.

maternas, pondo-os em uma situação susceptível de ulteriores ofensas e manipulações»[161]. A única consequência eticamente válida que se pode extrair do fenômeno da crioconservação de embriões humanos é que tal prática deve cessar absolutamente. São João Paulo II lançou um apelo ao mundo científico para que se acabasse com a produção de embriões humanos, «tendo-se em conta que não se vislumbra uma saída moralmente lícita para o destino humano dos milhares e milhares de embriões "congelados", que são e continuam a ser sempre titulares dos direitos essenciais e que, portanto, devem ser protegidos juridicamente como pessoas humanas». E, dirigindo-se aos juristas e aos governantes, rogou-lhes que se empenhassem para que fossem reconhecidos juridicamente «os direitos naturais do ser humano desde o início da sua vida e também se protejam os direitos inalienáveis que os milhares de embriões "congelados" adquiriram intrinsecamente desde o momento da fecundação»[162].

O que fazer com os embriões congelados abandonados? – Com respeito ao destino que dar aos milhares de embriões crioconservados, o único modo de reparar em parte a injustiça cometida contra eles seria transferi-los ao útero das suas mães[163]. Mas os embriões crioconservados, na sua imensa maioria, estão abandonados. A experiência obriga a afirmar que as leis que permitem a produção *in vitro* de embriões «supranumerários» ou «sobrantes» e o seu sucessivo congelamento causam uma injustiça irreparável. São irreversivelmente condenados à morte, mas a consumação da sentença é suspensa no tempo pelo congelamento, sem que haja possibilidade de voltar atrás. Qualquer destinação dada a estes embriões não só será incapaz de sanar a injustiça cometida, como a agravará ainda mais.

1) A solução de descongelá-los e «deixá-los morrer» acrescenta um novo abandono ao abandono já sofrido inicialmente. Afirmar que mantê-los congelados representaria um meio desproporcional ou que descongelá-los e deixá-los morrer seja diferente de matá-los é pura retórica.

---

(161) *Donum vitae*, I, 6. Cf. também *Dignitas personae*, n. 18.

(162) Discurso de 24-V-1996.

(163) Cf. G. Herranz, «La destrucción de embriones congelados». *Persona y bioética*, 1, 1997, pp. 57-66.

A sua produção *in vitro* e o sucessivo congelamento constituem um contexto de injustiça tão grave que priva de sentido ético a diferença entre matar/deixar morrer e entre meios proporcionais/meios desproporcionais. A decisão de prolongar indefinidamente a crioconservação é tão injusta quanto a de descongelá-los e deixá-los morrer: os embriões congelados também morrem, se bem que muito lentamente.

2) Pela mesma razão é gravemente imoral o uso destes embriões em pesquisas científicas, como se fossem cadáveres. Do ponto de vista ético, estes embriões não podem ser equiparados a cadáveres de seres humanos, adultos ou fetos, mortos por doenças, velhice ou acidentes, e nem sequer a cadáveres de pessoas vítimas de homicídio, condenado e punido pelo Estado, porque estes embriões são resultado de injustiças deliberadas e repetidas que o Estado, no entanto, considera conformes ao direito. Cria-se assim um contexto sanitário e científico gravemente injusto, no qual não é lícito inserir-se, utilizando para as próprias pesquisas as «vítimas» que neste contexto são produzidas. Neste caso, o critério de independência entre os centros que oferecem embriões e os centros de pesquisa não basta para evitar a contradição moral de quem afirma: «Eu não aprovo o que você faz, porque o considero uma injustiça grave, na qual não quero envolver-me pessoalmente de nenhum modo»; e logo em seguida acrescenta: «Mas aceito para o meu trabalho o material biológico que você obtém mediante esta injustiça»[164]. É ilícito não só colaborar para a produção de cédulas falsas, mas também usá-las *conscientemente* nas próprias atividades (comprar, pagar, etc.), ainda que quem as usa seja independente de quem as produz.

3) Resta examinar a possibilidade da adoção pré-natal. Alguns autores se mostraram favoráveis a ela, considerada uma hipótese totalmente diferente da doação de embriões no curso de uma procriação artificial heteróloga[165]. No caso, não se trataria de uma técnica heteróloga para

(164) Uma boa visão de conjunto dos problemas éticos ligados à pesquisa biomédica e diversos contributos se encontram em J. Vial Correa, E. Sgreccia (eds.), *Etica della ricerca biomedica. Per una visione cristiana* (Atas da IX Asembleia Geral da Pontifícia Academia para a Vida, 24 a 26 de fevereiro de 2003), Lib. Ed. Vaticana, Cidade do Vaticano, 2004.

(165) Cf. G. Grisez, *The Way of the Lord Jesus III: Difficult Moral Questions*, Franciscan Press, Quincy/Illinois, 1997, p. 242; W, May, *Catholic Bioethics and the Gift of Human Life*, Our Sunday Visitor, Huntington, 2000; H. Watt, «A Brief Defense of Frozen Embryo Adoption». *The National Catholic Bioethics Quarterly*, 1/2, 2001, pp. 151-154; J. Berkman, «The Morality of Adopting Frozen Embryos in Light of *Donum vitae*». *Studia moralia*, 40/1,

obtenção de um filho por parte de um casal estéril, mas de uma ação generosa de casais que agem com a única motivação de dar uma oportunidade de nascer a um ser humano que em caso contrário estaria condenado à destruição. Além disso, este ato seria um testemunho a favor do valor da vida e do respeito devido ao embrião humano. Outros autores, mesmo reconhecendo a nobre motivação que inspira a proposta, a consideram muito problemática do ponto de vista ético[166]. Não podemos aqui conceder espaço às argumentações particulares. Substancialmente, estes últimos autores consideram que a boa intenção dos casais disponíveis para uma adoção como esta não elimina o mal intrínseco de um procedimento que pressupõe a formação de embriões *in vitro* e o seu congelamento, a dissociação entre maternidade genética e maternidade gestacional e legal, a lesão da unidade do matrimônio, etc.

Nosso parecer é que, do ponto de vista teórico, a espécie moral deste tipo de adoção pré-natal, sempre que responda unicamente ao desejo de salvar uma vida humana, é essencialmente diferente da prática heteróloga de procriação artificial e da maternidade substitutiva. Não nos convence a argumentação contrária que acusa de pretender tornar boa uma ação intrinsecamente má com base na reta intenção. *No entanto, há importantes críticas que fazer.* Primeiro, serão poucos os casais disponíveis para uma ação tão generosa e quase heroica, e por isso a sua contribuição, para além do valor como testemunho, é irrelevante para a solução do problema. Segundo, a adoção poderia contribuir, involuntariamente, para tornar crônica uma situação de grave injustiça. Isto não ocorreria,

---

2002, pp. 115-141; J. Berkman, «Gestating the Embryos of Others. Surrogacy? Adoption? Rescue?». *The National Catholic Bioethics Quarterly*, 3/2, 2003, pp. 309-329; J. Berkman, «Reply to Tonti-Filippini on "Gestating the Embryos of Others"». *The National Catholic Bioethics Quarterly*, 3/4, 2003, pp. 660-664. Também o Comitê Nacional para a Bioética da Itália emitiu um parecer favorável à adoção: «L'adozione per la nascita (APN) degli embrioni crioconservati residuali derivanti da procreazione medicalmente assistita», 18-XI-2005.

(166) Cf. W. B. Smith, «Rescue the Frozen?». *Homeletic and Pastoral Review*, 96/1, 1995, pp. 72-74; Id., «Response». *Homeletic and Pastoral Review*, 96/11-12, 1996, pp. 16-17; N. Tonti-Filippini, «Frozen Embryo "Rescue"». *Linacre Quarterly*, 64/1, 1997, pp. 3-4; M. Cozzoli, «L'embrione umano: aspetti etico-normativi», em J. Vial Correa, E. Sgreccia (eds.), *Identità e statuto dell'embrione umano*, cit., pp. 237-273; M. Geach, «Are There Any Circumstances in Which It Would Be Morally Admirabile for a Woman to Seek to Have an Orphan Embryo Implanted in Her Womb?», em L. Gormally, *Issues for a Catholic Bioethics*, The Linacre Center, Londres, 1999, pp. 341-346; H. Arkes, «May Embryos Be Adopted?». *Crisis*, março de 2000, p. 12.

no entanto, se se tratasse de um país que em determinado momento proibisse absolutamente o congelamento de embriões. Terceiro, vemos que do ponto de vista da atuação prática este tipo de adoção apresenta problemas muito difíceis de resolver e abre possibilidade para abusos não menos difíceis de evitar (necessidade de realizar seleção entre os embriões uma vez descongelados, preparação de estruturas capazes de agir com independência dos centros de procriação artificial, riscos de diversas naturezas para o casal adotante, etc.). Entendo que a Instrução *Dignitas personae* afirma em sentido análogo: «Foi ainda apresentada a proposta de fazer uma forma de "adoção pré-natal", apenas para dar aos seres humanos condenados à destruição a oportunidade de nascer. Semelhante proposta, conquanto louvável na intenção de respeitar a defesa da vida humana, apresenta, todavia, diversos problemas, não diferentes dos acima mencionados»[167]. A nossa conclusão pessoal é que os casais que procedessem à adoção, impelidos tão somente pelo desejo de salvar uma vida humana, não deveriam ser objeto de condenação moral, mas em termos gerais a adoção pré-natal deveria ser desaconselhada. O melhor modo de salvar vidas humanas é a mobilização social e política com o fim de obter uma proibição absoluta do congelamento de embriões.

Poderíamos ser acusados de não ter dado uma solução ao problema, condenando à destruição muitas vidas humanas. Mas, na verdade, o estudioso é antes obrigado a constatar que as centenas de milhares de embriões humanos crioconservados atualmente existentes no mundo já foram condenados *irremediavelmente* por aqueles que os congelaram e por aqueles que consentiram com esta prática. A injustiça cometida é substancialmente irreparável. É preciso que os responsáveis reconheçam publicamente ter cometido uma injustiça gravíssima e proíbam o congelamento de embriões de agora em diante.

10. A clonagem

Um clone pode ser definido como «um conjunto de moléculas de DNA, células ou organismos inteiros, que derivam por duplicação su-

(167) *Dignitas personae*, n. 19.

cessiva de um único progenitor de que resultam cópias substancialmente idênticas»[168]. Os métodos para clonar organismos pluricelulares são principalmente dois: a *fissão gemelar* e a *transferência de núcleo de uma célula somática a uma célula-ovo privada do seu núcleo.* Causaram grande impressão na opinião pública mundial os experimentos divulgados por Wilmut e outros, em 27 de fevereiro de 1997, que consistiram na fusão do núcleo de uma célula de glândula mamária de ovelha no óvulo desnucleado de outra ovelha, bem como na sucessiva transferência do embrião assim formado para o útero de uma terceira ovelha, de modo que se obtivesse o nascimento da ovelha Dolly. Até agora ninguém obteve êxito em formar por clonagem um verdadeiro embrião humano. As experiências apresentadas à opinião pública como «clonagem terapêutica» obtiveram, mediante transferência de núcleo, massas de células que os cientistas chamaram blastócitos, mas que na verdade não eram reprogramados e, portanto, não podiam desenvolver-se como se desenvolve um verdadeiro embrião. Serviam, no entanto, para obtenção de células estaminais, que era o que verdadeiramente interessava aos autores dos experimentos[169].

À clonagem se poderia recorrer com um propósito reprodutivo ou terapêutico. A clonagem reprodutiva agrava ao máximo a negatividade ética da procriação artificial. Ela dissocia completamente procriação e sexualidade e constitui, além disso, um atentado à unicidade biológica do sujeito gerado por meio de clonagem, a qual está na base da dignidade de toda pessoa humana. Atenta contra a dignidade humana «na medida em que pode ser posto em crise o direito de autodeterminação. Esta crise pode ser gerada pelo temor do homem, gerado por clonagem, de ser biológica ou culturalmente condicionado pela constituição genética do indivíduo adulto de cuja célula foi realizada a clonagem»[170]. A clonagem

---

(168) Comitê Nacional para a Bioética da República Italiana, *A clonação. Parecer de 17 de outubro de 1997*, n. 2.

(169) Trata-se dos trabalhos publicados por W. S. Hwang e colaboradores em 2004 («Evidence of a Pluripotent Human Embryonic Stem Cell Line Derived from a Cloned Blastocyst». *Sciencexpress*, doi:10.1126/science.1094515) e em 2005 («Patient-Specific Embryonic Stem Cells Derived from Human SCNT Blastocysts». *Science*, 19-V-2005), e por P. Stojkovic e colaboradores em 2005 («An Autogeneic Feeder Cell System That Efficiently Supports Growth of Undifferentiated Human Embryonic Stem Cells»). Em dezembro de 2005, a imprensa internacional reportou o pedido público de desculpas de W. S. Hwang, que teria falsificado os resultados dos seus experimentos.

(170) Comitê Nacional para a Bioética, *A clonação*, cit., n. 4.

se presta, além disso, a execráveis manipulações abusivas e poderia «pôr em crise os equilíbrios fundados na diversidade biológica, provocando a médio e longo prazo consequências não intencionais mas extremamente perigosas para as gerações futuras»[171]. A chamada clonagem terapêutica tem por finalidade a obtenção de células estaminais ou de tecidos para serem utilizados com fins terapêuticos em benefício da pessoa de que se obteve o clone ou de outras. Só a ideia de produzir e destruir um ser humano a favor de outros lesa do modo mais radical possível a dignidade da pessoa, segundo a qual todo homem deve ser tratado como um fim em si mesmo.

A doutrina eclesial considera que «também as tentativas ou hipóteses destinadas a obter um ser humano sem conexão alguma com a sexualidade, mediante "fissão gemelar", clonagem ou partenogênese, devem ser consideradas contrárias à moral»[172]. A clonagem é totalmente contrária à visão cristã do homem, criado à imagem de Deus, e no campo dos direitos humanos representa «uma violação dos dois princípios fundamentais em que se baseiam todos os direitos do homem: o princípio da paridade entre os seres humanos e o princípio da não discriminação»[173]. Definitivamente, *a clonagem merece um juízo moral absolutamente negativo.* Em virtude da sua oposição à dignidade humana fundamental e da incidência negativa sobre o bem comum, deve ser igualmente objeto de clara proibição por parte do Estado.

11. A eutanásia

a) Definição e tipos de eutanásia

Conceito de eutanásia – A eutanásia evoca a ideia de uma morte digna e serena. Na linguagem atual, o termo pode ser utilizado com

(171) *Ibidem.*

(172) *Donum vitae*, I, 6. Esta avaliação foi retomada e aprofundada pela *Dignitas personae*, nn. 28-30.

(173) Pontifícia Academia para a Vida, *Riflessioni sulla clonazione*, Lib. Ed. Vaticana, Cidade do Vaticano, 1997, p. 17. Neste breve documento, o leitor encontrará uma análise atenta dos aspectos antropológicos e éticos da clonagem. Veja-se também a interessante reflexão de H. Jonas, *Dalla fede antica all'uomo tecnologico. Saggi filosofici*, Il Mulino, Bolonha, 1991, pp. 238 ss.

significados e finalidades muito diversos, que vão desde a reivindicação da faculdade de recusar ou suspender uma terapia inútil ou onerosa por um paciente terminal até a justificação da supressão intencional da vida de uma pessoa que padece uma doença incurável[174].

Por isso é preciso esclarecer, antes de tudo, o que a teologia moral entende por eutanásia. Trata-se de «uma ação ou omissão que, por sua natureza ou nas intenções, provoca a morte a fim de eliminar toda a dor. A eutanásia situa-se, portanto, no plano das intenções e no plano dos métodos empregados»[175]. Esta definição de eutanásia se articula em duas frases. A primeira frase oferece uma descrição analítica, da qual se conclui que a eutanásia é uma escolha deliberada de causar ou antecipar a morte, que pode ser levada a efeito tanto por ações que *de per si* causam diretamente a morte (por exemplo, administração de um veneno) como por ações que em outras ocasiões poderiam ter, e de fato têm, uma finalidade terapêutica paliativa, mas que em casos particulares são conscientemente escolhidas como meio para causar ou antecipar a morte; em ambos os casos se age visando a dar fim ao sofrimento. A segunda frase – «a eutanásia se situa, portanto, no plano das intenções e dos métodos utilizados» – põe às claras que a eutanásia consiste sempre na presença simultânea do propósito deliberado de causar a morte e da ação ou omissão que *hic et nunc* é escolhida para levá-la a cabo[176]. Em

(174) Cf. D. Tettamanzi, *Eutanasia. L'illusione della buona morte*, Piemme, Casale Monferrato, 1985; E. Sgreccia, *Manuale di bioetica*, cit., vol. I, pp. 461-506; E. Schockenhoff, *Etica della vita. Un compendio teologico*, cit., pp. 313-317 e 342-353; C. Lega, *Manuale di bioetica e deontologia medica*, Giuffrè, Milão, 1991, pp. 275-317; I. Carrasco de Paula, «Suicidio assistito ed eutanasia involontaria». *Acta philosophica*, 2, 1993, pp. 205-216; D. Lamb, *L'etica alle frontiere della vita. Eutanasia e accanimento terapeutico*, Il Mulino, Bolonha, 1998. Sobre a morte e as reações humanas diante dela, bem como sobre as responsabilidades que a morte impõe ao médico e aos parentes, cf. Ph. Ariès, *L'uomo e la morte dal medioevo ad oggi*, Laterza, Bari, 1979; E. Kübler-Ross, *La morte e il morire*, 3ª ed., Cittadella, Assis, 1982; P. Laín Entralgo, *Antropologia medica*, Paoline, Cinisello Balsamo, 1988, pp. 365-391.

(175) Congregação para a Doutrina da Fé, *Declaração «Jura et bona» sobre a eutanásia*, 5-V-1980, II. Veja-se também *Evangelium vitae*, n. 65, e *Catecismo*, n. 2277. A definição oferecida pela declaração *Jura et bona* foi pacificamente aceita pela teologia moral.

(176) Note-se que a encíclica *Evangelium vitae* introduz uma ligeira variação na definição de eutanásia. Enquanto o texto latino da declaração *Jura et bona* diz: «*Nomine euthanasiae significatur actio* vel *omissio quae suapte natura* vel *consilio mentis mortem affert, ut hoc modo omnis dolor removeatur. Euthanasia igitur in voluntatis proposito et procedendi rationibus, quae adhibentur, continetur*», a *Evangelium vitae*, n. 65, afirma: «*Sub nomine euthanasiae vero proprioque sensu accipitur actio vel omissio quae suapte natura* et *consilio mentis mortem affert*

todo caso, o conceito de eutanásia implica necessariamente a vontade de causar a morte. Trata-se de uma ação ou de uma omissão que tem por finalidade imediata causar a morte indolor de um ser humano para poupar-lhe os sofrimentos, seja a pedido dele, seja por julgar-se que a sua vida já não tem a mínima qualidade para ser considerada digna.

Eutanásia voluntária, não voluntária e involuntária – Em relação à vontade do doente, distingue-se entre eutanásia *voluntária, não voluntária* e *involuntária.* A eutanásia voluntária é pedida pelo próprio doente, que deseja livrar-se de sofrimentos ou de um estado de invalidez que considera insuportável. Eutanásia não voluntária é aquela praticada em doentes que não estão em condições de exprimir a própria vontade (pessoas em coma, neonatos, doentes mentais). Fala-se, finalmente, de eutanásia involuntária quando ela é praticada contra a vontade do doente.

Eutanásia neonatal, terminal, psíquica, social e eugênica – No que diz respeito ao estado do doente, distingue-se entre eutanásia *neonatal,* praticada com crianças malformadas ou incuravelmente doentes; *terminal,* aplicada a doentes terminais ou em fase agônica; *psíquica,* a

---

ut hoc modo omnis dolor removeatur». «*Euthanasia igitur in voluntatis proposito et procedendi rationibus, quae adhibentur, continetur*» (Jura et bona, II). A edição latina do *Catecismo da Igreja Católica,* de 15 de agosto de 1997, portanto posterior à *Evangelium vitae,* retoma a formulação de *Jura et bona*: «*Sic actio vel omissio quae, ex se vel in intentione, mortem causat ad dolorem supprimendum, occisionem constituit dignitati personae humanae et observantiae erga Deum viventem, eius Creatorem, contrariam*». Parece-nos que a encíclica *Evangelium vitae* não pretendeu oferecer uma noção de eutanásia diferente daquela proposta anteriormente pela declaração *Jura et bona* e retomada depois pela edição típica do *Catecismo.* A encíclica de João Paulo II simplesmente retocou a definição do ponto de vista linguístico, não conceitual e substancial, com a finalidade de delimitar de modo explícito a extensão precisa de um pronunciamento moral de grande valor doutrinal (Cf. *Evangelium vitae,* n. 65, 4), cuja exata compreensão exigia não tanto a descrição das diversas modalidades de realização da *eutanásia direta,* mas a explicitação das condições de consciência pessoal sob as quais a eutanásia constitui sempre uma culpa moral grave. Por isso, ao afirmar que o pecado de eutanásia consiste em uma ação ou omissão que «*suapte natura* et *consilio mentis mortem affert ut hoc modo omnis dolor removeatur*», a encíclica *Evangelium vitae* pretendeu apenas afirmar de maneira explícita que *o pecado* de eutanásia – como qualquer outro pecado formal – implica necessariamente uma escolha deliberada e consciente, neste caso a escolha deliberada e consciente de causar ou antecipar a morte, seja qual for a modalidade em que é realizada. Não nos parece que a encíclica *Evangelium vitae* tenha pretendido afirmar que o pecado de eutanásia exige que a causação da morte, além de ser escolhida deliberadamente, deva ser também o fim querido pelo sujeito agente, por exasperação, por razões econômicas, por desprezo da vida humana, etc. O texto afirma claramente que na eutanásia se pressupõe que a motivação subjetiva é «*ut hoc modo omnis dolor removeatur*».

doentes mentais; *social* ou *econômica,* praticada em doentes considerados socialmente improdutivos ou gravosos; *eugênica*, reservada a pessoas com doenças hereditárias ou realizada segundo um programa de melhoramento da raça.

Eutanásia ativa e eutanásia por omissão – Do ponto de vista do modo de realizá-la, é possível distinguir entre a eutanásia praticada mediante uma ação que causa a morte ou mediante a omissão de um cuidado necessário para a vida. O fato de que hoje a morte seja, com frequência, excessivamente «medicalizada» e que existam meios técnicos para prolongar precariamente a vida faz que às vezes seja difícil a distinção entre a eutanásia e a legítima recusa ou suspensão de tratamentos inúteis ou desproporcionais, ou seja, a recusa daquilo que hoje comumente se denomina *obstinação terapêutica.*

Meios terapêuticos ordinários e extraordinários, proporcionais e não proporcionais – A difícil distinção entre eutanásia por omissão e obstinação terapêutica é devida também ao fato de que os conceitos de meio proporcional/desproporcional e ordinário/extraordinário nem sempre são bem definidos. Recentemente, M. Calipari fez uma proposta que merece atenta consideração[177]. Segundo o autor, a proporcionalidade ou desproporcionalidade de um meio de conservação da vida indicará a adequação ou inadequação «técnico-médica» do seu uso em relação à consecução de determinado objetivo de saúde ou sustento vital para o paciente[178]. A avaliação da proporcionalidade de um meio terapêutico reclama atenta consideração de elementos como a disponibilidade real ou a facilidade de obtê-lo, a atual possibilidade de usá-lo adequadamente, as expectativas razoáveis de real eficácia médica, os eventuais efeitos colaterais negativos, os riscos previsíveis, a possibilidade atual de recorrer a alternativas terapêuticas de igual ou maior eficácia e os recursos sanitários necessários ao emprego do meio[179].

O caráter ordinário ou extraordinário de um meio dependerá do paciente, e, deste ponto de vista, sua eventual condição extraordinária será determinada «pelo fato de que o paciente experimente, subjetivamente

(177) Cf. M. Calipari, *Curarsi e farsi curare: tra abbandono del paziente e accanimento terapeutico. Etica dell'uso dei mezzi terapeutici e di sostegno vitale*, San Paolo, Cinisello Balsamo (Milão), 2006.

(178) Cf. Id., p. 152.

(179) Cf. Id., pp. 154-157.

e na situação concreta, certa impossibilidade (*quaedam impossibilitas*) física ou moral para empregá-lo. Naturalmente, esta *impossibilidade* deve ser para o próprio paciente de tal grau que chegue a constituir um peso excessivo para os seus atuais recursos humanos»[180]. Também neste caso devem ser levados em consideração diversos elementos: esforço, dor, custo econômico para o paciente e para a sua família, grande medo ou forte repugnância, além da previsão de riscos, uma baixa taxa de eficácia global em relação aos benefícios razoavelmente esperados pelo paciente e a criação de condições clínicas ou humanas que impedirão o paciente de cumprir deveres morais mais graves ou inadiáveis[181].

Princípios morais sobre a utilização de meios terapêuticos – A citada *Declaração sobre a eutanásia* propõe alguns critérios úteis de juízo, que nada mais são que a aplicação ao nosso problema do princípio moral segundo o qual não existe o dever moral de recorrer ou de manter os meios terapêuticos extraordinários e/ou desproporcionais. Propõem-se quatro critérios:

1) «Na falta de outros remédios, é lícito recorrer, com o consenso do doente, aos meios postos à disposição pela medicina mais avançada, mesmo que ainda estejam em fase experimental e não isentos de algum risco. Aceitando-os, o doente poderá até dar exemplo de generosidade pelo bem da humanidade».

2) «Também é lícito interromper a aplicação de tais meios, quando os resultados desiludem as esperanças depositadas neles. Mas, ao tomar uma decisão deste gênero, dever-se-á ter em conta o justo desejo do doente e dos seus familiares, além do parecer de médicos verdadeiramente competentes; estes poderão sem dúvida julgar melhor do que qualquer outro se o investimento de instrumentos e de pessoal é desproporcional aos resultados previsíveis e se as técnicas adotadas impõem ao paciente sofrimentos e incômodos maiores que os benefícios que se podem obter deles».

3) «É sempre lícito contentar-se com os meios normais que a medicina pode oferecer. Não se pode, portanto, impor a ninguém o dever de recorrer a um tipo de cura que, mesmo que já esteja em uso, não é ainda isento de perigos ou é demasiado oneroso. A sua recusa não equivale

(180) Id., p. 159.

 (181) Cf. *ibidem*.

ao suicídio: antes significa a simples aceitação da condição humana, ou o desejo de evitar que se ponha em prática um dispositivo médico desproporcional aos resultados que se poderiam esperar, ou a vontade de não impor ônus demasiado graves à família ou à coletividade».

4) «Na iminência de uma morte inevitável não obstante os meios utilizados, é lícito em consciência decidir pela renúncia a tratamentos que visariam apenas a um prolongamento precário e penoso da vida, sem no entanto interromper os cuidados normais devidos ao doente em casos semelhantes. Por isso o médico não tem motivos para angustiar-se, como se não tivesse prestado assistência a uma pessoa em perigo»[182].

De acordo com estes critérios, não se pode considerar eutanásia por omissão a recusa a continuar com tratamentos que se demonstraram inúteis do ponto de vista terapêutico e que são adotados com a finalidade exclusiva de prolongar artificialmente, por algum tempo, uma vida em fase terminal devido a uma doença ou a uma condição extrema de velhice, para as quais todo tratamento se mostrou ineficaz e acrescentou mais sofrimentos, a ponto de privar da necessária serenidade para o momento da morte. A suspensão de tratamentos inúteis ou desproporcionais não é eutanásia porque a causa da morte é o curso natural da doença, e não a suspensão dos tratamentos; porque não se pretende causar a morte; e, finalmente, porque responde ao princípio de aceitação da morte inevitável, pela qual toda pessoa deve passar. Mas se deve notar que a recusa da obstinação terapêutica é diferente do abandono do doente terminal, a quem são sempre devidos os cuidados ordinários (alimentação, higiene, alívio da dor), o acompanhamento humano e o apoio psicológico, afetivo e espiritual[183].

b) A doutrina eclesial sobre a eutanásia

A doutrina eclesial sobre a eutanásia é relativamente recente. Durante muitos séculos o problema não se punha, dado que, por um lado, o princípio da inviolabilidade da vida humana tornava evidente a todos a

---

(182) Congregação para a Doutrina da Fé, *Declaração «Jura et bona» sobre a eutanásia*, cit., IV.

(183) Nos parágrafos 12 e 13, ocupar-nos-emos dos problemas particulares suscitados pela verificação da morte e da alimentação e hidratação artificiais.

ilicitude moral de toda forma de eutanásia e, por outro, o ensinamento cristão quanto ao sentido e ao valor do sofrimento era geralmente compreendido e aceito. A doutrina cristã afirma que todo esforço por aliviar a dor é estimado como uma obra de misericórdia e, ao mesmo tempo, possibilita atribuir a ela um sentido redentor e de purificação, que leva a pessoa a aceitá-la como expiação das suas culpas, sem que por isso deva descuidar dos meios para evitá-la.

A primeira intervenção importante do Magistério da Igreja diretamente relacionada à eutanásia vem de Pio XII, em resposta às questões que lhe tinham sido apresentadas quanto a problemas morais ligados ao uso de calmantes que poderiam, como efeito secundário, abreviar a vida[184]. Pio XII fez referência ao princípio moral positivo da caridade, indicando a licitude do uso de meios que aliviam a dor, ainda que possam produzir o efeito secundário indesejado de abreviar a vida do paciente. Recordou, porém, a importância de que se proceda de modo que o doente não seja reduzido a um estado de inconsciência que lhe impeça o cumprimento dos deveres de tipo religioso, moral, familiar e social, econômico, etc. Nos últimos trinta anos, o Magistério sobre temas relacionados à eutanásia tem sido abundante. Não se limitou a oferecer uma avaliação moral, mas também expôs os seus motivos e enfrentou os novos problemas surgidos com o progresso da medicina e a evolução da cultura no mundo ocidental[185].

Já citamos a declaração *Jura et bona* sobre a eutanásia publicada pela Congregação para a Doutrina da Fé em 1980. Ao enfrentar o problema da eutanásia, este documento responde também às questões que frequentemente são propostas quanto ao uso ou ao abandono dos novos

---

(184) Cf. Pio XII, *Discurso de 24-II-1957*: AAS, 49, 1957, p. 147.

(185) Dentre as declarações mais relevantes, podemos citar: Pio XII, *Discurso aos participantes no Simpósio Internacional sobre Anestesia e Pessoa Humana*, 24-II-1957, em *Discorsi e radiomessaggi di Pio XII*, Cidade do Vaticano, 1957, vol. XVIII, pp. 779-799; Paulo VI, «Ao Comitê Especial da ONU», 22-V-1974, em *Insegnamenti di Paolo VI*, 12, 1974, pp. 460 -461; Congregação para a Doutrina da Fé, *Declaração «Jura et bona» sobre a eutanásia*, cit.; Pontifício Conselho Cor Unum, *Questioni relative ai malati gravi e ai morenti*, 27-VI-1981; Pontifícia Academia para a Vida, *Considerações éticas sobre a eutanásia*, 09-XII-2000; João Paulo II, *Ai partecipanti nel 54º corso dell'Università Cattolica*, em *L'Osservatore Romano*, 06 -IX-1984, p. 3. Várias Conferências Episcopais publicaram cartas pastorais sobre o assunto: Alemanha Federal (1974), Grã-Bretanha (1975), Irlanda (1975), França (1976 e 1979), Holanda (1985), Espanha (1993) e Bélgica (2002).

tratamentos médicos no campo da reanimação e da terapia intensiva. A segunda parte da declaração se ocupa da eutanásia, confirmando a sua malícia intrínseca. Os motivos deste juízo se baseiam no mandamento da inviolabilidade da vida humana e na dignidade da pessoa, dos quais nos ocupamos nos capítulos anteriores.

De grande relevo é a encíclica *Evangelium vitae*. Contém um importante pronunciamento doutrinal sobre a eutanásia: «Em conformidade com o Magistério dos meus Predecessores e em comunhão com os Bispos da Igreja Católica, *confirmo que a eutanásia é uma violação grave da Lei de Deus, enquanto morte deliberada moralmente inaceitável de uma pessoa humana*. Tal doutrina se funda na lei natural e na Palavra de Deus escrita, é transmitida pela tradição da Igreja e ensinada pelo Magistério ordinário e universal»[186]. A avaliação moral negativa da eutanásia é proposta como verdade definitiva e irreformável, garantida pela infalibilidade exercida pelo Magistério ordinário universal da Igreja.

c) A reflexão ética

O estudo do princípio da inviolabilidade da vida humana e do suicídio, feito anteriormente[187], contém todos os elementos relevantes. Talvez seja conveniente acrescentar algumas reflexões sobre a eutanásia quando solicitada pelo próprio doente. Objetivamente, se deve considerar que, mesmo nos casos mais extremos de pessoas abandonadas por todos, quando a vida pode parecer mais uma carga que uma vantagem para a sociedade, a morte intencional de si mesmo é a negação do próprio sujeito moral, imagem do Deus vivente, pela qual se exime radicalmente de todo dever ético e, em particular, dos deveres éticos que a vida doente e a aceitação da morte trazem consigo. Com o sujeito moral, toda a ordem moral acaba objetivamente negada, e isto constitui um mal cuja escolha não pode ser justificada e para a qual não é lícito colaborar.

As tentativas de justificar eticamente a eutanásia partem da ideia de que a vida humana não é um bem intrínseco, mas antes um valor extrínseco,

(186) *Evangelium vitae*, n. 65.

(187) Cf., acima, cap. IV §§ 2, 3 e 4 (b).

ou seja, algo que tem valor apenas na medida em que é experimentado como bom e digno pela própria pessoa com base nas próprias ideias. O fundamento da proibição de matar seria então a faculdade de julgar o valor da própria vida, entendida como parte do direito mais amplo à autodeterminação. A proibição de matar não existiria para quem considerasse já não valer a pena continuar a viver e estimasse a própria morte como um bem. A pretensão de poder determinar a própria morte não seria senão a última consequência do direito de determinar a própria vida.

Do valor intrínseco da vida humana já nos ocupamos[188]. Agora podemos acrescentar, com Schockenhoff, que *a argumentação apresentada em defesa da eutanásia sob solicitação depende de dois pressupostos:* «considerar o desejo de morrer de um moribundo como a última expressão da sua autodeterminação moral» e a «possibilidade de que a satisfação desse desejo represente para ele uma ajuda *real* e, mais ainda, *a única* ajuda que podemos dar-lhe na sua dolorosa situação. Ambos os pressupostos se mostram, no entanto, excessivamente problemáticos, tanto no que diz respeito à possibilidade de fundamentá-los filosoficamente como tendo em conta a experiência médica no contato com os moribundos»[189].

Antes de exprimir-se livremente, a consciência do doente quanto ao valor da própria vida enferma deve constituir-se, e pode constituir-se, apenas em determinado contexto. A ideia que o homem tem de si mesmo depende daquilo que ele é aos olhos dos outros, e a valoração positiva ou negativa da própria situação não é senão uma reação à valoração que ele tem no juízo dos outros[190]. Um contexto familiar e sanitário dominado por um conceito hedonista ou utilitarista do valor da vida, e portanto favorável à eutanásia a pedido do doente, suscitará nele o desejo de morrer. O paciente é induzido pelo contexto a achar que os seus sofrimentos são uma dor para si e um incômodo para os médicos e os familiares[191]. A experiência clínica demonstra que, no estágio avançado da doença, o desejo de morrer representa com frequência uma súplica

(188) Cf., acima, cap. IV, § 2.

(189) E. Schockenhoff, *Etica della vita. Un compendio teologico*, cit., p. 345.

(190) Cf., sobre tudo isto, *ibidem*, pp. 345 ss.

(191) Interessantes reflexões sobre este ponto em E. Lamb, *Down the Slippery Slope: Arguing in Applied Ethics*, Routledge, Londres, 1987, pp. 48 e 65.

velada de não ser abandonado do ponto de vista terapêutico (tratamento da dor) e não perder o acompanhamento humano e afetivo.

Também não parece verdadeira a ideia de que a eutanásia seja a única e a última ajuda que se pode dar a uma pessoa para aliviar os seus sofrimentos e para ajudá-la a morrer de modo sereno e digno. A eutanásia tem antes o sabor de uma derrota por parte dos homens e da sociedade que renuncia a percorrer o caminho de uma assistência sanitária e humana ao moribundo, para a qual a medicina paliativa dispõe atualmente de muitos e eficazes recursos. Na verdade, a aceitação social da eutanásia representa a paralisia das pesquisas e dos investimentos no campo da assistência aos moribundos e dos cuidados paliativos. Somente quando não existem ou não se oferecem propostas eficazes de acompanhamento é que a eutanásia pode parecer ao doente e aos seus familiares o único e mais eficaz meio para chegar a uma morte digna e livre de sofrimentos insuportáveis.

d) As leis sobre a eutanásia

Os defensores da legalização ou despenalização da eutanásia argumentam que uma regulamentação legal da eutanásia é hoje necessária. Independentemente do modo de tratar a doença e a morte que cada um considere mais justo, uma regulamentação deste tipo serviria ao menos para garantir a proteção do direito de cada pessoa a uma morte digna, defendendo-a da obstinação terapêutica ou de um prolongamento artificial da vida que seja de todo inútil, sem falar do direito à autodeterminação e à liberdade de escolha dos pacientes na hora de decidir a que intervenções e tratamentos devem submeter-se. Permitiria, além disso, melhorar as relações entre médico e paciente, na medida em que torna possível um diálogo mais aberto sobre estes problemas e em que o médico é advertido de que os sofrimentos dos doentes podem atingir limites insuportáveis. Finalmente, a regulamentação legal evita suicídios impensados e mal-sucedidos e fornece às autoridades instrumentos para eliminar as práticas clandestinas.

*Diante desta argumentação, é preciso considerar o argumento da «pendente resvaladiça» (*slippery slope*)*[192], que em substância afirma que, uma

---

(192) Cf. E. Lamb, *Down the Slippery Slope: Arguing in Applied Ethics*, cit.

vez admitida a eutanásia, de fato e sobretudo legalmente, para alguns casos-limite, desemboca-se em uma pendente pela qual se escorrega sem controle nem possibilidade de frear eficazmente os abusos. É verdade que este argumento foi criticado por ser exagerado e catastrófico[193], mas a análise do que vem acontecendo nos locais onde a eutanásia foi legalizada ou despenalizada (Holanda, Austrália, Oregon, Bélgica) demonstra que o fenômeno da «pendente resvaladiça» é real[194]. Uma vez admitida, a eutanásia começou a ser praticada além dos casos previstos em lei, as medidas de prevenção foram ineficazes e as autoridades judiciais e políticas não intervieram contra as infrações. A tendência tem sido antes ampliar cada vez mais a legislação permissiva (o caso da Holanda é emblemático), até chegar à eutanásia realizada contra a vontade do doente. Com acerto escreve Schockenhoff que «os limites iniciais e as distinções cada vez mais difíceis, que deviam excluir um abuso no plano lógico-conceitual, já não conseguem delimitar claramente a ideia de eutanásia *de dentro* a partir do momento em que alguém se sente autorizado a já não levar em conta a barreira *externa*, a já não considerar válida a proibição de matar»[195]. Parece-nos de igual modo justa a conclusão de Ortega: a negatividade dos efeitos da admissão da eutanásia é tal que exige do legislador «a limitação do exercício da autodeterminação do doente no que diz respeito ao suposto direito de decidir como e quando buscar a morte»[196].

A Igreja Católica considera que as leis que autorizam ou toleram a eutanásia são contrárias ao bem comum e, portanto, devem ser consideradas leis injustas[197]. Este juízo possuiu motivação ética e ético-política mais

---

(193) Para uma primeira informação sobre as diversas posições, cf. C. Ryan, «Pulling Up the Runway: the Effect of New Evidence on Euthanasia's Slippery Slope». *Journal of Medical Ethics*, 24, 1998, pp. 341-344; R. G. Frey, *El temor a dar un paso hacia el abismo. La eutanasia y el auxilio médico al suicidio*, Cambridge University Press, Madri, 2000; J. M. Serrano, *Eutanasia y vida dependiente*, Ediciones Internacionales Universitarias, Madri, 2000.

(194) Veja-se o excelente estudo de I. Ortega, «La "pendiente resbaladiza" en la eutanasia: ¿ilusión o realidad?». *Annales theologici*, 17, 2003, pp. 77-124.

(195) E. Schockenhoff, *Etica della vita. Un compendio teologico*, cit., p. 351.

(196) I. Ortega, *La «pendiente resbaladiza» en la eutanasia: ¿ilusión o realidad?*, cit., p. 121 (tradução nossa).

(197) Cf. *Evangelium vitae*, n. 72. Vejam-se os comentários de L. Ciccone, «L'eutanasia e il principio dell'inviolabilità assoluta di ogni vita umana innocente», e de B. Kiely, «Il senso della sofferenza e della morte umana», em E. Sgreccia, R. Lucas (eds.), *Commento interdisciplinare alla* Evangelium vitae, cit., pp. 453-466 e 683-693.

que suficiente, cujas bases racionais são expressas com muita clareza por E. Schockenhoff quando afirma que as contradições intrínsecas da ideia de eutanásia «nos fizeram ver que uma liberação da morte mediante solicitação faria fracassar o próprio objetivo desta por duplo aspecto. A possibilidade de eutanásia expõe o moribundo a coerções sociais que novamente ameaçam a sua liberdade; além disso, não representa uma ajuda real, nem a única ajuda que podemos prestar-lhe na sua dolorosa situação. A isto se acrescenta, enfim, que o perigo de uma regressão cultural por consequência dos possíveis abusos, bem como a tentação do ambiente social de driblar pela via da autodispensa o cumprimento dos deveres gravosos, são na nossa sociedade maiores do que os fautores da eutanásia querem admitir»[198].

12. A verificação da morte

a) O critério neurológico de verificação da morte

O problema da determinação do momento da morte tem importantes repercussões médicas, legais, sociais e religiosas. É fácil entender que o esforço realizado nas últimas décadas para adequar o conceito de morte clínica aos mais recentes resultados da ciência médica tenha suscitado um interessante debate não só entre os médicos, que desejam saber até quando se deve continuar determinado tratamento ou quando se pode dispor de um órgão para um transplante, mas também entre filósofos e teólogos[199].

O objeto dos recentes debates não é tanto o conceito filosófico de morte, segundo o qual consiste na separação entre alma e corpo, mas a verifica-

(198) E. Schockenhoff, *Etica della vita. Un compendio teologico*, cit., p. 354.

(199) Retomamos aqui, com modificações e atualizações, os elementos fundamentais de um estudo anterior: A. Rodríguez Luño, «Rapporti tra il concetto filosofico e il concetto clinico di morte». *Acta philosophica*, 1, 1992, pp. 54-68. Sobre este problema, veja-se também: C. Manni, «La morte cerebrale. Aspetti scientifici e problemi etici». *Medicina e morale*, 36/3, 1986, pp. 495-499; E. Sgreccia, «Aspetti etici connessi con la morte cerebrale». *Medicina e morale*, 36/3, 1986, pp. 515-526; D. Lamb, *Il confine della vita*, Il Mulino, Bolonha, 1987; J. Colomo Gómez, *Muerte cerebral. Biología y ética*, Eunsa, Pamplona, 1993; I. Carrasco de Paula, «Il problema filosofico ed epistemologico della morte cerebrale». *Medicina e morale*, 43, 1993, pp. 889-902.

ção da morte clínica. Tradicionalmente, a morte era identificada com a interrupção irreversível da respiração e da circulação sanguínea. Os progressos da medicina, particularmente das técnicas de reanimação, obrigaram a relativizar esta concepção. Com efeito, se graças a diversas técnicas um paciente que sofreu uma parada cardiorrespiratória pode voltar a viver, é claro que esta parada não pode ser identificada sempre e de modo absoluto com a morte. Devido a estes fatos, a atenção da medicina foi desviada do coração para o cérebro, e formulou-se um critério neurológico para a verificação da morte quanto ao qual houve, e em parte ainda há, viva discussão, que põe em confronto diversas concepções. Podem-se apontar três tendências fundamentais:

1) Alguns autores entendem a morte como um *processo,* e não como um *evento,* baseando-se no fato de que em todos os tecidos do organismo ocorre uma série de mudanças degenerativas e destrutivas, normalmente em consequência da (mas às vezes também previamente à) cessação irreversível da respiração espontânea e da circulação sanguínea; por exemplo, a necrose de células do cérebro e de outros órgãos vitais, o resfriamento, o *rigor mortis*, a lividez cadavérica, etc. Estes tipos de processos se prolongam por anos, às vezes muitíssimos, até que o esqueleto se desintegra.

2) Outros autores definem a morte como *perda irreparável do que é essencialmente significativo da natureza humana*[200], ou seja, das funções superiores de índole cognoscitiva e volitiva e da capacidade de estabelecer relações com o ambiente. Esta tese parece contradizer o sentido moral comum e a praxe médica mais habitual: não é normal duvidar de que estejam vivos pacientes em coma ou que se encontram no chamado estado vegetativo permanente, os quais, por terem sofrido danos no córtex cerebral, são incapazes de atos conscientes, mas se encontram em uma situação estável em que se mantêm espontaneamente (sem ventilação mecânica) as outras funções vitais.

3) Outros finalmente consideram que a morte é um fato que não deve ser confundido com a agonia que a precede, nem com o consequente processo de decomposição de células e tecidos (a morte biológica). Estes autores definem a morte como *a cessação permanente do fun-*

(200) Cf. R. Veatch, *Death, Dying and the Biological Revolution. Our Last Quest for Responsability*, Yale University Press, New Haven, 1976 (há uma edição revista de 1989).

cionamento do organismo humano como um todo[201]. Isto não significa que a morte seja a cessação do somatório das funções de todos os órgãos. A morte é a interrupção permanente das complexas relações funcionais entre os diversos órgãos. O «funcionamento do organismo como um todo» significa a conservação das relações espontâneas e inatas dos órgãos presentes no corpo. Mais particularmente, devem subsistir as atividades espontâneas efetuadas pela integração de todos ou da maioria dos subsistemas (por exemplo, o controle neuroendócrino) e algumas respostas limitadas ao ambiente (mudanças de temperatura e reações à luz e ao som). No entanto, a integração de todos os subsistemas não é necessária, pois alguns deles podem ser substituídos (marca-passo, etc.), sem que por isso deixe de funcionar o organismo no seu conjunto.

Os defensores da posição 1) consideram que fixar num só ponto aquele processo gradual, a fim de fazer dele o momento da morte, seria arbitrário, e por isso não aceitam facilmente o critério neurológico. Sem entrar no mérito da questão, é possível observar que esta posição se refere antes à morte biológica do que à morte clínica e que é impraticável do ponto de vista médico (até quando continuar com os tratamentos?), legal (quando um testamento se torna executável?), social e religioso.

Para os seguidores da posição 2), a morte clínica consiste na cessação irreversível do funcionamento do cérebro somente ou do córtex cerebral (funções superiores), dado que estaria então perdido, em definitivo, aquilo que é essencialmente significativo da natureza humana. Como dissemos acima, esta posição não nos parece aceitável.

Entre aqueles que compartilham a posição 3), há duas posições:

a) A mais comum sustenta que o ser humano só morre quando ocorre a cessação irreversível do funcionamento de todo o encéfalo: cérebro, cerebelo e tronco encefálico («morte cerebral total»), pois só então se pode falar de cessação do funcionamento do organismo como um todo. Esta posição foi assumida pela Associação Médica Mundial (Declaração de Sidney, 1968, revisada na XXXV Assembleia, realizada em Veneza no ano de 1983), pela comissão convocada pelo presidente dos Estados Unidos e pela Pontifícia Academia das Ciências (outubro

(201) Cf. J. L. Bernat, Ch. Culver, B. Gert, «On the Definition and Criterion of Death». *Annals of Internal Medicine*, 94, 1981, pp. 389-394.

de 1985)[202]. A comissão convocada pelo presidente dos Estados Unidos a exprime do seguinte modo:

Um indivíduo que tenha sofrido:

i) cessação irreversível das funções circulatória e respiratória, ou

ii) cessação irreversível das funções de todo o encéfalo, é um indivíduo morto.

O critério i) se aplica aos pacientes não submetidos à reanimação. O critério ii), àqueles que foram submetidos a ela. Tende-se a considerar o critério ii) como o verdadeiro critério da morte, já que a cessação definitiva das funções cardíaca e respiratória conduz rapidamente à morte encefálica[203].

b) Na Grã-Bretanha, ao contrário, a Conferência dos Colégios Reais de Médicos concentrou sua atenção no critério baseado na cessação irreversível do funcionamento do tronco encefálico[204]. Os defensores deste critério afirmam que, sem o funcionamento do sistema reticular ativador ascendente (ARAS), não só não é possível a consciência, mas não são sequer possíveis a respiração e a integração das outras funções vegetativas, de modo que, uma vez «morto» o sistema reticular, o coração e o córtex cerebral ficarão privados de oxigênio e deixarão de funcionar, chegando até a morte de todo o encéfalo. A cessação das funções

---

(202) Cf. Comissão Presidencial para o Estudo de Problemas Éticos na Medicina e Pesquisa Biomédica e Comportamental, *Defining death,* US Government Printing Office, Washington, 1981. O comunicado da Pontifícia Academia das Ciências pode ser consultado em *L'Osservatore Romano*, 31-X-1985.

(203) Do ponto de vista anatomopatológico, a perda irreversível do funcionamento de todo o encéfalo («morte encefálica») é considerada uma necrose asséptica, liquefativa (cf. R. Lindberg, *Sistemic oxygen deficiences: the respirator brain,* em Aa.Vv., *Pathology of the Nervous System*, Mc Graw-Hill, Nova York, 1971, pp. 1583-1617), devida à parada da circulação encefálica, a qual pode ter origem no aumento anormal da pressão intracraniana ou por um déficit de fluxo (parada cardíaca, choque). Todavia, *no diagnóstico de morte encefálica* a atenção não está voltada para o fenômeno de necrose, mas sobretudo para a irreversiblilidade da parada circulatória encefálica, por causa do «fenômeno de não refluxo» (*the no-reflow phenomenon*): chega um momento em que, ainda que se restabeleça a atividade cardíaca, não se produz novamente fluxo sanguíneo encefálico por falta de permeabilidade do estrato capilar encefálico. Até agora, a medicina não conseguiu superar o «fenômeno de não refluxo» (cf. A. Ames III, R. L. Wright, M. Kowada, J. M Thurston, G. Majno, «Cerebral Ischemia II. The No-Reflow Phenomenon». *American Journal of Pathology*, 52, 1968, pp. 437-453).

(204) Cf. Conferência dos Colégios Reais de Médicos e seus Docentes no Reino Unido, «Diagnosis of Brain Death». *British Medical Journal,* 1976, n. 2, pp. 1187-1188; «Diagnosis of Death». *British Medical Journal*, 1979, n. 1, p. 3320.

do tronco encefálico é considerada o «núcleo fisiológico» da morte encefálica e a determinante da cessação do funcionamento do encéfalo no seu conjunto.

A Comissão Presidencial dos Estados Unidos sustenta que o critério inglês oferece mais um prognóstico que um diagnóstico, ou seja, considera o momento em que o processo que conduz à morte é imparável, e não a morte ocorrida. O critério da Comissão Presidencial se baseia na constatação da «morte» de todo o encéfalo; o critério inglês, na constatação da cessação do funcionamento do encéfalo no seu conjunto, uma vez que o funcionamento integrado não pode ocorrer se é morto o tronco encefálico. Os defensores desta última opinião acreditam que o critério da Comissão Presidencial representa um excesso de cautela. Ao contrário, aqueles que não a aceitam poderiam dizer, por exemplo, que é difícil considerar já morta uma pessoa com o tronco encefálico irreversivelmente danificado, com respiração mantida artificialmente, em cujo córtex cerebral o eletroencefalograma registra ainda alguma atividade[205].

Em todo caso, uma vez aceito um critério neurológico para verificar a morte clínica, devem ser individuados os testes para certificar se determinado paciente está morto. Trata-se de um tema excessivamente técnico, quanto ao qual não temos competência. Advertimos, no entanto, que existem três casos em que o diagnóstico é particularmente difícil. Para eles, é preciso empregar esquemas diagnósticos mais complexos e extrema cautela, uma vez que não são definitivos os parâmetros e os sintomas que em outras situações significam irreversibilidade. Estes casos são: 1) determinação da morte encefálica das crianças; 2) diagnóstico em caso de hipotermia; 3) diagnóstico em caso de intoxicação causada por drogas sedativas e anestésicas (barbitúricos, benzodiazepina, etc.). A legislação de cada país costuma fixar alguns requisitos para a certificação da morte, sobretudo quando se devem fazer transplantes de órgãos. É necessário observar, finalmente, que, como em todo diagnóstico médico, também aqui podem ocorrer erros humanos, que levam a considerar morto quem na verdade ainda está vivo (falso positivo) ou a considerar vivo quem na verdade está morto (falso negativo). Todavia,

(205) Cf. D. Lamb, *Il confine della vita,* cit., pp. 85-91. Lamb é um convicto defensor da tese adotada na Inglaterra.

o erro diagnóstico do médico em um caso específico não implica necessariamente que o critério de morte aceito não seja confiável, assim como o erro do médico no diagnóstico de hepatite de um doente específico não significa que os conhecimentos da medicina atual sobre a hepatite não sejam exatos.

b) Considerações antropológicas

Do ponto de vista antropológico, podemos afirmar que, do fato de um indivíduo da espécie humana ficar permanente e irreversivelmente impossibilitado de exercitar as faculdades racionais, não é legítimo concluir que este indivíduo não seja uma pessoa humana viva ou que não possua uma alma racional. Desde Aristóteles, a alma é definida como *ato primeiro de um corpo natural organizado*[206] ou como *aquilo pelo qual primeiramente vivemos, mudamos de lugar e compreendemos*[207]. Os termos «primeiro» e «primeiramente» aludem à distinção entre alma e potências operativas, a qual corresponde à própria condição metafísica de criatura (não identidade entre ser e agir, etc.). A alma é *ato primeiro*, as operações vitais são ato segundo. Isto quer dizer que, quando se realiza uma operação vital, há certamente passagem de potência a ato, mas o que passa da potência ao ato não é a alma, mas a potência operativa (a inteligência, a vontade, etc.). A impossibilidade de conhecer implica a impossibilidade de que a inteligência passe a ato, mas não tira da alma nada da sua atualidade, uma vez que o ato (primeiro) da alma não é operação (ato segundo).

Somente quando desaparece a vida *em ato primeiro* – da qual a alma é primeiro princípio – é que podemos dizer que a alma se separou do corpo. A impossibilidade de exercitar algumas operações (atos segundos) não permite afirmar a separação da alma. A alma deve pôr-se em relação com a vida (em ato primeiro), de modo que somente uma lesão orgânica que cause o fim da vida de todo o organismo, e não apenas o fim das operações de algumas faculdades, causa também a separação da alma. A alma não é determinada estrutura do corpo, mas a sua causa,

---

(206) Aristóteles, *De anima*, II, 1, 412 a 27 e b 5.

 (207) Id., II, 2, 414 a 12.

e faz que este corpo organizado funcione como um todo. É próprio da alma animar e unificar o conjunto, exercer o princípio unificador das suas partes. Se a presença da alma causa e se manifesta no funcionamento do organismo como um todo, é necessário dizer também que *a manifestação fenomenológica mais característica da separação da alma é a cessação do funcionamento do organismo como totalidade unificada.*

Tenha-se presente, no entanto, que, quando a alma humana se separa do corpo, este não se desintegra em um instante, mas cessa de comportar-se como um todo. Não parece razoável falar de forma substancial de cadáver[208], como se o cadáver tivesse a unidade própria de uma substância viva. O cadáver, como tal, é morto. Nele pode haver ainda vida em sentido biológico (vida de células, de grupos de células ou tecidos), que se rege segundo as leis próprias deste tipo de vida, mas não há a vida própria do organismo humano. Não é nada estranho que, se um órgão ou uma célula recebe oxigênio e alimentação, este órgão ou esta célula permaneça preservado da putrefação por algum tempo – pouco ou muito. Esta é uma questão de biologia elementar (citologia), ou talvez de bioquímica, mas não de zoologia ou de antropologia. Isto é, as estruturas orgânicas outrora formadas e vivificadas pela alma humana podem conservar por algum tempo, dando-se as condições favoráveis, a sua consistência biológica e bioquímica própria, de acordo com as leis gerais da biologia inferior e da bioquímica, mas isto não significa que seja vivo o organismo superior de que faziam parte tais células e órgãos. Por isso não parece adequada, para efeitos clínicos, a posição daqueles que concebem a morte como um processo em que não é possível determinar um momento particularmente relevante do ponto de vista clínico, social e legal.

c) Avaliação conclusiva

Se o modo em que relacionamos as considerações médicas com as filosóficas está correto, tanto o conceito de morte como perda irreparável daquilo que é essencialmente significativo da natureza humana quanto o critério clínico consequente (cessação irreversível apenas das funções

---

(208) Cf. P. Siwek, *Psychologia metaphysica*, 5ª ed., PUG, Roma, 1956, p. 539.

do cérebro) parecem-nos incompatíveis com a concepção filosófica que a nosso ver melhor se ajusta à realidade do ser humano. O conceito de morte como cessação permanente do funcionamento do organismo como um todo nos parece, por sua vez, adequado *do ponto de vista dos seus pressupostos ou implicações filosóficas.* No nosso entender, *a cessação irreversível das funções de todo o encéfalo pode ser aceita como critério neurológico válido para a verificação da morte clínica.* Não compete a nós exprimir juízo sobre o valor dos exames que estão sendo requisitados pela legislação de diversos países para chegar ao diagnóstico da morte. Também não nos consideramos competentes para exprimir um juízo definitivo sobre a tese que adota como critério de morte a cessação irreversível das funções do tronco encefálico, ainda que este critério suscite em nós grande perplexidade e não nos pareça praticável até que esta perplexidade seja resolvida.

O critério neurológico que consideramos aceitável é amplamente admitido no âmbito médico internacional. Mesmo o magistério ordinário da Igreja se referiu ao problema com muita prudência, em sentido cautelosamente positivo. Vale a pena citar aqui inteiramente as palavras de São João Paulo II: «Sabe-se muito bem que, desde há algum tempo, diversas abordagens científicas da certificação da morte transferiram a ênfase dos tradicionais sinais cardiorrespiratórios para o chamado critério "neurológico", nomeadamente para a constatação, segundo parâmetros bem determinados e em geral compartilhados pela comunidade científica internacional, da cessação total e irreversível de qualquer atividade encefálica (cérebro, cerebelo e tronco encefálico), como sinal da perda da capacidade de integração do organismo individual como tal. Diante dos parâmetros hodiernos de certificação da morte, quer haja referência aos sinais "encefálicos", quer se faça recurso aos mais tradicionais sinais cardiorrespiratórios, a Igreja não toma decisões técnicas, mas limita-se a exercer a responsabilidade evangélica de confrontar os dados oferecidos pela ciência médica com uma concepção cristã da unidade da pessoa, evidenciando semelhanças e eventuais contradições que poderiam pôr em perigo o respeito pela dignidade humana. Nesta perspectiva, pode-se afirmar que o supramencionado critério de certificação da morte recentemente adotado, isto é, a cessação total e irreversível de toda a atividade encefálica, se for aplicado de maneira escrupulosa, não parece contrastar os elementos essenciais de uma sólida antropologia. Como consequência, o operador no campo da saúde que tem a responsabilidade profissional da certificação da morte pode basear-se neles para alcançar, caso a caso, aquele grau de certeza no juízo ético que a doutrina moral qualifica pelo termo "certeza moral", a qual é a base necessária e suficiente para poder agir de maneira eticamente correta. Portanto, só na presença dessa certeza será moralmente legítimo ativar os necessários processos técnicos para a remoção dos órgãos por transplantar, tendo o médico sido informado do prévio consentimento do doador ou dos seus legítimos representantes»[209].

No entanto, devemos fazer constar que se têm levantado dúvidas e perplexidades quanto à validez do critério neurológico para certificação da morte clínica[210]. Alguns autores chegam a afirmar que o critério da morte encefálica é inadequado ou insuficiente para garantir a certeza moral da morte real da pessoa. A objeção é sustentada por estudos que apresentaram alguns casos de pacientes que tinham sido considerados «cerebralmente mortos», mas que ainda davam alguns sinais de vida[211]. No entanto, depois de um estudo atento, demonstrou-se que tais casos ou não estavam bem documentados, ou eram casos de incorreta aplicação dos critérios neurológicos, com o consequente erro no diagnóstico de morte cerebral[212].

A objcção mais importante é a que contesta a função integrativa do encéfalo. Mesmo sendo verdade que a degradação de algumas funções ou subsistemas pode ser progressiva, e não pontual, sobretudo com a ajuda da ventilação mecânica, é igualmente certo que a condição de morte encefálica marca um ponto sem retorno absolutamente irrever-

(209) João Paulo II, *Discurso ao XVIII Congresso Internacional da Sociedade de Transplantes*, 29-VIII-2000, n. 5. Cf., em sentido análogo, Pontifício Conselho da Pastoral no Campo da Saúde, *Carta dos profissionais de saúde*, Cidade do Vaticano, 1995, n. 87.

(210) Cf., por exemplo, S. J. Youngner, «Defining Death. A Superficial and Fragile Consensus». *Archives of Neurology*, 49, 1992, pp. 570-572; P. A. Byrne, S. O. Reilly, P. M. Quay, «Brain Death: An Opposing Viewpoint». *JAMA*, 242/18, 1979, pp. 1985-1990.

(211) Cf., por exemplo, D. A. Shewmon, «Chronic "Brain Death". Meta-analysis and Conceptual Consequences». *Neurology*, 51/6, 1998, pp. 1538-1545; T. Yoshioka, H. Sugimoto, M. Uenishi, et al., «Prolonged Hemodynamic Maintenance by the Combined Administration of Vasopressin and Epinephrine in Brain Death: A Clinical Study». *Neurosurgery*, 18/5, 1986, pp. 565-567.

(212) Cf. E. F. M. Wijdicks, J. L. Bernat, «Chronic "Brain Death": Meta-analysis and Conceptual Consequences. To the Editor». *Neurology*, 53/6, 1999, pp. 1369-1372.

sível[213]. Decerto não somos competentes para avaliar todos os aspectos científicos e considerar encerrada a questão. *No entanto, parece-nos que pode ser aceita a ideia, hoje amplamente compartilhada no âmbito médico, de que o critério neurológico, quando bem aplicado, é idôneo para a certificação da morte, ao menos até que surjam evidências contrárias.*

Consideramos, porém, que *se poderiam evitar as críticas e as suspeitas se fossem respeitados os aspectos mais intuitivos da questão.* O que suscita maior perplexidade, e às vezes até escândalo, é a retirada de órgãos de um cadáver com o coração ainda batendo. A resposta à objeção contra a «morte cerebral» causada por este tipo de retirada não leva em conta, em nossa opinião, o aspecto intuitivo do problema. Neste caso particular, com efeito, o novo critério de diagnóstico da morte (a assim chamada morte encefálica) não só é diferente e mais avançado em relação ao tradicional (parada cardiorrespiratória definitiva), como é usado de tal modo que *se opõe* ao critério tradicional, chocando-se contra uma evidência ética intuitiva secular. De acordo com o uso do novo critério, não é verdade que uma pessoa cujo coração bate espontaneamente (mas não respira de modo espontâneo) não possa ser considerada morta. Ainda que cientificamente isto admita explicações plausíveis, intuitivamente não é admissível para os parentes, para parte do pessoal médico e de enfermagem, etc. E este aspecto intuitivo tem relevância humana e ética. Em conclusão, para nós, que estamos convencidos da validez do critério neurológico para a certificação da morte, a pressa excessiva dos médicos que querem proceder à retirada provoca grandes perplexidades, e compreende-se que esta pressa crie certo escândalo que torna difícil a aceitação do critério neurológico.

13. *Alimentação e hidratação artificiais*

a) O problema ético

O problema que agora devemos estudar é o da licitude ou ilicitude da suspensão da alimentação e hidratação artificiais daqueles doentes em estado vegetativo permanente ou em outras situações análogas. Tra-

(213) Tenha-se presente tudo o que foi dito antes, na nota 199.

ta-se de doentes que perderam irreversivelmente as funções superiores (ao menos assim parece), que se encontram em uma situação estável que pode prolongar-se por muito tempo e que mantêm espontaneamente (sem ventilação mecânica) as outras funções vitais. Estes pacientes não podem alimentar-se por si sós e têm necessidade de que lhes sejam administrados alimentos e líquidos por via parenteral, sonda gástrica, etc. De outro modo, morreriam por inanição e desidratação.

O «estado vegetativo persistente» implica a morte do córtex cerebral, mas não a morte encefálica (ou «morte cerebral total»). Consiste em uma alteração causada por um dano estrutural do córtex cerebral que ocasiona grave distúrbio do funcionamento coordenado de ambos os hemisférios cerebrais e do mesencéfalo, enquanto permanece uma atividade do tronco encefálico suficiente para sustentar as funções vegetativas espontâneas. Trata-se de uma situação clínica diferente do *coma dépassé.* O quadro clínico do estado vegetativo persistente se caracteriza pela ausência persistente de consciência[214] e pela permanência das funções vegetativas e dos reflexos. Se se administra ao paciente algum alimento, o sistema digestivo funciona, os rins produzem urina, etc. O coração e os pulmões funcionam normalmente (não há necessidade de ventilação mecânica). Estão presentes os reflexos medulares e os do tronco encefálico: fotomotores, deglutição, oculoauditivos, movimentos do olho, movimentos de respiração, etc. Se lhes são administrados os cuidados devidos, estes pacientes podem permanecer com vida (sem necessidade de ajuda respiratória) por muito tempo. Mesmo que a experiência com este tipo de pacientes seja ainda limitada, parece que é possível saber com segurança em que casos a reparação dos danos neurológicos não será possível. Não obstante, a experiência demonstra que é necessário ter muita prudência e uma observação prolongada antes de diagnosticar um estado vegetativo permanente, especialmente quando se trata de danos de origem hipóxica em pacientes jovens.

Aqueles que identificam a perda irreversível das funções superiores com a morte do homem consideram que seja lícito não proceder à ali-

(214) Cf. D. H Ingvar et al., «Survival After Severe Cerebral Anoxia with Destruction of the Cerebral Cortex: The Apallic Syndrome». *Annals of the New York Academy of Sciences*, 35, 1978, p. 184; R. Proietti, «Stato vegetativo e morte cerebrale», em Aa.Vv., «Né accanimento né eutanasia». *Quaderni di scienza e vita*, 1, Roma, 2006, pp. 45-53.

mentação e hidratação artificiais destes doentes, ou até suspendê-las se já se tinham começado. No parágrafo anterior, mostramos que esta concepção da morte do homem não nos parece aceitável. Os que se encontram em estado vegetativo permanente são seres humanos vivos e como tais devem ser tratados.

Mesmo autores que não compartilham desta concepção de morte consideram, porém, que a alimentação e a hidratação artificiais não são obrigatórias e podem ser suspensas, uma vez que seriam meios extraordinários ou desproporcionais, que constituem um ônus excessivo para os parentes e para a sociedade e que não garantem senão o prolongamento de uma vida precária[215].

Quanto a este problema, houve vivo debate, também por causa de alguns casos que sensibilizaram a opinião pública. O Magistério da Igreja interveio mais vezes, de forma cada vez mais explícita[216].

Os teólogos católicos que consideram que a alimentação e a hidratação artificial destes pacientes podem ser interrompidas entendem que este posicionamento pode fundar-se nos ensinamentos de Pio XII sobre a legitimidade de renunciar aos meios extraordinários para a conservação da vida. Mencionam particularmente a alocução de Pio XII de 24 de novembro de 1957, dirigida a um Congresso de Anestesiologia[217]. As questões apresentadas a Pio XII se referiam às técnicas de reanimação e, mais especificamente, ao uso dos ventiladores que mantêm artificialmente a respiração. Se se sabe ou se pensa razoavelmente que o doente, depois das práticas de reanimação e depois de transcorrido um prudente período de tempo, não é capaz de retomar naturalmente a respiração, na verdade pode ser declarado clinicamente morto, e daí se pergunta justamente até quando deve permanecer ligado ao ventilador artificial. Todavia, o problema da alimentação e da hidratação artificiais é comple-

---

(215) Oferece uma boa visão de conjunto da discussão W. E. May, «Caring for Persons in the Persistent Vegetative State and Pope John Paul II's March 20, 2004 Address on Life-sustaining Treatments and the Vegetative State». *Medicina e morale*, 55/3, 2005, pp. 533-553. Veja-se também D. Tettamanzi, *Nuova bioetica cristiana*, Piemme, Casale Monferrato, 2000, pp. 515-523.

(216) A intervenção mais recente é: Congregação para a Doutrina da Fé, *Respostas a perguntas da Conferência Episcopal dos Estados Unidos sobre a alimentação e hidratação artificiais*, 01-VIII-2007. As respostas são acompanhadas de uma Nota de comentário, que tivemos presente ao escrever estas páginas.

 (217) Cf. AAS, 49, 1957, sobretudo pp. 1029-1030.

tamente diferente. Alimentação não é reanimação. Os doentes em estado vegetativo permanente respiram espontaneamente sem ajuda de um ventilador, digerem os alimentos naturalmente, desenvolvem outras funções metabólicas, etc. Não conseguem, no entanto, alimentar-se por si sós. Se não lhes dão alimento e líquidos, morrem, e a causa da morte não é uma doença ou o estado vegetativo permanente, mas unicamente a inanição e a desidratação.

Por outro lado, não convencem as razões pelas quais se pensa que a alimentação e a hidratação artificiais seriam um meio extraordinário não obrigatório. Examinemos as razões que se poderiam alegar:

1) Porque é caro. Atualmente não parece que seja verdade. Os meios modernos de alimentação artificial têm custo muito reduzido, ao alcance de qualquer sistema sanitário de tipo médio, e não requerem a hospitalização do doente.

2) Porque impõe uma pesada carga aos parentes. A alimentação artificial em si não é um ônus tão pesado, sobretudo quando se pode dispor dos sistemas mais modernos de nutrição enteral (particularmente a PEG: *Percutaneous Endoscopic Gastronomy*[218]). Sim, trata-se de um ônus relevante o fato de ter um parente em estado vegetativo permanente durante meses ou até anos. No entanto, este é um ônus semelhante ao de quem tem um parente paralítico, tetraplégico, com uma doença mental grave, etc. São pessoas que necessitam de assistência contínua. Os ensinamentos de Pio XII não podem ser interpretados, por razões bastante óbvias, no sentido de que seja lícito deixar morrer de fome e de sede os doentes que requerem cuidados da sua família continuamente. Não é neste sentido que Pio XII falava de meios extraordinários.

3) Porque é inútil. Tampouco esta objeção parece verdadeira. Trata-se de um meio claramente proporcional ao seu objetivo: impedir que o doente em situação estável morra por inanição ou desidratação. Não pretende ser uma terapia resolutiva do estado vegetativo permanente, mas um meio ordinário e mínimo para sustento da vida.

4) Porque, como disse Pio XII, a vida e a saúde estão ordenadas aos fins espirituais, e a alimentação e a hidratação dos doentes em estado

---

(218) Cf. A. Di Vincenzo, «La nutrizione artificiale», em Aa.Vv., *Né accanimento né eutanasia*, cit., pp. 55-61. A PEG tem custo muito reduzido, pode ser fornecida facilmente em domicílio ou em instalações hospitalares para cuidados de longa duração, não causa dor, e a sua colocação inicial é bastante simples, sem exigir anestesia geral.

vegetativo permanente não lhes permitem a realização de atividades superiores e, consequentemente, o alcance de fins espirituais. Segundo W. E. May, esta é a interpretação que fundamenta a tese dos que não consideram obrigatórias a alimentação e a hidratação artificiais. Todavia, o fato de que a alimentação e a hidratação artificiais em muitos casos não fazem o doente recuperar o uso das funções superiores não significa que estes sejam cuidados extraordinários ou desproporcionais. São cuidados perfeitamente proporcionais ao seu objetivo, que é o de sustentar a vida e de evitar a morte por inanição e desidratação, e são ordinários porque não constituem um grave peso nem do ponto de vista físico, nem do econômico.

Este juízo poderia ser diferente apenas *em alguns casos particulares*, nos quais o doente, não devido ao estado vegetativo permanente, mas pelo surgimento de outras complicações ou circunstâncias, não é capaz de assimilar o alimento e os líquidos (sendo, portanto, inútil administrá-los), ou porque os líquidos fazem mal a ele, ou porque o procedimento de administração se torna muito complicado, custoso ou doloroso. Compete aos médicos esclarecer se estes casos são frequentes ou raros[219].

b) A posição do Magistério da Igreja

Pouco a pouco se foi afirmando, cada vez mais claramente, nos documentos do Magistério da Igreja, que a alimentação e a hidratação artificial são, em princípio, cuidados ordinários devidos a todo enfermo. Isto pareceu dever-se ao fato de que em diversos países foi introduzida gradativamente a prática de abandonar os pacientes em estado vegetativo permanente ou em situações análogas, com o fim de evitar à equipe médica e aos parentes a carga que a assistência a tais pacientes traz consigo. Assim se chegou a verdadeiras formas de eutanásia por omissão dos cuidados ordinários (morte por inanição e desidratação).

Na nota ilustrativa da Congregação para a Doutrina da Fé (de 1º de agosto de 2007), à qual nos referimos um pouco antes, se apre-

(219) Vejam-se também as interessantes e acertadas reflexões do Comitê Nacional para a Bioética da República Italiana, *L'alimentazione e l'idratazione dei pazienti in stato vegetativo persistente*, 30-IX-2005.

sentam as intervenções do Magistério sobre a matéria desde 1980 até os nossos dias. Aqui nos referiremos apenas às três mais recentes. Em um discurso a um grupo de Bispos dos Estados Unidos em visita *ad limina*, São João Paulo II deixou claro que a alimentação e a hidratação devem ser consideradas meios ordinários para conservar a vida. É inadmissível a não administração ou a interrupção desses meios se de tal decisão se segue a morte do paciente. Estaríamos diante de uma eutanásia por omissão[220].

A tomada de posição de São João Paulo II – O problema foi enfrentado de modo mais amplo pelo próprio São João Paulo II em discurso de 20 de março de 2004, dirigido aos participantes do Congresso Internacional «Life-Sustaining Treatments and Vegetative State: Scientific Advances and Ethical Dilemmas». Depois de falar da necessidade e das particulares dificuldades referentes ao diagnóstico do estado vegetativo permanente, bem como de recordar que a qualificação de «permanente» se funda sobre um prognóstico que também pode falhar, ele ressaltou os seguintes pontos:

1) Em face dos que põem em dúvida a própria «qualidade humana» dos pacientes em estado vegetativo permanente, o Santo Padre sente «o dever de reafirmar com vigor que o valor intrínseco e a dignidade pessoal de cada ser humano não se alteram, quaisquer que sejam as circunstâncias concretas da sua vida. *Um homem, mesmo se se encontra gravemente doente ou impedido no exercício das suas funções mais nobres, é e será sempre um homem*, nunca se tornará um "vegetal" ou um "ani-

---

(220) «*As ecumenical witness in defense of life develops, a great teaching effort is needed to clarify the substantive moral difference between discontinuing medical procedures that may be burdensome, dangerous or disproportionate to the expected outcome – what the* Catechism of the Catholic Church *calls* "the refusal of 'over-zealous' treatment" *(n. 2278; cf.* Evangelium vitae, *n. 65) – and taking away the ordinary means of preserving life, such as feeding, hydration and normal medical care. The statement of the United States Bishops' Pro-Life Committee,* Nutrition and Hydration: Moral and Pastoral Considerations, *rightly emphasizes that the omission of nutrition and hydration intended to cause a patient's death must be rejected and that, while giving careful consideration to all the factors involved, the presumption should be in favor of providing medically assisted nutrition and hydration to all patients who need them. To blur this distinction is to introduce a source of countless injustices and much additional anguish, affecting both those already suffering from ill health or the deterioration which comes with age, and their loved ones*» (São João Paulo II, *Aos bispos americanos da Califórnia, Nevada e Havaí*, 02-X-1998, n. 4).

mal"»[221]. Ele aponta aqui a questão de fundo, ou seja, a ideia errônea de que a vida de um homem em estado vegetativo permanente esteja privada de valor.

2) «O doente em estado vegetativo, na expectativa de recuperação ou do fim natural, tem direito a uma assistência hospitalar básica (alimentação, hidratação, higiene, aquecimento, etc.) e à prevenção das complicações relacionadas ao fato de estar de cama. Ele tem direito também a uma específica intervenção de reabilitação e ao monitoramento dos sinais clínicos de eventual recuperação. Em particular, gostaria de realçar como a distribuição de água e alimentos, mesmo quando é feita por vias artificiais, representa sempre um meio natural de conservação da vida, não um ato médico. Por conseguinte, o seu uso deve ser considerado, em princípio, ordinário e proporcionado, e como tal moralmente obrigatório, na medida em que, e até quando, ele demonstra alcançar a sua finalidade própria, que, neste caso, consiste em fornecer ao doente alimento e alívio aos sofrimentos»[222].

3) Logo em seguida João Paulo II assume e interpreta neste sentido os documentos precedentes da Santa Sé: «A obrigação de não deixar faltar "os cuidados normais devidos ao doente em tais casos" (Congregação para a Doutrina da Fé, *Iura et bona*, p. 4) compreende, de fato, também o uso da alimentação e da hidratação (cf. Pontifício Conselho «Cor Unum», *Dans le cadre*, 2.4.4; Pontifício Conselho para a Pastoral no Campo da Saúde, *Carta aos operadores no campo da saúde*, n. 120). A avaliação das probabilidades, fundada nas escassas esperanças de recuperação quando o estado vegetativo se prolonga por mais de um ano, não pode justificar eticamente o abandono ou a interrupção dos *cuidados mínimos* ao doente, compreendidas a alimentação e a hidratação. A morte por fome ou por sede, de fato, é o único resultado possível depois da sua suspensão. Neste sentido, ela acaba por configurar-se, se é consciente e livremente efetuada, como uma verdadeira e própria eutanásia por omissão»[223]. E por isso remete em seguida ao que escreveu na *Evangelium vitae*, n. 65.

(221) São João Paulo II, *Discurso aos participantes do Congresso Internacional «Life-Sustaining Treatments and Vegetative State: Scientific Advances and Ethical Dilemmas»*, 20-III-2004, n. 3.

(222) Id., n. 4.

(223) *Ibidem.*

4) «De resto, é conhecido o princípio moral segundo o qual também a simples dúvida de estar na presença de uma pessoa viva já obriga ao seu respeito pleno e à abstenção de qualquer ação que tenha por finalidade antecipar a sua morte»[224].

O significado do discurso é bastante claro, além de conforme ao bom senso: causa indignação que em um hospital de um país civilizado morra de fome e de sede um homem que, pelas suas condições, é confiado aos médicos e aos parentes. Se condições patológicas raras e particulares tornam impossível a assimilação do alimento e dos líquidos, então a morte é causada por esta particular patologia, e não pela suspensão voluntária da alimentação e da hidratação.

O pronunciamento da Congregação para a Doutrina da Fé – Vejamos, por último, as respostas da Congregação para a Doutrina da Fé de 1º de agosto de 2007. Na resposta à primeira pergunta, afirma-se que «a administração de alimento e de água, mesmo por vias artificiais, é em princípio um meio ordinário e proporcionado de conservação da vida. Torna-se portanto obrigatória, na medida em que e até quando ela mostre conseguir a sua finalidade própria, que consiste em assegurar a hidratação e a alimentação do doente. Assim, evitam-se os sofrimentos e a morte por inanição e por desidratação». Na segunda questão se pergunta «se a alimentação e a hidratação feitas por vias artificiais a um doente em "estado vegetativo permanente" podem ser interrompidas quando médicos competentes julgam com certeza moral que o doente jamais retomará consciência». A resposta é negativa, e é fundamentada assim: «Um doente em "estado vegetativo permanente" é uma pessoa, com a sua dignidade humana fundamental, a quem, portanto, são devidos os cuidados ordinários e proporcionados, que compreendem, em princípio, a administração de água e de alimento, mesmo por vias artificiais».

As respostas afirmam claramente que a alimentação e a hidratação artificiais devem ser consideradas cuidados (não terapias) ordinários e proporcionais mínimos para o sustento vital e, portanto, são *em princípio* moralmente obrigatórios. A nota ilustrativa explica o sentido exato da observação «em princípio»: «Ao afirmar que a administração de água

(224) *Ibidem.*

e alimento é moralmente obrigatória em princípio, a Congregação para a Doutrina da Fé não exclui que, numa região muito isolada ou de extrema pobreza, a alimentação e a hidratação artificiais possam não ser fisicamente possíveis e, nesse caso, *ad impossibilia nemo tenetur*, subsistindo porém a obrigação de prestar os cuidados mínimos disponíveis e procurar, se possível, os meios necessários para um adequado apoio vital. Não se exclui também que, ao surgirem complicações, o doente possa não conseguir assimilar o alimento e os líquidos, tornando-se assim totalmente inútil a sua administração. Por fim, não se descarta de todo a possibilidade de que, em algum caso raro, a alimentação e a hidratação artificiais possam comportar para o doente um ônus excessivo ou um significativo incômodo físico ligado, por exemplo, a complicações no uso de auxílios instrumentais. Estes casos excepcionais, porém, não tiram nada do critério ético geral, segundo o qual a administração de água e de alimento, ainda que feitas por vias artificiais, representa um meio natural de conservação da vida e não um tratamento terapêutico. O seu uso deve, portanto, considerar-se ordinário e proporcionado, mesmo quando o "estado vegetativo" se prolongar».

14. A objeção de consciência no campo da saúde

a) Princípios gerais

Até algumas décadas atrás, a atenção dos estudiosos se voltava principalmente para a objeção de consciência ao serviço militar e ao aborto cirúrgico. O lançamento de fármacos abortivos, o desenvolvimento de pesquisas biomédicas e de técnicas de procriação assistida que implicam a destruição de embriões humanos e a difusão de práticas de esterilização e de eutanásia, às vezes legalizadas, tornaram necessária e urgente uma consideração mais ampla da objeção de consciência no campo da saúde.

Já na época apostólica se apresentaram às comunidades cristãs diversos problemas morais ligados ao fato de terem de interagir com os não cristãos. *Na Sagrada Escritura, não encontramos o conceito técnico de objeção de consciência, mas sim a postura que constitui a sua substância.* Existe a consciência clara de que *importa antes obedecer a Deus que aos homens*[225] e de que a consciência não contaminada tem valor intrínseco e exemplar[226]. Não nos pode surpreender nem desencorajar a existência de uma diferença e até de uma contraposição entre «os de fora» e «os de dentro» no tocante à retidão moral[227]. O fato de que nos tempos apostólicos era preciso confrontar-se com uma sociedade pagã ainda não cristianizada, enquanto atualmente, em alguns países, nos confrontamos com uma sociedade e uma cultura que foram cristãs, mas que em muitos aspectos se afastam de Cristo ou pelo menos se encontram em estado extremo de tibieza, não muda a essência do problema. «Os de dentro» não se conformam com a mentalidade do século, mas procuram discernir o que é bom e agradável a Deus[228]. O comportamento dos «de fora» não somente não justificaria de nenhum modo um comportamento semelhante por parte dos «de dentro», como nem sequer pode ser aprovado por estes últimos. Os cristãos devem ser «sem mancha no meio de uma geração perversa»[229], de modo que a sua consciência não contaminada brilhe como um testemunho da verdade. Não podemos deixar-nos contaminar, mas nem por isso se deve sair do mundo (como os ascetas do Mar Morto, etc.) ou ficar paralisado[230]. Antes, deve-se assumir uma postura caridosa e apostólica ativa, de modo que se vença o mal com o bem[231], ajudando as pessoas no que for possível.

Deste ponto de vista, deve notar-se que *a objeção de consciência é um recurso extremo e, em certo sentido, mínimo. O seu estudo deveria inserir-se em um contexto mais amplo, útil para evitar posicionamentos*

(225) At 5, 29. Cf. também At 4, 19.

(226) Cf. R. Petraglio, *Obiezione di coscienza: il Nuovo Testamento provoca i cristiani*, Dehoniane, Bolonha, 1984; G. Theissen, *Sociologia del cristianesimo primitivo*, Marietti, Gênova, 1987. Também contêm referências ao Antigo Testamento: G. Mattai, «Obiezione di coscienza e dissenso», em F. Compagnoni, G. Piana, S. Privitera (eds.), *Nuovo dizionario di teologia morale*, cit., pp. 815-822; C. M. Martini, «La Chiesa opera a favore dell'interiorità», em B. Perrone (ed.), *Realtà e prospettive dell'obiezione di coscienza. I conflitti degli ordinamenti*, Giuffrè, Milão, 1992, pp. 445 ss.; A. Pool, *L'obiezione di coscienza nella Bibbia ebraica*, em A. Cavagna (ed.), *I cristiani e l'obiezione di coscienza al servizio militare*, Dehoniane, Bolonha, 1992, pp. 13 ss.

(227) Cf. 1 Cor 5, 9-13.

(228) Cf. Rom 12, 2.

(229) Cf. Fil 2, 14-16.

(230) Cf. 1 Cor 5, 9-13.

(231) Cf. Rom 12, 21.

excessivamente casuísticos («se se pode, não se pode», etc.) que acabam por angustiar e paralisar até os que no campo da saúde se empenham corajosamente em fazer o bem dentro das suas reais possibilidades. Com efeito, a responsabilidade moral dos que trabalham neste campo não se limita a apresentar a objeção de consciência quando necessário, mas consiste sobretudo em contribuir para que as próprias atividades profissionais sejam reguladas por leis justas. Tal dever se funda não somente na óbvia razão de que, sem um marco legal adequado, se torna mais difícil para todos manter pura a própria consciência no desempenho da atividade profissional, mas também na obrigação específica de contribuir segundo as próprias possibilidades para o bem comum da sociedade[232], o qual engloba sem dúvida a tutela e a promoção legal de bens fundamentais, como a vida, a saúde, a justiça, a liberdade, etc., sem falar no reto ordenamento legal da atividade profissional, cuja relação com aqueles bens é estreita. Esta exigência se vê notavelmente reforçada pelo fato de que a vida democrática, pela sua própria natureza, requer a participação ativa de todos os cidadãos na elaboração das orientações políticas, sociais e profissionais, bem como nas decisões legislativas em que estas se concretizam[233]. Os cidadãos cristãos, além disso, desempenham dessa maneira o dever que lhes é próprio de influir cristãmente na ordem temporal[234].

As diversas categorias de profissionais do mundo da saúde têm, no que diz respeito à política sanitária, modalidades próprias de intervenção. Pense-se, por exemplo, na participação ativa na elaboração, interpretação e aplicação dos códigos deontológicos de cada conselho profissional, ou na ação voltada a conseguir que as leis do Estado e os regulamentos administrativos respeitem as disposições deles, ou então na fiscalização dos conselhos profissionais para que o código de ética seja respeitado pelos profissionais do campo da saúde. Destaca-se igualmente a atividade dos conselhos profissionais para evitar que os seus membros sejam vítimas de discriminações injustas pelas suas convicções éticas ou religiosas.

---

(232) Cf. *Catecismo*, nn. 1915 e 2239.

(233) Cf. *Gaudium et spes*, n. 75; São João Paulo II, *Christifideles laici*, n. 42.

(234) Cf. *Apostolicam actuositatem*, cit., n. 7; *Lumen gentium*, n. 36; *Gaudium et spes*, nn. 31 e 43; Congregação para a Doutrina da Fé, *Nota doutrinal sobre algumas questões relativas à participação e comportamento dos católicos na vida política,* 24-XI-2002, n. 1; Bento XVI, *Deus caritas est*, 25-XII-2005, n. 29.

Os códigos deontológicos devem defender a integridade da profissão e dos profissionais e prever meios justos de solução para o caso de entrarem em conflito as exigências legais da profissão e a consciência pessoal do profissional[235]. A integridade do profissional requer, entre outras coisas, que médicos, enfermeiros, farmacêuticos, etc., sejam considerados e tratados em todas as situações como agentes morais, conscientes, livres e responsáveis, bem como detentores do direito de agir com ciência e consciência, ou seja, com consciência e liberdade, com competência e deliberação, em conformidade com os princípios racionalmente fundados e profundamente compartilhados[236]. O profissional do campo da saúde não pode ser constrangido a agir contra a ciência e a consciência, como um mero executor de decisões alheias, mesmo respeitando a diversidade de atribuições das diversas categorias de agentes da saúde.

No plano dos fatos, é de observar que geralmente os códigos deontológicos dos médicos e dos enfermeiros contemplam cláusulas de consciência suficientemente amplas[237]. Não ocorre o mesmo no caso dos farmacêuticos, embora haja, como é natural, exceções [238]. Talvez se tenha pensado que o farmacêutico, pela natureza do próprio trabalho, apenas de modo muito indireto e remoto pudesse envolver-se em ações lesivas ao direito à vida. Atualmente, no entanto, as coisas mudaram de maneira profunda, seja para os empregados das farmácias, seja sobretudo para os que trabalham nos complexos hospitalares ou ambulatoriais e nos laboratórios de pesquisa farmacêutica[239]. Estas mudanças exigem uma resposta rápida, para que se adequem os códigos deontológicos às novas situações.

É fato que muitas vezes os Estados atuais não concedem, sobretudo

---

(235) Cf. J. López Guzmán, *Objeción de conciencia farmacéutica*, Ediciones Universitarias Internacionales, Barcelona, 1997, pp. 90-93, assim como a bibliografia aí citada.

(236) Cf. G. Herranz, «La objeción de conciencia de las profesiones sanitarias». *Scripta theologica*, 27, 1995/2, pp. 545-546.

(237) Cf., por exemplo, o art. 27 do Código de Deontologia Médica italiano aprovado em 15-VII-1989.

(238) Cf. J. López Guzmán, *Objeción de conciencia farmacéutica*, cit., pp. 89-90.

(239) Oferece uma boa visão de conjunto dos diversos problemas éticos ligados à atividade dos farmacêuticos o livro citado na nota anterior. Do mesmo autor, veja-se também: *Ética en la industria farmacéutica: entre la economía y la salud*, Eunsa, Pamplona, 2005.

em alguns setores da vida, grande atenção aos critérios morais que impõem limites à mentalidade permissiva. Isto não significa, no entanto, que os cidadãos não possam fazer valer as próprias concepções éticas. Podem fazê-lo, sempre que adotem as regras e a linguagem que possam ser entendidas pelo Estado. Este concebe o seu papel como mediação de interesses e de conflitos. Todo interesse pode fazer ouvir a própria voz, desde que se trate de um interesse socialmente relevante que obriga o Estado a dar-lhe resposta. Neste contexto, o lema de São Paulo – *vencer o mal com o bem* – também leva os que consideram equivocado algum ponto da política sanitária do Estado a se manifestarem de modo claro e decidido, mediante os meios lícitos que o ordenamento legal põe igualmente à disposição de todos os cidadãos, a fim de que o Estado compreenda que há um interesse socialmente significativo que deve ser escutado e satisfeito. É muito difundida a ideia de que aqueles que não levantam a voz não estão muito convencidos de ter razão no que pensam, ou pelo menos de que não dão muita importância às próprias ideias.

Também é necessário o empenho por conhecer e aproveitar a margem de ação a favor da vida proporcionada pelo marco legal vigente, bem como distinguir o que é realmente prescrito pela lei civil daquilo que chegou a ser habitual sem ser verdadeiramente obrigatório. Em alguns países, os farmacêuticos são obrigados a oferecer nas farmácias todos os medicamentos aprovados pelo sistema público de saúde, mas não são obrigados a pôr à disposição produtos que não são propriamente medicinais (preservativos, etc.)[240]. Mesmo com relação aos medicamentos e produtos medicinais que de acordo com a lei devem estar à disposição do público, às vezes se permite ao farmacêutico adotar comportamentos diferentes.

b) A objeção de consciência dos profissionais do campo da saúde

Tendo em conta tudo o que foi dito no capítulo IV, subparágrafo 5 (e), sobre a exata natureza da objeção de consciência, é preciso indicar

(240) Sobre a distinção entre medicamentos e produtos farmacêuticos, cf. J. López Guzmán, *Objeción de conciencia farmacéutica*, cit., pp. 93-97.

agora alguns aspectos particulares no que tange ao campo da saúde, uma vez que em alguns países e em certos órgãos legislativos se observa uma tendência a reduzir ou até a eliminar a objeção de consciência quando esta se recusa a colaborar com práticas permissivas apresentadas ideologicamente como direitos de liberdade.

A doutrina moral católica sobre a objeção de consciência no que se refere aos atentados contra a vida humana foi reproposta autorizadamente pela encíclica *Evangelium vitae*, de São João Paulo II. *As leis injustas, como aquelas que legalizam o aborto ou a eutanásia, «não só não criam obrigação alguma para a consciência, como, ao contrário, geram uma grave e precisa obrigação de opor-se a elas mediante a objeção de consciência»*[241] *quando isto seja exigido pelos princípios morais gerais referentes à cooperação com ações más*[242]. «Recusar a própria participação para cometer uma injustiça é não só um dever moral, mas também um direito humano basilar. Se assim não fosse, a pessoa seria constrangida a cumprir uma ação intrinsecamente incompatível com a sua dignidade, e, desse modo, ficaria radicalmente comprometida a sua própria liberdade, cujo autêntico sentido e cujo fim residem na orientação para a verdade e o bem. Trata-se, pois, de um direito essencial que, precisamente como tal, deveria estar previsto e protegido pela própria lei civil. Nesse sentido, a possibilidade de se recusar a participar da fase consultiva, preparatória e executiva de semelhantes atos contra a vida deveria ser assegurada aos médicos, aos outros profissionais da saúde e aos responsáveis pelos hospitais, clínicas e casas de saúde. Quem recorre à objeção de consciência deve ser salvaguardado não apenas de sanções penais, mas ainda de qualquer dano no plano legal, disciplinar, econômico e profissional»[243].

Tudo o que diz a Evangelium vitae *pode certamente ser aplicado não só ao aborto e à eutanásia, mas a todas as ações que atentam direta e imediatamente contra a vida humana*: experimentação ou manipulação genética que implique a destruição de embriões humanos, técnicas de procriação assistida que firam de modo direto e imediato o princípio do respeito à

(241) *Evangelium vitae*, n. 73.

(242) Cf. Id., n. 74.

(243) *Ibidem.*

vida do homem, métodos de diagnóstico pré-natal que estejam funcionalmente conectados com o aborto, etc.[244]

A disponibilização de fármacos diretamente abortivos, como a RU-486 e o Norlevo, e de outros anticoncepcionais ou de produtos como o DIU, que podem ter importante efeito abortivo, ainda que não exclusivo, levantam graves problemas morais. O financiamento, a produção e a comercialização de fármacos que têm uso e efeito exclusivamente abortivo são atividades moralmente ilícitas, assim como é moralmente ilícita a pesquisa científica que visa tão somente à elaboração de tais produtos farmacêuticos. Não se pode colaborar com estas atividades. Problema específico é o dos pesquisadores que firmaram contrato de trabalho com uma indústria farmacêutica antes que essa indústria tomasse a decisão de produzir fármacos abortivos e que, uma vez tomada a decisão, se veem envolvidos na pesquisa para a produção de tais fármacos. Esses pesquisadores têm o direito e o dever de praticar a objeção de consciência contra a produção de produtos abortivos e, consequentemente, de requerer a sua transferência para áreas de pesquisa moral-

(244) Cf. V. Turchi, «L'obiezione di coscienza», em A. López Trujillo, J. Herranz, E. Sgreccia (eds.), Evangelium vitae *e diritto*, Acta Symposii Internationalis in Civitate Vaticana celebrati 23-25 maii 1996, Lib. Ed. Vaticana, 1997, pp. 181-189. Para a doutrina moral e jurídica, vejam-se: A. Fiori, E. Sgreccia (eds.), *Obiezione di coscienza e aborto*, Vita e pensiero, Milão, 1978; L. Melina, «La cooperazione con azioni moralmente cattive contro la vita umana», em R. Lucas, E. Sgreccia (eds.), *Commento interdisciplinare alla* Evangelium vitae, cit., pp. 467-490; S. Sieira Mucientes, *La objeción de conciencia sanitaria*, Editorial Dykinson, Madri, 2000; R. Botta (ed.), *L'obiezione di coscienza tra tutela della libertà e disgregazione dello Stato*, Giuffrè, Milão, 1991; B. Perrone (ed.), *Realtà e prospettive dell'obiezione di coscienza. I conflitti degli ordinamenti*, cit.; neste volume são de particular interesse para o nosso tema: V. Manfrini, «L'obiezione farmaceutica», pp. 375-378, e L. Mottironi, «L'obiezione farmaceutica», pp. 379-381; G. Dalla Torre, *Bioetica e diritto. Saggi*, Giappichelli, Turim, 1993; R. Navarro Valls, «La objeción de conciencia al aborto: nuevos datos», em V. Guitarte Izquierdo, J. Escrivá Ivars (eds.), *La objeción de conciencia...*, cit., pp. 99 -112; são de notável interesse na mesma publicação: P. J. Viladrich, «Las motivaciones de la ley de reproducción asistida y el espíritu de los Derechos Humanos», pp. 137-146, G. García Cantero, «Reflexiones sobre la objeción de conciencia en la procreación asistida», pp. 375-378, I. M. Briones Martínez, «La objeción de conciencia a la fecundación *in vitro*», pp. 379-388, L. Portero Sánchez, «Eutanasia y objeción de conciencia», pp. 147-204; F. Childress, «Civil Disobedience, Conscientious Objection and Evasive Noncompliance: A Framework for the Analysis and Assessment of Illegal Actions in Health Care». *Journal of Medicine and Philosophy*, 10, 1985, pp. 63-83; G. Herranz, «Problèmes éthiques d'un directeur d'hôpital face a l'avortement, l'euthanasie et l'insemmination artificielle». *Ziekenhuis Management Magazine*, 7, 1991, pp. 23-28.

mente aceitáveis[245]. É de questionar também se é lícito que continuem a trabalhar na mesma indústria. Seria preciso aprofundar-se mais ainda no problema, ponderando se a permanência dos pesquisadores nessa empresa poderia ter efeitos benéficos, como no caso de poderem influir positivamente sobre as linhas de pesquisa.

Problema análogo é o do pesquisador solicitado a participar de uma pesquisa não respeitosa da vida humana, seja porque prevê a manipulação de embriões, seja pelo uso de novas substâncias em pessoas humanas sem o seu consentimento informado ou sem as devidas garantias exigidas pela lei e pelos códigos de ética, seja porque visa à elaboração de armas bacteriológicas ou químicas de destruição em massa. Em tais situações, a objeção de consciência é um direito-dever, ao qual se acrescentarão, segundo as circunstâncias, outros deveres, como a delação do fato às autoridades competentes, etc.

Ao farmacêutico que trabalha em uma estrutura hospitalar, pode solicitar-se a elaboração ou o fornecimento de substâncias ou produtos abortivos, ou ainda de substâncias letais para serem utilizadas em um ato de eutanásia. Problema parecido ocorre com o farmacêutico que trabalha em uma farmácia em contato direto com o público, ainda que mais limitado com respeito ao tipo de substâncias que podem ser pedidas mediante apresentação de receita médica. Com relação ao aborto, é mais frequente na literatura especializada e nos textos legais o reconhecimento da objeção de consciência do médico, mas não do farmacêutico, porque se considera que a responsabilidade do médico seja maior e mais direta, já que é ele quem prescreve, ao passo que o farmacêutico se limitaria a preparar ou a oferecer a substância prescrita. No entanto, em nossa opinião, *não é moralmente lícito ao farmacêutico fornecer fármacos cujo único efeito – absolutamente ou no caso em análise – é abortivo ou eutanásico*[246]. Se não puder evitar o fornecimento

(245) Sobre os aspectos jurídicos do problema, veja-se J. López Guzmán, *La objeción de conciencia farmacéutica*, cit., pp. 158-161, e a bibliografia aí citada.

(246) Cf., sobre este problema, J. López Guzmán, A. Aparisi Miralles, *La píldora del día siguiente*, Sekotia, Madri, 2002; P. A. Talavera Fernández, V. Bellver Capella, «La objeción de conciencia farmacéutica a la píldora postcoital». *Medicina e morale*, 53/1, 2003, pp. 111-133; M. L. Di Pietro, M. Casini, A. Fiori, R. Minacori, L. Romano, A. Bompiani, «Norlevo e obiezione di coscienza». *Medicina e morale*, 53/3, 2003, pp. 411-455.

ou a venda de outro modo, o farmacêutico tem o dever e o direito de praticar a objeção de consciência[247].

Teoricamente, pode-se discutir se o fornecimento de um fármaco abortivo ou eutanásico por parte de um farmacêutico, com apresentação de receita ou solicitação formal de um médico hospitalar, consiste em cooperação imediata ao aborto ou à eutanásia, ou se não passaria de uma cooperação mediata próxima. Em todo caso, *trata-se de um ato univocamente direcionado ao aborto ou à eutanásia, atos tão graves a ponto de não permitirem uma colaboração próxima, seja em atenção à própria consciência, seja porque tal colaboração seria um contratestemunho e uma lesão à integridade da profissão sanitária, para a qual é essencial o serviço à vida e à saúde*[248]. Pode-se concordar com Melina quando escreve: «Como disse João Paulo II (cf. "Discurso à Federação Internacional dos Farmacêuticos Católicos", 3 de novembro de 1990), eles [os farmacêuticos] não são simples comerciantes ou distribuidores neutros daquilo que lhes é pedido: a dignidade do seu serviço profissional exige que vivam responsavelmente e a favor da vida o papel de mediação entre médico e paciente. Deverão recusar-se, portanto, a distribuir aquilo que é contra a vida, direta ou ocultamente. A venda de produtos que sejam unicamente destinados a uma finalidade contrária à vida deve ser causa de objeção. Não há, porém, dever positivo de certificar-se de que não ocorrerão abusos quando se trate de medicamentos com várias indicações, entre as quais algumas lícitas»[249].

---

(247) Tenha-se presente a observação de Manfrini: «A OdC (objeção de consciência) do farmacêutico na farmácia parece aplicável apenas no sentido de legitimar a recusa de aviar uma receita médica regular e formalmente válida. De fato, diante de uma receita assim, o farmacêutico é obrigado por lei a fornecer imediatamente o medicamento ou, na sua falta, procurá-lo o mais brevemente possível. Parece, portanto, dispensável qualquer outro recurso à OdC na farmácia, uma vez que eventuais serviços que o farmacêutico considerasse em desacordo com a sua consciência poderiam ser negados livremente, já que não são obrigatórios por lei. O recurso à OdC seria em tal caso supérfluo» (V. Manfrini, *L'obiezione farmaceutica*, cit., p. 375).

(248) Cf., para o que diz respeito ao farmacêutico no hospital, V. Manfrini, *L'obiezione farmaceutica*, cit., p. 377.

(249) L. Melina, *La cooperazione con azioni moralmente cattive contro la vita umana*, cit., p. 488. Além do discurso citado por Melina, veja-se um mais recente: São João Paulo II, *Discurso aos participantes no Congresso Internacional dos Obstetras e dos Ginecologiscas Católicos*, 18-VI-2001, nn. 2-3. Entre as técnicas perante as quais se deve alegar objeção de consciência, São João Paulo II cita as seguintes: «A disponibilidade de drogas contraceptivas e abortivas, novas ameaças contra a vida nas leis de alguns países, determinados usos dos

Manfrini propõe que a cláusula de consciência poderia ser expressa nos seguintes termos: «Sempre que um farmacêutico, no exercício da sua profissão, se encontre diante do pedido, ainda que na forma de receita médica formalmente regular, de um fármaco ou um dispositivo médico-cirúrgico que, em si mesmo, pelo uso previsto ou também por declaração do próprio requisitante, se apresente como meio abortivo, pode invocar a objeção de consciência e recusar sempre a expedição [...]. O mesmo direito de objeção de consciência se pode estender a tudo o que estiver relacionado a pedidos que visem ao uso de um fármaco ou outro meio para fins de eutanásia explícita ou camuflada»[250].

A deontologia sanitária exige a renúncia à objeção de consciência quando se trata de um caso urgente em que esteja em jogo a vida de uma pessoa. Este conflito entre a consciência do agente de saúde e o direito à vida dificilmente ocorrerá na atividade do farmacêutico, dado que nas hipóteses contempladas por nós não se trata da distribuição de fármacos necessários para salvar a vida ou de medicamentos que possam ter finalidade verdadeiramente terapêutica.

---

diagnósticos pré-natais, a difusão das técnicas de fertilização *in vitro*, a consequente produção dos embriões para combater a esterilidade, mas também a sua destinação à investigação científica, a utilização de células-tronco embrionárias com vistas ao desenvolvimento de tecido para transplantes no âmbito das doenças degenerativas e projetos de clonação parcial ou integral».

(250) V. Manfrini, *L'obiezione farmaceutica*, cit., p. 378.

Capítulo VI

A FORTALEZA

1. Introdução

O *Catecismo da Igreja Católica* exprime sinteticamente o significado da fortaleza: «A fortaleza é a virtude moral que dá segurança nas dificuldades, firmeza e constância na procura do bem. Ela firma a resolução de resistir às tentações e superar os obstáculos na vida moral. A virtude da fortaleza nos torna capazes de vencer o medo, inclusive da morte, de suportar a provação e as perseguições. Dispõe a pessoa a aceitar até a renúncia e o sacrifício de sua vida para defender uma causa justa»[1].

Na filosofia grega, a fortaleza era vista como uma virtude moral fundamental. Aristóteles dá o nome de *andreía* à virtude do apetite irascível (impulso agressivo) que representa o termo médio entre o medo e a temeridade na persecução dos bens difíceis e na capacidade de suportar a dor e as dificuldades[2]. Expressão da força viril, e sobretudo dos soldados em guerra, o conceito grego de fortaleza se insere em um contexto muito particular. A Providência divina não protege os homens, que apenas podem confiar nas suas próprias forças. Necessitam de autodisciplina e de grande capacidade de sofrer para realizar as gestas heroicas que lhes trarão glória e para fazer frente aos males do destino. A fortaleza grega exprime, no entanto, algo de verdadeiro: *na atitude em face das*

(1) *Catecismo*, n. 1808.

(2) Cf. Aristóteles, *Ética a Nicômaco*, III, 6.

dificuldades e perigos, do cansaço, da dor e da morte, existe uma medida de razoabilidade à qual o virtuoso se ajusta, evitando tanto o excesso como o defeito.

2. A fortaleza na Sagrada Escritura e na tradição moral católica

a) Os ensinamentos da Sagrada Escritura

O contexto bíblico do conceito de fortaleza é bem diferente do grego. Salienta-se que a fidelidade a Deus muitas vezes requer coragem, aceitação dos perigos e da dor, perseverança e paciência: *Desde os dias de João Batista até agora, o Reino dos Céus sofre violência, e violentos procuram arrebatá-lo*[3]. Mas *a atenção se concentra no poder de Deus.* É de Deus que os justos recebem a força para perseverar no bem e para vencer tanto a própria fraqueza como os obstáculos que vêm de fora. O justo sabe que a sua fortaleza lhe foi dada e dirige a Deus o seu pedido de ajuda: *Pois tu és minha rocha e meu baluarte, pelo teu nome me diriges e me guias. Livra-me do laço que me armaram, porque és minha força*[4]. Cristo adverte que sem o seu auxílio não somos capazes de fazer o bem: *pois sem mim nada podeis fazer*[5].

Indicamos sinteticamente os principais aspectos da virtude da fortaleza salientados pela Sagrada Escritura[6].

1) *A coragem e a franqueza no anúncio do Evangelho e no testemunho da verdade.* O Novo Testamento utiliza o vocábulo *parrêsía.* Os *Atos dos Apóstolos* mostram como São Pedro, São Paulo e os outros apóstolos e discípulos anunciam com clareza o Evangelho aos judeus e aos pagãos[7], mesmo que isso acarrete a perseguição[8]. A liberdade

---

(3) Mt 11, 12.

(4) Fil 4, 13.

(5) Jo 15, 5.

(6) Cf. E. Kaczynski, «Fortezza», em F. Compagnoni, G. Piana, S. Privitera (eds.), *Nuovo dizionario di teologia morale*, cit., pp. 459-468.

(7) Cf. At 2, 29; 4, 13; 9, 27.

(8) Cf. At 9, 27.

e a audácia são qualidades que devem forçosamente acompanhar o anúncio evangélico: *Orai também por mim, suplicando que a palavra seja colocada em minha boca, de maneira que eu possa anunciar abertamente* [parrêsía] *o mistério do Evangelho, do qual, em minhas algemas, sou embaixador. Que eu o proclame com toda a ousadia* [parrêsiásômai], *como é de meu dever*[9]. A franqueza do apóstolo é um dom concedido por Deus[10].

2) *A firmeza na fé e nas boas obras.* O crente deve ser fiel e forte, como foram Abraão, Moisés, São Paulo, etc. São frequentes as exortações a que permaneçam fortes na fé – *Sede vigilantes, permanecei firmes na fé, sede corajosos, sede fortes*[11] – e a que permaneçam fortes no Senhor[12]. A fortaleza acompanha também a esperança e o amor, bem como, em geral, as boas obras.

3) *A paciência* (*hypomoné*). É de capital importância para suportar as tribulações e as perseguições, na esperança de que Deus as fará fecundas: *E não só isso, pois nos ufanamos também de nossas tribulações, sabendo que a tribulação gera a constância, a constância leva a uma virtude provada e a virtude provada desabrocha em esperança. E a esperança não decepciona, porque o amor de Deus foi derramado em nossos corações pelo Espírito Santo que nos foi dado*[13]. A paciência sabe aguardar os frutos das próprias obras, ainda que a espera seja longa[14]. A paciência está ligada à esperança[15] e se exercita na hora das tentações e dos infortúnios: *Filho, se te apresentas para servir ao Senhor, permanece na justiça e no temor e prepara tua alma para a provação. Mantém o teu coração firme e sê constante, inclina teu ouvido e acolhe as palavras inteligentes, e não te afobes no tempo da contrariedade. Suporta as demoras de Deus, agarra-te a ele e não o largues, para que sejas sábio em teus caminhos. Tudo o que te acontecer, aceita-o, e sê constante na dor; na tua humilhação tem paciência, pois é no*

---

(9) Ef 6, 19-20.

(10) Cf. 1 Tess 2, 2; Flm 8.

(11) 1 Cor 16, 13; Cf. At 14, 22.

(12) Cf. 1 Tess 3, 8; Fil 4, 1.

(13) Rom 5, 3-5.

(14) Cf. Tg 5, 7.

(15) Cf. Rom 12, 12.

fogo que o ouro e a prata são provados e, no cadinho da humilhação, os que são agradáveis a Deus[16].

4) *A grandeza de ânimo* (*makrothymía*). É própria de Deus, que é paciente e se abstém de punir os pecados dos homens. Nos crentes significa o perdão e a renúncia a todo desejo de vingança[17]. São Paulo a considera fruto do Espírito Santo[18].

5) A *perseverança* (*karteréô, proskarteréô, proskartérêsis*) no seguimento de Cristo, na oração e nas boas obras[19].

6) No Antigo e no Novo Testamento, louva-se o martírio, a entrega da própria vida para dar testemunho da fé e da fidelidade a Deus e ao seu mandamento (Eleazar, os sete irmãos de 2 Mac 7, São João Batista, Santo Estêvão, etc.).

Todavia, a lição mais importante e mais imediata é dada pela morte de Cristo na Cruz. Não se pode seguir a Cristo sem percorrer com Ele o caminho da Cruz do modo querido pelo Pai a cada um. Este caminho exige fortaleza, vencer o medo do sofrimento e da morte.

b) Os Padres da Igreja

Nos escritores dos primeiros séculos da era cristã e nos Padres da Igreja, encontramos referências abundantes à fortaleza a propósito do martírio, que é visto como uma glória. Entre os textos mais conhecidos, podemos citar as cartas escritas por Santo Inácio de Antioquia durante sua viagem a Roma, na espera de sofrer o martírio[20]; os Atas dos Mártires e, particularmente, os Atos de Santo Apolônio, de São Sebastião e São Policarpo; e os escritos de São Justino e de São Cipriano. Tertuliano e São Cipriano deixaram escrito um tratado sobre a paciência. Santo Ambrósio, em *De officiis*, oferece um estudo mais orgânico e põe em relevo o papel da fortaleza na vida ordinária do cristão.

Nas obras de Santo Agostinho, há numerosas referências à fortaleza,

---

(16) Eclo 2, 1-5; Cf. também 1 Pe 1, 6-7.

(17) Cf. Mt 18, 21-35.

(18) Cf. Gál 5, 22.

(19) Cf. Lc 11, 1-13; At 1, 14; 2, 42; Rom 12, 12; Ef 6, 18; Col 4, 2; Hebr 11, 12.

(20) Cf. Santo Inácio de Antioquia, *Ep. Ad Polycarpum*, 3, 1: PG 5, 721-722B; *Ep. Ad Romanos*, 5: PG 5, 689-692.

virtude que ele vê intimamente ligada à caridade. «Com efeito, aquele amor de que falamos, e que deve ser inflamado por Deus com todo o ardor da santidade, se chama temperante na medida em que não deseja estas coisas, forte quando as abandona. Mas, de todas as coisas que se possuem nesta vida, o corpo é para o homem a mais pesada cadeia, segundo as justíssimas leis de Deus, por causa do antigo pecado, do qual nada há de mais conhecido a falar, nada mais secreto para compreender. Este vínculo, pois, para não ser lançado fora e posto em perigo, perturba a alma com o terror da fadiga e da dor e, para não ser derrubado e destruído, a perturba com o terror da morte. Ela, com efeito, ama-o por força do hábito, sem compreender que, se o usa bem e de modo inteligente, o submeterá ao seu domínio sem nenhum incômodo quando o poder e a lei divina o tenham ressuscitado e renovado. Mas, depois que com este amor se tenha convertido totalmente a Deus e tenha conhecido todas estas coisas, não só não desprezará a morte, mas até a desejará»[21].

Terminado o período das perseguições, insiste-se cada vez mais no significado da fortaleza na vida ordinária do cristão. Encontram-se úteis reflexões nas obras de São Leão Magno e de São Gregório Magno[22].

c) Da teologia medieval até os nossos dias

Como foi dito a propósito das outras virtudes cardeais, *a teologia escolástica oferece um estudo sistemático sobre a fortaleza.* Merecem menção sobretudo o *De septem donis Spiritus Sancti* de São Boaventura e a *Summa theologiae* de São Tomás (II-II, qq. 123-140), à qual voltaremos mais adiante.

Não faltam referências à fortaleza nas obras dos teólogos, dos santos doutores e, particularmente, nos escritos das mulheres santas. Afirma Santa Catarina de Sena: «paciência, fortaleza, perseverança – eis as três virtudes, alicerçadas na caridade e iluminadas pela fé, que fazem o homem andar na verdade, sem trevas»[23]. Santa Teresa de Ávila também

(21) Santo Agostinho, *De moribus Ecclesiae Catholicae*, 1, 22, 40: NBA 13/1, 71.

(22) Cf., por exemplo, São Gregório Magno, *Hom. In Ezechielem*, lib. II, hom. 7, n. 7: PL 76, 1017 B.

(23) Santa Catarina de Sena, *O diálogo*, Ed. Paulinas, São Paulo, 1984, p. 159. Vejam-se também as cartas 252 e 294.

aponta a importância desta virtude para empreender e perseverar nas obras de serviço a Deus e à Igreja[24].

Mais do que quanto aos novos aspectos sistemáticos, *a reflexão hodierna dá atenção aos âmbitos particulares de aplicação da fortaleza na vida atual*. A complexidade e o pluralismo social da atualidade acentuam o sentimento natural de vulnerabilidade[25]. A realização do bem e a perseverança em sua prática requerem com frequência remar contra a corrente e enfrentar as provocações e as resistências de uma cultura que chega a ser indiferente ou hostil. É necessário que estejamos preparados para suportar incompreensões e críticas, até por parte de parentes e colegas. O sentimento de cansaço ou de descoroçoamento é sempre devido ao acosso. Quem quer empreender iniciativas positivas, além da natural resistência da natureza ferida pelo pecado, se choca com frequência contra estruturas econômicas, sociais, políticas e propagandísticas bem organizadas, e não poucas vezes agressivas. Não se pode esquecer, por outro lado, que também na época moderna, e particularmente no século XX, muitos crentes suportaram discriminações e sofrimentos cruéis, chegando até a dar a vida em testemunho da sua fé em Cristo. Quem conhece a história recente sabe que o martírio não terminou com os primeiros séculos da era cristã.

3. *Análise teológica da virtude da fortaleza*

a) Natureza da fortaleza

A fortaleza é a virtude do apetite irascível (impulso agressivo)[26]. *Sua função é moderar, seguindo o ditame da prudência, a agressividade e o*

---

(24) Cf., por exemplo, *Caminho de perfeição*, 11, 1 e 3; *Fundações*, 18, 4.

(25) Cf., por exemplo, J. Pieper, *Sulla fortezza*, Morcelliana, Brescia, 1965.

(26) Sobre a fortaleza, podem-se consultar com utilidade: *S.Th.*, II-II, qq. 123-140; M.-A. Janvier, *La vertu de force*, Lethielleux, Paris, 1920; A. Gauthier, *Magnanimité. L'idéal de la grandeur dans la philosophie païenne et dans la théologie chrétienne*, J. Vrin, Paris, 1950; Id., *La fortezza*, em *Iniziazione teologica*, vol. III, Morcelliana, Brescia, 1955; J. Pieper, *Sulla fortezza*, cit.; Y. M. Congar, «Le traité de la force dans la "Somme Théologique" de s. Thomas d'Aquin». *Angelicum*, 51, 1974, pp. 331-348; T. Goffi, G. Piana, *L'uomo forte*, em *Corso di Morale, II: Diakonia*, Queriniana, Brescia, 1983, pp. 28-38; R. Fabris, *La virtù del coraggio: la "franchezza" nella Bibbia*, Piemme, Casale Monferrato, 1985; L. H. Yearley, *Mencius and Aquinas: Theories of Virtue and Conceptions of Courage*, SUNY Series Toward a Comparative

temor, para que estas paixões não desviem a pessoa do bem que deve realizar. «A fortaleza», afirma São Tomás, «tem principalmente por objeto o temor das coisas difíceis, capazes de retrair a vontade do seguimento da razão. Por outro lado, não basta suportar com firmeza o ímpeto destas dificuldades reprimindo o temor, senão que é preciso enfrentá-las com moderação nos casos em que é necessário eliminá-las, pela segurança futura. E isto é próprio da audácia. Consequentemente, a fortaleza tem por objetos o temor e a audácia, o primeiro para reprimi-lo e a segunda, para moderá-la»[27]. A fortaleza cristã torna possível o seguimento de Cristo, dia após dia, sem que o temor, o esforço prolongado, o sofrimento físico e moral e os perigos obscureçam em nós a percepção da vontade de Deus ou nos afastem dela. Às vezes o seguimento de Cristo pode pôr em risco a própria vida. Clara é a advertência do Senhor: *Sereis expulsos das sinagogas, e virá a hora em que todo aquele que vos matar julgará estar prestando culto a Deus*[28].

A importância da fortaleza cristã consiste no fato de que, sem ela, não é possível ao homem cumprir a vontade de Deus. Mais: sem ela não seria possível, a longo prazo, não afastar-se de Deus cometendo pecados graves, ao menos de omissão. O papel da fortaleza se estende por todos os âmbitos da vida moral: justiça, trabalho, educação, fidelidade matrimonial, perseverança na vocação, governo, apostolado, etc. «O caminho do cristão – como o de qualquer homem – não é fácil. É verdade que, em determinadas épocas, parece que tudo se cumpre segundo as nossas previsões. Mas isso habitualmente dura pouco. Viver é enfrentar dificuldades, sentir no coração alegrias e dissabores, e é nessa forja que o homem pode adquirir fortaleza, paciência, magnanimidade, serenidade.

«É forte quem persevera no cumprimento do que entende dever fazer, segundo a sua consciência; quem não mede o valor de uma tarefa exclusivamente pelos benefícios que recebe, mas pelo serviço que presta aos ou-

---

Philosophy of Religions, State University of New York Press, Albany, 1990; S. Hauerwas, «The Difference of Virtue and the Difference It Makes: Courage Exemplified». *Modern Theology*, 9, 1993, pp. 249-264; G. Angelini, *Le virtù e la fede*, cit., pp. 123-229; J. Aranguren Echevarría, *Resistir en el bien: razones de la virtud de la fortaleza en Santo Tomás de Aquino*, Eunsa, Pamplona, 2000; A. Fuentes Mendiola, *La fortaleza de los débiles: con el poder del espíritu*, Desclée de Brouwer, Bilbao, 2001.

(27) *S.Th.*, II-II, q. 123, a. 3, c.

(28) Jo 16, 2.

tros. O homem forte às vezes sofre, mas resiste; talvez chore, mas bebe as lágrimas. Quando a contradição recrudesce, não se dobra. Recordemos o exemplo daquele ancião, Eleazar, que, segundo o relato do livro dos Macabeus, prefere morrer a violar a lei de Deus: "Morrendo valorosamente, mostrar-me-ei digno da minha velhice e deixarei aos jovens um exemplo de fortaleza, se sofrer com ânimo pronto e constante uma honrosa morte em defesa de leis tão graves e tão santas" (2 Mac 6, 27-28)»[29].

Nem toda firmeza e energia de caráter pertencem à virtude da fortaleza. A firmeza é virtude em função da realização do bem e da repulsa do mal moral. A fortaleza é virtuosa quando unida inseparavelmente a outras virtudes: prudência, justiça e caridade, principalmente. Nem a energia para satisfazer as próprias paixões ou caprichos nem a força que espezinha os direitos dos outros têm a ver com as virtudes.

O dom da fortaleza, um dos sete dons do Espírito Santo, refere-se à mesma matéria da virtude da fortaleza. Mediante esse dom, o crente enfrenta o bem árduo e suporta os perigos, indo além do modo humano de agir e chegando ao modo de agir informado pela fé e pela caridade. «É o Espírito Santo quem opera tudo isto no homem, quando o conduz até a vida eterna, que é o fim de todas as obras boas, e a incolumidade diante de todo perigo. O Espírito Santo infunde na alma certa confiança que exclui o temor oposto. É assim que se considera a fortaleza um dom do Espírito Santo»[30]. A serena confiança que exclui todo medo é o sinal mais característico do dom da fortaleza. E com o medo desaparecem também a angústia e a tristeza.

São Tomás relaciona a fortaleza à quarta bem-aventurança: *Felizes os que têm fome e sede da justiça, porque serão saciados*[31]. A fortaleza se refere ao bem árduo, e «é sem dúvida bastante árduo não somente ter de praticar obras virtuosas, comumente chamadas obras de justiça, mas ainda ter de cumpri-las com um desejo insaciável, que pode ser significado pela fome e pela sede de justiça»[32]. Quanto a este ponto, o Aquinate retoma tudo o que havia sido dito por Santo Agostinho, que pensava que «a fortaleza se atribui aos que têm fome e sede. Estão na

(29) Josemaria Escrivá, *Amigos de Deus*, n. 77.

(30) *S.Th.*, II-II, q. 139, a. 1, c.

(31) Mt 5, 6.

(32) *S.Th.*, II-II, q. 139, a. 2, c.

dor, porque desejam a alegria dos verdadeiros bens e aspiram a desvencilhar o amor dos bens da terra e do corpo»[33].

b) Os atos da fortaleza

Os atos fundamentais da fortaleza são dois: suportar e vencer o temor, por um lado, e moderar a audácia na agressão, por outro. Trata-se em definitivo de resistir e de agredir em conformidade com tudo o que prescreve a reta razão iluminada pela fé. Resistir parece ser o ato principal, pois resistir e vencer o temor, sobretudo quando causado por um mal grave, é mais difícil que agredir, por diversas razões. Geralmente, aquele que agride se acha em uma posição de força ou de superioridade. A resistência tem por objeto um perigo presente ou iminente, enquanto a agressão tende a superar um perigo possível. A resistência muitas vezes se prolonga no tempo, ao passo que a agressão é algo pontual[34].

O ato mais excelente da virtude da fortaleza é o martírio. Este consiste em aceitar a morte como testemunho da verdade cristã. Em sentido estrito, o martírio requer três condições:

a) Que o mártir morra efetivamente. Só quem dá realmente a vida por Cristo atesta que o ama acima de todas as coisas e da própria vida. A opinião mais difundida entre os teólogos é que aqueles que sofreram graves ferimentos que poderiam ter causado a morte, mas de fato não a causaram, não são mártires em sentido rigoroso. Alguns teólogos, como Santo Afonso, consideram provável a opinião contrária. De fato, São João Evangelista e Santa Tecla, por exemplo, são venerados como mártires. A Virgem Maria é considerada *Regina martyrum*[35].

b) Que a morte seja causada por um inimigo da verdade cristã e por ódio a ela. Os mártires são testemunhas de Cristo porque a causa da sua morte é a verdade cristã: a fé ou a moral ensinadas por Cristo e vividas pelo mártir por amor a Cristo[36]. Não se considera mártir em sentido

(33) Santo Agostinho, *De Sermone Domini in monte*, 1, 4, 11: NBA 10/2, 93.

(34) Cf. *S.Th.*, II-II, q. 123, a. 6, ad 1.

(35) Cf. D.M. Prümmer, *Manuale Theologiae Moralis*, cit., vol. II, n. 623.

(36) Eis a explicação que dá a esse respeito São Tomás: *mártires* «é a mesma coisa que testemunhas porque, com os seus sofrimentos até a morte, dão testemunho da verdade, não qualquer, mas daquela que é conforme à piedade, que se manifestou a nós por Cristo. Por isso são chamados mártires de Cristo, ou seja, testemunhas dele. E isso é a verdade da fé. Por-

estrito aquele que morre por causa de uma doença transmitida por doentes de que ele cuidou por caridade, ou quem morre em defesa de uma verdade natural, etc.

c) Que se aceite a morte voluntariamente. É possível sofrer o martírio sem advertência atual, mas somente virtual, como alguém que, tendo aceitado o martírio, fosse morto por ódio à verdade cristã enquanto dormisse.

O martírio, enquanto ato de perfeita caridade, justifica o pecador, batizado ou não, adulto ou criança. Elimina toda pena temporal e merece um grande aumento de graça e de glória. É conhecida a sentença do Papa Inocêncio III: «*Iniuriam facit martyri qui orat pro martyre*»[37].

c) Os pecados contra a fortaleza

À fortaleza opõem-se três vícios: *a covardia, a impassibilidade e a temeridade.*

A covardia – A covardia consiste em omitir o que a reta razão ordena ou fazer o que ela proíbe por causa do medo aos males que podem sobrevir, particularmente o medo da morte. A covardia é um excesso de temor e um defeito na audácia para superar os perigos. Em si é culpa leve, mas com frequência se omite por covardia o cumprimento de um dever grave ou se comete uma ação gravemente pecaminosa. É claro a este respeito o ensinamento evangélico: *Não tenhais medo daqueles que matam o corpo mas são incapazes de matar a alma! Pelo contrário, temei Aquele que pode destruir a alma e o corpo no inferno! Não se vendem dois pardais por uma moedinha? No entanto, nenhum deles cai no chão sem o*

---

tanto, a verdade da fé é a causa de todo martírio. Mas para a verdade da fé não basta a crença do coração; exige-se também a manifestação exterior [...]. É esta a razão pela qual as obras de todas as virtudes, enquanto se referem a Deus, são protestações de fé que nos levam a entender que Deus exige de nós estas obras, e por causa delas nos recompensa. A este título, elas podem ser causa de martírio. Por isso a Igreja celebra o martírio de João Batista, condenado à morte por ter censurado o adultério de Herodes, e não por defender sua fé» (*S.Th.*, II-II, q. 124, a. 5, c.). Situação análoga é a de alguns santos modernos, como Maximiliano Kolbe e Edith Stein, que a Igreja venera como mártires. Veja-se J. L. Gutiérrez, «La certezza morale nelle Cause di Canonizzazione, specialmente nella dichiarazione del martirio». *Ius Ecclesiae*, 3, 1991, pp. 645-670.

(37) Inocêncio III, *Epist. V*, 121: PL 214, 1122 D. A frase também é citada por outros autores da época, pois fora atribuída – erroneamente – a Santo Agostinho.

consentimento do vosso Pai[38]. Estão relacionados à covardia os «respeitos humanos», que levam a omitir aquilo que deveria ser dito ou feito, bem como a dizer ou fazer aquilo que não se deveria, por medo do que os outros possam pensar de nós. Hoje, com frequência os respeitos humanos assumem a forma do «politicamente correto». Também aqui convém recordar as palavras do Senhor: *Todo aquele, pois, que se declarar por mim diante dos homens, também eu me declararei por ele diante do meu Pai que está nos céus. Aquele, porém, que me renegar diante dos homens, também eu o renegarei diante de meu Pai que está nos céus*[39].

A impassibilidade – A impassibilidade é uma espécie de indiferença que não teme os perigos graves quando seria razoável temê-los e não correr certos riscos. Pode ser causada pelo desprezo da vida, pela soberba ou pela insensatez.

A temeridade – A temeridade é uma coragem exagerada e irracional que leva a enfrentar os perigos desconsideradamente. Estes dois vícios também podem levar a cometer pecados graves, pondo em risco a saúde ou a vida no esporte ou em outras atividades por motivos banais ou pouco razoáveis (vanglória, soberba, superficialidade, desatenção às regras de trânsito, etc.).

Estes três vícios se referem de algum modo ao controle razoável e equilibrado de uma paixão muito importante: o temor. Diante daquilo que se apresenta como uma ameaça à própria vida ou à integridade pessoal, a tendência à própria conservação tende a suscitar uma emoção forte, que em casos extremos pode diminuir o uso da razão e da vontade[40]. A maneira de comportar-se em face do temor tem alguma relação com a confiança e a desconfiança, até com respeito à ajuda que podemos receber dos outros e, principalmente, de Deus.

4. As virtudes anexas à fortaleza e os vícios opostos

A fortaleza se refere sobretudo ao perigo de morte, realidade muito concreta que não se divide em várias espécies. Daí que não existam

(38) Mt 10, 28-29.

(39) Mt 10, 32-33.

(40) Veja-se tudo o que dissemos sobre as tendências em *Escolhidos em Cristo I*, cap. V, § 2 (c).

partes subjetivas ou diversas espécies de fortaleza[41]. A magnanimidade, a magnificência, a paciência e a perseverança são elementos integrantes (partes integrais) ou virtudes anexas (partes potenciais) da fortaleza, segundo o ponto de vista. São elementos integrantes se as consideramos como virtudes que tornam possível e ajudam o ato específico da fortaleza: suportar ou agredir obstáculos que põem a vida em perigo. São virtudes anexas se as consideramos em relação com outros âmbitos da conduta que fazem parte secundariamente do objeto da fortaleza. A magnanimidade e a magnificência referem-se ao ato de agredir; a paciência e a perseverança, ao ato de suportar ou resistir.

a) A magnanimidade

A magnanimidade ou grandeza de alma é a prontidão em tomar a decisão de empreender obras virtuosas excelentes e custosas, dignas de grande honra[42]. Tem um componente de confiança e de esperança, sem as quais as grandes obras virtuosas não seriam projetadas. Esta virtude se encontra nos atos excelentes ou heroicos de todas as outras virtudes, que de algum modo sempre são, também, atos de magnanimidade. Trata-se de «ânimo grande, alma ampla, onde cabem muitos. É a força que nos move a sair de nós mesmos, a fim de nos prepararmos para empreender obras valiosas, em benefício de todos. No homem magnânimo, não se alberga a mesquinhez; não se interpõe a sovinice, nem o cálculo egoísta, nem a trapaça interesseira. O magnânimo dedica sem reservas as suas forças ao que vale a pena. Por isso é capaz de se entregar a si mesmo. Não se conforma com dar: dá-se. E assim consegue entender qual é a maior prova de magnanimidade: dar-se a Deus»[43].

Pertence à magnanimidade evitar a autocomplacência nos próprios méritos e nos louvores recebidos; manter a igualdade de ânimo no sucesso e no fracasso; ajudar os outros e não abusar da ajuda alheia; comportar-se com dignidade diante dos poderosos, sem cair na adulação, e saber ser modesto com as pessoas modestas; expressar com liberdade a própria opinião quando nos é pedida, sem ceder aos respeitos humanos;

(41) Cf. *S.Th.*, II-II, q. 128, a. un.

(42) São Tomás estuda a magnanimidade em *S.Th.*, II-II, q. 129.

(43) Josemaria Escrivá, *Amigos de Deus*, n. 80.

não deixar-se dominar pela ambição pessoal; não remoer as ofensas recebidas; não precipitar-se ao projetar e empreender grandes obras.

A grandeza de ânimo não se opõe à humildade. O magnânimo se empenha nas grandes coisas procurando acima de tudo a glória de Deus, consciente dos dons recebidos e pondo a sua confiança na ajuda do Senhor[44].

À magnanimidade se opõem três vícios por excesso: a *presunção,* a *ambição* e a *vanglória;* e um por defeito: a *pusilanimidade.*

A *presunção* de que falamos é diferente do pecado contra a esperança que recebe o mesmo nome. *Aqui se trata de empreender tarefas ou trabalhos superiores às próprias forças.* Quando determinada tarefa deve ser cumprida, a presunção consiste em não se preparar de modo adequado ou em não pedir ajuda a quem pode dá-la. Pecou por presunção São Pedro quando disse: *Senhor, eu estou pronto para ir contigo até mesmo à prisão e à morte*[45]. Por trás da presunção, há uma percepção equivocada das próprias forças, a qual pode dar origem a não poucos pecados, até graves, e pode ser a causa oculta de uma constante inquietação interior. Quem se imagina capaz de fazer mais que aquilo que realmente pode não está nunca em paz consigo mesmo.

A ambição busca a honra e o apreço além do que é razoável e proporcional ao próprio valor, ou sem atribuir a Deus os próprios méritos e qualidades. A ambição fecha o homem em si mesmo. Aparentemente, a ambição procura realizar coisas valiosas no âmbito cultural, artístico, político, religioso, etc., mas na verdade o homem ambicioso se dobra sobre o próprio eu, que já não vê o valor das coisas realizadas nem a sua utilidade para os outros e para a sociedade. Para o ambicioso, tudo é meio de alcançar a própria glória. Mesmo as qualidades e as realizações que em si deveriam ser veículos de autotranscendência se põem em função do próprio eu. Nos outros, vê somente degraus[46].

A *vanglória* é muito semelhante à ambição, mas não diz respeito à honra que nos é dada, e sim à fama, àquilo que pensam e dizem de nós quando estamos ausentes. A fama é um bem, que até deve ser protegido. A vanglória é um vício porque se pretende construir uma grande

---

(44) Cf. Deut 3, 21-22; 31, 7-8; 1 Sam 17, 45; 1 Mac 3, 18-22.

(45) Lc 22, 33.

(46) Cf. Josemaria Escrivá, *Caminho*, 11ª ed., Quadrante, São Paulo, 2016, n. 31.

imagem do próprio valor que não corresponde à verdade (procura-se a notoriedade até mediante comportamentos reprováveis), ou porque se busca o apreço de quem não se deveria, ou porque se procura na fama o bem supremo, sem referi-la a Deus em última instância. A vanglória suscita facilmente faltas contra a caridade, hipocrisia, simulação, desobediência, etc.

A pusilanimidade consiste em renunciar a empreender grandes obras que deveriam e poderiam ser feitas com a ajuda de Deus. O pusilânime se deixa dominar pela falta de confiança em si mesmo e por um sentimento de inferioridade que não corresponde à verdade. A pusilanimidade pode aparecer às vezes oculta sob a máscara da humildade. Seja como for, renuncia-se à luta por fazer render os dons recebidos de Deus. *Por fim, chegou aquele que havia recebido um só talento, e disse: Senhor, sei que és um homem severo, pois colhes onde não plantaste e ajuntas onde não semeaste. Por isso fiquei com medo e escondi o teu talento no chão. Aqui tens o que te pertence. O senhor lhe respondeu: Servo mau e preguiçoso! Sabias que eu colho onde não plantei e que ajunto onde não semeei. Então devias ter depositado meu dinheiro no banco, para que, ao voltar, eu recebesse com juros o que me pertence*[47].

b) A magnificência

Se a magnanimidade é a prontidão de ânimo para decidir, *a magnificência se refere à realização efetiva de grandes obras, em especial à busca e ao emprego de recursos econômicos e materiais em ordem à realização de grandes empreendimentos a serviço de Deus e do bem comum*[48]. Os preparativos de Davi para que o seu filho Salomão pudesse construir um templo digno do Senhor são um bom exemplo disso[49].

Os vícios contrários à magnificência são a *parcimônia* ou *mesquinharia* e a *suntuosidade*, que se afastam por defeito e por excesso do ditame da reta razão quanto ao uso dos recursos necessários para realizar grandes obras.

---

(47) Mt 25, 24-27.

(48) Sobre a magnificência, cf. *S.Th.*, II-II, q. 134.

(49) Cf. 1 Crôn 22, 14-16.

c) A paciência

O objeto da paciência é suportar os males presentes, mesmo aqueles causados por outras pessoas, sem entristecer-se nem abandonar o cumprimento do bem[50]. Quando relacionada ao perigo de morte, é elemento integrante da fortaleza; se se refere a outros males, é uma virtude anexa a ela.

A experiência mostra que se trata de uma virtude muito importante. Evita a tristeza e o desânimo, que são causa de tantos outros males. *Não entregues tua alma à tristeza e não te aflijas a ti mesmo com tuas preocupações. A alegria do coração é a vida da pessoa, tesouro inexaurível de santidade, a alegria da pessoa prolonga-lhe a vida. Tem compreensão contigo mesmo e consola teu coração; afugenta para longe de ti a tristeza. A tristeza matou a muitos e não traz proveito algum*[51]. «Quem sabe ser forte não se deixa dominar pela pressa em colher o fruto da sua virtude; é paciente. A fortaleza leva-o a saborear a virtude humana e divina da paciência. *Mediante a vossa paciência, possuireis as vossas almas* (Lc 21, 19). "A posse da alma é colocada na paciência porque, na verdade, ela é raiz e guardiã de todas as virtudes. Nós possuímos a alma pela paciência, pois, aprendendo a dominar-nos a nós mesmos, começamos a possuir aquilo que somos" (São Gregório Magno, *Homiliae in Evangelia*, 35, 4 [PL 76, 1261]). E é esta paciência a que nos leva também a ser compreensivos com os outros, persuadidos de que as almas, como o bom vinho, melhoram com o tempo»[52]. A paciência produz serenidade de ânimo.

Dois são os vícios contrários à paciência: *a impaciência e a insensibilidade ou dureza de coração. A impaciência é a incapacidade de aceitar e suportar as contrariedades* e se manifesta como intolerância, lamento, perda de serenidade, modos bruscos e até violentos. A impaciência se converte em uma atitude vital em face do decurso temporal das coisas e torna difíceis as esperas que tantas vezes são necessárias. Para o homem impaciente, o tempo transcorre de maneira muito lenta, como um fardo insuportável de que se deseja libertar ansiosamente. A paciência, ao contrário, não só ajuda a conviver com as dificuldades, mas favorece

(50) Sobre a paciência, veja-se *S.Th.*, II-II, q. 136.

(51) Ecli 30, 22-25.

(52) Josemaria Escrivá, *Amigos de Deus*, n. 78.

também a serena continuidade no esforço, até que, no seu tempo, se alcance o fim proposto. A impaciência facilmente ocasiona pecados contra a justiça e a caridade, até graves. A *insensibilidade* ou *dureza de coração* não se comove jamais – não por adequar-se razoavelmente ao curso das coisas, mas por falta de humanidade e de solidariedade. Por vezes manifesta uma pobreza emotiva quase patológica (pense-se na figura de Nikolai Stavróguin, dos *Demônios* de Dostoievski). Pode ser a causa de graves pecados de omissão.

d) A perseverança

A *perseverança* é a virtude pela qual se persiste no exercício dos próprios deveres e das obras virtuosas, segundo os ditames da reta razão iluminada pela fé, não obstante as dificuldades e o cansaço derivado do seu prolongar-se no tempo[53]. Se a constância deve vencer a tentação de abandonar os bons propósitos quando se lhes opõe determinado obstáculo, cabe à perseverança vencer o obstáculo representado pelo prolongamento no tempo do esforço necessário para realizar até o fim os bons projetos. *[A semente] que caiu em terra boa são aqueles que, ouvindo com um coração bom e generoso, conservam a Palavra e dão fruto pela perseverança*[54]: somente pela perseverança é que as obras boas e as virtudes podem produzir bons frutos. A perseverança é necessária na oração, na atividade profissional, nas obras de apostolado, no empenho social. Ainda que em um contexto talvez um pouco diferente, o Evangelho apresenta como motivo de troça aquele que não foi capaz de terminar a obra começada[55]. Justamente se escreveu que «começar é de todos; perseverar, de santos»[56].

À perseverança opõem-se a *inconstância* e a *pertinácia*. O *inconstante* abandona a realização do bem quando no prolongamento do esforço descobre aspectos de dificuldade que talvez não tivessem sido claramente percebidos até aquele momento, pensando que tal descoberta justifica o abandono dos compromissos assumidos consigo mesmo, com os

(53) Cf. *S.Th.*, II-II, q. 137.

(54) Lc 8, 15.

(55) Cf. Lc 14, 28-30.

 (56) Josemaria Escrivá, *Caminho*, n. 983.

outros ou até com Deus. Ao *pertinaz* torna-se difícil retificar-se, mudar de opinião ou de comportamento quando a justiça, a caridade ou qualquer outra instância razoável assim o exigem.

Diferente da virtude moral da perseverança é o dom da perseverança final, isto é, o permanecer na fidelidade e na graça de Deus até a morte. Este dom divino, a rigor, não é objeto de mérito da nossa parte, mas pode ser suplicado com a oração e as boas obras, para que assim nos disponhamos a recebê-lo da bondade misericordiosa e paternal de Deus[57].

VIRTUDES ANEXAS À FORTALEZA	**VÍCIOS OPOSTOS**
Magnanimidade	Presunção
	Ambição
	Vanglória
	Pusilanimidade
Magnificência	Parcimônia
	Suntuosidade
Paciência	Impaciência
	Insensibilidade ou dureza de coração
Perseverança	Inconstância
	Pertinácia

(57) Cf. *S.Th.*, II-II, q. 137, a. 4.

Capítulo VII
A TEMPERANÇA

1. A temperança na Sagrada Escritura e na tradição moral católica

O significado da temperança na doutrina moral católica é expresso sinteticamente pelo *Catecismo da Igreja Católica.* A temperança é a virtude moral fundamental (virtude cardeal) «que modera a atração pelos prazeres e procura o equilíbrio no uso dos bens criados. Assegura o domínio da vontade sobre os instintos e mantém os desejos dentro dos limites da honestidade. A pessoa temperante orienta para o bem seus apetites sensíveis, guarda uma santa discrição e *não se deixa levar a seguir as paixões do coração* (Eclo 5, 2; cf. 37, 27-31)»[1].

a) A Sagrada Escritura

O *Catecismo* indica justamente que a temperança é louvada com frequência no Antigo e no Novo Testamento, onde é chamada *moderação* ou *sobriedade.* Com efeito, são abundantes os ensinamentos práticos sobre diversos aspectos particulares da temperança: sobriedade, castidade, humildade, etc[2]. Não encontramos, no entanto, reflexões orgânicas sobre a virtude da temperança em geral.

Tanto o termo específico (*sophrosyne*) como a estrutura conceitual

---

(1) *Catecismo*, n. 1809.

(2) Conquanto a castidade seja parte da temperança, ocupar-nos-emos dela somente no cap. VIII.

da virtude da temperança procedem do ambiente helenístico[3]. O vocábulo *sophrosyne*, que nós traduzimos como *temperança*, possuía originalmente significado complexo, que compreendia, entre outras, ideias como razoabilidade e sanidade mental, ser experimentado na moderação e no domínio de si, pudor e decoro. Na literatura grega clássica, a *sophrosyne* é vista já como virtude fundamental, a qual implica uma limitação ou renúncia, contraposta à *hybris*[4]. Uma tematização ético-filosófica positiva e completa da temperança como virtude será feita por Platão, por Aristóteles e pela escola estoica[5]. Para Aristóteles, a temperança apresenta o justo meio entre a insensibilidade e o desregramento, o qual salvaguarda o equilíbrio e a harmonia interior e permite fazer escolhas retas e razoáveis. Com significado idêntico ou análogo, o vocábulo *sophrosyne* é adotado nos livros do Antigo Testamento que mais sentiram o influxo helenístico[6].

Todavia, para além das considerações de ordem lexical, *no Antigo Testamento, e particularmente na literatura sapiencial, há um chamado recorrente à moderação, que deve presidir todas as dimensões da vida.* Eclesiástico 31, 12-22 recomenda a moderação no comer, oferecendo em seguida uma longa reflexão sobre o vinho[7]. A moderação deve presidir, de modo mais geral, todas as paixões: *Não te exaltes como um touro em teu pensamento para que a tua força não venha a ser quebrada pela insensatez, e esta devore tuas folhas e estrague teus frutos, e acabes abandonado como árvore seca no deserto. Uma paixão perversa arruinará aquele que a entretém e o entrega ao escárnio dos inimigos, conduzindo-o à sorte dos ímpios*[8]. Eclesiástico 3, 17-28 contém uma bela instrução sobre a humildade e o orgulho, virtude e vício que são vistos nesta passagem como modo de

(3) Esta circunstância não tira a legitimidade da virtude como categoria teológica. Veja-se, a respeito, *Escolhidos em Cristo I*, pp. 227-228.

(4) Cf. U. Luck, verbete *sófron* e derivados, em *Grande lessico del Nuovo Testamento*, Paidea, Brescia, 1981, vol. XIII, coll. 797-806.

(5) Existem, no entanto, diferenças notáveis entre as concepções platônica, aristotélica e estoica da temperança, ligadas aos diversos valores dados ao prazer. Veja-se A. Lambertino, *Valore e piacere. Itinerari teoretici*, Vita e Pensiero, Milão, 2001.

(6) Cf., por exemplo, Sab 8, 7: «Se alguém ama a justiça, saiba que são frutos da sabedoria as virtudes: ela ensina a temperança e a prudência, a justiça e a fortaleza, que são os bens mais úteis na vida dos homens».

(7) Cf. Eclo 31, 25-32. Veja-se também, em sentido análogo, Prov 23, 1-3.6-8.

 (8) Eclo 6, 2-4.

posicionar-se perante o saber. Não convém buscar coisas muito difíceis nem indagar sobre coisas demasiado elevadas; o sentido do mistério não se perde[9]. *Na medida em que fores grande, humilha-te em tudo*[10], uma vez que o homem humilde é amado pelos homens e é agradável a Deus; o humilde encontra graça diante de Deus, e *pelos humildes ele é honrado*[11]. As consequências do orgulho são funestas: *A opinião própria já extraviou a muitos, e a falsa aparência enganou seus pensamentos. Sem a pupila, falta-te a luz; sem o conhecimento, faltará a sabedoria. O coração obstinado findará na desgraça; quem ama o perigo, nele perecerá. O coração que anda por dois caminhos não será bem-sucedido; quem é depravado tropeçará neles. O coração malvado será oprimido de dores; o pecador acrescenta pecados a pecados. Para as chagas dos soberbos não há cura, pois a planta do pecado se enraíza neles e nem é percebida. O coração do sábio captará as palavras dos sábios, e o ouvido atento cobiçará a sabedoria*[12].

O Evangelho de São Lucas põe em evidência que a palavra de Deus pode ficar sem dar fruto porque os que a ouvem estão sufocados pelas *riquezas e prazeres da vida*[13]. *Cuidado para que vossos corações não fiquem pesados por causa dos excessos, da embriaguez e das preocupações da vida, e esse dia não caia de repente sobre vós, pois cairá como uma armadilha sobre todos os habitantes de toda a terra*[14]. Em Romanos 12, 3, a temperança é relacionada aos bens espirituais, que não devem ser ocasião de presunção e vanglória: *Pela graça que me foi dada, recomendo a cada um de vós: ninguém faça de si uma ideia muito elevada, mas tenha de si uma justa estima (*phroneîn eis tò sophroneîn*), de acordo com o bom senso e conforme a medida da fé que Deus deu a cada um*[15]. Ro-

---

(9) Cf. Eclo 3, 21-23.

(10) Eclo 3, 20.

(11) Eclo 3, 21.

(12) Eclo 3, 26-31.

(13) Lc 8, 14.

(14) Lc 21, 34-35.

(15) Assim comenta esta passagem São Tomás: «*Mando vobis ut mensurate sapiatis secundum gratiam vobis datam. Sobrietas enim mensuram importat. Et quamvis proprie dicatur circa potum vini, potest tamen accipi circa quamlibet materiam, in qua homo debitam mensuram observat. Tit II, v. 12: sobrie et iuste et pie vivamus in hoc seculo*» (São Tomás de Aquino, «Super epistolam ad Romanos», c. 12, lect. 1, em Id., *Super epistolas S. Pauli lectura*, vol. I, Marietti, Taurini-Romae, 1953, n. 970.)

manos 12, 12 tem sentido análogo, mas com referência mais direta à humildade.

Os pecados contra a abstinência e a sobriedade são elencados entre aqueles que excluem do Reino: efeminados, sodomitas, os ladrões, gananciosos, beberrões, maldizentes, estelionatários, ninguém desses terá parte no reino de Deus[16]. A *Primeira Carta de Pedro* deixa claro que os cristãos, associados a Cristo, foram libertos dos impulsos das paixões que conduzem ao pecado. Em virtude do sofrimento e da morte de Cristo, abandonaram para sempre a depravação da vida passada no paganismo: *Basta o tempo que passastes praticando os caprichos dos pagãos, entregues à dissolução, paixões, embriaguez, comilanças, bebedeiras e idolatrias abomináveis*[17]. Nas cartas pastorais, a sobriedade aparece como um dos traços caractertísticos da vida cristã[18].

b) Os Padres da Igreja e a reflexão teológica

Os Padres Apostólicos – As referências dos Padres Apostólicos à temperança, à humildade e também à castidade são bastante significativas, ainda que no seu modo simples e direto de se expressar. Sua experiência cristã, incidindo na realidade histórica, exprime-se como desejo de união com Cristo na pureza e na temperança. Assim, Santo Inácio de Antioquia recomenda a oração pelos pagãos na esperança da sua conversão. E acrescenta: «Deixai que aprendam das vossas obras [...]. Não se ache entre nós nenhuma erva do diabo, mas com toda a pureza e temperança permanecei em Jesus Cristo com a carne e com o espírito»[19]. A moderação dos impulsos das paixões, «porque a paixão conduz à fornicação»[20], bem como a humildade de que Cristo nos deu exemplo[21], caracteriza o caminho do Senhor.

---

(16) 1 Cor 6, 10. Cf. também Rom 13, 13; 1 Cor 5, 11; 6, 10; Gál 5, 21.

(17) 1 Pe 4, 3.

(18) Cf. Ti 2, 12. Cf. também Ti 2, 2; 1 Tim 3, 2.

(19) Santo Inácio de Antioquia, *Carta aos Efésios*, XIII, 1.10: *I Padri Apostolici*, Città Nuova Editrice, Roma, 1986, p. 103.

(20) *Didaquê*, III, 3: *I Padri Apostolici*, cit. p. 31.

(21) Cf. Clemente Romano, «Carta aos Coríntios», XIII-XIV. *I Padri Apostolici*, cit., pp. 57-58.

Os Apologistas – No contexto polêmico das apologias, a reivindicação da santidade de vida e da integridade dos costumes, em contraposição à imoralidade do paganismo, torna-se tanto a defesa mais eficaz contra acusações gravíssimas quanto o argumento mais convincente para demonstrar a verdade do cristianismo. Entre os cristãos, «vive-se a temperança; pratica-se a continência; observa-se a monogamia; conserva-se a pureza; abate-se a injustiça; extirpa-se o pecado; pratica-se a justiça; administra-se a lei; observa-se a piedade; reconhece-se a Deus. A verdade preside; a graça protege; a paz reina ao redor; a santa Palavra é guia; a sabedoria ensina; a vida nos governa; Deus reina»[22]. Encontramos um discurso análogo em Aristides, em São Justino, em Taciano e em Atenágoras. Eles apresentam um gênero de vida que possuía muitos pontos em comum com os ensinamentos dos melhores filósofos gregos, mas que contrastava com o modo de viver então normalmente aceito. Em todo caso, é bem outra a inspiração da vida cristã. Os cristãos «têm esculpidas no coração a lei do próprio Senhor Jesus Cristo e guardam-na na esperança da ressurreição dos mortos e da vida do tempo futuro. Não cometem adultério, não se prostituem, não dão falso testemunho, não cobiçam as coisas alheias, honram pai e mãe e amam o seu próximo, julgando com justiça»[23].

Clemente de Alexandria, Santo Ambrósio e Santo Agostinho – Uma reflexão mais ampla sobre a temperança se encontra em Clemente de Alexandria e nos Padres que comentam as passagens bíblicas referentes à temperança[24]. No *De officiis ministrorum*, de Santo Ambrósio, e principalmente em Santo Agostinho, temos já uma reflexão sistemática sobre a virtude da temperança. Sabemos que Santo Agostinho, no *De moribus,* torna claro o íntimo vínculo das virtudes cardeais com a caridade, e nesta perspectiva considera que «a temperança é o amor íntegro que se dá àquele que se ama» e, também, «o amor a Deus que se conserva íntegro e incorruptível»[25]. No *De diversis questionibus 83*, diz que «a temperança é o domínio firme e moderado da razão sobre as paixões e

(22) Teófilo, «Ad Autolicum», lib. III, 15, em *Gli Apologeti greci*, Città Nuova Editrice, Roma, 1986, p. 446.

(23) Aristides, «Apologia», XV, 3-4, em *Gli Apologeti greci*, cit., pp. 58-59.

(24) Pense-se, por exemplo, nos comentários a Rom 13, 13 de Orígenes, do Ambrosiastro e de São João Crisóstomo.

(25) Santo Agostinho, *De moribus Ecclesiae*, I, 15, 25: NBA 13/1, 53.

sobre os outros movimentos desordenados da alma. Fazem parte dela a continência, a clemência e a modéstia. Mediante a continência, a cupidez é governada pela razão. Mediante a clemência, os ânimos, seduzidos e excitados desenfreadamente pelo ódio contra alguém, são moderados pela serenidade. Mediante a modéstia, o pudor decoroso alcança uma límpida e sólida autoridade»[26].

A escolástica – Na teologia medieval, o tratado sobre a temperança obtém notável avanço. Pense-se, por exemplo, em Alexandre de Hales e em Santo Alberto Magno. Com São Tomás atinge uma abordagem sistemática que gozou de longa duração[27]. As fontes principais do tratado tomista sobre a temperança são a Sagrada Escritura, Santo Agostinho e Aristóteles. No entanto, manifesta uma originalidade considerável, fruto do desenvolvimento que tiveram na antropologia tomista os elementos tomados das fontes e outros novos. Nas páginas seguintes nos ocuparemos das bases antropológicas do tratado tomista sobre a temperança.

A teologia moderna – A teologia moderna e contemporânea da temperança merece um tratamento à parte. O estudo da castidade teve grande progresso. No começo, como uma elaboração cada vez mais particularizada, às vezes exagerada, da casuística. Depois, mais ou menos a partir da metade do século XX, como um esforço de renovação dos estudos sobre a natureza e o sentido da sexualidade, o qual pretendia dar relevo aos aspectos personalísticos e relacionais. No que diz respeito às outras dimensões da temperança, não houve avanços dignos de nota, com exceção de algumas questões particulares (alcoolismo, toxicodependência, tabagismo) que objetivamente, ou pelo menos para a sensibilidade moderna, adquiriram grande importância pessoal e social[28].

---

(26) Santo Agostinho, *De diversis quaestionibus 83*, 31, 1: NBA 6/2, 63.

(27) Cf. *S.Th.*, II-II, qq. 141-170.

(28) A bibliografia sobre a temperança em geral, excluindo portanto os estudos específicos sobre a sexualidade e sobre questões particulares apenas indicadas, das quais se falará depois, é relativamente rara. Citamos alguns estudos significativos: A. Michel, «Temperance», *DTC* 15, coll. 94-99; M. A. Janvier, «Exposition de la morale catholique», vols. XI-XII, em *La vertu de tempérance*, Lethielleux, Paris, pp. 1921-1922; J. Leclerq, *Vita nell'ordine*, Paoline, Alba, 1955; P. Laféteur, *La temperanza*, em *Iniziazione teologica*, Brescia, 1955, vol. III, pp. 828-888; B. Häring, *La legge di Cristo*, Morcelliana, Brescia, 1963, vol. III, pp. 57-78; P. Palazzini, *Vita e virtù cristiane*, Paoline, Roma, 1975; P. Geach, *The Virtues*, Cambridge University Press, Cambridge, 1977; V. Jankélévitch, *Trattato delle virtù*, cit.; R. Cessario, *Le virtù*, cit.; G. Angelini, *Le virtù e la fede*, cit., pp. 65-121 e 307-332; J. Pieper, *La temperanza*, Morcelliana, Brescia, 1998.

2. Análise teológica da virtude da temperança

a) A antropologia da temperança

Hoje em dia a virtude da temperança suscita facilmente a ideia de negação das tendências e dos sentimentos humanos e, particularmente, a atribuição de um valor ético negativo ao prazer e ao gozo. Para algumas correntes da ética, como, por exemplo, o estoicismo[29] e a ética kantiana[30], esta ideia é substancialmente justa. Todavia, é completamente errônea segundo a perspectiva de base da teologia moral católica e, em particular, de São Tomás[31].

São Tomás sublinha fortemente a existência de uma relação ontológica dinâmica entre a atividade cognoscitiva, a atividade volitiva e o deleite: «Em todo ente em que se dá o conhecimento», afirma São Tomás, «dá-se também a vontade e o prazer (*delectatio*)»[32]. O bem conhecido e querido torna-se motivo de amor, de anelo intencional e de gozo deleitável. Para São Tomás, dá-se uma conaturalidade entre o conhecimento e a volição do bem e a sua prazerosa fruição, de modo que ele não admite, em princípio, que se dê ao prazer um valor ético negativo.

A tese fundamental diz que a raiz ontológica do prazer é o bem. Existe entre o bem e o prazer um vínculo tal, que o Aquinate afirma que «é pela mesma razão que se deseja o bem e que se deseja o prazer (*delectatio*), porque os dois nada mais são que o descanso do apetite no bem. Assim também, pela mesma força da natureza, o corpo pesado é trazido para baixo, e aí descansa»[33]. O prazer é a fruição do bem[34] e é, também, sinal da perfeição da operação que alcança o bem[35]. O prazer desempenha, além disso, uma função eficiente indireta: o sujeito que,

---

(29) Cf. A. Rodríguez Luño, *Ética General*, cit., pp. 129-134, e a bibliografia citada na p. 129.

(30) Sobre este aspecto da ética kantiana, veja-se o excelente estudo de A. Lambertino, *Il rigorismo etico in Kant*, La Nuova Italia, Florença, 1999.

(31) Veja-se sobre esta temática A. Lambertino, *Valore e piacere*, cit., pp. 55-75.

(32) *Scriptum super Sententiis*, lib. I, d. 45, q. 1, a. 1, sol.

(33) *S.Th.*, I-II, q. 2, a. 6, ad 1.

(34) «*Quies autem voluntatis, et cuiuslibet appetitus, in bono, est delectatio*» (*S.Th.*, I-II, q. 34, a. 4, c.).

(35) Cf. *S.Th.*, I-II, q. 34, a. 4, c.; *In decem libros Ethicorum*, lib. X, lect. 6, n. 2025.

estimulado pela percepção do bem, experimenta prazer no agir «age com maior veemência e diligência»[36]. O prazer estimula a atividade e a torna mais ágil e segura. Facilita a atenção e a tensão necessária para agir com eficácia.

Que o prazer se siga ao atingimento do bem não significa, no entanto, que ele seja o fim do agir. O bem é a finalidade do apetite, e é sempre o bem o que constitui e funda o aquietamento próprio do prazer. A relevância moral do prazer está em função da sua referência ao bem e à atividade que o produz, o caracteriza e o finaliza. O prazer não é um bem ou um mal em si e por si. O seu valor é reflexo e derivado. Assim, São Tomás afirma que «o prazer (*delectatio*) que se segue a atividades boas e apetecíveis é bom e apetecível; aquele que se segue a atividades más deve ser evitado. Portanto, a sua bondade e apetibilidade deriva de algo distinto de si mesmo (*ex alio*)»[37]. Mesmo que o prazer sempre se baseie ontologicamente em algum tipo de bem, este bem pode ser para a pessoa que age, aqui e agora, só aparente. Por isso o prazer não é de si sempre um bem[38]. Não deve ser absolutizado, não deve ser buscado como fim autônomo e exclusivo do agir, sob pena de destruir o valor moral do agir e do próprio agente. Daqueles que absolutizam o prazer, São Paulo diz significativamente que *o deus deles é o ventre*[39].

A perspectiva do prazer não é um critério seguro de orientação moral. Quando abandonado a si mesmo, ele torna-se uma força destruidora e contraditória, que pode querer tudo e o contrário de tudo e que, afinal, arruína o sujeito. Em vez disso, orientado pelo juízo do intelecto, trata-se de uma força criativa, diante da qual não é bom permanecermos insensíveis. São Tomás considera a insensibilidade um vício, assim como é vício a elevação do prazer a valor autônomo e absoluto, desvinculado do conteúdo de valor pessoal da atividade que o produz.

É preciso esclarecer – com Lambertino – que «certas afirmações de São Tomás autorizam a considerar lícita também a busca intencional do prazer como fim *próximo*, ou seja, a considerar lícita a intencionalidade do prazer *em si mesmo*, se este provém de um agir moralmente

(36) *S.Th.*, I-II, q. 33, a. 4, c.

(37) *C.G.*, lib. III, c. 26.

(38) Cf. São Tomás de Aquino, *In decem libros ethicorum*, lib. X, lect. 4, nn. 2001-2004.

(39) Fil 3, 19.

significativo e se o fim para o qual tende o agir por sua natureza não for excluído *positivamente*. Nesta hipótese, a orientação do agir permaneceria confiada à *recta ratio*, mas se prescindiria, na intencionalidade expressa, do fim natural da ação. Se o fim natural da atividade não é excluído positivamente, mas apenas se trata de abstraí-lo, a ordem da natureza e a dependência finalística do prazer da atividade continuam a ser respeitados; dar-se-ia sempre uma referência implícita do sujeito ao fim natural da atividade»[40].

b) O objeto da temperança

O objeto da temperança é a moderação da busca do bem deleitável e das paixões suscitadas por ele, segundo o juízo da reta razão iluminada pela fé. A temperança introduz, de modo estável, ordem e medida no desejo, de maneira que se dirija para o que aqui e agora convém, e com a intensidade adequada ao bem global do cristão. A virtude moral da temperança é domínio de si ou, em palavras já citadas de Santo Agostinho, «domínio firme e moderado da razão sobre as paixões e sobre os outros movimentos desordenados da alma»[41].

Os bens deleitáveis cuja busca deve ser moderada pela temperança são diversos. Há prazeres ligados à atividade de índole mais espiritual (a satisfação de entender verdades profundas, ou de ver reconhecida a própria competência, o humorismo), à posse de bens materiais não corporais (abundância de meios econômicos), à percepção dos sentidos (escutar boa música, assistir a um bom filme) e à sensualidade que age mediante o tato (prazeres vinculados à comida, à bebida e à sexualidade). Entendida como virtude geral, a temperança compreende todos estes bens. *Considerando-a, pelo contrário, como virtude específica*, e portanto distinguindo-a das suas «partes», *a temperança modera os bens que, por sua estreita relação com as funções vitais fundamentais, suscitam os desejos e as paixões mais intensas e mais difíceis de controlar, como aqueles ligados ao comer, ao beber e à atividade sexual.*

O Concílio de Trento ensina que ainda naqueles que vivem em co-

(40) A. Lambertino, *Valore e piacere*, cit., pp. 74-75, n. 46.

(41) Santo Agostinho, *De diversis quaestionibus 83*, 31, 1: NBA 6/2, 63.

munhão com Cristo permanece a *concupiscência*, que em si mesma não é pecado, mas provém do pecado e inclina ao pecado[42]. São João fala, a este propósito, da concupiscência da carne, da concupiscência dos olhos e da soberba da vida[43]. A concupiscência poderia ser definida como «a dificuldade de integrar a escolha dos bens a que tendemos espontaneamente, dentro da orientação a Deus em Cristo causada em nós pelo Espírito»[44]. Os apetites humanos não se integram por si mesmos. Sua integração na vida boa do cristão requer compromisso e luta, até que se adquira a virtude da temperança, ou seja, até que a devida ordem se converta em hábito estável do desejo. Nem sequer então desaparece totalmente a necessidade da luta, mas tudo fica muito mais fácil.

Como dissemos no capítulo II, *a desordem do desejo tem por efeito o obscurecimento da mente*. O fenômeno já havia sido indicado por Aristóteles. «Por este motivo, atribuímos à temperança (*sofrosyne*) este nome, porque salva a sabedoria (*hos sózousan tèn frónesin*), isto é, salva o juízo sábio. Com efeito, não é que o prazer e a dor corrompam e distorçam todo tipo de juízo (por exemplo, este: o triângulo tem ou não a soma dos ângulos internos igual a dos ângulos retos), mas somente os juízos que se referem ao agir. De fato, os fins das ações são as próprias ações: para quem está corrompido pelo prazer ou pela dor, o princípio não é mais evidente, nem que é em vista dele ou por sua causa que deve escolher e fazer tudo o que escolhe e faz. O vício, de fato, destrói o princípio da ação moral»[45]. A intemperança provoca irracionalidade, temeridade no juízo, dificuldade para entender o que é verdadeiramente bom no plano das ações concretas.

A virtude da temperança não suprime, como dissemos, a busca do bem deleitável, mas deve impedir que seja invertida a relação entre prazer e ação (e o bem para o qual tende a ação), o que na prática se manifesta numa postura hedonista. Desta postura existem diversos graus. O hedonismo menos grosseiro inverte a relação entre ação e prazer, mas sem destruí-la. Dissolve o bem na sua ressonância subjetiva, mas reconhece ainda

---

(42) Cf. Concílio de Trento, Sessão V, 15 junho de 1546, *Decreto sobre o pecado original*: DH 1515.

(43) Cf. 1 Jo 2, 16.

(44) C. Caffarra, *Viventi in Cristo*, Jaca Book, Milão, 1986, p. 164.

 (45) Aristóteles, *Ética a Nicômaco*, VI, 5.

distinções qualitativas entre os diversos prazeres segundo a sua conexão com atividades de diverso valor: um é o prazer que se segue à audição de uma boa música ou à leitura de uma obra de qualidade literária ou filosófica; outro é o que se segue à embriaguez ou à perversão sexual. Mais grosseira é a postura de quem vê no prazer um bem unitário que só admite diferenças quantitativas e considera as diversas atividades como simples meios que não possuem outro valor que o de proporcionar maior ou menor prazer ao sujeito. No hedonismo mais profundo, a busca do prazer se transforma numa verdadeira mania, a qual chega a dominar toda a personalidade. A busca da própria satisfação inibe a capacidade de comunicação e de autotranscendência. A inevitável relação com os outros se caracteriza pelo egoísmo, pela insensibilidade, pela arbitrariedade e pela ausência de compaixão. O hedonista rechaça os vínculos e a responsabilidade, evita o esforço, é inconstante. Quanto ao mundo do pensamento, não procura a verdade, mas aprecia somente a elegância, a originalidade e o humorismo. O pensamento e o saber são para ele uma função lúdica que só se sustenta quando é divertida. O problema mais grave da atitude hedonista é o fastio e o vazio interior, os quais impelem a imaginação sensual à busca de experiências novas e cada vez mais excitantes, conduzindo, assim, ao mundo da perversão antinatural, uma vez que as experiências conhecidas se esgotaram na sua virtualidade como fontes de prazer. São emblemáticas as figuras do romance *O retrato de Dorian Gray*, de Oscar Wilde.

Atualmente, em muitos países, há condições objetivas que tornam difícil, e ao mesmo tempo particularmente necessária, a virtude da temperança. A abundância de meios econômicos possibilita um nível de consumo que antes não existia. O próprio modo em que está proposto o sistema econômico nos países ricos pressupõe que o nível de consumo não diminua. Acrescenta-se a pressão publicitária, que em si desempenha um papel positivo, mas frequentemente cria necessidades fictícias e insiste de modo exagerado em propor a compra de artigos supérfluos ou simplesmente vãos[46]. A consequência é que, nestes países, os meios para exceder na satisfação da tendência ao prazer estão ao alcance de todos.

(46) Sobre o papel e a ética da publicidade, vejam-se Pontifício Conselho para as Comunicações Sociais, Instrução pastoral *Communio et progressio*, 23-V-1971, nn. 59-62, e *Ética da publicidade*, 22-II-1997.

Essa tendência já não encontra freio na escassez de recursos (a qual não é necessariamente um mal), e somente a clareza e a solidez das convicções éticas podem nos manter dentro dos limites do razoável. O fato é que o consumismo e o hedonismo se alastram, e com eles a superficialidade e o desleixo das dimensões espirituais da existência humana.

3. As diversas formas de temperança

a) Os elementos integrantes

São Tomás de Aquino considera dois elementos integrantes (partes integrais) da temperança: o pudor e a honestidade[47]. Como o leitor recordará, chamamos elementos integrantes àquelas virtudes ou disposições que garantem as funções indispensáveis para o ato perfeito da virtude principal[48].

O pudor é «uma paixão louvável»[49] que, em sentido amplo, pode ser considerada virtude, enquanto disposição preparatória necessária da temperança[50]. *O pudor é um sentido de discrição, de vergonha e de recato no que se refere à esfera sexual; de modo mais geral, trata-se do respeito à esfera de intimidade do indivíduo.* O pudor exerce uma função muito importante na formação equilibrada da personalidade. Por concernir principalmente, ainda que não exclusivamente, à sexualidade, nós o estudaremos no capítulo VIII.

A honestidade recebe seu nome do bem honesto, que se diferencia formalmente do bem deleitável e do bem útil ou finalizado[51]. Honesto significa digno de honra e de amor. No homem, é digna de honra sobretudo a beleza espiritual, que consiste na virtude, ou seja, no «comportamento e atividade bem equilibrados pelo esplendor espiritual da razão»[52]. À beleza espiritual opõem-se os prazeres desenfreados e

(47) Cf. *S.Th.*, II-II, q. 143, a. un.

(48) Veja-se, acima, cap. II, § 4 (início).

(49) *S.Th.*, II-II, q. 144, a. 1, c.

(50) Cf. *S.Th.*, II-II, q. 144, a. 4, ad 4.

(51) Cf. *Escolhidos em Cristo I*, cap. VI, § 2 (a).

(52) *S.Th.*, II-II, q. 145, a. 2, c.

animalescos, que são o que de mais torpe e indecente pode haver no homem. O amor às coisas honestas e a sensibilidade ao que é espiritualmente belo, bem como a repugnância das coisas torpes e indecentes, constituem uma disposição que prepara e ajuda a obra própria da virtude da temperança. A temperança certamente é mais que a simples honestidade. A temperança impõe comportamentos a que o homem é conduzido não apenas por sensibilidade à beleza espiritual. Todavia, não resta dúvida de que, pelo menos nos pecados mais graves contra a temperança, há uma boa dose de vulgaridade e de fealdade que causa repugnância à honestidade do homem educado e sensível.

b) A abstinência ou temperança no comer

Três são as espécies de temperança (partes subjetivas): a abstinência, a sobriedade e a castidade, que será estudada no próximo capítulo.

Natureza e atos da abstinência – *A abstinência modera o uso dos alimentos sólidos e líquidos segundo o ditame da reta razão iluminada pela fé.* A tarefa desta virtude é manter a ordem da alimentação ao seu fim natural, que é a conservação da vida, da saúde e da capacidade de desempenhar os deveres naturais (trabalho, etc.) e espirituais (oração, etc.) próprios do cristão. A este propósito, diz Santo Agostinho que «nas coisas deste gênero, caducas e passageiras, o homem temperante tem uma regra de vida fundada sobre um e outro Testamento: que não ame nenhuma delas, nada considere desejável em si mesmo, mas dela faça uso, em relação ao que é necessário para esta vida e seus deveres, com a moderação de quem se serve delas, e não com a disposição de quem as ama»[53]. Não é contrário à virtude apreciar e desfrutar moderadamente dos prazeres da mesa, mas sim inverter a ordem que a reta razão estabelece entre eles e o bem humano a que estão unidos. A reta ordem exige que sejam evitados tanto o excesso como o defeito, sempre em relação à vida e aos deveres do cristão.

O ato fundamental da abstinência é o jejum, ou seja, abster-se dos alimentos quando se vê que isto é moralmente devido ou conveniente

(53) Santo Agostinho, *De moribus ecclesiae*, I, 21, 39: NBA 13/1, 69. Em sentido análogo, veja-se *S.Th.*, II-II, q. 141, a. 6, c.

para o bem do corpo ou da alma. Respondendo às críticas dos fariseus, o Senhor ensinou a não absolutizar o jejum considerado na sua materialidade e sem ter em conta as razões de oportunidade[54], mas não questionou o seu valor[55] e indicou que certas insídias do diabo só podem ser vencidas com a oração e o jejum[56]. Ele mesmo jejuou por quarenta dias no início da sua vida pública[57], e os primeiros cristãos praticavam o jejum como obra de penitência ou como preparação para a missão apostólica[58]. Tanto os Padres da Igreja como os escritores eclesiásticos e os teólogos puseram em evidência os motivos em que se inspira a prática do jejum. Trata-se de um ótimo meio para dominar a concupiscência, para elevar a alma a Deus na oração contemplativa e para fazer penitência pelos próprios pecados[59].

A disciplina eclesiástica sobre a abstinência e o jejum – A obrigação geral de fazer penitência foi fixada pela Igreja em alguns dias de jejum e de abstinência[60], o que certamente não exclui outras expressões do espírito de penitência que cada um pode escolher. A disciplina atual é regulada pela constituição apostólica *Paenitemini*[61], pelos cânones 1249-1253 do *CDC* (c. 882 do CCEO, para as Igrejas orientais) e, em cada região, pelas diretrizes emanadas da Conferência Episcopal.

Entende-se por abstinência não comer carne. Os pássaros aquáticos (pato, ganso, etc.) incluem-se na proibição. Não se incluem, ao contrário, ovos, peixes, derivados do leite e condimentos que contenham gordura animal. À lei da abstinência estão obrigados todos os fiéis que completaram o décimo quarto ano de idade[62]. Quanto aos dias de abstinência e jejum, o cânon 1251 do *CDC* estabelece o seguinte: «Guarde-se a abstinência de carne ou de outro alimento, segundo as determinações da Conferência Episcopal, todas as sextas-feiras do ano,

(54) Cf. Mc 2, 19.

(55) Cf. Mc 2, 20.

(56) Cf. Mt 17, 21.

(57) Cf. Mt 4, 2.

(58) Cf. At 13, 3; 14, 23.

(59) Cf. *S.Th.*, II-II, q. 147, a. 1, c.

(60) Cf. *Catecismo*, n. 2043.

(61) Cf. Paulo VI, *Paenitemini*, 17-II-1966: AAS, 58, 1966, pp. 177-198.

(62) Cf. *CDC*, cc. 97 e 1252.

a não ser que coincidam com algum dia enumerado entre as solenidades; a abstinência e o jejum na quarta-feira de Cinzas e na sexta-feira da Paixão e Morte de Nosso Senhor Jesus Cristo». Entende-se por jejum fazer uma só refeição normal no dia. É permitido fazer, segundo os legítimos costumes de cada região, uma refeição muito ligeira pela manhã e outra também muito ligeira à noite se a refeição normal se faz na hora do almoço, ou na hora do almoço se a refeição normal se faz à noite. Nas outras horas do dia, não se deve tomar nenhum alimento, tendo presente que água e remédios não interrompem o jejum. Estão obrigados ao jejum todos os fiéis dos dezoito anos completos até o sexagésimo ano começado.

O cânon 1253 do *CDC* atribui, além disso, às Conferências Episcopais a capacidade de «determinar mais pormenorizadamente a observância do jejum e da abstinência, e ainda substituir outras formas de penitência, sobretudo obras de caridade e exercícios de piedade, no todo ou em parte, pela abstinência ou jejum». Em muitos países, fora do tempo da Quaresma, a abstinência da sexta-feira pode ser substituída por outras obras de piedade ou de penitência, ou mesmo pela esmola. Os bispos diocesanos podem indicar, ocasionalmente, outros dias de penitência segundo o cânon 1244 § 2 do *CDC*. Também os párocos e os superiores religiosos podem dispensar ou comutar o jejum e a abstinência para os fiéis singulares ou famílias sobre os quais possuem jurisdição, desde que haja justa causa e se observem as disposições do Ordinário do local.

Não estão obrigados a cumprir a lei eclesiástica do jejum e da abstinência os que forem dispensados pela legítima autoridade eclesiástica, bem como todos os que, por motivos de natureza física ou moral, tiverem grandes dificuldades: os doentes e convalescentes, as pessoas em estado de pobreza ou desnutrição, os que devem fazer trabalhos muito pesados, etc. Aqueles que, por qualquer motivo, empreenderam uma viagem de navio também não estão obrigados[63].

A lei eclesiástica da abstinência e do jejum constitui de per si *matéria* ex genere suo *grave*. Admite, portanto, *parvitas materiae* e, como toda lei eclesiástica, não obriga quando o seu cumprimento implique uma dificuldade muito grave. Tudo o que foi dito sobre os doentes ou aque-

---

(63) Cf. São João Paulo II, *Stella maris*, 31-I-1997, III, 2: AAS, 87, 1997, pp. 209-216.

les que desempenham atividades físicas pesadas é uma aplicação deste princípio. Permanece para todos, no entanto, por lei divina, a necessidade de fazer penitência, que cada um deverá realizar do modo que lhe for possível.

A gula, vício contrário à abstinência – À virtude da abstinência opõe-se o pecado e o vício da gula ou glutonaria, que consiste em deixar-se arrastar pelo desejo desordenado de comer. A desordem pode consistir na quantidade excessiva de alimento, na avidez ou voracidade com que é tomado, no comer fora das refeições sem que haja necessidade ou razão que o torne conveniente ou oportuno, na escolha de alimentos refinados ou preparados com excessivo requinte, despendendo com este fim mais do que é razoável tendo em conta as circunstâncias[64]. Em si mesma, a gula constitui uma culpa venial, mas pode tornar-se mortal quando, por causa do apetite desordenado no comer, se infringe um preceito da lei divina ou eclesiástica, quando se provoca conscientemente um dano à saúde, quando se perde o uso da razão, quando se malgastam recursos econômicos que seriam necessários para a própria família e, finalmente, quando se produz escândalo.

Se o pecado de gula se torna habitual, chega-se ao vício da gula, um dos sete vícios capitais, que geram muitos outros pecados: a gula é sobretudo a vanguarda da impureza[65]. No entanto, é também causa da obnubilação da mente, em especial para os bens do espírito; da excessiva loquacidade, estado de exaltação incontrolada que dá ocasião a não poucas imprudências, etc.

Pode-se aprofundar teoricamente onde reside a essência do pecado da gula. Uma primeira razão poderia ser que o alimento está e deve estar em função da saúde, etc. A isto, se poderia contra-argumentar: é verdade, mas a saúde só é prejudicada quando se come em excesso e se provoca o vômito habitualmente; quando isso é feito uma só vez na vida, a saúde não sofre dano, daí que não se entenda por que um só ato de comer em excesso constitua pecado. Pode-se apontar outra razão: este modo de comer é contrário à própria natureza da função biológica do comer; tal função existe para proporcionar a nutrição necessária para

(64) Cf. *S.Th.*, II-II, q. 148, a. 4, c.

(65) Cf. Josemaria Escrivá, *Caminho*, n. 126. Cf. *S.Th.*, II-II, q. 148, a. 6, c.

a vida, para o trabalho, etc., mas, quando se come em excesso, passa-se mal, e portanto se contradiz a função natural com o fim de obter certo prazer. No entanto, também aqui se poderia responder: ainda não está demonstrado que as características naturais da função nutritiva tenham um valor ético tão importante para serem respeitadas em cada ato de comer, sobretudo quando temos os meios (digestivos, purgantes, etc.) para eliminar as consequências ruins do excesso alimentar, meios que não têm por que ser excluídos só porque são artificiais.

Parece-nos que a resposta mais exata está na linha das virtudes. O homem possui diversos instintos, tendências, etc., cuja atuação deve ser controlada e medida pela reta razão, uma vez que este é o único modo de as tendências naturais se integrarem e contribuírem para o equilíbrio individual, relacional e social da pessoa humana. A integração e o equilíbrio requerem o controle moral dos instintos e das tendências, ou seja, o controle realizado através da introdução da medida racional na própria tendência[66], de modo que ela seja sujeito operativo da ação equilibrada e geradora de equilíbrio. Não se pode permitir que a tendência aja sem medida e, depois, tentar corrigir os males com remédios, etc. A tendência torna-se então um objeto não integrado na vida moral, que tenderá a escravizar o homem e a produzir males de diversos tipos. As características naturais da faculdade nutritiva, que determinam, entre outras coisas, a quantidade de alimento que cada pessoa pode ingerir, são importantes enquanto, tomando-as em consideração, se realiza o controle moral e a integração da tendência no bem total da pessoa (isto é, constitui a medida da *recta ratio*), e não como um simples fato biológico. A culpa moral se comete quando se permite que a tendência opere além da medida prudentemente estabelecida pela reta razão.

É preciso ser muito prudente antes de formular juízos morais sobre os comportamentos alimentares conhecidos como *anorexia* e *bulimia*. Em ambos os casos, trata-se geralmente de distúrbios psicológicos sérios e complexos, que requerem a intervenção de especialistas e de terapias ou psicoterapias específicas, e que a pessoa em questão não é capaz de dominar e corrigir imediatamente. Esta falta de autocontrole alimentar

---

(66) São Tomás afirma, neste sentido, que a virtude moral «*nihil aliud est quam quaedam dispositio, sive forma, sigillata et impressa in vi appetitiva a ragione*» (*De virtutibus in communi*, q. 1, a. 9, c.).

não deve ser automaticamente considerada uma culpa moral, pois na maioria dos casos não o é. Estamos no terreno das patologias psíquicas ou psicossomáticas, e não no da temperança.

c) A sobriedade e o problema do alcoolismo

A virtude da sobriedade é a temperança no uso das bebidas alcoólicas. O álcool tomado em quantidade excessiva perturba o uso da razão. Buscar *voluntariamente* tal transtorno *sem uma justa razão* (como seria, por exemplo, o fim anestésico) constitui o pecado de embriaguez. A embriaguez é completa quando se perde totalmente o uso da razão e incompleta se a perda do autocontrole e da autoconsciência é apenas parcial.

A embriaguez completa é pecado mortal. A Sagrada Escritura a considera um dos pecados que excluem do Reino de Deus[67]. Os atos imorais cometidos no estado de completa embriaguez (violência, blasfêmia, depravações sexuais, etc.) são imputáveis na medida em que poderiam ser previstos ao menos de modo genérico. *A embriaguez incompleta constitui em si um pecado venial,* que no entanto pode tornar-se mortal se houver escândalo, se for causa de graves desordens familiares ou de danos para outras pessoas (acidentes automobilísticos), se proceder de má intenção, ou caso se torne habitual.

Um problema bem mais grave e complexo do que os episódios voluntários e isolados de embriaguez é o *alcoolismo, ou seja, o abuso grave e prolongado de bebidas alcoólicas, resultante de múltiplos fatores, que as converte numa verdadeira droga, com os fenômenos conhecidos como «dependência», «tolerância» e «síndrome de abstinência», dos quais se segue a incapacidade de controlar o impulso de ingerir álcool, mesmo sabendo dos males que isso causa à própria pessoa e ao ambiente social em que ela se move.* A OMS define os alcoólatras como «aqueles bebedores imoderados cuja dependência do álcool atingiu tal grau que põe em evidência distúrbios mentais ou incide sobre a sua saúde física e psíquica, sobre os seus relacionamentos interpessoais e sobre a sua atividade social e econômica normal», ou ainda «aqueles em que são evidentes os indícios

---

(67) Cf. 1 Cor 6, 10; Gál 5, 21.

de uma evolução em direção a tal estado»[68]. O alcoólatra tem uma taxa de alcoolemia no organismo permanentemente elevada, o que produz uma intoxicação grave com múltiplos efeitos negativos no aspecto físico, psicológico e social[69]. No aspecto físico, o dano mais importante, e muitas vezes letal, atinge o fígado. No aspecto neuropsíquico, o alcoolismo causa diversos distúrbios, incluindo verdadeiras doenças mentais, como a demência alcoólica e a psicose de Korsakoff. No plano familiar, trabalhista e, em geral, social, o alcoólatra vê pouco a pouco comprometida a sua capacidade de relação, de trabalho, de interação positiva com os parentes, etc.

São diversos e complexos os fatores que predispõem ao abuso das bebidas alcoólicas, pondo em marcha o processo de alcoolização. É de notar, com A. Riccio, que «o tradicional alcoolismo camponês e proletário, ligado ao vinho e às condições de miséria, desnutrição e desocupação, extremamente difundido pela Europa até meio século atrás, foi substituído hoje por um alcoolismo diferente: mais urbano que rural e mais difundido entre os adolescentes e donas de casa. Em suma, um alcoolismo "transversal", que além disso se manifesta em formas mais encobertas e comprometidas, sem clamorosas manifestações de alcoolismo agudo (embriaguez)»[70]. Particularmente responsáveis são os gerentes de casas noturnas e os fabricantes ou distribuidores de bebidas alcoólicas que organizam festas, noitadas, concursos, etc., assim como as baladas de fim de semana, onde os grupos de jovens são incitados ao uso e abuso de bebidas alcoólicas. O alto índice de acidentes de trânsito, muitas vezes fatais, é apenas um aspecto dos males ocasionados.

É claro que tanto a embriaguez como o alcoolismo crônico são compor-

---

(68) Organização Mundial da Saúde, Comitê de Especialistas em Doenças Mentais, *Segundo relatório do subcomitê dedicado ao álcool*, citado por N. Kessek, H. Walton, *L'alcolismo. Patologia e terapia del bere*, Feltrinelli, Milão, 1978, p. 16. Para uma visão de conjunto do problema, veja-se L. Ciccone, *Bioetica. Storia, principi, questioni*, cit., pp. 317-344, com uma boa bibliografia. Deste livro tomamos boa parte das considerações que se seguem. Vejam-se também: E. Sgreccia, *Manuale di bioetica*, Vita e Pensiero, Milão, 1991, vol. II, pp. 210 -222; Aa.Vv., «Droga e alcolismo contro la vita», em *Atti della VI Conferenza Internazionale promossa dal Pontificio Consiglio della Pastorale per gli Operatori Sanitari*, Cidade do Vaticano, 21 a 23-XI-1991); São João Paulo II, *Dolentium hominum*, 7, 1992.

(69) Cf. G. Senini, E. F. Sigurtà, *Aspetti biopatologici dell'alcolismo*, Pitagora, Bolonha, 1981.

(70) A. Riccio, «Alcolismo: tra storia e antropologia». *Famiglia Oggi*, 14, 1991, p. 8; citado por L. Ciccone, *Bioetica*, cit., p. 328.

tamentos extremamente graves na esfera da moralidade objetiva. O alcoolismo compromete valores de indubitável relevância ética, atenta contra a dignidade da pessoa e corrompe ou põe em risco relações de primeira importância, como as relações conjugais, parentais e fraternas. Nem sempre é fácil examinar a responsabilidade subjetiva atual quando chega o ponto em que o alcoólatra já não consegue avaliar objetivamente a própria situação nem fazer escolhas livres e responsáveis. O seu comportamento se torna cada vez mais obsessivo ou compulsivo. Pode-se invocar a responsabilidade *in causa* na medida em que tenha sido verdadeiramente consciente do caminho que o conduziu ao alcoolismo crônico. Pode tratar-se do resultado de distúrbios psíquicos ou emotivos, ou até de problemas de natureza relacional e social. Menos duvidosas e mais graves são as responsabilidades daqueles que, por diversas razões, às vezes só para obter maiores lucros, favorecem ou induzem o processo de alcoolização.

O tratamento e a ressocialização dos alcoólatras exigem a intervenção de pessoal especializado[71]. As comunidades para recuperação de alcoólatras, como os Alcoólicos Anônimos e outras semelhantes, obtêm bons resultados[72].

d) A droga

A dependência de substâncias psicotrópicas, a qual chamaremos, para simplificar, de toxicodependência, é um fenômeno complexo e difundido que deve ser estudado segundo diversos pontos de vista: médico, ético, social, jurídico, político e criminológico. A bibliografia sobre cada um destes aspectos é muito ampla. Aqui será suficiente tratar sinteticamente das questões essenciais[73].

As diversas substâncias psicotrópicas e seus efeitos – Entende-

(71) Cf., por exemplo, Aa.Vv., *Prospettive psicoterapeutiche nel trattamento degli alcolisti*, Il Pensiero Scientifico, Roma, 1977.

(72) Alcóolicos Anônimos, *Alcolisti Anonimi*, Bulzoni, Roma, 1980; D. Andreatta, «L'esperienza dei Club degli alcolisti». *La Famiglia Oggi*, 14, 1991, pp. 70-71.

(73) Para uma primeira informação, embora suficientemente completa, a respeito dos principais problemas e da bibliografia, vejam-se: L. Ciccone, *Salute e malattia. Questioni di morale della vita fisica*, vol. II, cit., pp. 323-436; E. Sgreccia, *Manuale di bioetica*, cit., vol. II, 175-210 (bibliografia nas pp. 228-236); L. Ciccone, *Bioetica*, cit., pp. 285-316.

mos por droga as diversas «substâncias psicotrópicas que, pelos efeitos prazerosos que produzem, também por não terem nunca sido provadas antes, atraem o sujeito a uma utilização repetitiva – primeiro desejada livremente; depois, por necessidade»[74]. As substâncias psicotrópicas são várias. As principais são aquelas derivadas do ópio (morfina, heroína), a cocaína e o crack, as drogas sintéticas (metadona, ecstasy, superecstasy, LSD) e as derivadas da *cannabis* (maconha, haxixe, óleo de haxixe). Às vezes são associadas ao álcool ou entre si. Sobretudo quando se trata de drogas sintéticas, existem muitos preparados artesanais cuja composição e cuja dosagem – e, portanto, também os próprios efeitos – não podem ser facilmente conhecidas de maneira prévia. Em termos gerais, criam dependência psíquica ou ao menos vício; no caso de algumas substâncias, causam também dependência física, com as consequentes *crises de abstinência.* Induzem ainda o fenômeno conhecido como *tolerância*: cria-se no organismo uma espécie de insensibilidade, de modo que ele «tolera» a dose habitual sem reação. Para obter os efeitos desejados, é necessária uma dose maior, ou então passar a uma substância mais potente.

Os efeitos imediatos são, de acordo com cada substância, de tipo eufórico, alucinógeno, hipnótico e excitante (estimulante), ou ainda de depressão do sistema nervoso central (morfina, heroína). Algumas favorecem, num primeiro momento, o aumento da capacidade de trabalho; outras produzem um estímulo psicomotor que permite aguentar por toda uma noite o esforço da dança, e por isso são utilizadas nas discotecas e casas noturnas, normalmente associadas ao álcool. Mais cedo ou mais tarde, conforme as diferentes drogas, produzem graves prejuízos à saúde psíquica e física e conduzem à autodestruição do sujeito nos campos físico, moral e relacional. Como escreve um estudioso da matéria, «drogar-se, ao menos na sua forma mais compulsiva e extrema, equivale a um suicídio psíquico e obedece a uma cultura de morte; drogar-se, em última análise, é um ato contra a vida»[75].

Causas da toxicodependência – As causas do fenômeno da toxico-

(74) L. Ciccone, *Bioetica*, cit., p. 285.

(75) E. Gori, «Aspetti etico-giuridici delle chemiodipendenze, del loro trattamento e della loro prevenzione», em A. Bompiani (ed.), *Bioetica in medicina*, Cic Edizioni Internazionali, Roma, 1996, p. 276.

dependência são um assunto muito complexo. Um interessante estudo publicado pelo Pontifício Conselho para a Família afirma que «a droga não é o principal problema do toxicodependente. O consumo de droga é apenas uma resposta falaz à ausência de um sentido positivo da vida»[76]. No fenômeno da toxicodependência confluem, por um lado, fatores de tipo geral, como a tendência hedonista de amplos setores da sociedade atual em muitos países, a crise generalizada de sentido, especialmente entre os jovens, e a marginalização social; por outro, fatores de índole mais específica, como a curiosidade dos mais jovens, que além disso cedem às pressões dos seus coetâneos já iniciados, o desejo das pessoas inseridas num mundo altamente competitivo de alcançar um nível mais alto de capacidade de trabalho, a procura de um meio autoterapêutico ou consolador por parte de quem sofre com essa competitividade e a busca de um meio de sobrevivência para pessoas socialmente segregadas ou que se encontram numa situação de grande mal-estar psíquico[77].

Análise moral do uso das drogas – O *Catecismo da Igreja Católica* expõe claramente a avaliação moral objetiva do uso de substâncias psicotrópicas. «O uso da *droga* causa gravíssimos danos à saúde e à vida humana. Salvo indicações estritamente terapêuticas, *constitui falta grave.* A produção clandestina e o tráfico de drogas são práticas escandalosas; constituem uma cooperação direta com o mal, pois incitam a práticas gravemente contrárias à lei moral»[78]. Quanto ao uso ocasional de substâncias menos tóxicas, pode-se admitir certamente uma graduação na culpa[79], mas em todo caso se trata de um comportamento perigoso, tanto por ser o possível início de um caminho que leva à toxicodependência como pela colaboração com quem comercializa tais substâncias, ou pelo escândalo e incitação que deriva do próprio comportamento. A responsabilidade em cada um dos atos de quem já se encontra em situação de forte dependência da droga nem sempre é fácil de avaliar. É grave, no entanto, a culpa de quem iniciou um caminho que termina

(76) Pontifício Conselho para a Família, *Dalla disperazione alla speranza*, Lib. Ed. Vaticana, Cidade do Vaticano, 1992, p. 6.

(77) Cf. L. Ciccone, *Bioetica*, cit., pp. 290-292.

(78) *Catecismo*, n. 2291 (grifo nosso).

(79) Cf., neste sentido, E. Sgreccia, *Manuale di bioetica*, vol. II, p. 191; L. Ciccone, *Bioetica*, cit., pp. 300-301.

numa dependência psíquica ou física tal que mina os recursos morais do sujeito. *Gravíssima é a responsabilidade moral dos traficantes e de todos os que exercem o infame comércio internacional da droga.*

A «droga leve» – Merece esclarecimento a enganosa expressão «droga leve». É verdade que há notável diversidade de substâncias quanto à toxidade e aos efeitos. Todavia, mesmo as drogas chamadas «leves» causam efeitos importantes. Nenhuma droga é «boa» ou «inofensiva». De fato, muitas vezes se chega às drogas «pesadas» a partir das drogas «leves», e estas também criam, se não uma dependência no sentido clínico do termo, ao menos uma tendência psicológica a refugiar-se cada vez mais na droga para resolver problemas ou situações que deveriam ser enfrentadas de outro modo.

As intervenções de prevenção e de recuperação – Um capítulo importante diz respeito aos modos de intervir para prevenir e para recuperar, bem como ao combate às organizações criminosas que controlam o tráfico internacional de drogas. Em vários países, as comunidades terapêuticas têm-se demonstrado de grande eficácia na recuperação dos toxicodependentes. Por outro lado, causa perplexidade a validez terapêutica do tratamento das toxicomanias com a metadona.

Sobre a eficácia e a validez terapêutica do tratamento das toxicomanias com a metadona, existem opiniões contrárias entre os especialistas. Uma boa visão geral da problemática suscitada por esta terapia é oferecida pelo professor Enzo Gori[80]. Ele conclui o seu estudo com estas palavras: «Da análise do mais amplo complexo de dados atualmente disponíveis, revela-se que, sobre o tratamento com metadona, *não se pode extrair uma conclusão absolutamente certa*, devido à evidente discordância dos resultados obtidos pelos especialistas e pelas várias pesquisas»[81]. Faz notar em seguida que o problema da toxicodependência não pode ser reduzido a uma questão farmacológica, acrescentando no fim: «Em todo caso, deve-se ter em conta que *qualquer tratamento à base de fármacos deve estar inserido no contexto muito mais amplo do tratamento integral da toxicodependência*, de modo que se tenha em conta a comple-

(80) E. Gori, «Il Metadone. Trattamento e risultati». *Aggiornamenti Sociali*, 31, 1980, pp. 699-716.

(81) Id., p. 716.

xidade do caso humano: desintoxicação, tratamento psicoambulatorial, experiências de vida em comunidade terapêutica e toda e qualquer outra forma ou processo de reabilitação e de ressocialização adequados à situação do indivíduo»[82].

Não nos apresenta problemas éticos particulares a necessidade, num primeiro momento, de apoio farmacológico para fazer frente à crise aguda de abstinência. Que se adote a metadona, calmantes fortes como o Valium 75 ou outros, é uma questão médica. Consideramos que não há dúvidas quanto ao fato de que a passagem da heroína à metadona, se é verdadeiramemte um *primeiro* passo para a desintoxicação, é positivo. Do ponto de vista ético é importante: 1) que se trate de uma estratégia de eficácia aceitável voltada para a desintoxicação e reabilitação, e portanto que não se limite a transferir a dependência para uma substância menos perigosa para a saúde, mas que continua a ser perigosa e cria, também ela, dependência. Trata-se de evitar que o serviço terapêutico se torne simplesmente um «bar de metadona»[83]; 2) que o tratamento farmacológico seja acompanhado e associado a ajudas que tenham em vista os outros aspectos da toxicodependência.

As estratégias de «redução do dano» – Merecem sérias reservas morais as estratégias voltadas exclusivamente para a «redução do dano» (*harm reduction* ou *harm minimization*), as quais se limitam à distribuição de seringas e de agulhas estéreis, a pôr à disposição ambientes isolados e controlados por profissionais médicos (*drug injection rooms*) ou, em alguns casos, à distribuição controlada de heroína e outras drogas.

Em estudo minucioso, V. Di Filippis e G. Miranda[84] mostram que a estratégia da «redução do dano» apresenta aspectos positivos, entre os quais a ideia de que mesmo quem não consegue libertar-se da dependência não deve ser abandonado, ou ainda que quem não quer desintoxicar-se ou não consegue ainda aceitar o caminho rigoroso da comunidade terapêutica não pode ser deixado só, sem nenhuma

(82) *Ibidem.*

(83) Id., p. 701.

(84) V. Di Filippis, G. Miranda, «Aspetti etici emergenti nella tossicodipendenza: la "riduzione del danno"». *Medicina e morale*, 45/3, 1995, pp. 489-500.

proteção e ajuda[85]. Entende-se que estas ideias atraiam a atenção de pessoas ou instituições que sentem fortemente as exigências da caridade cristã. Todavia, a estratégia apresenta também múltiplos aspectos negativos, entre os quais a efetiva desvinculação de eficácia real na recuperação integral da toxicodependência[86]. Os autores concluem que, à luz dos dados existentes até o momento, «deve-se considerar que a postura anglo-saxã da redução do dano não pode ser aceita eticamente, uma vez que não se propõe como meta a recuperação plena da responsabilidade (ou a recuperação integral) do indivíduo toxicodependente, mas apenas evitar que se produzam males maiores, persistindo na ausência de responsabilidade. Em outras palavras, não se busca o bem maior e integral do toxicodependente, mas apenas um mal menor que continua a privá-lo da liberdade de escolha e da autonomia de decisões vitais. O risco de "cronificação" mencionado por alguns daqueles que sustentam esta postura é muito mais que real, assim como é possível a progressiva desvirtuação da teoria inicial de redução do dano a ponto de a população sadia converter a coletividade toxicodependente em um gueto»[87]. Com base nestas considerações, pode-se entender que a estratégia da «redução do dano», ao não promover o bem integral da pessoa e nem sequer limitar o mal da toxicomania nos seus aspectos essenciais, não é coerente com a caridade cristã. Não é eticamente lícito limitar-se aos procedimentos e intervenções de tal estratégia, e portanto uma atividade de distribuição *habitual* de seringas deve ser considerada uma cooperação material mediata extremamente próxima e não justificada desde o ponto de vista moral.

Os autores supracitados consideram justamente que a estratégia da «redução do dano» deveria ser reconduzida «a uma firme reafirmação da necessidade de conseguir operativamente, mediante todos os esforços, a superação da toxicomania»[88]. Os instrumentos propostos pela estratégia da «redução do dano» poderiam ser aceitos «apenas como *realmente provisórios* e *tendo por meta a abstinência*, isto é, a recupera-

(85) Cf. Id., pp. 494-495.

(86) Cf. Id., p. 495.

(87) Id., p. 497.

(88) Id., p. 498

ção da dignidade integral da pessoa»[89]. Neste sentido, eles consideram que a estratégia de que estamos falando poderia tornar-se «a fase inicial de contato entre os serviços locais para a toxicodependência e os toxicodependentes, da qual se seguiria *em claro nexo propedêutico* a fase de substituição e abstinência, desenvolvendo uma fase final de integração com a comunidade terapêutica»[90]. Dentro destes limites, poder-se-ia aceitar moralmente uma cooperação pontual, provisória, da qual se seguisse *em claro nexo* a substituição, a abstinência e a plena recuperação. E isto não só em geral, mas também caso a caso. Não se vê como se possa continuar cooperando com uma pessoa que demonstra não querer aceitar ajudas direcionadas à recuperação e que não dá esperanças de uma mudança de atitude.

Os que propõem a administração controlada de heroína afirmam, geralmente, que esta prática pode constituir uma verdadeira terapia. No entanto, esta hipótese não foi demonstrada com argumentos ou experiências científicas. Alude-se em geral a algumas experiências feitas na Suíça e se dão, sobretudo, argumentações de tipo, por assim dizer, «caridosas»: possibilidade de aproximar pessoas que de outro modo permaneceriam sozinhas com os seus problemas, etc. Também aqui parece pôr-se em prática, e talvez levada até o extremo, a estratégia da «redução do dano», e não uma estratégia de completa recuperação e reabilitação, a qual provavelmente não é, em alguns casos, considerada realista.

Até o momento, não se demonstrou que a prescrição e a administração controladas de heroína tenham dado resultados positivos em ordem à completa recuperação e reabilitação dos toxicodependentes. Antes seja dito que vários estudiosos e organizações internacionais são decididamente contrários a tal hipótese. Na Conferência da Associação das Cidades Europeias contra a Droga, realizada em Karlskrona (Suécia) no dia 20 de novembro de 1997, foi qualificada negativamente a estratégia da «redução do dano», que abre caminho à liberalização ou legalização da droga. Pode-se pensar que tal estratégia torna crônica a situação do toxicodependente[91]. Diversos autores apresentam dados segundo os

(89) *Ibidem* (grifo nosso).

(90) Id., p. 499 (grifo nosso).

(91) Cf. A. Bompiani, *Bioetica dalla parte dei deboli*, Edizioni Dehoniane, Bolonha, 1995, pp. 345-346.

quais as experiências da Suíça e de outros países deram resultados desastrosos também na esfera sanitária[92].

As intervenções de São João Paulo II acerca da matéria põem-se na linha da prevenção e da reabilitação dos toxicodependentes. O Santo Padre constata com alegria que «foi concretamente provada a possibilidade de recuperação e redenção da pesada escravidão, e é significativo que isto tenha acontecido com métodos que excluem rigorosamente qualquer concessão de drogas, legais ou ilegais, em caráter substitutivo»[93]. «A droga não se vence com a droga. A droga é um mal, e com o mal não se pode ceder. As legalizações, ainda que parciais, além de serem no mínimo discutíveis em relação à índole da lei, não surtem os efeitos que se previam. Uma experiência já comum o confirma. Prevenção, repressão, reabilitação: eis os pontos centrais de um programa que, concebido e posto em prática à luz da dignidade humana, sustentado pela correção das relações entre os povos, tem a confiança e o apoio da Igreja»[94]. Isto não impede, em absoluto, o reconhecimento de que o toxicodependente deva ser tratado também do ponto de vista médico[95], mas trata-se precisamente de curá-lo, de libertá-lo da dependência da droga.

Do ponto de vista moral, parece-nos claro que a prescrição e a administração de heroína por parte de profissionais da saúde pode ser moralmente lícita *somente como momento provisório de um programa claro e comprovadamente eficaz de desintoxicação e recuperação.* O simples fim de evitar eventuais problemas de overdose ou uma diminuição da periculosidade social do fenômeno (ainda por demonstrar) não justifica moralmente a cooperação imediata com um comportamento tão devastador para a pessoa.

Ainda que não sejam propriamente drogas, poder-se-iam mencionar também as substâncias cujo uso ou abuso é nocivo à saúde própria ou alheia, ou que atentam de alguma maneira contra a integridade psico-

---

(92) Cf. J. F. Chenaux, *La drogue en liberté*, Ed. François-Xavier de Guibert, Paris, 1996; R. L. Maginnis, *America Assesses «Medical» Marijuana*, Family Research Council, Washington, 1997; R. L. Maginnis, *America Asesses Needle Exchange Programs,* Family Research Council, Washington, 1997.

(93) São João Paulo II, *Discurso aos participantes do VIII Congresso Mundial das Comunidades Terapêuticas*, 07-X-1984, em *Insegnamenti di Giovanni Paolo II*, VII, 2, 1984, p. 347.

(94) Id., p. 349.

(95) Cf. São João Paulo II, *Discurso à Conferência Internacional de Viena*, 17-VI-1987.

lógica e moral. «A virtude da temperança manda *evitar toda espécie de excesso*, o abuso da comida, do álcool, do fumo e dos medicamentos»[96]. Entre estes últimos, pense-se nos psicofármacos como os ansiolíticos e os antidepressivos[97].

4. *As virtudes anexas à temperança*

a) A continência

O termo continência tem diversos significados. Pode significar a abstenção de toda relação sexual, e assim se fala de continência perfeita. Aqui, ao contrário, significa uma virtude, parte potencial da temperança, que *consiste na firmeza da vontade em resistir às veementes paixões que buscam os prazeres da mesa e os de ordem sexual*[98]. Dela afirma Aristóteles que «não é uma virtude, mas uma espécie de mistura de virtude e de vício»[99]. Não é virtude perfeita, como é a temperança, porque pressupõe que a afetividade não seja estavelmente ordenada, e daí a existência de fortes paixões que impelem ao mal. Há algo de virtuoso enquanto firmeza da vontade capaz de resistir à pulsão instintiva, impedindo a pessoa de deixar-se arrastar para comportamentos moralmente negativos.

A relação entre temperança e continência, e entre intemperança e incontinência, oferece motivos de grande interesse teórico e tem sido objeto de muitas discussões. Delas nos ocupamos no primeiro volume[100].

b) A mansidão ou serenidade

A mansidão é a virtude que modera a ira segundo o ditame da reta razão iluminada pela fé. Tem em comum com a temperança a tarefa de

(96) *Catecismo*, n. 2290.

(97) Sobre o fumo, veja-se o recente estudo de E. H. Prat, «Das Tabakrauchen aus kulturethischer Sicht». *Imago Hominis*, 11/1, 2004, pp. 15-28.

(98) Cf. *S.Th.*, II-II, q. 155, a. 1, c.

(99) Aristóteles, *Ética a Nicômaco*, IV, 9.

(100) Cf. *Escolhidos em Cristo I*, cap. VII, § 3 (b). Veja-se também A. Rodríguez Luño, *La scelta etica. Il rapporto tra libertà e virtù*, cit., pp. 127-132.

introduzir uma ordem estável nas paixões. A diferença está nas paixões a que se referem: a temperança, à gula e ao impulso sexual; a mansidão, à paixão da ira.

O Senhor, que fora anunciado pelos profetas como rei manso[101], propõe-se a si mesmo como exemplo de mansidão[102]. Fez dela objeto de uma das bem-aventuranças[103], e São Paulo a considera um dos frutos do Espírito Santo[104]. O comportamento de Jesus com os vendilhões do templo de Jerusalém demonstra, no entanto, que nem todo movimento de ira é pecaminoso[105]. São pecaminosos apenas os movimentos desordenados de ira, seja pelo seu objeto (contra a justiça, por ódio, etc.), seja pela sua intensidade ou pela pressão desproporcional.

A ira desordenada não só configura um pecado, que até pode ser grave, mas é também um pecado capital[106], causa de muitos outros: inimizades, violências, contumélias, calúnias, etc. Os movimentos veementes de ira contêm uma intencionalidade negadora da personalidade e da dignidade alheias. Por isso o Senhor associou a ira ao homicídio, indicando nela uma das suas raízes: *Ouvistes que foi dito aos antigos: «Não matarás! Quem matar deverá responder no tribunal». Ora, eu vos digo: todo aquele que tratar seu irmão com raiva deverá responder no tribunal; quem disser ao seu irmão «imbecil» deverá responder perante o sinédrio; quem chamar ao seu irmão «louco» poderá ser condenado ao fogo do inferno*[107].

No extremo oposto, a ausência da justa indignação diante do mal é também um defeito, que às vezes procede da insensibilidade ou do desejo de furtar-se ao esforço de corrigir. Para deixar claro que Deus não é insensível à vista do mal cometido pelos homens, mas ao mesmo tempo é misericordioso e sempre disposto ao perdão, a Sagrada Escritura afirma que Ele é *paciente, rico em bondade e fiel*[108].

---

(101) Cf. Mt 21, 5.

(102) Cf. Mt 11, 29.

(103) Cf. Mt 5, 5.

(104) Cf. Gál 5, 22.

(105) Cf. Mt 21, 12-13 e paralelos.

(106) Cf. *Catecismo*, n. 1866.

(107) Mt 5, 21-22.

(108) Êx 34, 6.

c) A clemência

A clemência é a virtude que inclina o governante e o superior a mitigar, segundo um juízo razoável, a punição devida ao culpado. Também tem por objeto a ira, mas refere-se especificamente não tanto à paixão interior, mas à expressão externa que ela assume no governante, que deve punir de acordo com as exigências da justiça e do bem comum, nunca como desafogo incontrolado da ira.

Opõem-se à clemência a crueldade e a ferocidade, a dureza de coração ao impor sanções penais ou o prazer com o sofrimento do culpado. Afirma a este propósito o *Catecismo da Igreja Católica*: «Em tempos passados, práticas cruéis foram comumente utilizadas por governos legítimos para manter a lei e a ordem, muitas vezes sem protesto dos pastores da Igreja, os quais adotaram eles mesmos, em seus próprios tribunais, prescrições do direito romano quanto à tortura. Ao lado destes fatos lamentáveis, a Igreja sempre ensinou o dever de clemência e misericórdia: proibiu aos clérigos que derramassem sangue. Em tempos recentes, ficou evidente que essas práticas cruéis não eram necessárias para a ordem pública nem estavam de acordo com os direitos legítimos da pessoa humana. Ao contrário, essas práticas conduzem às piores degradações. É preciso trabalhar por sua abolição. É preciso orar pelas vítimas e por seus algozes»[109].

É igualmente contrário a esta virtude o excesso de não aplicar as sanções penais que, consideradas todas as circunstâncias, são justas e necessárias para o bem comum. Muitas vezes são motivos ideológicos os que induzem a uma postura de «perdonismo» indiscriminado, incapaz de sopesar a importância e a necessidade para o bem comum da ordem justa que o crime transgride e que a pena deveria restabelecer, bem como os efeitos negativos que semelhante postura tem sobre os cidadãos: confirma os delinquentes no seu estido de vida e desencoraja os cidadãos honestos, criando neles um amargo sentimento de desconfiança no Estado e inclinando-os à tentação de fazer justiça com as próprias mãos. Em todo caso, tais omissões produzem sempre efeitos profundamente deseducadores, também porque, afinal de contas, os motivos ideológicos seguidos são incompreensíveis: a justiça é um bem

(109) *Catecismo*, n. 2298.

igual para todos, e a injustiça e o crime não são de centro, nem de direita, nem de esquerda.

d) A modéstia e as suas formas

A modéstia é a virtude que foge da ostentação e que guarda a moderação no modo de vestir e de jogar, na postura do corpo e no desejo de saber ou praticar a curiosidade. Como a temperança, regula desejos e paixões que geralmente necessitam de freios, mas que são menos veementes do que as paixões moderadas pela temperança e, portanto, normalmente menos difíceis de manter sob controle[110].

A moderação do desejo de saber e da curiosidade – Parte da modéstia é a virtude a que São Tomás dá o nome de *studiositas*[111]. Esta virtude regula a conduta do homem frente ao conhecimento, moderando os diversos movimentos da alma que este bem pode suscitar: o desejo de saber que leva ao estudo, a curiosidade e, no sentido oposto, a negligência. O desejo de saber é o que há de mais natural no homem. Bem conhecidas são as palavras com que Aristóteles inicia a *Metafísica*: «Todos os homens por natureza tendem ao saber»[112]. O homem busca a verdade e necessita dela. Todavia, a atuação prática do desejo de saber deve ser moderada, tendo em conta as diversas circunstâncias.

O desejo de saber pode ser desordenado por diversos motivos. Porque trata de conhecer coisas inúteis ou *hic et nunc* nocivas para quem as busca, como costuma acontecer com quem se deixa levar pela curiosidade, que muitas vezes se transforma em uma verdadeira «concupiscência dos olhos»[113]; porque, ainda, a indagação é motivada por uma finalidade negativa, como quem vê no saber exclusivamente um meio para dominar os outros ou para afirmar a própria vaidade. O saber é um meio pelo qual a pessoa transcende a si mesma e seus próprios horizontes. Não é ordenado o saber que fecha o homem no círculo egoísta da autoafirmação. Pode acontecer, também, que se obstine na busca do conhecimento de coisas que estão além da nossa capacidade. Neste

(110) Cf. *S.Th.*, II-II, q. 160, a. 1, c.

(111) Cf. *S.Th.*, II-II, q. 166.

(112) Aristóteles, *Metafísica*, I, 1: 980 a 21.

(113) 1 Jo 2, 16.

sentido, adverte o Eclesiástico: *Não procures o que é mais alto do que tu nem investigues o que é mais forte; pensa sempre no que Deus te ordenou e não sejas curioso acerca de suas muitas obras, pois não precisas ver com teus olhos o que está escondido. Não te desdobres em perscrutar coisas supérfluas, pois já te foram mostradas muitas coisas que excedem a compreensão humana. A opinião própria já extraviou a muitos, e a falsa aparência enganou seus pensamentos*[114].

Um desejo de saber em si justo pode agir de modo desordenado. Não é de imitar Dom Quixote, a personagem imortalizada pelo gênio de Cervantes: Dom Quixote passava as noites lendo os seus livros, e assim a muita leitura e o pouco sono acabaram por arruinar-lhe a saúde mental. Também é desordenado o desejo de saber que leva a empregar meios imorais, mesmo na hipótese de que pudessem obter para nós conhecimentos úteis.

Por outro lado, é moralmente reprovável a falta de empenho na aquisição de conhecimentos necessários para desenvolver o trabalho profissional e outras tarefas que cada um deve desempenhar. Segundo a importância da matéria e dos males que a preguiça no estudo pode causar a si mesmo ou aos outros, pode-se chegar à culpa grave.

A compostura nos gestos – A modéstia abrange também a compostura nos gestos e no comportamento, bem como o decoro no modo de apresentar-se. *Pelo semblante se conhece a pessoa; pelos traços do rosto, a pessoa sensata. A roupa da pessoa, o seu sorriso, e o jeito de andar, tudo revela de quem se trata*[115]. Na conduta exterior se manifesta a ordem interior e o respeito pelos outros. Devem-se evitar os extremos da afetação e da vulgaridade.

A modéstia no vestuário – Especial importância tem a modéstia no modo de vestir-se, que deve ser conforme à própria idade e condição. A virtude requer gosto e equilíbrio, saber evitar tanto o luxo e a vaidade como o desalinho. A Sagrada Escritura deplora a escolha da roupa inspirada em uma intenção sensual ou libidinosa[116]. São muito expressivas as palavras com que Isaías censura as manifestações nas mu-

---

(114) Eclo 3, 21-24.

(115) Eclo 19, 26-27.

(116) São Tomás pensa que, quando existe uma intenção assim, pode-se pecar gravemente. Cf. *S.Th.*, II-II, q. 169, a. 2.

lheres do seu tempo de uma desordem que na sua substância se pode encontrar igualmente entre os homens: *E o Senhor disse: Já que são pretensiosas as filhas de Sião, e andam com o pescoço emproado, fazendo acenos com os olhos, e caminham com passo afetado, fazendo retinir as argolas de seus tornozelos, o Senhor tornará sua cabeça calva e desnudará sua fronte. Naquele tempo o Senhor lhes tirará as joias, as argolas, os colares, as lúnulas, os brincos, os braceletes e os véus, os diademas, as cadeias, os cintos, os frascos de perfumes e os amuletos, os anéis e os pingentes da fronte, os vestidos de festa, os mantos, as gazas e as bolsas, os espelhos, as musselinas, os turbantes e as mantilhas*[117].

Atualmente, a moda e certos costumes relativos ao vestuário fazem ser cada vez mais frequente que modos de se vestir objetivamente contrários ao pudor, ou até escandalosos, se devam antes à superficialidade e ao desejo de identificar-se com o grupo do que a uma má intenção. Resta, no entanto, o fato objetivo. Além disso, que às vezes não seja possível distinguir pela roupa quem age ou não inspirado por intenções pouco honestas deve levar-nos a refletir.

A moderação no jogo e no esporte – Pertence também à modéstia a virtude que, pelo seu nome grego, São Tomás chama *eutrapelia*[118] e que modera as nossas atitudes no jogo, no esporte e no entretenimento em geral. O descanso é necessário, e há vários modos legítimos de descansar. No entanto, é imoral entreter-se em diversões desonestas ou totalmente inúteis, ou ainda em diversões que não condizem com a idade e as condições da pessoa, ou que envolvam despesas excessivas ou perigos para a saúde. Denota pouco bom senso deixar-se prender totalmente pelo jogo ou pelo esporte, dando-lhes uma importância que não têm, a ponto de perder a serenidade de ânimo. A atividade esportiva não deve ultrapassar o seu limite ético intrínseco. É sempre «uma atividade complementar ao desenvolvimento da personalidade: uma atividade que, enquanto complementar, não pode ser vivida como fim último e exclusivo de uma vida, porque então a autossatisfação ligada ao exercício físico se transforma em culto ao corpo e à sua força como absoluto. A vitória se converte assim na vertigem do sucesso, ao qual o atleta tudo subordina: a si mesmo, o sentido da própria vida e do próprio encontro

(117) Is 3, 16-22. Cf. também 1 Tim 2, 9-10.

(118) Cf. *S.Th.*, II-II, q. 168, a. 2, c.

com os outros»[119]. Além do mais, da exagerada paixão pelo jogo e pelo esporte surgem facilmente, como demonstra a experiência, faltas graves contra a caridade e a justiça, ódio e violência, graves pecados que pela banalidade da sua motivação se tornam ainda mais detestáveis e indignos do homem.

É necessário sempre que os adutos orientem os jogos e o descanso das crianças. Com diferenças concordes com a sua idade, as crianças e os jovens têm necessidade de estar ao ar livre, de ter suficiente contato com a natureza e com a verdadeira realidade, de socializar-se com os seus coetâneos. O uso dos *videogames* e da televisão deve ser moderado. Mesmo para os adultos é preciso moderação no uso da televisão e do computador (entendido aqui como meio de entretenimento). São meios que geralmente induzem a uma atitude passiva e conformista e que, com frequência, apresentam imagens gratuitas, falsas emoções, situações irreais, modelos vazios, representações distorcidas – uma realidade virtual, em suma, que ocasiona desilusões pungentes no choque cotidiano com a realidade e que não ajuda no desenvolvimento equilibrado da personalidade.

5. *A virtude da humildade*

A humildade é uma virtude que desempenha papel de primeira importância na vida moral e espiritual. São Tomás a coloca como parte da modéstia e, portanto, como virtude anexa à temperança[120], na medida em que deve moderar de acordo com a verdade as aspirações do homem e o sentimento do próprio valor e das próprias capacidades. São Tomás não ignora a importância da humildade[121]. «O motivo dessa colocação se deve ao princípio da sistemática tomista, que toma em consideração não a matéria nem o sujeito, mas o modo de agir da virtude»[122], isto

(119) B. Montanari, «Sport», em F. Compagnoni, G. Piana, S. Privitera, *Nuovo dizionario di teologia morale*, cit., p. 1288 (com bibliografia). Veja-se também, na mesma obra, A. Bondolfi, «Tempo libero», pp. 1366-1371.

(120) Cf. *S.Th.*, II-II, q. 161, a. 4.

(121) Cf. *S.Th.*, II-II, q. 161, a. 5.

(122) E. Kaczynski, «Umiltà», em F. Compagnoni, G. Piana, S. Privitera, *Nuovo dizionario di teologia morale*, cit., p. 1394.

é, a tarefa que as paixões a que se refere a virtude apresentam para a pessoa. Os impulsos suscitados no homem por tudo aquilo que cai no âmbito do desejo de autoestima e de ser estimado pelos outros[123] têm fundamentalmente necessidade de freio, de moderação, e assim nos encontramos formalmente dentro do campo da temperança.

O critério segundo o qual a humildade regula tais impulsos é a verdade, tanto no sentido natural (a exata avaliação das próprias capacidades, etc.) como no sentido sobrenatural (adequada compreensão do lugar que Deus designou para o homem no seu plano de redenção). A este último se refere São Paulo quando escreve aos coríntios: *Pois quem é que te faz diferente? Que tens que não tenhas recebido? Mas, se recebeste tudo que tens, por que então te glorias, como se não o tivesses recebido?*[124]; ou aos romanos: *Onde fica então o orgulho? Fica excluído. Por qual lei? Pela lei das obras? Não, mas sim pela lei da fé. Pois julgamos que a pessoa é justificada pela fé, sem a prática da Lei*[125]. Diante de Deus o homem deve estar consciente de ter recebido tudo dele, os dons naturais e mais ainda os dons da graça. Em nós não há verdadeira justiça senão aquela com que Deus nos faz justos. Deus nos justifica. Se há algo de que gloriar-se, que não seja outra coisa senão da Cruz de Nosso Senhor, Jesus Cristo[126]. Esta postura de humilde reconhecimento vem a ser a outra face do amor de Deus. Se faltasse, o homem permaneceria privado da graça e encerrado na própria miséria. *Deus resiste aos soberbos, mas concede a graça aos humildes*[127].

A humildade é também a outra face do amor ao próximo. Quem é consciente de nada ser diante de Deus evita o orgulho e o desprezo do próximo, sabe ser compreensivo com os outros e com os próprios erros[128]. Só quem julga não ter nunca cometido um erro se espanta diante dos erros alheios («se os outros fossem como eu sou!»). A humildade profunda não impede o reconhecimento dos dons recebidos; este reco-

(123) Sobre esta tendência, veja-se *Escolhidos em Cristo I*, cap. V, § 2 (c).

(124) 1 Cor 4, 7.

(125) Rom 3, 27-28.

(126) Cf. Gál 6, 14. O tema, além disso, é recorrente no epistolário paulino.

(127) Ti 4, 6. Cf. 1 Pe 5, 5-6.

(128) *O fariseu, de pé, orava assim em seu íntimo: Deus, eu te agradeço porque não sou como os outros, ladrões, desonestos, adúlteros, nem como este publicano. [...] Eu vos digo: este último voltou para casa justificado, mas o outro não. Pois quem se exalta será humilhado, e quem se humilha será exaltado* (Lc 18, 11.14).

nhecimento se apoia na verdade, no verdadeiro conhecimento de si. O bem é visto como tal, mas deve tornar-se motivo de agradecimento a Deus e de estímulo para empregar os próprios talentos no serviço dos outros. O Senhor condena a falsa humildade de quem esconde o talento recebido[129].

A virtude da humildade pode ser facilmente objeto de incompreensão num mundo que exalta o poder e a autoafirmação. Bem conhecidas são as críticas de Nietzsche, que via na humildade, bem como em outras virtudes cristãs, a flor mais fina do ressentimento e do ódio, concepção eficazmente refutada por Max Scheler[130]. Não compete à humildade realizar imediatamente as diversas dimensões do bem humano e cristão. A sua importância consiste, antes, em preservar da corrupção o valor das realizações nos campos do conhecimento, do trabalho, das relações interpessoais e até do amor a Deus e ao próximo. A soberba pode corromper tudo, até as coisas mais espirituais. O soberbo é egocêntrico, incapaz de amor verdadeiro e de qualquer trabalho pelo bem dos outros e da sociedade. O orgulhoso, incapaz de qualquer forma de autotranscendência, vive e trabalha para si mesmo. Até «ama» por si mesmo, e portanto não é capaz de verdadeiro amor. As diversas formas de soberba dão origem a problemas e pecados, também graves, em todos os campos: no trabalho, na família, nas relações sociais, na vida espiritual.

É natural o homem ver-se a si mesmo partindo do ponto de vista do valor. Do ponto de vista evolutivo, a percepção do próprio valor começa passando pelo juízo que os outros têm de nós. O homem tem necessidade de reconhecimento por parte dos outros. Com o desenvolvimento psicológico e moral, a pessoa adquire, pouco a pouco, maturidade de juízo suficiente para ter uma imagem realista de si mesma e das próprias capacidades, ainda que não haja, nem deva haver, completa indiferença com relação ao apreço que o nosso ser e o nosso agir despertam nos outros. Na medida em que o sentido do próprio valor derivar de um juízo maduro e objetivo, a pessoa estará em condições de relacionar-se adequadamente com os outros em todos os âmbitos (família, trabalho, etc.).

---

(129) Cf. Mt 25, 24-28.

(130) Cf. Max Scheler, *Il risentimento nella edificazione delle morali*, Vita e Pensiero, Milão, 1975.

A humildade deve garantir a correção das duas tendências envolvidas: o desejo de ser estimado, enquanto a pessoa alcança um justo e equilibrado desprendimento do juízo que os outros têm dela; e a autoestima, garantindo que o sentido moderadamente autônomo do próprio valor esteja fundado num juízo objetivo e realista. A exagerada dependência da estima alheia, própria de personalidades fracas, dá lugar a fenômenos como a ânsia de notoriedade, a obstinação e a rigidez, a vaidade, o culto hipócrita das aparências e até a simulação de doenças para atrair a atenção e os cuidados dos outros (fenômenos histéricos). Quem procura acima de tudo a aprovação de terceiros acaba por instrumentalizar todas as coisas (o trabalho, a amizade, etc.) a fim de alcançar este fim, incorre em comportamentos desprovidos de qualquer autenticidade, se acomoda excessivamente ao grupo e cai com facilidade em ações ridículas. É assaz difícil colaborar com este tipo de pessoas, razão pela qual se isolam facilmente. O empobrecimento das relações sociais e a insensibilidade para os valores objetivos é o resultado a que naturalmente se chega.

Quando, pelo contrário, a pessoa dispõe de um juízo suficientemente autônomo a respeito das próprias capacidades, mas não é objetiva ou não consegue aceitar a própria realidade, aparecem sentimentos infundados de inferioridade e insegurança ou de orgulho e autossuficiência. O orgulhoso possui uma personalidade dura, conflitiva, às vezes agressiva e violenta. Superior a todos, sempre tem razão ele, capaz de premiar generosamente a quem se lhe submete, mas incapaz de amar e se doar. Suscetível e arrogante, tende ao narcisismo. Afinal de contas, também por este caminho o homem se fecha em si mesmo.

A falta de esforço por exercitar-se na humildade tem múltiplas manifestações, das quais, em alguma medida, ninguém está completamente imune. Eis alguns exemplos extraídos dos escritos de São Josemaria Escrivá: «Deixa-me que te recorde, entre outros, alguns sinais evidentes de falta de humildade: – pensar que o que fazes ou dizes está mais bem feito ou dito do que aquilo que os outros fazem ou dizem; – querer levar sempre a tua avante; – discutir sem razão ou – quando a tens – insistir com teimosia e de maus modos; – dar o teu parecer sem que to peçam, ou sem que a caridade o exija; – desprezar o ponto de vista dos outros; – não encarar todos os teus dons e qualidades como emprestados; – não reconhecer que és indigno de qualquer honra e estima, que não mereces sequer a terra que pisas e as coisas que possuis; – citar-te a ti mesmo como exemplo nas conversas; – falar mal de ti mesmo, para que façam bom juízo de ti ou te contradigam; – justificar-te quando te repreendem; – ocultar do Diretor algumas faltas humilhantes, para que não perca o bom conceito que faz de ti; – ouvir com complacência os louvores que te dirigem; ou alegrar-te de que tenham falado bem de ti; – doer-te de que outros sejam mais estimados do que tu; – negar -te a desempenhar ofícios inferiores; – procurar ou desejar singularizar-te; – insinuar na conversa palavras de louvor próprio ou que deem a entender a tua honradez, o teu engenho ou habilidade, o teu prestígio profissional...; – envergonhar-te por careceres de certos bens...»[131].

A importância da virtude da humildade consiste, em suma, em manter a intencionalidade de fundo da pessoa orientada para o valor e para o amor. Se não estiver suficientemente garantida esta direção, até o que parece virtude pode não sê-lo na realidade. A maior dificuldade da humildade vem de que as tendências que lhe cabe regular não podem, a longo prazo, ser tão somente supressas ou oprimidas pela vontade. Devem ser educadas, adequadas à realidade humana e cristã de cada um, bem como abertas à participação, ao serviço e ao amor. Não é possível deixar de olhar absolutamente para si mesmo, mas é possível aprender a fazê-lo com uma perspectiva que sintetize a objetividade e o senso de humor (não levar-se demasiadamente a sério), de modo que não se obscureça a percepção daquilo que está fora e acima de nós, uma vez que é fora e acima de nós que tudo o que somos e fazemos adquire o seu verdadeiro valor[132].

---

(131) Josemaria Escrivá, *Sulco*, 4ª ed., Quadrante, São Paulo, 2016, n. 263.

(132) Retomamos aqui as considerações feitas em A. Rodríguez Luño, *Ética general*, cit., pp. 250-253.

Capítulo VIII

A CASTIDADE

1. Introdução

A castidade é a virtude moral que realiza a positiva integração do impulso e do comportamento sexual na pessoa[1]. Na sistemática das virtudes, a castidade é uma das espécies (das partes subjetivas) da temperança. Aplicam-se a ela muitas das considerações bíblicas, antropológicas, históricas e teológicas relativas à temperança propostas no capítulo anterior.

A bibliografia sobre os aspectos médicos, psicológicos, pedagógicos, antropológicos e filosóficos da sexualidade é interminável[2]. Estes aspectos não serão objeto direto do nosso estudo, que se desenvolverá na perspectiva teológico-moral, voltada a captar o sentido da sexualidade e os critérios do seu reto exercício à luz do desígnio de Deus que conhecemos mediante a Revelação. Isto não significa, como já sabemos[3], que tudo o que seja dito em seguida pressuponha a fé ou seja válido somente para os crentes. A Revelação nos faz conhecer sobretudo o desígnio de Deus Criador acerca do homem e da mulher, inscrito no mais

---

(1) Cf. *Catecismo*, n. 2337.

(2) Para o conhecimento da problemática, da bibliografia e das linhas de pesquisa quanto a estes aspectos, veja-se G. Russo (ed.), *Enciclopedia di bioetica e sessuologia*, Elledici, Leumann (Turim), 2004.

(3) Cf., acima, cap. I, § 3.

profundo do coração humano. Retomando a conhecida argumentação paulina, *por sua maneira de proceder, mostram que a Lei está inscrita em seus corações: disso dão testemunho igualmente sua consciência e os juízos éticos de acusação ou de defesa que fazem uns aos outros*[4]. Outro problema é que somente as forças naturais sejam suficientes para garantir a observância do bem e o rechaço do mal. As dificuldades que hoje encontra a ética sexual são eloquentes a esse respeito.

A história demonstra que o controle razoável dos próprios impulsos nunca foi uma tarefa fácil para os homens. A esta dificuldade prática acrescenta-se hoje a existência de uma cultura, bastante difundida, para a qual a sexualidade se reduz a um mero objeto de consumo, de corte hedonista e individualista, dissociado do compromisso, da doação amorosa e da procriação. São múltiplos os elementos e as condições sociais que se encontram nas raízes de tal cultura: as filosofias da «revolução sexual» (W. Reich, H. Marcuse, A. Comfort); o maior contato entre homens e mulheres tanto no período da adolescência como na atividade profissional; o excessivo prolongamento da adolescência em termos sociais, de modo que às vezes são muitos os anos que transcorrem entre a maturidade física e a emancipação social e econômica necessária para estar em condições de formar uma nova família; a possibilidade técnica de separar facilmente a sexualidade da procriação; a maciça introdução da lógica do mercado no âmbito da sexualidade (publicidade, espetáculos), com a consequente mercantilização do corpo humano e a difusão de posturas sexuais quase obsessivas[5].

É preciso constatar, por outro lado, que a sexualidade humana é uma realidade muito complexa, tanto do ponto de vista biológico como do psicológico e moral. Nestes três planos intervém uma pluralidade de elementos, entre os quais deve ocorrer uma adequada integração e um mínimo de equilíbrio, nem sempre fácil. Basta pensar, por exemplo,

---

(4) Rom 2, 15.

(5) Os estudos recentes sobre ética sexual contêm uma visão sintética dos elementos e condições que deram origem a esta cultura. Vejam-se, por exemplo: C. Bresciani, «Sexualidad, matrimonio, familia», em L. Melina (ed.), *El actuar moral del hombre. Moral especial*, cit., pp. 167-169; H. Weber, *Teologia morale speciale. Questioni fondamentali della vita cristiana*, San Paolo, Cinisello Balsamo, 2003, pp. 265-273 e 310-312; L. Ciccone, *Etica sessuale. Persona, matrimonio, vita verginale*, Ares, Milão, 2004, pp. 28-52. Para a perspectiva psicoanalítica, veja-se A. Lambertino, *Psicoanalisi e morale in Freud*, Guida, Nápoles, 1987.

nos graves problemas psicológicos derivados de uma correspondência inadequada entre a identidade psíquica sexual e o sexo genético e gonádico (transexualismo), ou nos problemas que a medicina deve enfrentar quando a estrutura gonádica é ambígua ou não se adéqua completamente ao sexo genético e psicológico. Mesmo do ponto de vista antropológico e ético, a sexualidade humana contém uma pluralidade de significados e de valores, radicados no valor da própria pessoa, que é necessário realizar harmonicamente, a fim de que a sexualidade se insira no caminho do crescimento pessoal e não prejudique a qualidade ética das relações interpessoais.

2. *Sexualidade e matrimônio na Sagrada Escritura*

A Sagrada Escritura, como Palavra de Deus, oferece uma visão geral do desígnio divino com respeito ao homem e à mulher, no qual se enquadra a ética da sexualidade. Ela é vista, globalmente, do ponto de vista da relação entre o casal com Deus e da sua inserção no mistério da salvação. Na sua valiosa apresentação da mensagem bíblica, Grelot propõe uma consideração que ajuda a compreender corretamente o que vamos dizer em seguida. «Como tudo aquilo que integra a existência humana, a sexualidade faz parte de um universo criado por Deus, decaído por culpa do homem, resgatado pela misericórdia divina. Por isso, situa-se no ponto de encontro de três forças: a tendência da criação ao fim designado pelo Criador; a força do pecado que a afasta dele e, pior, a desmembra; e a força da graça que a devolve à ordem de Deus e a introduz no mistério de Cristo»[6]. Para interpretar adequadamente tudo o que a Sagrada Escritura – particularmente o Antigo Testamento – relata

---

(6) P. Grelot, *La coppia umana nella Sacra Scrittura*, 3ª reimpressão, Vita e Pensiero, Milão, 1987, p. 6. Trata-se de uma ótima síntese, que utilizaremos nestas páginas. Para um maior aprofundamento, vejam-se os estudos bíblicos publicados no volume P. J. Viladrich, J. Escrivá Ivars (eds.), *Teología del cuerpo y de la sexualidad. Estudios exegéticos para una teología bíblica del cuerpo y de la sexualidad humana*, Instituto de Ciências para a Família (Universidade de Navarra), Rialp, Madri, 1991. É também de grande interesse para o nosso tema João Paulo II, *Homem e mulher os criou. Catequeses sobre o amor humano*, EDUSC, Bauru, 2005. Uma útil introdução e guia para a leitura das catequeses de João Paulo II é a obra de L. Ciccone, *Uomo-donna. L'Amore umano nel piano divino. La grande catechesi del mercoledì di Giovanni Paolo II*, Elledici, Leumann (Turim), 1986.

sobre o casal humano, não se pode esquecer que os fatos referidos estão impregnados de dupla tensão: a tensão entre a criação e o pecado que a deturpa, e aquela entre a realidade humana deformada pelo pecado e a redenção que a sanará e inserirá no Reino anunciado por Cristo.

a) Antigo Testamento

As afirmações do Antigo Testamento devem ser examinadas no contexto do ambiente cultural e religioso dos povos circunstantes a Israel. O pensamento religioso da Mesopotâmia, da Síria e de Canaã sacralizava a sexualidade humana mediante as duas conhecidas vias dos mitos e dos rituais. Nos mitos, a divindade aparece como um conjunto de deuses e deusas, os quais formam casais e, nas suas histórias, constituem os arquétipos dos diversos aspectos da relação homem-mulher: fecundidade, amor-paixão, matrimônio. Estão presentes, sob diversos nomes, as figuras do deus-pai, da deusa-mãe, da deusa-amante, etc. A concepção politeísta favorece a dissociação entre os aspectos essenciais da sexualidade: fecundidade, amor, matrimônio. Cada aspecto é sacralizado separadamente. Não se dá a integração numa instituição como o matrimônio, condição exclusiva do amor e da fecundidade moralmente bons[7]. Também os ritos (da fecundidade, a prostituição sagrada como culto da deusa-amante, as hierogamias, etc.) cumprem a mesma dissociação no plano das ações mediante as quais os homens se unem à divindade e participam da sua capacidade de amar ou de ser fecundo. *A dissociação das diversas dimensões da sexualidade humana está para o paganismo e para o neopaganismo como a sombra está para o corpo iluminado pelo sol.*

A revelação bíblica implica uma ruptura radical com o pensamento religioso que havia por trás dos mitos e ritos pagãos. Javé é o único Deus; não existe uma deusa companheira, nem outras forças divinas. Ele é Pai, mas não há uma deusa-mãe. Desaparecem os mitos e os ritos que tornavam sagrada a sexualidade. Para a revelação bíblica, a vida humana também tem valor sagrado, mas em sentido diferente, que se depreende dos dois relatos da criação do homem e da mulher[8]. O relato javista

---

(7) Cf. P. Grelot, *La coppia umana nella Sacra Scrittura*, cit., pp. 9-16.

(8) Cf. G. Aranda, «Corporeidad y sexualidad en los relatos de la creación», em P. J. Viladrich, J. Escrivá Ivars (eds.), *Teología del cuerpo y de la sexualidad. Estudios exegéticos para una teología bíblica del cuerpo y de la sexualidad humana*, cit., pp. 19-50.

de Gênesis 2, o mais antigo, torna evidente que não é boa a originária solidão do homem[9] e ressalta a harmonia dos dois companheiros, que possuem igual dignidade. A mulher não é objeto de posse. O homem se unirá a ela, de modo que ambos sejam uma só carne[10]. Com a expressão *uma só carne*, o autor sagrado «vê de maneira muito realista a união corporal em que o amor terá a sua consumação, mas se serve dela para evocar concretamente uma realidade que a supera: *a associação de duas existências que doravante serão uma*. A vinculação do homem deve chegar até aquele ponto; o ato que faz dele e da esposa *uma só carne* não tem um fim em si mesmo, senão que é destinado a significar esta conjunção de existências»[11]. A união sexual exprime uma união mais profunda que envolve toda a vida do homem e da mulher. O relato de Gênesis 1 evidencia a monogamia, a igual dignidade, o domínio do homem sobre a terra e os animais. É posta em particular evidência a fecundidade, que é dom de Deus, fruto da sua bênção, objeto de verdadeira vocação, finalidade da criação dos sexos. A sexualidade é obra de Deus, e como tal é coisa boa.

A origem da sacralidade do matrimônio, do amor entre o homem e a mulher, da fecundidade, é portanto a palavra criadora de Javé. Não existe um matrimônio divino arquetípico, mas um protótipo humano, criado por Deus, que permanece para sempre como o modelo por seguir. «Nele, os diversos aspectos da sexualidade já não são dissociados, como acontecia nos mitos pagãos. Eles se encontram reunidos numa única instituição que, como tal, porque faz parte da criação "excelente", santifica o uso do sexo, inclui nela o amor e a fecundidade, exclui dela todas as aberrações sexuais (homossexualidade e bestialidade)»[12]. A sexualidade não se torna sagrada mediante os ritos, mas somente pelo meio querido por Deus, que é o matrimônio monogâmico (os dois se tornam uma só carne), objeto da sua bênção e da sua graça, e no qual a sexualidade encontra o seu duplo significado: selar na carne a relação interpessoal entre os

---

(9) Cf. Gên 2, 18. Veja-se a reflexão de São João Paulo II, *Homem e mulher os criou*, cit., pp. 68-73.

(10) Cf. Gên 2, 24.

(11) P. Grelot, *La coppia umana nella Sacra Scrittura*, cit., p. 133.

(12) Id., p. 30.

esposos e permitir o exercício da sua função social comum mediante a fecundidade[13].

O pecado dos primeiros pais destrói a relação original do homem com Deus e, consequentemente, a relação originária entre o homem e a mulher e entre o homem e o mundo (trabalho)[14]. A relação de comunhão e de doação recíproca se degrada e se torna facilmente relação de posse e objeto de concupiscência. O dom da fecundidade não é excluído, mas alterado. O corpo, a sexualidade e a comunhão conjugal deverão ser redimidos[15]. A libertação do pecado e das suas consequências se cumprirá gradualmente, e nesta perspectiva a lei de Moisés, que ainda concede muito à dureza do coração humano[16] (repúdio, tolerância da poligamia, certa desigualdade entre o homem e a mulher no que tange à fidelidade conjugal, etc.), representa um primeiro passo e uma significativa redução do mal. Ao lado de alguns casais ideais (Abraão-Sara, Isaac-Rebeca, etc.), os livros sagrados mostram com todo o realismo as deformações da relação homem-mulher introduzidas pelo pecado (Davi e Betsabé, Amnon e Tamar, Salomão).

A pregação profética introduz um tema novo[17]. *Parte-se da experiência humana do casal (matrimônio, fecundidade, amor) para chegar à aliança entre Deus e o seu povo.* O pacto adquire ressonâncias afetivas: Israel e o seu Deus estão ligados pelo coração, e não apenas por meio da lei. A infidelidade de Israel é ilustrada mediante o drama do casal humano. Mas aqui o esposo é o próprio Deus, cujo amor, cuja fidelidade e cujo afeto são absolutos e imutáveis. O amor permanece mesmo quando chega o castigo e por ele reclama-se o perdão. A redenção manifestará em plenitude o amor do esposo. Na pregação profética, o pacto entre Deus e o seu povo é considerado nas suas duas etapas: aquela imperfeita da aliança sinaítica, na qual a infidelidade humana parece estar em casa, e a etapa perfeita da aliança escatológica. Esta duplicidade de planos lança

(13) Cf. Id., pp. 30-31.

(14) Cf. Gên 3, 16-19.

(15) Cf. Gên 3, 15.

(16) Cf. Mt 19, 8.

(17) Cf. S. Ausín, «La sexualidad en los libros proféticos. Aportación de los profetas al concepto bíblico del hombre varón y mujer», em P. J. Viladrich, J. Escrivá Ivars (eds.), *Teología del cuerpo y de la sexualidad. Estudios exegéticos para una teología bíblica del cuerpo y de la sexualidad humana*, cit., pp. 51-106.

uma luz retrospectiva sobre a realidade do casal humano tomada como ponto de partida. Só com o anúncio do Reino por parte de Cristo é que o amor humano, vivido no matrimônio, reencontrará as suas características originárias: unidade no amor, fecundidade e perpetuidade indissolúvel[18]. Na espera de Cristo, o ideal do matrimônio se aperfeiçoará no judaísmo do pós-exílio, sobretudo no que diz respeito ao repúdio[19], mesmo permanecendo em vigor a lei de Moisés.

b) O Novo Testamento

Os ensinamentos de Jesus acerca do matrimônio, transmitidos pelos Evangelhos, mostram um aspecto peculiar em que a Lei de Cristo leva a cumprimento a lei antiga[20]. *Com uma referência ao «princípio», e portanto ao protótipo original, Jesus restaura o desígnio do Criador quanto ao matrimônio, e assim proclama a sua absoluta indissolubilidade*, que se refere igualmente ao marido: *Aproximaram-se então alguns fariseus e, para experimentá-lo, perguntaram se era permitido ao homem despedir sua mulher. Jesus perguntou: «Qual é o preceito de Moisés a respeito?». Os fariseus responderam: «Moisés permitiu escrever um atestado de divórcio e despedi-la». Jesus então disse: «Foi por causa da dureza do vosso coração que Moisés escreveu este preceito. No entanto, desde o princípio da criação Deus os fez homem e mulher. Por isso, o homem deixará pai e mãe e se unirá à sua mulher, e os dois formarão uma só carne; assim, já não são dois, mas uma só carne. Portanto, o que Deus uniu o homem não separe!». Em casa, os discípulos fizeram mais perguntas sobre o assunto. Jesus respondeu: «Quem despede sua mulher e se casa com outra, comete adultério contra a primeira. E se uma mulher despede seu marido e se casar com outro, comete adultério também»*[21]. A fidelidade conjugal compreende ademais o coração e os pensamentos: *todo aquele que olhar para uma mulher*

(18) Cf. P. Grelot, *La coppia umana nella Sacra Scrittura*, cit., pp. 50-61.

(19) Cf. Mal 2, 14-16.

(20) Cf. Mt 5, 17. Para uma visão geral da ética sexual do Novo Testamento, cf. R .F. Collins, *Sexual Ethics and the New Testament*, The Crossroad Publishing Company, Nova York, 2000.

(21) Mc 10, 2-12. Cf. Mt 5, 31-32; 19, 3-9; Lc 16, 18. Ambos os textos de Mateus contém a cláusula sobre a *porneia*, cuja interpretação encontra diversas opiniões. Ocupar-nos-emos disso mais adiante.

com o desejo de possuí-la já cometeu adultério com ela em seu coração[22]. É do coração do homem que procedem as fornicações, os adultérios e as impurezas que o contaminam[23]. À pureza interior do coração, e não à pureza ritual exterior, é prometida a visão de Deus[24].

O Senhor conduz o matrimônio à sua perfeição definitiva, mas de um modo que permite vislumbrar a sua superação. Ele ensina que o matrimônio é uma realidade deste mundo apenas: *na ressurreição não haverá homens e mulheres casando-se, mas serão como anjos no céu*[25], o que ilustra a decisão de não contrair matrimônio por amor do Reino celeste[26]; também promete o cêntuplo para aqueles que tiverem deixado a sua esposa por causa do Reino[27]. O valor superior deste estilo de vida foi reconhecido e conservado pela Igreja até os dias de hoje. Como escreve Grelot, «a continência voluntária antecipa o estado em que todos nós entraremos depois da ressurreição dos corpos. Por essa razão, ela tem uma função de sinal: testemunha que o Reino de Deus não é só uma realidade futura, que chegará no *último dia,* mas que é uma realidade atual, porque em matéria de sexualidade o homem já vive o seu mistério em plenitude, na medida em que é permitido ao ser de carne que é. Este é o sentido do celibato de Cristo, e aqueles que neste ponto desejam segui-lo devem dar o mesmo significado ao seu celibato pessoal»[28].

A Carta aos Efésios *(5, 22-33) apresenta o mistério de Cristo e da Igreja como um mistério nupcial, e assim lança nova luz sobre a vida cristã dentro do matrimônio ou do celibato*[29]. O texto, de grande complexidade, ilustra mediante duas analogias (esposo-esposa, cabeça-corpo) a inserção do matrimônio cristão no mistério salvífico da união entre Cristo

(22) Mt 5, 28.

(23) Cf. Mc 7, 20-23.

(24) Cf. Mt 5, 8.

(25) Mt 22, 30.

(26) Cf. Mt 19, 12.

(27) Cf. Lc 18, 29-30.

(28) P. Grelot, *La coppia umana nella Sacra Scrittura*, cit., p. 87.

(29) Como estamos apenas delineando uma visão sintética de conjunto, deixamos de lado, por ora, algumas questões particulares, como a relação entre este trecho da *Carta aos Efésios* e a visão do matrimônio na primeira *Carta aos Coríntios.*

e a Igreja[30]. A tradição católica serviu-se desta passagem para explicar teologicamente a sacramentalidade do matrimônio entre os batizados, bem como para iluminar algumas das razões que sustentam o celibato sacerdotal. O matrimônio aparece como real participação no mistério da união entre Cristo e a Igreja. «No matrimônio se conserva, reproduzindo-a, a relação de Cristo com a Igreja e da Igreja com Cristo»[31]. Por um lado, pode-se dizer que no amor conjugal se realiza a comunhão salvífica entre Cristo e a Igreja; por outro, que na apresentação de Eva a Adão pela união corporal, e portanto pela inauguração do instituto do matrimônio, está realmente implícita, ainda que de modo oculto, a apresentação da Igreja a Cristo, para que se tornem um único corpo[32]. Como escreve Schlier, «esta relação entre Adão e Eva, que fundamentalmente protege a relação redentora entre Cristo e a Igreja e a ela remete, torna-se atual, segundo a vontade de Deus, em cada matrimônio. Por isso, em todo matrimônio terreno – enquanto tal e, portanto, independentemente tanto da consciência que os contraentes tenham de tal relação quanto da aceitação desta interpretação – a vontade divina de criação se realiza. E não apenas isso: realizando-se esta vontade, realiza-se também a vontade de redenção nela oculta e reproduz-se não somente a relação de criação Adão-Eva, mas também, e propriamente, a relação de redenção Cristo-Igreja nela prevista»[33].

Em virtude da participação ontológica dos cônjuges batizados na relação redentora e nupcial de Cristo, que se torna presente e eleva o amor conjugal, pode-se afirmar que *o amor com que Cristo se doou à Igreja em união exclusiva, perpétua e fecunda e a doação com que a*

(30) Sobre esta passagem de Efésios, cf. H. Schlier, *La Lettera agli Efesini*, 2ª ed., Paideia, Brescia, 1973; H. Baltensweiler, *Il matrimonio nel Nuovo Testamento. Ricerche esegetiche su matrimonio, celibato e divorzio*, Paideia, Brescia, 1981, pp. 251-270; João Paulo II, *Homem e mulher os criou*, cit., pp. 377-429; R. Penna, *La Lettera agli Efesini*, EDB, Bolonha, 1988; C. Basevi, «La corporeidad y la sexualidad humana en el "corpus paulinum"», em P. J. Viladrich, J. Escrivá Ivars (eds.), *Teología del cuerpo y de la sexualidad. Estudios exegéticos para una teología bíblica del cuerpo y de la sexualidad humana*, cit., pp. 401-414; M. P. Río García, *El matrimonio en la dimensión de la Alianza y de la gracia. Una reflexión sobre la sacramentalidad del matrimonio a la luz de la Catequesis de Juan Pablo II sobre el amor humano*, Pontifício Instituto João Paulo II, Roma, 1994.

(31) H. Schlier, *La Lettera agli Efesini*, cit., p. 401.

(32) Cf. Id., p. 441.

(33) *Ibidem*.

Igreja responde ao amor de Cristo constituem modelo e norma teológica do amor conjugal e das relações entre os esposos. O matrimônio é, desse modo, não somente um modo de participar no mistério de Cristo e da Igreja, mas também uma vocação a ser vivida em conformidade com a dignidade deste mistério. O matrimônio é, em suma, um caminho de santidade cristã[34].

c) A pregação de São Paulo contra a porneia

As consequências éticas específicas da concepção que acabamos de delinear vão surgindo com clareza à medida que a mensagem evangélica entra em contato com a cultura e o ambiente helenístico. Os fiéis das comunidades fundadas por São Paulo estão bem conscientes de que a sua adesão à pregação do Apóstolo implica, e decerto para eles implicou, uma transformação moral, uma reviravolta na vida que se caracteriza, entre outras coisas, pelo abandono da idolatria e da *porneia*[35]. Afirma-se claramente, em 1 Tess 4, 1-5, que *os preceitos do Senhor transmitidos por Paulo exigem o afastamento de toda forma de imoralidade sexual* (porneias). Alguns comportamentos e estilos de vida incompatíveis com o Reino de Deus são mencionados em 1 Cor 6, 8-10, ao que se acrescenta: *e alguns de vós éreis isso [libertinos, idólatras, adúlteros, efeminados, sodomitas]! Mas fostes lavados, fostes santificados, fostes justificados pelo nome do Senhor Jesus Cristo e pelo Espírito de nosso Deus*[36]. Também Ef 4, 17-19 contrapõe a pureza cristã ao estilo de vida dos gentios, que *entregaram-se à devassidão, praticando avidamente toda sorte de impureza*[37].

Há uma ampla pregação no corpus paulinum *que se pode resumir as-*

---

(34) Esta perspectiva é amplamente desenvolvida por Josemaria Escrivá, «O matrimônio, vocação cristã», em *É Cristo que passa*, 5ª ed., Quadrante, São Paulo, 2018, nn. 22-30. Veja-se também M. P. Río García, *El matrimonio en la dimensión de la Alianza y de la gracia. Una reflexión sobre la sacramentalidad del matrimonio a la luz de la Catequesis de Juan Pablo II sobre el amor humano*, cit.

(35) Do ponto de vista sociológico, ainda que com todos os seus limites, veja-se W. A. Meeks, *Cristiani dei primi secoli. Il mondo sociale dell'apostolo Paolo*, Il Mulino, Bolonha, 1992, especialmente o cap. II.

(36) 1 Cor, 6, 11.

 (37) Ef 4, 19.

sim: fugi da porneia[38]. *Esta expressão, de significado bastante amplo, compreende toda impureza ou relação sexual fora do matrimônio*[39], ou seja, fora da perspectiva conjugal traçada na *Carta aos Efésios.* Em quase todas as cartas do *corpus paulinum* há uma exortação a evitar os comportamentos sexuais ilegítimos[40], os quais são considerados comportamentos que excluem do Reino de Deus. São mencionados explicitamente o adultério, a fornicação e a falta de pudor, a homossexualidade tanto masculina[41] como feminina[42], a prostituição[43]. O princípio geral que manda tratar o corpo com santidade e não com paixão poderá ser aplicado a outros problemas. «Os critérios da globalidade levam à conclusão de que também o autoerotismo se inclui entre aqueles vícios acerca dos quais São Paulo, como mestre da fé, pronuncia um juízo de reprovação»[44]. O mesmo se pode dizer das relações pré-matrimoniais[45].

A argumentação paulina, especialmente em 1 Cor 6, está em franca polêmica contra os que consideram que a sexualidade seria uma função passível de ser exercitada de qualquer maneira, como o comer e o beber. Todavia, afirma São Paulo, o corpo é para o Senhor e é templo do Espírito Santo. O corpo «pertence ao Senhor como um membro seu, e seria monstruoso uni-lo a uma prostituta e tornar-se com ela *uma só carne* (1 Cor 6, 12-20). Este falso casal, fundado unicamente na paixão, *rebaixaria e profanaria* o templo do Espírito Santo que nós somos; ao contrário, o verdadeiro casal, conforme à regra cristã, pode usar legi-

---

(38) Cf. 1 Cor 6, 18.

(39) Cf. H. Reisser, verbete «Porneuo», em L. Coenen, E. Beyreuther, H. Bietenhard, *Dizionario dei concetti biblici del Nuovo Testamento*, cit., pp. 1133-1137; S. Zedda, *Relativo e assoluto nella morale di san Paolo*, Paideia, Brescia, 1984, p. 68; J. D. G. Dunn, *La teologia dell'apostolo Paolo*, cit., p. 140.

(40) Cf. Rom 1, 24-27; 13, 9.13; 1 Cor 5, 1-5.10; 6, 9-20; 10, 8; 2 Cor 7, 1; 12, 21; Gál 5, 19; Fil 3, 18-19; Col 3, 5; 1 Tess 4, 3-5; Ef 5, 3-5; 1 Tim 1, 10.

(41) Cf. 1 Cor 6, 9; 1 Tim 1, 10.

(42) Cf. Rom 1, 21-32, especialmente 24-27.

(43) 1 Cor 6, 12-20.

(44) S. Zedda, *Relativo e assoluto nella morale di san Paolo*, cit., p. 118.

(45) «De acordo com São Paulo, o que, diferentemente da relação com a *pórne,* santifica o matrimônio e permite que a união conjugal dos dois corpos seja integrada na união ao corpo de Cristo é a relação com o Corpo de Cristo, com a Igreja, e é muito difícil conceber que inclua dois prometidos em casamento antes que a união tenha sido aceita publicamente pela Igreja corpo de Cristo» (S. Zedda, *Relativo e assoluto nella morale di san Paolo*, cit., p. 119).

timamente da carne sem voltar as costas para a santidade»[46]. O amor conjugal é casto porque supõe nos cônjuges uma postura oblativa, e não egoísta. O marido ama a esposa como Cristo amou a Igreja e se deu a si mesmo por ela[47]. À imagem do mistério de Cristo e da Igreja, Deus, nas origens, chamou à existência o casal humano como comunidade de pessoas destinadas a doar-se reciprocamente e a participar no poder criador de Deus. Pela sua referência ao mistério de Cristo e da Igreja, a sexualidade humana é sagrada e exprime a vocação do homem e da mulher ao dom de si.

Podemos dizer, em síntese, que *o exercício da faculdade sexual só é conforme ao desígnio de Deus dentro da união indissolúvel, exclusiva e fecunda entre marido e mulher, a qual significa e realiza a união salvífica entre Cristo e a Igreja. Este é o princípio fundamental da ética sexual. Neste contexto, o exercício da sexualidade é caminho e instrumento de santidade.* Qualquer outra forma de exercício da sexualidade é reprovada por São Paulo como *porneia* ou *akatharsía*[48].

3. Estrutura e significados fundamentais da sexualidade humana

Na perspectiva da reflexão antropológica geral, a sexualidade aparece como âmbito no qual se entrecruzam valores e significados diversos, que comprometem profundamente a nossa responsabilidade[49]. A razão disto é que os valores inscritos na sexualidade estão estreitamente ligados ao valor da pessoa humana. Conceitos tão significativamente diferentes como, de um lado, *reprodução* e *acasalamento* e, de outro, *procriação* e *comunhão conjugal* se aplicam a duas realidades, à sexualidade do animal e à humana, que são essencialmente idênticas do ponto de vista biológico. A peculiaridade psicológica e moral desta última torna-se patente quando considerada como uma dimensão existencial da pessoa

(46) P. Grelot, *La coppia umana nella Sacra Scrittura*, cit., p. 84.

(47) Cf. Ef 5, 25.

(48) Cf. S. Zedda, *Relativo e assoluto nella morale di san Paolo*, cit., pp. 69-70 e 73-75.

(49) Neste parágrafo retomamos, com algumas modificações, o que escrevemos em A. Rodríguez Luño e R. López Mondéjar, *La fecondazione «in vitro». Aspetti etici e morali*, cit.

humana, e não unicamente como a função biológica da reprodução ou como uma fonte de satisfação e prazer.

A relação da sexualidade com a pessoa humana e o seu valor manifesta-se em diversos planos. É em si mesma, portanto, complexa. Acima de tudo, a sexualidade compenetra a pessoa humana na medida em que é na atividade sexual que se realizam as condições que dão origem à existência de um novo ser pessoal. Em ordem à pessoa já existente, e considerada como algo estaticamente pertencente a um sexo, a sexualidade, além disso, caracteriza de maneira profunda o sujeito segundo vários aspectos: físico, psicológico, social e até espiritual. Uma vez que a pessoa é de algum modo abrangida e permeada pela sexualidade, o seu exercício a compromete na sua totalidade e pode ser veículo e sinal de uma doação pessoal completa, como aquela exigida pelo amor que vivifica a forma mais básica e estável da sociedade humana: o matrimônio-família.

Na sexualidade humana se verifica, pois, a interseção de vários aspectos de valor singular. Primeiro, estudaremos analiticamente cada um deles. Depois, passaremos à síntese.

a) Sexualidade e procriação

Que o impulso sexual, entendido como atração pelo sexo oposto, tenha por finalidade intrínseca a transmissão da vida é, do ponto de vista biológico geral, uma evidência inegável. A conservação de numerosas espécies animais depende estreitamente do impulso sexual. À tendência sexual está vinculada até a subsistência da humanidade. E a existência é o bem mais essencial do homem, sendo o pressuposto de todas as manifestações e realizações humanas. Todas as obras dos homens, os produtos da sua engenhosidade e da sua destreza, os frutos da sua arte e da sua estatura moral têm por condição essencial que o homem exista, que exista o gênio, o técnico, o artista, o santo[50]. *Assim se manifesta o valor singular da sexualidade do homem: ser destinada a dar origem à pessoa humana*, ser de maior valor do universo visível, o qual goza de um

(50) Cf., sobre a ordem da tendência sexual à existência, K. Wojtyla, *Amor e responsabilidade*, Rei dos Livros, Lisboa, 1999, pp. 46-47.

valor e um significado completos em si e, portanto, não é um simples elemento da espécie.

Este fato, aliás óbvio, determina um dos valores pessoais da sexualidade huamana. *O seu significado objetivo não é em primeiro lugar biológico, mas existencial.* O seu valor não provém da ordem biológica: origina-se, antes, da ordem da existência. «Não se devem confundir as expressões "ordem da natureza" e "ordem biológica", nem identificar o que elas definem. A ordem biológica é ordem da natureza na medida em que é acessível aos métodos empíricos e descritivos das ciências naturais; todavia, enquanto ordem específica da existência, que permanece em evidente relação com a Causa primeira, com Deus Criador, a ordem da natureza já não é uma ordem biológica»[51].

A relação entre a sexualidade humana e a obra divina da criação pode ser entendida com base em algumas ideias simples. O homem é a única criatura querida por Deus em si mesma. Isto implica que a pessoa chamada à existência é pensada e querida imediatamente por Deus, que cria em virtude da sua sabedoria e do seu amor, e não da necessária concatenação de um instinto cósmico[52]. Por isso, nenhuma pessoa é resultado,

---

(51) K. Wojtyla, *Amore e responsabilità*, cit., p. 47. A distinção entre a ordem biológica e a ordem da existência em si mesma é muito clara, mas pode apresentar dificuldades de compreensão para certa mentalidade hoje muito difundida. Dois elementos determinam esta mentalidade: o reducionismo empirista, que não admite à razão um uso filosófico ou metafísico, restringindo a atividade racional à ordenação e sistematização dos dados sensíveis; daí resulta – este é o segundo elemento – um conceito de natureza muito determinado: a natureza não é entendida como obra de Deus, mas como objeto da mecânica – no século XVIII – ou como objeto das modernas ciências físico-naturais. Este conceito de natureza significa, formalmente, apenas a legalidade dos fenômenos espaçotemporais (Cf. Kant, *Kritik der reinen Vernunft*, B 165); neste sentido, afirma-se que é o intelecto humano o que produz e domina a natureza (*formaliter spectata*: porque formula a legalidade que permite a sua compreensão científico-positiva, e não porque a mente produza materialmente os seres corpóreos). A filosofia moral não entende o conceito de natureza neste sentido. Sobre estes dois sentidos do conceito de natureza, cf. G. Martin, *Science moderne et ontologie traditionnelle chez Kant*, PUF, Paris, 1963. Além de indicar a existência destes dois sentidos do termo «natureza», questão que só um principiante pode de fato ignorar, é necessário interrogar-se sobre a legitimidade do conceito moderno de natureza e do reducionismo empirista que o sustenta. Este conceito me parece em parte ilegítimo justamente na medida em que é pouco «empírico», ou seja, na medida em que não respeita suficientemente experiências humanas inegáveis, como, por exemplo, a diferença existente entre *reprodução* e *procriação.*

(52) Esta afirmação é compatível com várias posturas filosóficas, desde que não sejam rigorosamente ateias. O Ser supremo age por meio da inteligência e do amor: não fosse assim, seria inferior ao homem, e isto criaria uma contradição.

casual ou necessário, de um mecanismo biológico. Na origem de todo ser racional encontram-se um projeto e uma decisão divinos[53].

A capacidade procriativa inscrita na sexualidade humana mostra assim o seu profundo significado: é capacidade de cooperar com Deus, «como uma participação do seu poder criador»[54]. Muito clara nos parece a explicação dada por Caffarra: «Constatamos obviamente que a concepção de uma pessoa humana é a consequência da decisão, em geral livre, de duas pessoas humanas, um homem e uma mulher, de pôr em ato uma capacidade inscrita precisamente na sua sexualidade. E cabe a várias disciplinas científicas descrever aquilo que acontece quando esta capacidade do homem e da mulher se põe em ato. Todavia, existe uma perspectiva bem mais profunda que a das ciências, uma perspectiva à luz da qual a capacidade procriativa se nos revela como *capacidade de cooperar com o próprio Deus* em dar origem a uma nova pessoa. Trata-se de uma capacidade *concriativa* mais que procriativa. Em toda concepção humana se associam de modo misterioso, mas real, duas potências, a criativa de Deus e a concriativa do homem e da mulher»[55].

Em resumo, *a referência à existência humana é uma finalidade imanente e um significado constitutivo da sexualidade.* Esta finalidade e este significado são objeto de respeito absoluto e não de domínio, do mesmo modo como é objeto de respeito absoluto, e não de domínio, o novo sujeito pessoal que pode vir à existência como consequência do encontro sexual. A dignidade e o valor da sexualidade aumentam quando se considera esta última um veículo da criatividade do amor divino e do amor humano ou, se se preferir, o âmbito de uma ação que só pertence a Deus: a elevação do ato procriativo humano à ordem divina da criação.

b) Sexualidade e comunhão conjugal

O aspecto procriativo não esgota o significado da sexualidade humana. Uma das características que a distinguem especificamente da sexua-

---

(53) Desenvolveu atentamente esta perspectiva C. Caffarra, «La trasmissione della vita nella "Familiaris consortio"». *Medicina e morale*, 33/4, 1983, pp. 391-392.

(54) Josemaria Escrivá, *É Cristo que passa*, n. 24.

(55) C. Caffarra, *La trasmissione della vita...*, cit., pp. 391-392.

lidade animal consiste em ser ordenada não só à transmissão da vida, mas também ao amor recíproco, à comunhão. *Com a sexualidade se abre a possibilidade de uma realização nova e singular do amor humano.* Do ponto de vista ético, é preciso dizer que este fato responde a uma verdadeira necessidade. As coisas não poderiam ser de outro modo, considerando que a atividade sexual representa um ponto de encontro não entre *dois sexos,* mas entre *duas pessoas de sexo diferente.* E, diante da pessoa, só o amor é a atitude justa.

A sexualidade humana pressupõe uma relação interpessoal fundada no amor e, como tal, possui uma segunda dimensão significativa e axiológica: o significado e o valor comunial ou unitivo. Consiste no fato de que a união sexual é expressão, além de cumprimento ou consumação, de uma união afetiva prévia e espiritual (dileção), por meio da qual o homem e a mulher se dão um ao outro de modo *total, exclusivo* e *definitivo,* e isto *diante de suas consciências, diante de Deus, diante do Estado e diante da sociedade.* À luz deste significado, a união física adquire uma nova razão positiva de valor se for, apenas e tão somente, parte integrante do amor com que o homem e a mulher se comprometem recíproca e totalmente até a morte. Uma vez que a sexualidade é uma dimensão existencial que envolve a pessoa humana na sua totalidade, e por isso é apta a exprimir e consumar a entrega total e recíproca, a doação física seria intrinsecamente falsa e mentirosa se não correspondesse a uma doação afetiva e espiritual prévia e completa, que exclua todo tipo de reserva presente e futura, e em virtude da qual o homem e a mulher – antes de serem uma só carne – são um só espírito, um só coração, uma só vida, um só destino.

Esta característica peculiar e específica da sexualidade humana indica que o homem e a mulher, além da transmissão da vida, são chamados à comunhão, à doação de si mesmos por amor. A sexualidade supera a ordem do ter, a ordem das coisas que se possuem e se utilizam, porque constitui na realidade um modo de ser da pessoa: o doar-se, o ser chamado à comunhão interpessoal[56].

A realização autêntica desta vocação constitui em si um valor positivo, que será compreendido com maior profundidade se se tiver em conta que por meio dele se adquire uma nova razão de semelhança com

(56) Cf. Id., pp. 392-393.

o ser divino. Deus é amor. Tendo criado o homem à sua imagem e semelhança, criou-o por amor e o ordenou ao amor. A vocação humana ao amor e à comunhão interpessoal é um reflexo do mistério de comunhão pessoal de amor que Deus vive em si mesmo. Em harmonia com a sua condição de espírito encarnado, o homem corresponde a esta vocação com a alma e o corpo, de modo que o amor espiritual alcance até o corpo e este se torne participante da união das vontades[57].

c) A estrutura axiológica da sexualidade

A conclusão a que chegamos na análise precedente é que a sexualidade humana possui duas dimensões de significado e de valor. *A presença simultânea destas duas dimensões aparece como a nota distintiva e especificamente humana da sexualidade, uma vez que ambas são de matriz nitidamente personalista.* O valor do significado procriativo, com efeito, estrutura-se em torno da existência como valor fundamental da pessoa. O do significado unitivo funda-se na dignidade e no bem do homem e da mulher enquanto pessoas chamadas à comunhão interpessoal. Ambos os aspectos integram o significado completo e especificamente humano da sexualidade: se se falasse somente de procriação ou somente de comunhão conjugal, não se alcançaria este significado pleno e propriamente humano, e as conclusões extraídas desta perspectiva parcial seriam defeituosas desde o ponto de vista ético.

Devemos perguntar-nos agora como se estrutura e que significado tem a união destas duas dimensões. O problema deve ser examinado de vários ângulos: o biológico, o antropológico, o axiológico e o propriamente ético.

A biologia humana possui hoje um conhecimento muito preciso e detalhado do modo como se estruturam naturalmente os dois aspectos da sexualidade humana. Sabemos, por exemplo, que da união sexual nem sempre se segue a procriação porque a fecundidade feminina tem caráter cíclico. Portanto, é mais exato falar de união

(57) Cf. *Familiaris consortio*, n. 11. A dimensão axiológica da sexualidade que estamos considerando é notavelmente acentuada pela ética cristã, porque – como foi dito – a união física realiza a união conjugal e consuma a sacramentalidade do matrimônio, símbolo vivo da comunhão entre Deus e os homens e entre Cristo e a Igreja: cf. *ibidem*, nn. 12-13.

conjugal e de possível procriação ou, se se preferir, de união conjugal aberta à procriação.

Abordemos a questão do ponto de vista antropológico e axiológico. A procriação e a comunhão conjugal são dois bens cujas raízes estão no valor da pessoa. São dimensões que têm origem num mesmo valor fundamental. Por isso, não estão presentes na sexualidade humana como duas realidades em contraste; não há oposição entre elas. Caso contrário, a sexualidade humana conteria uma contradição interna, e o mesmo se deveria dizer do plano ético centrado no valor da pessoa. Ao mesmo tempo, a relação existente entre as duas dimensões da sexualidade não é somente de não beligerância. *Trata-se, pelo contrário, de dois valores que se abrem um ao outro, se potencializam e se protegem reciprocamente a ponto de dar lugar a uma realidade unitária no plano significativo, antropológico e ético*: o amor fecundo e aberto à vida ou à procriação como fruto do amor conjugal[58]. Examinemo-lo mais em particular.

1) *As exigências da comunhão conjugal se abrem às da procriação.* A união sexual, como foi dito, é expressão e cumprimento da total doação de si mesmo. A doação total compreende a entrega de si e a aceitação da possível paternidade/maternidade inerente à virilidade/feminilidade. Onde estas dimensões fossem deliberada e positivamente excluídas, já não se poderia falar de completa e total doação de si, e o ato sexual seria em si falso e mentiroso. A abertura à vida é uma exigência radicada no caráter de totalidade próprio e específico da comunhão conjugal.

Por outro lado, a comunidade de pessoas resultante e vivificada pela doação total, exclusiva e definitiva constitui o contexto ideal para a introdução de um novo sujeito no mundo. A família estável promove do melhor modo possível o bem da nova pessoa, a sua individualidade, o seu sentido de identidade, a sua educação, etc. *Há plena adequação entre os requisitos da comunhão conjugal e os da procriação.*

A mesma adequação se verifica do ponto de vista da própria gênese da nova vida. *A comunhão conjugal é o âmbito em que a gênese do ser humano recebe a proteção e o amor desinteressado que competem à sua condição de pessoa.* Não existe proteção melhor para a nova vida do que aquela que é

(58) Neste sentido, São João Paulo II afirmou, referindo-se aos dois significados do ato conjugal, que «realizam-se juntamente um com o outro e, em certo sentido, um através do outro» (*Homem e mulher os criou*, cit., p. 501).

garantida pela intimidade do amor conjugal, como foi visto no capítulo V a propósito da fecundação artificial extracorpórea. Cumpre acrescentar que somente o amor conjugal é adequado à dignidade da pessoa: diante da pessoa, só o amor é uma postura justa, porque somente no amor verdadeiro a pessoa é reconhecida e querida pelo que ela é. Que outra atitude poderia animar a decisão de gerar um ser pessoal? O interesse? Algum tipo de necessidade? Uma utilidade esperada? A satisfação de um impulso subjetivo? Antes, parece claro que somente se dará adequada correspondência entre o processo procriativo e a dignidade da pessoa se o primeiro for movido por um ato que seja ao mesmo tempo de puro amor e gratuito. Que a atividade procriativa seja em si uma efusão de amor desinteressado é uma exigência da dignidade da pessoa que nasce e, portanto, uma exigência munida de valor, e não um simples fato natural.

Este valor aumenta ainda mais se consideramos, com Caffarra, o plano do fundamento último dos valores pessoais. «A atividade criadora de Deus é na sua essência mais íntima uma atividade de amor. Por quê? Porque é uma atividade gratuita. Deus não necessita de nenhum de nós, nenhum de nós é necessário. Se existimos, é porque Deus nos quis gratuita e livremente. A participação do homem e da mulher na atividade do ato criador de Deus só pode ser um ato radicado numa atividade de amor. Não há como ser de outro jeito. Eis a razão pela qual, não por acaso, acontece que o mesmo ato com que os esposos se doam no amor recíproco é aquele com que põem em ato as condições para ser concebida uma pessoa humana»[59]. Sendo a criação fruto do amor divino, não é uma casualidade que a procriação ou participação do homem nesta obra divina seja em si mesma um ato de amor humano, e não só fruto deste amor. Trata-se de uma realidade plena de significado e de valor, algo que não poderia ser de outro modo.

2) Passando a considerar as coisas por outro aspecto, é necessário dizer que *as exigências da procriação se abrem às do verdadeiro amor conjugal.* A dignidade da pessoa exige que os filhos sejam fruto do amor dos seus pais, e não da violência, do ímpeto instintivo ou da falta de autodomínio dos parceiros na atividade sexual. Os filhos são, além disso, bem comum dos genitores, símbolo e fruto vivente de seu amor, reforço

(59) C. Caffarra, *Definizione filosofico-etica e teologica della procreazione responsabile*, em *La procreazione responsabile. Fondamenti...*, cit., p. 6.

da união mútua dos esposos, cuja estabilidade e harmonia se requer para o sustento e a educação dos filhos.

Por outro lado, *a abertura à vida defende a qualidade do amor conjugal.* A união conjugal é um «contexto pessoal de expressão cuja integridade consiste no alegre esquecimento de si mesmo. Tal integridade não deve ser sacrificada em nome de um funcionalismo consequencialista, limitando a multiplicidade das funções deste contexto num sentido finalístico-racional»[60]. Se o alegre esquecimento próprio na doação é repelido pela precaução ou pela intervenção manipuladora, que priva a sexualidade de uma das suas dimensões de significado e valor, a relação de amor deixa de ser tal, uma vez que a pessoa do outro é tratada como objeto causador de prazer e esta se comporta de modo análogo com relação à primeira. «O amor [...] já não é uma realidade objetiva, porque lhe falta esse bem objetivo sem o qual o amor não pode existir. Assim concebido, o "amor" é uma fusão de egoísmos combinados de modo que não resultem desagradáveis um ao outro, contrários ao prazer comum. A conclusão inevitável de semelhante concepção é que o amor não é senão uma aparência que se deve guardar cuidadosamente para não revelar o que realmente se esconde dentro dela: o egoísmo mais ávido, o que leva à exploração do outro para si mesmo, para o "máximo de prazer" próprio. E a pessoa então é, e não cessa de ser, um meio, como exatamente salientou Kant na sua crítica do utilitarismo»[61].

Em conclusão, *onde já não houvesse uma doação total do próprio ser (incluídas as potenciais paternidade e maternidade), a atividade sexual implicaria o tratamento de uma pessoa como simples meio para obter uma satisfação subjetiva e, por outro lado, trairia a vocação à comunhão interpessoal.* Fica claro, com efeito, que este tipo de união duraria quanto durasse o prazer e a satisfação física e que a comunhão espiritual não chegaria a existir, dado que esta exige um bem comum e o prazer físico nunca pode ser comum: cada parceiro frui incomunicavelmente do seu, mesmo que obtido conjuntamente ou com a ajuda do outro[62].

---

(60) R. Spaemann, «La responsabilità personale e il suo fondamento», em Aa.Vv., *Etica teleologica o etica deontologica? Un dibattito al centro della teologia morale odierna. Documenti CRIS*, nn. 49-50, Roma, 1983, p. 22.

(61) K. Wojtyla, *Amor e responsabilidade*, cit., p. 29.

(62) Por isso é possível que a união sexual tenha uma tonalidade afetiva completamente diferente para cada uma das pessoas que dela participam.

Recapitulando, a presença simultânea dos aspectos procriativo e unitivo que caracteriza especificamente a sexualidade humana aparece, pois, como uma forte estrutura que contém em si significados e valores de alcance incalculável. A união mesma dos dois aspectos não é um simples fato privado de significado, mas algo que possui um sentido claro e facilmente inteligível: tal união garante e reforça os valores especificamente pessoais que a sexualidade humana comporta, ou seja, os valores que derivam do fato de tanto os que geram como quem é gerado serem pessoas humanas. Por isso, *a presença concomitante dos significados unitivo e procriativo é um valor e não um simples fato biológico, uma necessidade ética e não somente uma necessidade biológica, uma necessidade de direito e não apenas uma necessidade de fato, algo que deve ser assim e não somente algo que é assim*[63]. Isto implica, no âmbito operativo, que os dois aspectos da sexualidade humana são eticamente coessenciais, eticamente inseparáveis. A sua união constitui o valor determinante da estrutura axiológica da sexualidade humana. A sua dissociação, ao contrário, causa não só a lesão do valor excluído, mas também a desnaturação e a desvalorização daquele que se quer conservar[64].

d) Consequências éticas

Os princípios morais que derivam da estrutura antropológica e axiológica da sexualidade são fundamentalmente dois. O primeiro po-

---

(63) Cf. C. Caffarra, *La trasmissione della vita...*, cit., pp. 394-396. Existem, no ser humano, exemplos tanto de conexões de fato como de conexões de direito que podem facilitar a compreensão intuitiva disto que estamos dizendo. É uma conexão de fato aquela que existe, por exemplo, entre uma parte do conduto pelo qual respiramos e uma parte do conduto pelo qual nos alimentamos. Isso é assim, sem que haja nesta conexão valores particulares. Poderia ser de outro modo. É, por outro lado, uma conexão de direito aquela que existe entre a moralidade e a felicidade: quem persevera no esforço moral deve, pelo menos ao final, ser feliz; pensar o contrário suscita escândalo da razão. Uma conexão de direito de outro tipo está no fato de que à consciência se segue uma tendência apropriada: ao conhecimento sensível, a tendência sensível; ao conhecimento racional, o amor racional ou vontade. Um ser dotado de conhecimento universal, mas sem tendência racional, dotado unicamente de impulsos sensíveis, seria um monstro mais deforme e intratável do que um homem de duas cabeças.

(64) Também aqui, a elevada perda de embriões humanos no âmbito das técnicas de procriação artificial extracorpórea é um exemplo eloquente do que estamos afirmando.

deria ser formulado assim: *a atividade sexual é um valor ético quando exercitada no matrimônio.* Quando, pelo contrário, é realizada fora ou contra o matrimônio (adultério), a sexualidade entra em contradição com a própria estrutura axiológica.

O segundo princípio afirma que *todo exercício da sexualidade no matrimônio deve respeitar a inseparabilidade ética entre os seus dois aspectos: a comunhão interpessoal dos cônjuges e a abertura à potencial procriação.* Este critério afirma que a sexualidade humana deve ser respeitada na plenitude do seu significado, que deve ser exercitada sempre de modo *verdadeira e inteiramente humano*, sendo insuficiente um respeito apenas parcial. Em outras palavras, a sexualidade não pode ser instrumentalizada, não pode ser tratada como se fosse mero meio à disposição para a realização de um desígnio estranho ao seu significado e à sua verdade intrínseca, significado e verdade estes que, como foi visto, não são simples, mas constituem uma estrutura de valores pessoais.

Nem sequer o Autor da natureza instrumentaliza a sexualidade humana. Deus não idealizou o impulso sexual para utilizar os homens em ordem a uma finalidade estranha a eles. Se o contrário fosse verdade, a sexualidade humana apareceria deformada por algum aspecto, chegar-se-ia na prática a uma concepção rigorista e puritana da sexualidade, para a qual o prazer que acompanha o exercício da faculdade sexual seria mau em si mesmo e tolerado apenas enquanto forçosamente unido à transmissão da vida, ou seja, como um mal necessário. Esta concepção repugna à sensibilidade ética mais elementar e a uma equilibrada compreensão das relações entre Deus e os homens[65]. O homem e a mulher exercitam a atividade sexual livre e responsavelmente, e esta atividade é um valor em si se permanece ligada ao amor conjugal. A sexualidade está ordenada à vida, mas também ao amor. Quando é capaz de reconhecer e aceitar os valores contidos na sexualidade como um bem comum, o impulso sexual pode integrar-se no vínculo que une duas

(65) Cf. a crítica da interpretação rigorista da sexualidade em K. Wojtyla, *Amor e responsabilidade*, cit., pp. 48-51. A concepção rigorista da sexualidade não pertence a uma interpretação correta do cristianismo. «O sexo não é uma realidade vergonhosa, mas uma dádiva divina que se orienta limpamente para a vida, para o amor e para a fecundidade. Este é o contexto, o pano de fundo em que se situa a doutrina cristã sobre a sexualidade» (Josemaria Escrivá, *É Cristo que passa*, n. 24).

pessoas, pode integrar-se no amor espiritual e ser expressão e cumprimento da doação total que o amor implica. Em tudo isso não há nem sombra de utilização no sentido – com o perdão da redundância – utilitarista do termo: o que acontece na realidade, como vimos, é que Deus concede ao homem a possibilidade de uma realização nova e singular do amor e a possibilidade de uma segunda razão de semelhança com o ser divino.

Feito este esclarecimento, podemos agora extrair as várias consequências implícitas neste segundo critério moral. *A primeira e mais evidente é que um aspecto da sexualidade não pode realizar-se em oposição ao outro*, que ao realizar-se um deles não se pode excluir o outro deliberada e positivamente. Ambos os aspectos da sexualidade são valores que se coordenam na sua realização prática, que não se subordinam[66]. A inseparabilidade ética significa também que, até no matrimônio, um aspecto não pode realizar-se *sem o outro, separadamente, à margem do outro*, como ocorre na procriação artificial. O mundo ético é o mundo da liberdade, de modo que as expressões *sem, separadamente* e *à margem de* se devem entender de acordo com a cláusula implícita: no que depende da liberdade humana. Em outros termos, isso quer dizer que separar a procriação e a união pessoal, com a intenção subjetiva de favorecer uma ou outra, é sempre tratar de modo instrumental a sexualidade, uma atitude que não respeita a plenitude do seu significado especificamente humano e que levará a lesar – intencionalmente ou não – alguns dos seus valores pessoais específicos.

(66) O que estamos dizendo se refere ao modo como não seria lícito promover um destes dois bens, problema este diferente daquele dos fins do matrimônio. Se é tradicional na filosofia moral distinguir um fim primário (procriação) e um fim secundário (ajuda mútua) do matrimônio, o contexto em que tais conceitos foram elaborados é o da determinação da razão de ser que, do ponto de vista ontológico objetivo, explica a existência da instituição matrimonial. Nesse sentido, é claro que a existência ou subsistência da humanidade, do mundo dos seres pessoais, é uma razão de grande importância, primária. Mas, falando do fim primário e do fim secundário, nunca se pretendeu justificar a falta de respeito com a pessoa do outro sexo, nem que fosse lícito violentar ou forçar o plano da comunhão conjugal, ou ainda que o uso do matrimônio não fosse admissível quando, por causas naturais, não pudesse haver a procriação. Estas interpretações errôneas da terminologia tradicional ficam excluídas tanto em virtude do contexto em que é proposta a hierarquia dos fins quanto porque *fim secundário* significa *outro fim*, e não fim de pouca importância, do qual se possa prescindir.

4. A virtude moral da castidade

a) Natureza e objeto da castidade

A castidade é a virtude moral que regula o desejo e o comportamento sexual de acordo com as exigências da reta razão, as quais foram, nos seus traços fundamentais, expostas no parágrafo anterior[67]. A tarefa da castidade não é simplesmente controlar ou conter de algum modo os impulsos sexuais, como se fossem realidades externas ao eu das quais o eu deve defender-se. A castidade parte, antes, da consciência de que a sexualidade faz parte da subjetividade do homem, que é e deve ser sujeito e não objeto, e como tal ela precisa ser educada e integrada de modo que permita a justa realização do amor interpessoal e da transmissão da vida, ou então da total doação a Deus no caso das pessoas que receberam esta vocação. Este dado é posto eficazmente em relevo pelo *Catecismo da Igreja Católica*: «A castidade significa a integração correta da sexualidade na pessoa e, com isso, a unidade interior do homem em seu ser corporal e espiritual. A sexualidade, na qual se exprime a pertença do homem ao mundo corporal e biológico, torna-se pessoal e verdadeiramente humana quando é integrada na relação de pessoa a pessoa, na doação mútua integral e temporalmente ilimitada do homem e da mulher. A virtude da castidade comporta, portanto, a integridade da pessoa e a integralidade da doação»[68].

Não se compreende a castidade senão em relação com o amor, do qual constitui a outra face. A castidade visa a tornar possível realizar a ordenação da sexualidade humana ao amor interpessoal, que está ligado ao respeito, à benevolência, à fidelidade e à fecundidade e que é obstaculizado, e às vezes até arruinado, pelo egoísmo e por qualquer outra atitude que faça da outra pessoa um objeto de prazer e de posse. Nesse sentido, podemos afirmar que a castidade «é a transparência da inte-

---

(67) Cf. *S.Th.*, II-II, q. 151, aa. 1-3. Além dos textos citados na nota 5, vejam-se: A. Günthör, *Chiamata e risposta*, cit., vol. III, nn. 567-568; G. Davanzo, *Sessualità umana e etica dell'amore*, Ancora, Milão, 1986; C. Caffarra, *Etica generale della sessualità*, Ares, Milão, 1992. Muito útil para a prática pastoral é o volume de A. Léonard, *Gesù e il tuo corpo. La morale sessuale nello spirito del Vangelo presentata ai giovani*, Paoline, Milão, 1991; A. Sarmiento, T. Trigo, E. Molina, *Moral de la persona*, cit., caps. 9-13.

 (68) *Catecismo*, n. 2337.

rioridade, sem a qual o amor não é amor, e não pode sê-lo enquanto o desejo de gozar não esteja subordinado à disposição para amar em todas as circunstâncias [...]. A essência da castidade consiste em não se deixar "distanciar" do valor da pessoa e em elevar ao seu nível toda a reação aos valores do corpo e do sexo. Isto exige um esforço interior e espiritual considerável, uma vez que a afirmação do valor da pessoa só pode ser fruto do espírito»[69].

A virtude da castidade encontra-se estreitamente ligada ao amor e, portanto, à virtude da caridade, e desta ligação tem origem a sua importância na vida moral. Trata-se, no entanto, de duas virtudes distintas. Nem todo ato contrário ao amor interpessoal constitui um ato contra a castidade. Certas formas de egoísmo, a ira, a incompreensão, o fechamento ao diálogo, etc., não são atos contrários à castidade. A pessoa falta com as exigências da castidade quando, por causa da busca exagerada e desenfreada de prazer sexual, ou então por causa da sua insensibilidade em face dele, contradiz a dinâmica do amor esponsal ou se fecha a ele. Por amor esponsal entendemos aqui aquela forma de amor interpessoal que, segundo o desígnio de Deus Criador, leva ao dom do próprio ser masculino ou feminino e envolve, portanto, a faculdade sexual. Há formas de amor interpessoal que, mesmo possuindo consistente tonalidade afetiva, não envolvem o exercício da sexualidade (amor entre irmãos, entre pais e filhos, entre parentes ou simples amigos, etc.). *Opõe-se propriamente à virtude da castidade a busca desordenada do prazer sexual, a procura deste prazer como se fosse um fim autônomo em si mesmo, do qual se pode desfrutar sempre, mesmo estando fora do contexto do dom estável e amoroso de si ou em oposição à dinâmica intrínseca a tal contexto.* A virtude da castidade não pressupõe a ideia de que o prazer, e em especial o prazer sexual, seja um mal[70], mas antes a ideia de que ele pode e deve ser um verdadeiro bem humano e cristão e de que seja buscado no contexto e condições em que, segundo a particular vocação de cada um, a união sexual constitui efetivamente um bem.

O que acabamos de dizer se refere ao elemento formal da castidade, que é igual para todos. Se em vez disso atentarmos para as posturas e comportamentos particulares conformes ou contrários à castidade, ha-

(69) K. Wojtyla, *Amor e responsabilidade*, cit., pp. 159-160.

(70) Veja-se, acima, cap. VII, § 2 (a).

verá algumas diferenças segundo o estado e a vocação próprios de cada um, ou seja, segundo se trate de pessoas casadas, noivas, ainda não casadas ou viúvas, ou então daquelas chamadas ao celibato apostólico, ao celibato sacerdotal ou à virgindade consagrada. Outras exigências éticas, como por exemplo a ilicitude dos atos de autoerotismo, são comuns a todos.

b) O pudor e a pudicícia

Disse-se no capítulo anterior que São Tomás de Aquino considera o pudor e a pudicícia como um elemento integrante (parte integral) da temperança[71]. Dando continuidade à reflexão aristotélica, o Aquinate fala do pudor como «uma paixão louvável»[72], que em sentido amplo pode ser considerada virtude (pudicícia), enquanto necessária disposição preparatória da temperança[73]. *O pudor é um sentido de recato, de vergonha e de discrição em tudo o que se refere à esfera de intimidade do indivíduo, em particular à esfera sexual.*

Desde os tempos de Aristóteles, o fenômeno do pudor foi objeto de reflexão por parte dos filósofos e, depois, dos psicólogos e sociólogos. Estes últimos discutem sobretudo as questões atinentes à sua gênese: se se trata de um dado constitutivo da pessoa humana ou de um produto da cultura, se é um fenômeno positivo ou um fenômeno negativo que deve ser superado[74].

O pudor tende a dissimular ou esconder partes do corpo, ações ou estados interiores que causam certa espécie de vergonha – não necessariamente porque sejam realidades eticamente negativas, mas porque é eticamente negativa a sua exteriorização. O pudor responde ao fato de que a pessoa possui uma interioridade que pertence somente a ela e não deve ser invadida pelo olhar alheio. Mais especificamente, o

---

(71) Cf. cap. VII, § 3 (a).

(72) *S.Th.*, II-II, q. 144, a. 1, c. Cf. Aristóteles, *Ética a Nicômaco*, IV, 9.

(73) Cf. *S.Th.*, II-II, q. 144, a. 4, ad 4.

(74) Cf. a síntese de G. Campanini, verbete «Pudore», em F. Compagnoni, G. Piana, S. Privitera (eds.), *Nuovo dizionario di teologia morale*, cit., pp. 1075-1082 (com bibliografia). Muito útil é a «metafísica do pudor» apresentada em K. Wojtyla, *Amore e responsabilità*, cit., pp. 161-178. Veja-se também M. Scheler, *Pudore e sentimento del pudore*, Guida, Nápoles, 1979.

pudor sexual é a necessidade de esconder as partes do corpo que determinam o sexo masculino e o feminino, para que a pessoa não seja aviltada a ponto de ser vista como mero objeto de prazer. «Trata-se de excluir, em relação à pessoa, qualquer atitude – passiva na mulher ou ativa no homem – que seja incompatível com o catáter supraultilitário da pessoa e com a "personalidade" do seu ser. Mal aparece o perigo de tal atitude precisamente em relação aos valores sexuais inerentes à pessoa, o pudor manifesta-se logo como uma tendência ao esconder»[75]. O pudor visa a defender a dignidade da pessoa, facilitando que a atenção alheia se dirija a ela, e não a uma visão simplesmente erótica da relação interpessoal. Por razões análogas, o pudor tende a esconder as manifestações de amor entre o homem e a mulher, especialmente as manifestações mais íntimas. Aqui se trata de defender o valor e a dignidade do amor humano.

Quando existe entre o homem e a mulher verdadeiro e profundo amor esponsal, ratificado pelo matrimônio, o respeito recíproco da própria dignidade é assegurado, já que amar e considerar a pessoa amada um simples objeto de prazer se excluem mutuamente[76]. Neste sentido, o pudor entre os esposos perde a razão de ser que tem antes ou fora do matrimônio[77] e adquire outras formas específicas. Isto é verdade se o amor entre os esposos permanece na sua verdadeira essência moral, sem decair a níveis inferiores.

A impudicícia é a negação ou a falta de pudor. A impudicícia do corpo é o modo de ser, de comportar-se e de vestir-se que «põe em primeiro plano os valores do sexo, de maneira que eles ocultem o valor essencial da pessoa. Por conseguinte, a pessoa mesma encontra-se na situação de objeto de prazer [...], a de um ser de que alguém se pode servir sem amá-lo»[78]. A violação do pudor nem sempre pode ser definida em termos fixos e absolutos, já que também depende das circunstâncias da cultura, do clima, do lugar (uma coisa é uma recepção, outra uma piscina), dos legítimos usos sociais, etc. Todavia, tanto no plano das intenções como no dos comportamentos, nem tudo é rela-

---

(75) K. Wojtyla, *Amor e responsabilidade*, cit., pp. 167-168.

(76) Cf. Id., p. 176.

(77) K. Wojtyla fala da «lei da absorção da vergonha pelo amor». Cf. Id., pp. 170-174.

(78) Id., p. 176.

tivo: existem comportamentos e modos de vestir que são claramente indecentes. Isto acontece quando o vestuário tende a chamar a atenção para as características somáticas sexuais, seja descobrindo algumas partes do corpo, seja cobrindo-as de modo que lhes torne mais evidente a forma, com roupas muito aderentes, etc. Igualmente impudica é a exibição de manifestações íntimas de amor nos filmes, na televisão ou na imprensa, ou então a realização de gestos íntimos em locais públicos (ruas, praças, parques, trens, etc.). Há também impudicícia na publicidade e na arte.

A impudicícia é uma disposição para a luxúria, seja para a pessoa que age impudicamente como para outras (escândalo). Contribui para a erotização das relações sociais e, em si mesma, pode facilmente ser pecaminosa, ainda que não seja sempre fácil determinar a gravidade do pecado: depende muito das circunstâncias, da presença ou não de uma intenção libidinosa, da sensibilidade das pessoas, etc. Constitui pecado grave quando em si mesma – abstraindo, portanto, da má intenção alheia – implica perigo próximo de pecar contra a castidade. As formas mais extremas são até consideradas delito em quase todos os países (atos obscenos em local público).

Em alguns ambientes se afirma que a difusão de posturas e comportamentos impudicos tem o efeito salutar de aumentar a insensibilidade para certos estímulos e de eliminar atitudes hipócritas de falso pudor. Pode ser verdade que, pelo menos para parte da população, a abundância de estímulos eróticos eleve o limiar da excitação sexual, mas não é verdade que isto contribua para a temperança e o equilíbrio pessoal. A experiência demonstra, ao contrário, que a disseminação da impudicícia dá lugar a um difuso erotismo na vida pessoal e social que facilita os comportamentos luxuriosos, tornando ao menos necessário recorrer a estímulos fora do comum para obter o prazer desordenado que de todo modo se busca. À perda do sentido do pudor, seguem-se a perda de uma clara visão dos valores da sexualidade, a banalização e a mercantilização do corpo humano e a degradação ética das relações interpessoais no âmbito social e trabalhista, ou mesmo da simples amizade[79].

---

 (79) Sobre a doutrina cristã acerca do pudor, veja-se *Catecismo*, nn. 2521-2527.

5. *Os pecados contra a castidade*

a) Essência e formas da luxúria

Com o termo *luxúria* se denominam genericamente os pecados contra a virtude da castidade. *A luxúria consiste no desejo ou na fruição desordenada do prazer venéreo.* O prazer venéreo é o prazer ligado à excitação dos órgãos genitais do homem e da mulher. Este prazer é desordenado, contrário à reta razão, quando ocorre fora e independentemente do ato conjugal (relação sexual completa entre legítimos esposos), ou no ato conjugal privado deliberadamente, mediante um ato positivo, da sua capacidade de transmitir a vida. A fundamentação bíblica e antropológica deste critério fundamental da virtude da castidade foi exposta nos parágrafos 2 e 3 deste capítulo. Tal critério tem sido sustentado e ensinado ininterruptamente pelo Magistério da Igreja Católica. Aqui basta citar um trecho da declaração *Persona humana*: «Este mesmo princípio, que a Igreja deduz da Revelação divina e da sua interpretação autêntica da lei natural, fundamenta também aquela sua doutrina tradicional segundo a qual o uso da função sexual não tem o seu verdadeiro sentido e a sua retidão moral senão no matrimônio legítimo»[80].

A luxúria pode ser completa, levada até o fim, ou incompleta, não levada até o fim. A primeira se dá quando a pessoa provoca a excitação sexual até a sua culminação natural, chamada orgasmo. A segunda ocorre quando a excitação sexual não é levada ou não chega até o orgasmo. Além disso, os pecados de luxúria podem ser internos (pensamentos, desejos) ou externos (ações).

Quanto à doutrina da Igreja sobre a gravidade do pecado de luxúria, tanto a completa como a incompleta, o princípio fundamental é claramente expresso na mesma declaração *Persona humana*: «Segundo a tradição cristã e a doutrina da Igreja, e como o reconhece também a reta razão, a ordem moral da sexualidade comporta para a vida humana valores tão elevados, que toda violação direta da mesma ordem

---

(80) Congregação para a Doutrina da Fé, «Declaração *Persona humana* sobre algumas questões de ética sexual», 29-XII-1975, n. 5. É útil o comentário de L. Ciccone, *Etica sessuale cristiana dopo la Dichiarazione «Persona humana»*, Ares, Milão, 1977.

é objetivamente grave»[81]. Para entender adequadamente este princípio, é necessário esclarecer o significado exato de dois termos: «direta» e «objetivamente».

A violação direta da castidade se verifica quando o prazer venéreo é procurado deliberadamente, ou seja, quando é querido como fim ou como meio ou quando, mesmo não procurado inicialmente, é consentido de modo pleno e deliberado. Coisa diversa é um conjunto de situações em que o prazer venéreo é objeto indireto da vontade[82], ou seja, situações em que a excitação sexual não é procurada nem querida, mas se prevê que possa originar-se de qualquer outra ação que se realiza, como uma consulta médica, o estudo de um livro de medicina ou a leitura de um romance. A avaliação destas situações depende de diversas circunstâncias, que vêm a coincidir com os critérios aplicáveis às ações de duplo efeito[83]: a ação em si deve ser boa ou indiferente, o efeito negativo (o prazer venéreo emergente) não deve ser objeto de consentimento e deve haver razão suficientemente proporcional para realizar a ação. Se há um consentimento imperfeito, poderá ocorrer uma culpa venial. Se se prevê um perigo próximo de consentimento perfeito, então se deve evitar absolutamente a realização daquele tipo de ação, ou ao menos tomar as cautelas que tornam remoto tal perigo[84].

Com o termo «objetivamente» se pretende indicar que a avaliação de uma ação é expressa segundo a sua matéria, ou seja, segundo o conteúdo do ato de vontade. Para que a gravidade objetiva se torne gravidade formal ou subjetiva, é necessário que a ação grave pela sua matéria seja, além disso, plenamente imputável, procedendo de uma advertência plena e de um consentimento perfeito[85]. Distúrbios psicológicos de tipo

---

(81) Id., *Persona humana*, cit., n. 10. Como foi visto no parágrafo 2, este juízo sobre a gravidade do pecado de luxúria se baseia na Sagrada Escritura: cf. 1 Cor 6, 9; Gál 5, 19; Ef 5, 3.

(82) Para a noção de «objeto indireto» da vontade, veja-se *Escolhidos em Cristo I*, cap. VI, § 2 (b).

(83) Cf. *Escolhidos em Cristo I*, cap. VI, § 5 (b).

(84) Do ponto de vista prático, convém notar que, quando por motivos sérios – por exemplo, deveres profissionais – é preciso realizar este tipo de ação e há reta intenção de fundo, geralmente é necessário aconselhar as pessoas interessadas a não pensar demasiado nos possíveis perigos, e menos ainda fixar a atenção sobre eles, para evitar uma tensão psicológica contraproducente.

 (85) Cf. *Escolhidos em Cristo I*, cap. VI, § 6.

obsessivo e compulsivo podem atenuar ou, em casos extremos, anular a responsabilidade subjetiva.

Deve-se ter em conta que por luxúria se pode entender também não só o ato, mas ainda o hábito (o vício) oposto à virtude moral da castidade. Luxúria significa então uma disposição permanente, adquirida mediante repetidos abusos da sexualidade, que inclina a cometer pecados contra a castidade, fazendo a pessoa escrava dos seus impulsos sexuais habitualmente descontrolados. Assim entendida, a luxúria é um dos *vícios capitais*[86], que tende a produzir obtusidade e cegueira em relação aos valores humanos mais elevados, especialmente os espirituais, e que torna muito difícil o desenvolvimento das relações interpessoais segundo a verdadeira lógica do amor e do dom de si[87].

b) Os pecados internos de luxúria

Na moral geral estudamos os pecados internos, comumente chamados «pensamentos feios» ou «maus pensamentos», e que em sentido técnico pertencem a três diferentes tipos: o pensamento consentido (*delectatio morosa*), o desejo interior em que a pessoa se compraz (*desiderium pravum*) e a satisfação pelo pecado realizado no passado (*gaudium peccaminosum*)[88].

Destas três formas se pode pecar contra a castidade. O que constitui o pecado de luxúria não é a representação fria (especulativa) de determinadas ações ou partes do corpo, que pode ocorrer por motivos de estudo em medicina ou em moral, mas *a representação ou o desejo deliberado que causa um comprazimento impuro, ou um prazer venéreo em sentido rigoroso (uma excitação sexual), a que adere a vontade.*

Neste âmbito é importante distinguir entre tentação e pecado. Representações ou desejos que se apresentam de improviso, sem ter sido suscitados ou procurados voluntariamente, são *de per si* apenas uma tentação. Se a pessoa não adere e procura afastá-los, não constituem culpa. Se houver apenas uma advertência ou uma adesão parcial (um consentimento imperfeito), haverá culpa venial. Com plena advertência

---

(86) Sobre os vícios capitais, veja-se *Escolhidos em Cristo I*, cap. XI, § 6 (b).

(87) Sobre os vícios «filhos» da luxúria, cf. *S.Th.*, II-II, q. 153, a. 5.

(88) Cf. *Escolhidos em Cristo I*, cap. XI, § 4 (b).

e consentimento perfeito, estes pecados internos contra a castidade são graves. O nono e o décimo mandamentos do Decálogo proíbem os pecados internos, e o Senhor adverte: *Todo aquele que olhar para uma mulher com desejo de possuí-la já cometeu adultério com ela em seu coração*[89].

Nem sempre é fácil avaliar se houve ou não plena adesão da vontade ao pensamento impuro. Muitas vezes o pastor ou confessor deve recorrer ao princípio da presunção. Se uma pessoa de consciência delicada e de conduta habitualmente reta tem dúvidas, é muito provável que não tenha cometido um pecado grave por causa dos pensamentos ou desejos dos quais não está segura de se ter afastado com prontidão. Ao contrário, uma pessoa de comportamento habitualmente ou frequentemente desregrado, que além disso confessa graves pecados externos contra a castidade, é muito provável que tenha consentido com pensamentos ou desejos que recorda ter tido. De qualquer maneira, na avaliação moral dos pecados internos é necessário ter sempre muita prudência e equilíbrio, em especial quando se lida com pessoas que tendem ao escrúpulo ou ao laxismo.

c) Os pecados externos de luxúria incompleta

Estes pecados, denominados genericamente «atos impuros», consistem em buscar de maneira intencional, ou pelo menos consentir com, o prazer venéreo ligado à excitação dos órgãos genitais, sem no entanto chegar ao orgasmo. Esta excitação sexual pode ter início de modo involuntário ou por causa de ações que visam a outros fins (estudos de anatomia, de arte, de moral, etc.). Se a pessoa não adere a ela e procura detê-la na medida do possível, não constitui nenhuma culpa moral; se ao contrário houver uma adesão parcial (consentimento imperfeito), trata-se de culpa venial. Se com plena advertência a excitação é consentida de modo perfeito, ou se é buscada intencionalmente tocando partes íntimas do corpo, através de carícias, beijos e abraços intensos, olhares para imagens pornográficas, leitura de textos obscenos, situações de intimidade (entre pessoas nuas, por exemplo), etc., comete-se pecado grave contra a castidade.

Isto não significa que não sejam lícitas algumas manifestações mode-

---

(89) Mt 5, 28.

radas de afeto (beijos, abraços, carícias) entre namorados, as quais, segundo a sua intensidade, podem provocar um início de turbação sexual, diante da qual se deve parar, evitando consentir com o prazer venéreo incipiente (isto é, comprazer-se de maneira voluntária) se o que se pretendia era unicamente manifestar o próprio afeto. Coisa bem diferente são estas ações quando respondem a uma intenção libidinosa, ou seja, quando por meio delas se procura intencionalmente a excitação sexual, intencionalidade esta que costuma determinar certo modo de realizar tais ações (tocar partes íntimas, prolongamento, etc.). Nesta segunda hipótese, já não se trata de manifestações de afeto, mas de atos impuros, que geralmente serão pecado grave contra a castidade.

Em todo caso, deve-se esclarecer que não é o ato externo em si (beijo, abraço) o que constitui o pecado contra a castidade. Este consiste na procura intencional ou no consentimento deliberado do prazer venéreo que com tais atos se busca ou deles provém.

d) Os pecados externos de luxúria completa

A masturbação – *Por masturbação se entende a excitação voluntária dos órgãos genitais com o fim de obter um prazer venéreo completo (orgasmo)*[90]. «Tanto o Magistério da Igreja, na linha de uma tradição constante, quanto o sentir moral dos fiéis afirmaram sem hesitações que a masturbação é um ato intrínseca e gravemente desordenado»[91]. Trata-se, com efeito, de um uso deliberado da faculdade sexual fora do matrimônio, e portanto privado da relação sexual que realiza, num contexto de verdadeiro amor conjugal, o sentido da mútua doação e da abertura à procriação[92].

(90) Cf. *Catecismo*, n. 2352.

(91) Congregação para a Doutrina da Fé, *Persona humana,* cit., n. 9. Cf. também *Catecismo*, n. 2352. A declaração *Persona humana* cita em nota alguns documentos magisteriais precedentes, entre os quais: Leão IX, Epístola *Ad splendidum nitentis*, ano 1054: DH 687-688; Pio XII, Alocução de 8 outubro de 1953: AAS, 45, 1953, pp. 677-678; Id., Alocução de 19 de maio de 1956: AAS, 48, 1956, pp. 472-473.

(92) Cf. Id., *Persona humana,* cit., n. 9. Mais adiante se acrescenta: «Ainda que não se possa assegurar que a Sagrada Escritura reprova este pecado sob uma designação distinta, a tradição da Igreja compreendeu com justeza que ele se achava condenado no Novo Testamento quando aí se fala da "impureza", da "impudicícia", ou de outros vícios contrários à castidade e à continência» (n. 9). Recorde-se também o que dissemos acima no § 2 (c).

A masturbação é um comportamento que pode tornar-se habitual. Com frequência, faz-se uma distinção psicológica entre a masturbação do adolescente, que não alcançou ainda a plena maturidade sexual e afetiva, e a masturbação do adulto, que muitas vezes constitui um fenômeno psicológico involutivo[93]. Sobretudo no adulto, a masturbação pode ser um sintoma de diversas situações de tensão ou de mal-estar: «Pode assim esconder a defesa inconsciente, mediante uma gratificação barata, das mais diversas formas de ansiedade, de frustração, da solidão afetiva; pode significar a busca de uma compensação por fracassos na socialização, uma reação a complexos de inferioridade. Com frequência representa uma reação a um sentimento patológico de culpa, causado por atos de masturbação precedentes, ou por outras causas inconscientes»[94].

Estas e outras possíveis situações de mal-estar não afetam a avaliação moral objetiva dos atos de autoerotismo, mas devem ser levadas em conta na condução pastoral das pessoas[95]. Geralmente convém não dramatizar; e, mesmo sem esconder a gravidade do fenômeno, não é bom fixar demasiada atenção nele. Antes, é oportuno ajudar a rever o estilo de vida, para que seja sadio do ponto de vista físico e espiritual. São de grande ajuda a oração e a frequência aos sacramentos, evitar os excessos no comer, no beber e nos horários de trabalho, reservar momentos adequados de descanso, procurar soluções razoáveis e autênticas para eventuais situações de tensão, manter-se longe dos estímulos que acendem a concupiscência (espetáculos frívolos, imagens obscenas, álcool, etc.) e tratar com ajuda do médico eventuais episódios depressivos.

A fornicação e o concubinato – *A fornicação é a relação sexual entre duas pessoas livres de sexo diferente, fora do matrimônio, sendo ambas consencientes.* Trata-se de uma ação intrinsecamente má e grave, condenada

(93) Cf., sobre estes aspectos, G. D'Avanzo, *Sessualità umana...*, cit., p. 80.

(94) G. Gatti, *Morale sessuale, educazione all'amore*, LDC, Turim, 1979, p. 130.

(95) «A psicologia moderna oferece numerosos dados válidos e úteis para formular um juízo mais equitativo acerca da responsabilidade moral e para orientar a ação pastoral. Ajuda a ver como a imaturidade da adolescência, que às vezes pode prolongar-se para além desta idade, o desequilíbrio psíquico ou o hábito contraído podem influir sobre o comportamento, atenuando o caráter deliberado do ato, e fazer que, subjetivamente, nele não haja sempre falta grave. Entretanto, a ausência de responsabilidade grave não se pode presumir de maneira geral; isso seria desconhecer a capacidade moral das pessoas» (Congregação para a Doutrina da Fé, *Persona humana*, cit., n. 9).

de maneira explícita pela Sagrada Escritura[96], contrária ao significado essencial da sexualidade e, portanto, lesiva da lei moral natural. No caso em que da fornicação se siga prole, coisa que hoje não é frequente, ambos os genitores têm o dever de justiça de prover o sustento e a educação dos filhos.

Chama-se concubinato a relação sexual estável entre duas pessoas de diferente sexo que convivem sem ser legitimamente casadas. Assim são também as chamadas «uniões livres» ou «uniões de fato». As relações sexuais entre concubinos recebem o mesmo juízo moral que a fornicação. O fato de conviverem, além do mais, é ocasião próxima permanente de pecado grave, a qual deve ser afastada para que se possa receber a absolvição sacramental e a Eucaristia[97]. Se o concubinato é notório ou público, dá lugar também a um impedimento matrimonial[98].

A prostituição – *A prostituição se realiza quando uma pessoa concede com frequência a outros, de diferente ou do mesmo sexo, o próprio corpo mediante pagamento.* Além do pecado de fornicação ou de homossexualidade, a prostituição ofende gravemente a dignidade da pessoa que se prostitui, reduzida ao prazer venéreo que se busca. Constitui uma chaga social, frequentemente ligada a formas de delinquência e de abuso, às vezes até de adolescentes e crianças. «Se é sempre gravemente pecaminoso entregar-se à prostituição, a miséria, a chantagem e a pressão social podem atenuar a imputabilidade da falta»[99]. Muito mais grave é o pecado dos clientes e daqueles que desfrutam da prostituição. A prostituição suscita uma série de problemas jurídicos, políticos e sociais, que mereceriam um estudo específico[100].

O *comportamento prostituidor* é «todo uso do próprio corpo por interesses não afetivos, como pode acontecer com pessoas "fáceis" em

---

(96) Cf. Gál 5, 19; 1 Cor 6, 18; 10, 8; 2 Cor 12, 21; Ef 5, 3; Col 3, 5.

(97) Cf. *Catecismo*, n. 2390.

(98) «O impedimento de pública honestidade origina-se no matrimônio inválido após a instauração da vida comum ou de concubinato notório ou público; e dirime as núpcias no primeiro grau da linha reta entre o homem e as consanguíneas da mulher, e vice-versa» (*CDC*, c. 1093).

(99) *Catecismo*, n. 2355.

(100) Uma síntese muito útil é oferecida por G. D'Avanzo, verbete «Prostituzione», em F. Compagnoni, G. Piana, S. Privitera (eds.), *Nuovo dizionario di teologia morale*, cit., pp. 1040-1048 (com bibliografia).

oferecer-se para obter vantagens ocasionais ou em pessoas constrangidas a ceder às chantagens de quem as pode favorecer no trabalho ou na carreira»[101]. Este fenômeno, mais difundido do que se pensa, é um gravíssimo elemento de corrupção que se estende a diversos ambientes profissionais e atenta gravemente contra a dignidade da pessoa. A gravidade deste tipo de comportamento é evidente.

O adultério – *É a união sexual entre um homem e uma mulher não casados entre si, ainda que um deles ou ambos sejam ligados por um vínculo matrimonial.* Além de ser um pecado grave contra a castidade, é ao mesmo tempo um grave pecado contra a justiça e a fidelidade conjugal, além de uma profanação do sacramento do matrimônio. «Cristo condena o adultério até de simples desejo (cf. Mt 5, 27-28). O sexto mandamento e o Novo Testamento proscrevem absolutamente o adultério (cf. Mt 5, 31-32; 19, 6; Mc 10, 11; 1 Cor 6, 9-10). Os profetas denunciam sua gravidade. Veem no adultério a figura do pecado de idolatria (cf. Os 2, 7; Jer 5, 7; 13, 27)»[102]. Mesmo na hipótese de que um cônjuge consentisse com o adultério do outro, o juízo moral não muda, uma vez que tal consentimento é imoral e não pode modificar os deveres que o outro cônjuge tem em virtude da lei moral natural e do sacramento do matrimônio.

Se do adultério se segue prole, surge um complexo problema de justiça. De um lado, ambos os adúlteros têm o dever de prover o sustento e a educação dos seus filhos; do outro, devem reparar na medida do possível os danos que acarretaram ao próprio cônjuge e aos filhos legítimos[103].

Aproxima-se do adultério (adultério imperfeito) a realização de atos de luxúria incompleta por parte de uma pessoa casada com outro homem ou com outra mulher.

O incesto – *É a relação sexual entre parentes ou afins, dentro dos graus de parentesco que a Igreja determinou como impedimento matrimonial*[104]. Cometido entre parentes de primeiro grau, seja em linha ascendente-

(101) G. D'Avanzo, verbete «Prostituzione», cit., p. 1040.

(102) *Catecismo*, n. 2380.

(103) Para uma visão mais completa desta delicada questão, veja-se D. M. Prümmer, *Manuale theologiae moralis*, cit., vol. II, nn. 151-152.

 (104) Cf. *CDC*, cc. 1091-1092.

descendente como em linha colateral (entre genitores e filhos e entre irmãos), este pecado se torna gravíssima degeneração das relações familiares, a qual repugna ao senso moral comum. São Paulo exprime uma dura condenação deste pecado[105]. O incesto é considerado delito também pela legislação civil.

«Podemos ligar ao incesto os abusos sexuais perpetrados por adultos contra crianças ou adolescentes confiados à sua guarda. A falta é acrescida, então, de um dano escandaloso causado à integridade física e moral dos jovens, que ficarão marcados por toda a vida, e de uma violação da responsabilidade educativa»[106].

O estupro – *Comete estupro (ou «violência sexual») quem constrange outra pessoa, mediante violência física ou moral, a entregar-se sexualmente.* Além de lesar a castidade, o estupro fere gravemente o direito de todos ao respeito, à liberdade e à integridade física. Acarreta grave dano à vítima, que pode ficar marcada por muito tempo, quiçá por toda a vida. É sem dúvida um ato gravíssimo[107]. O estupro é também um delito grave para o direito penal do Estado[108].

O sacrilégio – *Sacrilégio sexual é um conjunto de pecados contra o sexto mandamento aos quais se acrescenta um grave pecado contra a virtude da religião.* Pode ocorrer, por exemplo, quando se comete pecado externo contra a castidade num local sagrado, ou quando há relações sexuais entre pessoas das quais ao menos uma era obrigada, seja por votos públicos eclesiásticos, seja por força da ordem sagrada, à virgindade ou ao celibato.

Bestialidade – *Assim se denomina a união sexual de um ser humano com animais.* Estas ações, condenadas já pelo Antigo Testamento[109], manifestam uma das mais profundas perversões do instinto sexual e constituem, sem dúvida, um grave pecado.

---

(105) Cf. 1 Cor 5, 1-13. Para o Antigo Testamento, veja-se, por exemplo, Lev 18, 6-17.

(106) *Catecismo*, n. 2389.

(107) Cf. *Catecismo*, n. 2356.

(108) Cf. V. Musacchio, *Il delitto di violenza sessuale*, Cedam, Pádua, 1999; B. Romano, *La tutela personale della sfera sessuale*, Giuffrè, Milão, 2000.

(109) Cf. Lev 18, 23.

6. Alguns problemas particulares

a) A homossexualidade

O problema da homossexualidade possui, atualmente, aspectos sociais, jurídicos, políticos e pastorais que vão além da perspectiva ética da castidade própria deste capítulo. A Igreja tem se ocupado das diversas dimensões do problema nos últimos decênios[110].

Quanto à grave ilicitude moral objetiva dos atos impuros e das relações sexuais entre pessoas do mesmo sexo não há dúvidas, dado que contrastam abertamente com os valores e os significados da sexualidade[111] *e com os dados fundamentais da teologia da criação*[112]. «A teologia da criação, presente no livro do Gênesis, fornece o ponto de vista fundamental para a adequada compreensão dos problemas suscitados pelo homossexualismo. Na sua infinita sabedoria e no seu amor onipotente, Deus chama à existência toda a criação, como reflexo da sua bondade. Cria o homem à sua imagem e semelhança, como varão e mulher. Por isso mesmo, os seres humanos são criaturas de Deus chamadas a refletir, na complementariedade dos sexos, a unidade interna do Criador. Eles realizam esta função, de modo singular, quando, mediante a recíproca doação esponsal, cooperam com Deus na transmissão da vida»[113]. Com base nisto, *tanto o Antigo como o Novo Testamento exprimem uma clara reprovação moral das relações sexuais entre pessoas do mesmo sexo*[114]. A declaração *Persona humana* exprime sinteticamente o juízo moral da Igreja acerca deste tipo de comportamento: «Segundo a ordem moral objetiva, as relações homosse-

(110) Cf. Congregação para a Doutrina da Fé, *Persona humana*, cit., n. 8; Id., *Carta sobre a cura pastoral das pessoas homossexuais*, 01-X-1986; Id., *Algumas considerações acerca da resposta a propostas legislativas sobre a não discriminação das pessoas homossexuais*, 24-VIII-1992; Id., *Considerações sobre os projetos de reconhecimento legal das uniões entre pessoas homossexuais*, 03-VI-2003.

(111) Cf. § 3 deste capítulo.

(112) Cf. § 2 deste capítulo.

(113) Congregação para a Doutrina da Fé, *Carta sobre a cura pastoral das pessoas homossexuais*, cit., n. 6.

(114) Cf., por exemplo, Lev 18, 22; Rom 1, 26-27; 1 Cor 6, 9-10; 1 Tim 1, 10. Veja-se também: M. Gilbert, «Che dice il Nuovo Testamento sull'omosessualità?», em Congregação para a Doutrina da Fé, *Cura pastorale delle persone omosessuali. Lettera e commenti*, Lib. Ed. Vaticana, Cidade do Vaticano, 1995, pp. 61-64.

xuais são atos destituídos da sua regra essencial e indispensável. Elas são condenadas na Sagrada Escritura como graves depravações e apresentadas aí também como uma consequência triste de uma rejeição de Deus. Este juízo exarado na Escritura Sagrada não permite, porém, concluir que todos aqueles que sofrem de tal anomalia são por isso pessoalmente responsáveis; mas atesta que os atos de homossexualidade são intrinsecamente desordenados e que eles não podem, em hipótese nenhuma, receber nenhuma aprovação»[115]. O fato de sentir inclinação por pessoas do mesmo sexo não é em si uma culpa moral; «constitui, no entanto, uma tendência, mais ou menos acentuada, a um comportamento intrinsecamente mau do ponto de vista moral. Por esse motivo, a própria inclinação deve ser considerada objetivamente desordenada»[116].

Além disso, a doutrina moral da Igreja adverte que, dada a complexidade psicológica do fenômeno homossexual, se requer certa cautela para avaliar nos casos singulares o grau de culpabilidade subjetiva[117]; também deplora «firmemente que as pessoas homossexuais tenham sido e sejam ainda hoje objeto de expressões malévolas e de ações violentas. Semelhantes comportamentos merecem a condenação dos pastores da Igreja, onde quer que aconteçam. Eles revelam uma falta de respeito pelos outros que fere os princípios elementares sobre os quais se alicerça uma sadia convivência civil. A dignidade própria de cada pessoa deve ser respeitada sempre, nas palavras, nas ações e nas legislações»[118]. Todavia, o devido e absoluto respeito por todos não implica considerar que as relações sexuais entre pessoas do mesmo sexo não sejam desordenadas nem propô-las como opção moralmente aceitável. Ainda menos admissível é o reconhecimento legal das uniões entre pessoas do mesmo sexo, bem como conceder-lhes o direito de adoção[119].

Bem mais difíceis são os problemas que a homossexualidade apresenta na prática. Duas são as razões principais. A primeira é a comple-

---

(115) Congregação para a Doutrina da Fé, *Persona humana*, cit., n. 8.

(116) Id., *Carta sobre a cura pastoral das pessoas homossexuais*, cit., n. 3.

(117) Id., *Persona humana*, cit., n. 8.

(118) Id., *Carta sobre a cura pastoral das pessoas homossexuais*, cit., n. 10.

(119) Cf. Id., *Considerações sobre os projetos de reconhecimento legal das uniões entre pessoas homossexuais*, cit. Veja-se também A. Rodríguez Luño, «Il riconoscimento legale delle unioni omosessuali. Profili etico-politici», em Id., *«Cittadini degni del Vangelo» (Fil 1, 27). Saggi di etica politica*, cit., pp. 117-122.

xidade psicológica do fenômeno, que não é unitário, na medida em que existem diversas formas de tendência homossexual, frequentemente associadas a distúrbios psicológicos de natureza variada, que podem dar lugar a comportamentos obsessivos ou compulsivos. A segunda é a ação em âmbito internacional da «cultura gay», que torna extremamente difícil qualquer trabalho de informação e de formação, que essa cultura acusa de «homofobia» e «discriminação»[120].

Há que reconhecer que, no passado, as pessoas que sofriam alteração da tendência sexual foram às vezes estigmatizadas socialmente e podem ter sido objeto de injusta discriminação. Em parte por causa disso, há várias décadas os movimentos homossexuais se organizaram e conduziram uma inteligente batalha de opinião pública. Existem grupos de pressão poderosos, inclusive em organismos oficiais nacionais e internacionais, que terminaram por condicionar a pesquisa e a prática médica[121]. Modificou-se o Manual Diagnóstico da Associação Americana de Psiquiatria de modo muito discutível[122], e a homossexualidade já não é incluída entre os distúrbios psicológicos[123]. O resultado principal destas campanhas foi a criação das condições graças às quais já quase não é possível exprimir publicamente convicções éticas ou psicológicas opostas àquelas divulgadas pela «cultura gay». Qualquer intervenção não «politicamente correta» é criticada como tentativa de discriminação e opressão violenta. Os organismos oficiais que realizaram estudos estatísticos objetivos sobre o número das pessoas com tendências homossexuais sempre foram contestados pelos movimentos e pelos estudiosos homossexuais, interessados em fazer

(120) Muito útil para uma visão global do problema é a obra de A. M. Persico, *Omosessualità tra «scelta» e sofferenza. Conoscere per capire, capire per andare oltre*, Alpes, Roma, 2007.

(121) Sabe-se, por exemplo, que no ano de 1993 a ILGA (em português, Associação Internacional de Gays e Lésbicas) foi reconhecida como órgão consultivo do muito influente Conselho Econômico e Social (ECOSOC, na sigla em inglês) das Nações Unidas. Na ILGA encontra representação uma organização para a emancipação da pedofilia (a NAMBLA: North American Man-Boy Lovers Association).

(122) Cf. P. Cameron e outros, «Errors by the American Psychiatric Association, the American Psychological Association, and the National Educational Association in Representing Homosexuality in Amicus Briefs about Amendent 2 to the U.S. Supreme Court». *Psychological Reports*, 79, 1996, pp. 383-404.

(123) A decisão da Associação Americana de Psiquiatria torna muito difícil a atividade do psiquiatra que deseja ir ao encontro daquelas pessoas com tendências homossexuais que livremente pedem ajuda.

pensar que são muitos mais os que possuem tais inclinações. Muitos dados objetivos e inegáveis são sistematicamente ocultados[124]. Entre eles, o fato de que muitas pessoas com tendências homossexuais pedem ajuda a médicos especialistas, que obtêm, quando os interessados estão bem motivados, bons resultados, apesar das dificuldades objetivas de seu trabalho[125].

Em suma: por diversos caminhos, enraizou-se na nossa sociedade, e também entre os médicos e os políticos, a ideia de que a homossexualidade seria condição «natural», «inata» e «normal» de um grupo numeroso de cidadãos. Qualquer dissensão contra o estilo de vida «gay» seria simplemente uma discriminação cruel e uma opressão antinatural. Em alguns países, a legislação vem aceitando estas ideias, e promulgam-se leis que na prática deixam aos cidadãos a única liberdade de aplaudir o estilo de vida homossexual. A liberdade de exprimir dissensão ou de refutar certas ações sociais injustas (celebração de «matrimônios» entre pessoas do mesmo sexo por parte de funcionários públicos, obrigação dos juizados da infância de ceder crianças para adoção, etc.) não é reconhecida.

Do ponto de vista da prática pastoral, *o juízo moral antes referido não implica nenhuma condenação das pessoas. Todos aqueles que afirmam possuir tendências homossexuais devem ser acolhidos com a mesma amizade e compreensão devidas a todos os outros fiéis.* Convém distinguir a seu respeito os «pavores» homossexuais, as manifestações ocasionais ou

---

(124) Citamos algumas pesquisas que apresentam dados geralmente ocultados pela «cultura gay» e que a opinião pública não conhece: A. P. Bell, M. S. Weinberg, *Homosexualities: A Study of Diversity Among Men and Women*, Simon and Schuster, Nova York, 1978; P. Cameron e outros, «The Longevity of Homosexuals: Before and After the Aids Epidemic». *Omega Journal of Death and Dying*, 29, 1994, pp. 249-272; J. A. Nelson, «Intergenerational Sexual Contact: A Continuum Model of Participants and Experience». *Journal of Sex Education and Therapy*, 15, 1989, pp. 3-12; P. Cameron, K. Cameron, «Homosexual Parents». *Adolescence*, 31, 1996, pp. 757-776.

(125) Cf. G. J. M. van den Aardweg, *Homosexuality and Hope*, Servant Publications, Ann Arbor, 1985; Id., *On the Origins and Treatment of Homosexuality: A Psychoanalytic Reinterpretation*, Praeger, Nova York, 1986; Id., *The Battle for Normality. A Guide for (Self-) Therapy for Homosexuality*, Ignatius Press, San Francisco, 1997; J. Nicolosi, *Reparative Therapy of Male Homosexuality: A New Clinical Approach*, Softcover, Northvale-J. Aronson, Londres, 1997; Id., *A Parent's Guide to Preventing Homosexuality*, InterVarsity Press, Downers Grove, 2002; Id., *Oltre l'omosessualità. Ascolto terapeutico e trasformazione*, San Paolo, Cinisello Balsamo, 2007.

simplesmente evolutivas (na adolescência) das tendências homossexuais enraizadas. O interesse deve ser orientado, mais que a atingir uma avaliação exata da culpabilidade subjetiva, às vezes difícil, a estimular a vontade de reação. Uma coisa é a aceitação realista de si mesmo; outra, deixar-se levar à involução psíquica renunciando a toda esperança. Com os meios espirituais à disposição de todos, entre os quais têm particular importância o sacramento da Penitência e o da Eucaristia, e com a ajuda do médico quando seja necessária ou conveniente, chega-se à capacidade de controlar as próprias tendências, meta que no fundo todas as pessoas devem alcançar[126]. Os fiéis com tendências homossexuais são chamados – como todos os outros – a lutar para viver as virtudes cristãs, incluída a castidade, almejando por meio desta luta a santidade dos filhos de Deus.

b) Os abusos sexuais de menores e a pedofilia

Atualmente se discute sobre como deve ser entendido o conceito de «abuso sexual de menores» e o conceito, mais específico, de «pedofilia». Diversas definições são propostas[127]. A questão tem certa importância, sobretudo no que se refere à proteção dos menores e aos aspectos jurídicos e penais do problema. Em termos gerais, suficientes para o nosso estudo, pode-se afirmar que *o abuso sexual de menores «é o envolvimento de um menor, por parte de um parceiro dominante, em atividades sexuais, ainda que não caracterizadas por violência explícita»*[128]. Tais abusos podem ser ocasionais ou derivados «de uma orientação sexual estável da pessoa, caracterizada pela atração erótica exclusiva, ou ao menos preferencial, por sujeitos humanos em idade

(126) Na obra de J. Nicolosi citada anteriormente, *Oltre l'omosessualità*, oferecem-se experiências terapêuticas positivas que abrem amplos horizontes para a esperança e a mudança. Outras informações úteis em www.narth.com.

(127) Para uma primeira visão das diversas propostas, veja-se F. Di Noto, verbete «Abuso sessuale di bambini (pedofilia)», em G. Russo (ed.), *Enciclopedia di bioetica e sessuologia*, cit., pp. 7-8. Veja-se também, na mesma enciclopédia, I. Mastropasqua, «Abuso sessuale di bambini. Giustizia minorile», pp. 15-19.

(128) Coordinamento Nazionale dei Centri e dei Servizi di Prevenzione e Trattamento dell'Abuso in Danno di Minori, *Dichiarazione di consenso in tema di abuso sessuale all'infanzia* (Roma, 21 de março de 1998), citado por L. Ciccone, *Etica sessuale*, cit., pp. 231-232.

pré-púbere, ou no início da puberdade»[129]. Neste segundo caso se fala de pedofilia em sentido próprio.

Geralmente a pedofilia é considerada uma *parafilia* (distorção da capacidade de amar), junto a outros distúrbios da preferência sexual como fetichismo, exibicionismo, voyeurismo, sadismo, masoquismo, etc. A pedofilia pode ter diversas formas do ponto de vista comportamental[130] e pode chegar a ser pedofilia assassina, que inflige à vítima graves sofrimentos que terminam por matá-la. Os comportamentos pedófilos podem ocorrer no âmbito intrafamiliar (o abuso é cometido por membros da família nuclear ou extensa), extrafamiliar (por parte de pessoas conhecidas do menor), institucional (os autores são mestres, educadores, médicos, etc.), da rua (os autores são desconhecidos), com fins lucrativos (cometida por indivíduos ou grupos criminais organizados, como as organizações para a produção de material pedopornográfico ou de exploração da prostituição de menores, as agências de turismo sexual), ou por parte de grupos organizados (grupos de pedófilos, seitas, etc.)[131]. É de considerar, por fim, a «pedofilia virtual» através da Internet, tanto na forma de aliciamento por *chats* como na do comércio de material pedopornográfico, um mercado que hoje atinge os cinco bilhões de dólares.

São verdadeiramente alarmantes as dimensões atuais do fenômeno. De acordo com os dados levantados no I Congresso Mundial contra a Exploração Sexual de Crianças (Estocolmo, 1996) e no relatório preparado pela Unicef para o II Congresso Mundial (Yokohama, 2001), chega a vários milhões por ano o número de crianças forçadas a prostituir-se ou que pelo menos se tornam vítimas de abusos sexuais, frequentemente

(129) L. Ciccone, *Etica sessuale*, cit., p. 231.

(130) Esta é uma matéria cujos detalhes particulares são muito desagradáveis, e geralmente não é necessário conhecê-los. O leitor que necessite de conhecimento mais detalhado pode consultar F. Di Noto, verbete «Abuso sessuale di bambini (pedofilia)», cit., pp. 10-11, bem como a bibliografia lá citada.

(131) Para um conhecimento global das dimensões atuais deste triste fenômeno, podem-se consultar, além da obra que acabamos de citar, M. Cesa Bianchi, E. Scabini, *La violenza sui bambini*, Angeli, Milão, 1991; V. Andreoli, *Dalla parte dei bambini*, Rizzoli, Milão, 1998; P. Monni, *L'arcipelago della vergogna. Turismo sessuale e pedofilia*, Edizioni Universitarie Romane, Roma, 2001; F. Di Noto, *La pedofilia. I mille volti di un olocausto silenzioso*, San Paolo, Milão, 2002 (com boa bibliografia); S. Leone, *L'innocenza tradita. Pedofilia: il punto sulla questione*, Città Nuova, Roma, 2006.

de índole necropedófila. São milhares as páginas da Internet dedicadas à pedofilia denunciadas a cada ano. Não menos alarmante são a difusão e as tentativas de legitimização cultural e social da pedofilia. Existem no mundo centenas de organizações que reivindicam o «direito» de manter relações sexuais com menores. Também está em aumento o «turismo sexual» organizado com fins de pedofilia e prostituição infantil.

Poucas dúvidas pode haver quanto à gravíssima ilicitude moral da pedofilia. Todas as formas de abuso sexual de menores, além de destruir os valores pessoais da sexualidade humana, constituem uma lesão muito grave da dignidade, da liberdade e da integridade física e psíquica da pessoa. Os comportamentos pedófilos têm um efeito devastador sobre as vítimas – as crianças – nos planos físico, psicológico e espiritual. As vítimas ficam desestabilizadas e marcadas de diversas formas por muito tempo, talvez por toda a vida. Especialmente repugnante é «a velhacaria de tirar proveito, de maneira indigna, da situação de miséria dos pequenos e suas famílias nos países subdesenvolvidos, aonde acorrem os turistas do sexo. Trata-se de uma das maiores vergonhas da nossa "civilização"»[132]. São João Paulo II qualificou a prostituição infantil de «flagelo mundial» e «crime horrendo», mostrando com clareza que ela «muitas vezes tem origem na crise que afeta largamente a família. Esta, enquanto nos países em vias de desenvolvimento é vítima das condições de pobreza extrema e da carência de estruturas sociais adequadas, nos países ricos é condicionada pela visão hedonista da vida, que pode chegar a destruir a consciência moral, justificando qualquer meio capaz de causar prazer»[133].

Em todos os países a pedofilia é considerada um grave delito, geralmente um delito contra a pessoa. O artigo 34 da *Convenção sobre os direitos da criança* da ONU (1989) solicita aos Estados que tomem todas as medidas necessárias para combatê-la. No mesmo sentido se posiciona a decisão do Conselho da Europa de 24 de fevereiro de 1997. Na Itália a matéria foi regulada criminalmente pela lei n. 269, de 3 de agosto de 1998: *Normas contra a exploração da prostituição, da pornografia, do turismo sexual em prejuízo de menores, como novas formas de escravidão.*

---

(132) L. Ciccone, *Etica sessuale*, cit., pp. 243-244.

(133) São João Paulo II, *Discurso aos representantes do ECPAT (End Child Prostitution in Asian Tourism) e do Centro Europeu de Bioética e Qualidade de Vida*, 21-III-1997, nn. 2 e 4.

Com o fim de evitar falsas acusações, deve-se ter presente que, como sabem todos os entendidos na matéria, a comprovação da veracidade dos testemunhos e das reconstruções das crianças é às vezes bastante difícil, e sem dúvida requer a intervenção de especialistas. Só com grande tato e experiência se pode proteger o menor de uma nociva repetição dos interrogatórios e, ao mesmo tempo, evitar criminalizações graves e injustas.

Na prática pastoral, é necessário suscitar e motivar em quem teve comportamento pedófilo a firme resolução de sair dessa situação, recorrendo ao auxílio médico ou psicológico conveniente em cada caso. Deve-se sempre fazer prevalecer, sobre tudo o mais, a necessidade moral de abandonar ocupações, ambientes, etc., que constituam ocasião de causar danos tão graves aos menores[134].

7. A castidade pré-matrimonial

À luz de quanto foi dito neste capítulo, a natureza e as exigências normativas peculiares da castidade pré-matrimonial não suscitam dúvidas no plano doutrinal teórico. No entanto, levantam um sério problema pastoral, na medida em que certas condições culturais e sociais, somadas a um problema que em si mesmo nunca foi fácil, com frequência impelem as pessoas que têm uma relação de afeto recíproco precedente ao matrimônio, ou a ele orientada, a não observar a castidade própria do seu estado de pessoas não casadas. Estas condições culturais e sociais particulares são principalmente a privatização e a banalização da sexualidade; a perda de um contexto antropológico e social que dava importância à ideia de chegar virgem ao matrimônio; a redução do matrimônio (civil e canônico) a um fato meramente burocrático; e o

(134) Quanto aos clérigos, o delito contra o sexto mandamento do Decálogo cometido com um menor de dezoito anos é um dos delitos mais graves contra a moral reservados à Congregação para a Doutrina da Fé. Vejam-se, a propósito, São João Paulo II, *Motu proprio «Sacramentorum sanctitatis tutela»*, 30-IV-2001: AAS, 93, 2001, pp. 737-739; e, no plano executivo, Congregação para a Doutrina da Fé, *Epistula ad totius Catholicae Ecclesiae Episcopos aliosque Ordinarios et Hierarchas interesse habentes: De delictis gravioribus eidem Congregationi Pro Doctrina Fidei reservatis*, 18-V-2001: AAS, 93, 2001, pp. 785-788.

adiantamento da idade de início das relações afetivas do casal, acompanhado de um excessivo atraso da idade em que se contrai matrimônio, sobretudo – mas não exclusivamente – por causa das atuais dificuldades de conseguir um trabalho que garanta a necessária autonomia econômica. Estas últimas duas circunstâncias, tomadas em conjunto, dilatam em grande medida o tempo do noivado e dão lugar a uma situação que, para duas pessoas que chegaram à maturidade afetiva e relacional, é muito pouco natural.

Quando neste contexto se fala de relações sexuais pré-matrimoniais, na realidade se faz referência a comportamentos muito diversos. Em muitos casos se trata simplesmente de *relações sexuais sem compromisso*, ou seja, de relações mais ou menos ocasionais entre amigos, colegas de universidade ou de trabalho, ligados por uma relação de simpatia ou por uma sintonia afetiva fugaz e superficial. Isso quando não se trata de pessoas que mal acabaram de se encontrar pela primeira vez ou quase. Neste caso, estamos diante de pura e simples fornicação, da qual nos ocupamos precedentemente. Por *relações pré-matrimoniais* em sentido estrito se entende, pelo contrário, as relações sexuais entre noivos, pessoas entre as quais vai amadurecendo uma relação de verdadeiro e profundo amor e que estão projetando seriamente o casamento. A experiência, contudo, demonstra amplamente que as relações apresentadas – e talvez também vividas – como pré-matrimoniais não o são na realidade, pois as pessoas em questão não chegam ao matrimônio, às vezes por motivos fúteis ou ao menos bastante discutíveis. A qualificação de *pré-matrimonial* se baseia em uma expectativa futura que, no momento em que é formulada, pode ter fundamento mais ou menos sólido e mais ou menos sincero, mas que em todo caso é sempre um projeto, uma expectativa, e não um vínculo irrevogável. Este é um ponto, confirmado cada dia pela experiência pastoral, que não se deveria nunca perder de vista na discussão desta temática.

O ensinamento moral da Igreja, solidamente fundado na Sagrada Escritura, *sustenta a ilicitude moral de toda forma de relação sexual fora do matrimônio, e portanto também das relações pré-matrimoniais.* O fundamento bíblico e antropológico deste juízo foi já estudado[135]. A declaração *Persona humana* afirma claramente que a opinião contrária

(135) Cf. §§ 2 e 3 deste capítulo.

«opõe-se à doutrina cristã»[136], a tudo o que «a Igreja sempre entendeu e ensinou, encontrando também na reflexão ponderada dos homens e nas lições da história uma concordância profunda com a sua doutrina»[137].

A mesma declaração retoma sinteticamente algumas das principais objeções que hoje se põem contra o ensinamento da Igreja. As pessoas envolvidas podem considerar que existe «uma firme vontade de casar-se e um afeto já de algum modo conjugal», os quais pedem uma complementação que então seria totalmente conatural; podem ainda considerar que a relação íntima «se afigura necessária para que o amor seja conservado»[138]. Certamente não é possível negar que às vezes se pode incorrer em situações difíceis, sobretudo quando circunstâncias de caráter econômico ou profissional impedem o matrimônio a pessoas que já atingiram certa idade. Geralmente, porém, e mesmo nas situações mais difíceis, as objeções não são convincentes[139].

O fato é que, *por mais que o futuro matrimônio tenha sido desejado, decidido e preparado, os noivos não possuem diante de Deus, da sua cons-*

(136) Congregação para a Doutrina da Fé, *Persona humana*, cit., n. 7.

(137) *Ibidem*. A Declaração cita em nota de rodapé outros documentos do Magistério que testificam qual tem sido o ensinamento da Igreja sobre a matéria ao longo dos séculos. Concretamente: Inocêncio IV, Ep. *Sub catholicae professione*, 06-III-1254: DH 835; Pio II, Propos. condendadas na Ep. *Cum sicut accepimus*, 14-XI-1459: DH 1367; Decretos do Santo Ofício, 24-IX-1665: DH 2045, e 02-III-1679: DH 2148; Pio XI, *Casti Connubii*: AAS, 22, 1930, pp. 558-559. Também é muito explícito o *Catecismo*, n. 2391: «Hoje em dia, há muitos que reclamam uma espécie de "direito à experiência", quando há intenção de contrair matrimónio. Seja qual for a firmeza do propósito daqueles que enveredam por relações sexuais prematuras, "estas não permitem assegurar que a sinceridade e a fidelidade da relação interpessoal de um homem e de uma mulher fiquem a salvo nem, sobretudo, que esta relação fique protegida de volubilidade dos desejos e dos caprichos" (cf. *Persona humana*, n. 7). A união carnal só é legítima quando se tiver instaurado uma definitiva comunidade de vida entre o homem e a mulher. O amor humano não tolera o "ensaio". Exige o dom total e definitivo das pessoas entre si (cf. *Familiaris consortio*, n. 80)».

(138) *Ibidem*.

(139) Para um aprofundamento de toda a temática, cf. D. Tettamanzi, *Rapporti prematrimoniali e morale cristiana*, Daverio, Milão, 1973; A. Günthör, *Chiamata e risposta*, cit., vol. III, nn. 571-577; M. L. Di Pietro, *Adolescenza e sessualità*, La Scuola, Brescia, 1993; A. Léonard, *Gesù e il tuo corpo*, cit.; A. Cattaneo (com a colaboração de Franca e Paolo Pugni), *Matrimonio d'amore. Tracce per un cammino di coppia*, Ares, Milão, 2000; L. Ciccone, *Etica sessuale*, cit., pp. 155-172; J. De Irala, *El valor de la espera*, Palabra, Madri, 2007. Para uma visão de conjunto da pastoral do noivado e do matrimônio, vejam-se: Pontifício Conselho para a Família, *Preparação para o sacramento do matrimônio*, 13-V-1996; Conferência Nacional dos Bispos do Brasil, *Diretório da pastoral familiar*, Documentos da CNBB, 79.

ciência, da sociedade e do Estado um vínculo irrevogável entre si. Suas vidas ainda não são uma única vida e um único destino, e até poucos momentos antes do matrimônio o seu projeto comum pode ser revogado – e, como mostra a experiência, isto muitas vezes acontece. A sua união sexual não poderia exprimir e consolidar uma união irrevogável de vida, dado que esta ainda não existe. Se são batizados, os noivos ainda não foram constituídos por Cristo como marido e mulher mediante o sacramento do matrimônio, e a sua união carnal não poderia exprimir a doação entre Cristo e a Igreja. A realização de atos esponsais por parte de quem ainda não é esposo contém um insuperável elemento de falsidade. Com todos os limites de um exemplo, a situação se pareceria àquela de um candidato ao sacerdócio para quem ter perseverado no desejo de ser sacerdote e ter dedicado longos anos ao estudo e à preparação fosse causa suficiente para torná-lo capaz de celebrar a Missa ou administrar o sacramento da Penitência algumas semanas ou meses antes de receber a ordenação sacerdotal.

Este elemento insuperável de falsidade tem consequências bastante evidentes. Mesmo afirmando viverem a união sexual como um ato de verdadeira e total doação, os noivos em geral manipulam a sexualidade, privando-a intencionalmente da dimensão procriativa que Deus imprimiu nela. *O próprio fato de não poder usar a sexualidade como Deus a criou é um indício de que a sua união em tais circunstâncias não corresponde ao desígnio de Deus.* Se eles permitissem à sua união a natural abertura à vida, coisa que hoje raramente acontece, aceitariam dar a vida a uma criatura sem o contexto que lhe garantisse adequada acolhida e educação. É difícil evitar a impressão de que a nova vida foi posta no mundo em uma situação complicada – ou pelo menos não ideal –, como fruto de um ato de incontinência, ou seja, como consequência de um ato que melhor deveria ter-se evitado.

Se depois prestamos atenção ao que tantas vezes acaba sucedendo – ainda que não sempre –, podemos acrescentar outras considerações. *As relações pré-matrimoniais com frequência se originam de uma espécie de chantagem moral*: uma parte insiste e pede da outra uma «prova de amor» como condição *sine qua non* para a continuação do namoro. As pessoas, porém, não se «provam», mas escolhem-se, e o amor recíproco se demonstra com os sacrifícios comuns, não menos do que com o compartilhamento dos prazeres. A pessoa a quem se pede que «demonstre» o seu amor se sente dessa maneira usada e abusada pela outra. Em outros casos os namorados, recorrendo às relações pré-matrimoniais, baseiam a sua relação em experiências sexuais, perdendo objetividade e liberdade para alcançar um conhecimento adequado do caráter, das expectativas e dos ideais da outra parte, circunstância que causa difíceis problemas depois do matrimônio, caso se chegue a ele. Se fosse verdade que as relações pré-matrimoniais ajudam o amor, o conhecimento e o entendimento recíproco, atualmente não deveriam acontecer quase nunca fracassos matrimoniais. Todavia, a experiência e os dados estatísticos incontroversos demonstram exatamente o contrário.

Na prática pastoral convém ter presente que o reto desenvolvimento do namoro pressupõe um quadro antropológico de base: uma reta concepção da pessoa, do amor e do matrimônio. Para os fiéis, ademais, existem ainda os pressupostos religiosos. Às vezes, mais que obstinar-se na discussão racional das razões a favor ou contra determinado comportamento, é mais eficaz acompanhar os namorados através de um percurso de formação e de oração, valendo-se quando possível da ajuda e do exemplo de outros casais que vivem com retidão e alegria o namoro. Alcançado o desejo de viver retamente a sua relação, é necessário exortar os namorados a confiar na ajuda de Deus e a se aproximar com frequência dos sacramentos da Penitência e da Eucaristia, além de ensiná-los de modo prático a evitar ocasiões e situações que tornam muito difícil a conduta reta, como, por exemplo, afastarem-se e isolarem-se dos outros continuamente ou passarem juntos e sozinhos os períodos de férias[140].

Não se opõe à castidade pré-matrimonial a troca de manifestações de afeto entre os namorados, as quais podem adquirir outro caráter à medida que o seu relacionamento se aprofunde e se consolide. No entanto, essa troca não deve levar a um turbamento sexual nem se converter em pecados de luxúria incompleta («atos impuros»)[141]. Quando se tem presente a clara diferença comportamental e de intencionalidade que existe entre as manifestações de afeto e os atos impuros, os próprios namorados podem dar-se a si mesmos uma resposta adequada quanto a como devem comportar-se.

---

(140) Cf. as oportunas considerações contidas no *Direttorio di pastorale familiare* da Conferência Episcopal Italiana, nn. 45-47.

(141) Cf., acima, § 5 (a), (c).

8. *A castidade conjugal*

a) O contexto: o amor conjugal

A castidade conjugal não é e não deve ser considerada um valor em si mesmo. O ideal seria considerá-la no amplo contexto da teologia do matrimônio[142] e da espiritualidade conjugal[143], argumentos que o espaço à nossa disposição não nos permite recordar. No entanto, é preciso ao menos ter presente – além dos fundamentos bíblicos e antropológicos vistos nos parágrafos 2 e 3 deste capítulo – que a castidade própria dos cônjuges é expressão, proteção e consolidação do amor conjugal que vivifica o matrimônio e a vida dos esposos[144]. O Concílio Vaticano

---

(142) Um tratamento clássico de ótima qualidade é o de G. H. Joyce, *Il matrimonio cristiano*, Paoline, Alba, 1956; para uma visão de conjunto mais moderna, veja-se A. Miralles, *Il matrimonio. Teologia e vita*, San Paolo, Cinisello Balsamo (Milão), 1996. São de grande interesse: P. Adnès, *Il matrimonio*, Desclée, Roma, 1966; K. Wojtyla, *Amor e responsabilidade*, cit.; L. Ligier, *Il matrimonio. Questioni teologiche e pastorali*, Città Nuova, Roma, 1988; C. Caffarra, *Creati per amare*, Cantagalli, Siena, 2006. Para uma visão filosófica geral, cf. A. Caturelli, *Dos, una sola carne*, Gladius, Buenos Aires, 2005. Do ponto de vista sociológico: S. Belardinelli, *Il gioco delle parti. Identità e funzioni della famiglia in una società complessa*, AVE, Roma, 1996. Entre os documentos do magistério: Pio XI, *Casti connubii*, 31-XII -1930; *Gaudium et spes*, nn. 46-52; São João Paulo II, *Familiaris consortio*; Id., *Homem e mulher os criou*, cit. Muito útil é a coletânea de textos magisteriais: A. Sarmiento, J. Escrivá Ivars, *Enchiridion familiae: textos del magisterio pontificio y conciliar sobre el matrimonio y la familia: siglos I a XX*, Rialp, Madri, 1992. Uma visão sistemática dos ensinamentos do Magistério oferece-se em R. García de Haro, *Matrimonio e famiglia nei documenti del magistero. Corso di teologia matrimoniale*, 2ª ed., Ares, Milão, 2000.

(143) Indicações valiosas para os fundamentos de uma espiritualidade conjugal encontram-se em *Familiaris consortio*, n. 56: «O sacramento do matrimônio, que retoma e especifica a graça santificante do batismo, é a fonte própria e o meio original de santificação para os cônjuges. Em virtude do mistério da morte e ressurreição de Cristo, dentro do qual se insere novamente o matrimônio cristão, o amor conjugal é purificado e santificado [...]. Os esposos cristãos são fortalecidos e como que consagrados em ordem aos deveres do seu estado por meio de um sacramento especial [...]. A vocação universal à santidade é dirigida também aos cônjuges e aos pais cristãos: é especificada para eles pela celebração do sacramento e traduzida concretamente nas realidades próprias da existência conjugal e familiar. Nascem daqui a graça e a exigência de uma autêntica e profunda espiritualidade conjugal e familiar, que se inspire nos motivos da criação, da aliança, da cruz, da ressurreição e do sinal». Sobre o matrimônio como vocação e caminho de santidade cristã, veja-se também Josemaria Escrivá, «O matrimônio, vocação cristã».

(144) Cf. *Familiaris consortio*, n. 11. Sobre o amor conjugal, vejam-se: F. Gil Hellín, «El lugar propio del amor conyugal en la estructura del matrimonio según la "Gaudium et spes"». *Anales Valentinos*, 6, 1980, pp. 1-35; F. Gil Hellín, A. Rodríguez Luño, «Il fondamento an-

II descreve o amor conjugal como amor eminentemente humano, «pois vai de pessoa a pessoa»; abrange e afirma «o bem de toda a pessoa» e, por isso, «pode conferir especial dignidade às manifestações do corpo e do espírito, enobrecendo-as como elementos e sinais peculiares do amor conjugal»[145]. O amor conjugal foi sanado, elevado e aperfeiçoado pelo Senhor «com um dom especial de graça e de caridade» e conduz os esposos «ao livre e recíproco dom de si mesmos, o qual se manifesta com a ternura do afeto e com as obras, e penetra toda a sua vida»[146].

O amor conjugal não é um dos três bens que Santo Agostinho chamava bens do matrimônio, nem um dos dois fins, segundo o tradicional vocabulário escolástico. O amor conjugal «encontra a sua raiz no ser do matrimônio, e por isso informa e vivifica todo o matrimônio e a totalidade dos seus bens e dos seus fins, a tal ponto que o matrimônio pode ser considerado instituição do amor conjugal»[147]. Os bens e os fins do matrimônio são os bens e os fins do amor conjugal, ou seja, os bens e os fins que constituem a sua objetiva razão de ser e que o definem e o distinguem de outras formas de afeto e amizade. É conhecida a doutrina de Santo Agostinho sobre os bens do matrimônio: «Este bem é tríplice: a fé, a prole e o sacramento. *Na fé* se ordena que fora do vínculo conjugal não exista união com outro ou com outra; *na prole*, que esta seja acolhida amorosamente, se nutra benignamente, se eduque religiosamente; *no sacramento*, por último, que não se dissolva o vínculo matrimonial e que o rejeitado ou a rejeitada nem sequer por razões de prole se casem com outros. Esta é como que a regra das núpcias, pela qual é enobrecida a fecundidade da natureza e é regulada a perversão da incontinência»[148]. Na linha de Agostinho, a tradição teológica católica

---

tropologico della *Humanae vitae* nel Magistero di Giovanni Paolo II», em Aa.Vv., *«Humanae vitae»: 20 anni dopo. Atti del II Congresso Internazionale di Teologia Morale (Roma, 9-12 de novembro de 1988)*, Ares, Milão, 1989, pp. 425-438. Para a história e as sucessivas redações dos nn. 46-52 da *Gaudium et spes*, cf. F. Gil Hellín, *Concilii Vaticani II Synopsis. Constituio pastoralis "Gaudium et spes"*, Lib. Ed. Vaticana, Cidade do Vaticano, 2003, pp. 377-453.

(145) *Gaudium et spes*, n. 49.

(146) *Ibidem*.

(147) F. Gil Hellín, A. Rodríguez Luño, «Il fondamento antropologico della *Humanae vitae...*», cit., p. 428. Em *Familiaris consortio*, n. 11, São João Paulo II chama ao matrimônio «pacto de amor conjugal».

(148) Santo Agostinho, *De Genesi ad litteram*, IX 7, n. 12: CSEL, 28, pp. 275-276; PL 34, 397D. Cf. também *De bono coniugali*, 24, n. 32: CSEL 41, p. 227; PL 40, 394D.

cunhou as expressões *bonum prolis, bonum fidei* e *bonum sacramenti* a fim de exprimir os bens que regulam a vida dos esposos, doutrina que tem sido amplamente reproposta pelo Magistério da Igreja[149].

Do ponto de vista ético, deve-se ressaltar que o amor conjugal, tal como foi descrito, não é um mero sentimento, que hoje existe e amanhã poderia desaparecer. Esse amor é – diz o Concílio Vaticano II – muito superior à «mera inclinação erótica, a qual, fomentada egoísticamente, rápida e miseravelmente se desvanece»[150]. *O amor conjugal é antes o conteúdo fundamental da aliança conjugal, no sentido de que, ao contrair matrimônio, os cônjuges se comprometem diante de Deus, da sua consciência, bem como da sociedade e do Estado, ao recíproco dom de si e a se amarem como cônjuges*, e portanto a manter, proteger, alimentar e promover cotidianamente o seu amor, ao qual são obrigados segundo rigorosa justiça e, certamente, também segundo a caridade[151]. O amor entre os cônjuges não é apenas um fato psicológico de si mutável – como acontece com a simples atração – porque ele constitui, no plano ético, o compromisso fundamental dos cônjuges, e é este compromisso o que no matrimônio se torna aliança, instituição e sacramento. À luz deste compromisso deve ser visto e avaliado todo comportamento dos cônjuges e, também, as exigências da castidade conjugal, sem perder de vista que o amor com que eles se comprometeram tem conteúdos essenciais bem determinados: o *bonum prolis,* o *bonum fidei* e o *bonum sacramenti,* os quais nunca é lícito lesar.

b) Santidade das relações conjugais

O amor conjugal, enquanto amor que os cônjuges têm o dever de promover e de defender, possui na prática múltiplas manifestações, em parte comuns a outras formas de amor: coabitação, afeto, escuta, com-

---

(149) Cf. Pio XI, *Casti connubii*, 31-XII-1930: DH, pp. 3703-3714. Também Paulo VI, ainda que sem referir-se explicitamente a Santo Agostinho, oferece uma belíssima descrição do amor conjugal como amor total, fiel, exclusivo e fecundo que coincide, na sua substância, com a doutrina do Bispo de Hipona (cf. *Humanae vitae*, nn. 8-9).

(150) *Gaudium et spes*, n. 49.

(151) Assim afirma a *Familiaris consortio*, n. 13: «O amor conjugal atinge aquela plenitude para a qual está interiormente ordenado: a caridade conjugal, que é o modo próprio e específico com que os esposos participam e são chamados a viver a mesma caridade de Cristo que se doa sobre a Cruz».

preensão, ajuda, disponibilidade para o serviço e para o sacrifício, etc. *Todavia, justamente enquanto conjugal, este amor tem como expressão específica a mútua e completa doação que acontece nas relações conjugais, que não são apenas boas e santas*[152], *mas também devidas.* Neste sentido São Paulo fala claramente de um *dever*[153] do marido para com a mulher e da mulher para com o marido, porque *não é a mulher a que dispõe de seu corpo, mas o seu marido. Do mesmo modo, não é o marido o que dispõe de seu corpo, mas a sua mulher*[154]. Depois acrescenta: *Não vos recuseis um ao outro, a não ser de comum acordo e por algum tempo*[155]. A tradição moral católica usa o conceito de «débito conjugal» para significar que *existe o dever moral de justiça, em si grave, de satisfazer o débito conjugal quando pedido de modo sério e razoável pelo cônjuge*[156]. Indicaremos em seguida o alcance exato deste dever.

1) *As relações conjugais são lícitas e santas desde que não sejam tornadas intencionalmente infecundas pelos cônjuges* (onanismo, contracepção), como se dirá depois; devem também se realizar nas devidas circunstâncias (como manifestação de amor, não na presença de outros, etc.). São igualmente lícitas quando, por causas independentes da vontade dos cônjuges (idade, doença, esterilidade natural, etc.), são previstamente infecundas, pois então permanecem ordenadas «a exprimir e consolidar a sua união»[157]. O dever de promover e tornar mais

---

(152) Veja-se, por exemplo, *Gaudium et spes*, n. 49: «Este amor [o amor conjugal] tem a sua expressão e realização peculiar no ato próprio do matrimônio. São, portanto, honestos e dignos os atos pelos quais os esposos se unem em intimidade e pureza; realizados de modo autênticamente humano, exprimem e alimentam a mútua entrega pela qual se enriquecem um ao outro na alegria e na gratidão».

(153) Cf. 1 Cor 7, 3.

(154) 1 Cor 7, 4. Segundo a encíclica *Casti connubii*, pertence ao *bonum fidei* que «tudo o que compete, em vista deste contrato [matrimonial], sancionado pela lei divina, só ao cônjuge nem lhe seja negado, nem permitido a qualquer outro; e que nem ao próprio cônjuge seja concedido aquilo que não se pode conceder por ser contrário às leis e direitos divinos e inconciliável com a fidelidade conjugal» (Pio XI, *Casti connubii*, cit.: DH 3706).

(155) 1 Cor 7, 5. A versão da CNBB traduz o grego *mè apostereîte allélous* por «não vos recuseis um ao outro». O verbo *apostéreô* inclui também outros signficados, tais como «defraudar», «roubar», «negar». A Neovulgata traduz: *Nolite fraudare invicem.*

(156) Cf. M. D. Prümmer, *Manuale theologiae moralis*, cit., vol. III, nn. 694-697.

(157) *Humanae vitae*, n. 11. «Também não pode dizer-se que procedem contra a ordem da natureza os cônjuges que usam do seu direito de modo devido e natural, ainda que por causas naturais, quer do tempo, quer de certos defeitos, não possam dar origem a uma nova

profundo o seu amor levará os cônjuges a se amarem sem medo nem escrúpulos, sabendo que sempre é lícito satisfazer o débito conjugal e que é lícito pedi-lo quando se considere conveniente para o bem de um dos dois cônjuges[158].

2) *São em si moralmente ilícitas as relações conjugais que implicam perigo grave e próximo para a saúde de um ou de ambos os cônjuges, bem como da eventual prole.* Isto pode acontecer sobretudo por causa de doenças infecciosas graves (sífilis, AIDS, etc.). É claro que o cônjuge doente não deve pedir o débito conjugal e o cônjuge sadio não tem o dever de satisfazê-lo. No entanto, não se exclui que, para evitar graves perigos morais ou físicos ao cônjuge doente, seja lícito ao cônjuge sadio pedir o débito conjugal, por caridade cristã para com o outro. Trata-se de uma questão delicada, que precisa ser atentamente avaliada à luz de todas as circunstâncias e depois de se ter consultado um médico competente[159]. Nem todas as doenças têm a mesma gravidade em geral ou para determinada pessoa, nem é igual para todas as doenças a probabilidade de transmissão por via sexual ou de transmissão aos filhos; tampouco são iguais para todos os casos as possibilidades de prevenção, proteção e tratamento eficaz em caso de contágio.

3) *Há o dever grave de satisfazer o débito conjugal quando é pedido de modo sério e razoável.* Em alguns casos, este dever não existe em senti-

vida. É que tanto no próprio matrimônio como no uso do direito conjugal há também fins secundários, como são o auxílio mútuo, o fomento do amor recíproco e o aplacamento da concupiscência, fins que os cônjuges de modo algum estão proibidos de desejar, contanto que se respeite sempre a natureza intrínseca do ato e, por conseguinte, a sua subordinação ao fim principal» (Pio XI, *Casti connubii*, cit.: DH, p. 3718).

(158) A licitude das relações conjugais inclui a licitude dos atos «*sive mutui sive solitarii, qui ad actum coniugalem perficiendum vel necessarii vel utiles sunt: cui enim permittitur finis, ei permittuntur etiam media, et cui permittitur actus consummatus, ei permittuntur etiam actus, qui ab ipsa natura ut dispositio et praeparatio ad illum destinati sunt. a) Hinc quando adest intentio perficiendi copulam, coniugibus liciti sunt aspectus, tactus, etc., qui ad copulam excitant, sive ante copulam sive in ipsa copula peraguntur. Cavere autem debent coniuges, ne diutius in eiusmodi actibus immorando pollutio sequatur; si tamen praeter intentionem sequeretur, culpa vacaret. b) Si copula ex parte viri iam consummata hic se retrahit, antequam mulier actum complevit, potest ipsa tactibus vel alio modo actum complere et plenam voluptatem sibi procurare*» (H. Noldin, *De sexto praecepto et de usu matrimonii*, 32ª ed., Rauch, Oeniponte-Lipsiae, 1941, n. 70).

(159) Para a discussão deste problema, veja-se H. Noldin, *De sexto praecepto et de usu matrimonii*, cit., n. 86. Pode-se aprofundar o tema consultando as passagens da *Theologia moralis* de Santo Afonso referidas por Noldin, sobretudo lib. V., tract. VI, cap. II, art. II, n. 950.

do estrito: a) se o débito é pedido por um cônjuge adúltero, mesmo sendo desejável que o cônjuge inocente perdoe ao cônjuge culpado e arrependido e retome com ele a vida conjugal; b) se foi legitimamente interrompida ou suspensa a coabitação; c) se o pedido não é razoável – por exemplo, porque um dos cônjuges está embriagado e age com brutalidade, ou se um dos cônjuges estiver fisicamente indisposto naquele momento, ou se se pusesse em perigo a sua saúde ou a sua vida.

Se no casal as coisas andam como devem, o amor recíproco fará que em geral as relações conjugais não sejam vistas na fria perspectiva do direito e do dever. No entanto, do ponto de vista moral objetivo, o direito e o dever existem, e pode-se cometer grave injustiça quando um cônjuge rechaça sempre ou quase sempre o outro. Isto acontece às vezes porque num deles, sobretudo por causa da idade, o desejo diminui ou quase desaparece, e talvez pense que com o outro aconteça o mesmo. Neste caso se deve fazer por amor e caridade cristã aquilo que já não se faria por desejo espontâneo, de modo que se consolide a harmonia conjugal e se afaste a outra parte das diversas formas de incontinência (adultério, prostituição, masturbação, pornografia, etc.).

4) De per si *existe o direito, mas não o dever, de pedir o débito conjugal.* No entanto, frequentemente, pelo bem do outro cônjuge, há o dever de caridade de tomar a iniciativa.

5) *Por mútuo e livre acordo os cônjuges podem abster-se das relações conjugais, temporária ou definitivamente.* A abstenção temporária, por causas razoáveis e compartilhadas pelos dois cônjuges, pode ser conveniente em alguns casos. A abstenção perpétua raramente é aconselhável[160], porque implica o perigo de esfriamento do amor dos esposos e de incontinência e infidelidade conjugal.

6) *Não se deve satisfazer o pedido do cônjuge que pretenda realizar uma união sodomítica*, que é intrinsecamente ilícita e nada tem a ver com os atos próprios dos esposos. Se em vez disso um dos cônjuges pretende realizar uma união onanística, o outro cônjuge deve manifestar o seu próprio desacordo; em certas circunstâncias, no entanto, pode ser lícito cooperar *materialmente* para o pecado do cônjuge, como se dirá daqui a pouco.

(160) Cf. 1 Cor 7, 6.

c) A paternidade responsável

Os filhos são sempre um bem, «preciosíssimo dom do matrimônio»[161], ao qual o próprio matrimônio se ordena. Os cônjuges são chamados por Deus a transmitir a vida humana[162] e, no cumprimento desta tarefa, sabem que «são os cooperadores do amor de Deus criador e como que os seus intérpretes»[163]. *O conceito de paternidade responsável, empregado pelo Magistério da Igreja*[164], *põe em evidência que o homem só realiza o desígnio divino «como sujeito que age responsavelmente, como senhor das suas ações, como um "intérprete do querer divino", participando ativamente na Providência do Criador com a sua própria visão racional»*[165], e não apenas levado pelo instinto ou por forças irracionais. Esta participação ativa na Providência de Deus não é outra coisa, em última análise, que aquilo que tradicionalmente se chama lei moral natural, ou seja, a natural capacidade humana de conhecer o que se deve fazer e o que se deve evitar.

Compete aos cônjuges, e não a outros, a tarefa de entender qual é o desígnio de Deus para eles e para a sua família. Para este fim é necessária a oração e a reflexão, a generosidade e a confiança filial na Providência divina, a sinceridade no exame das próprias motivações, uma avaliação das circunstâncias não viciada pelo pessimismo, bem como o pedido de conselho a pessoas sábias, sem no entanto descarregar sobre elas a sua própria responsabilidade: nesta matéria, «são os próprios esposos os que, em última instância, devem diante de Deus tomar esta decisão»[166]. Muitas vezes os cônjuges chegarão à conclusão de que a sua responsabilidade se traduz em acolher com generosidade e alegria todos os filhos que Deus deseje confiar-lhes. Nesse sentido, o Concílio Vaticano II recorda de modo particular os cônjuges que de comum acordo «aceitam com grandeza de ânimo educar uma prole numerosa»[167]. Outras vezes,

---

(161) *Gaudium et spes*, n. 50.

(162) Cf. Gên 1, 28.

(163) *Gaudium et spes*, n. 50.

(164) Cf. *Gaudium et spes*, nn. 50-51, e *Humanae vitae*, n. 10.

(165) M. Rhonheimer, *Etica della procreazione*, Mursia, Roma, 2000, p. 66.

(166) *Gaudium et spes*, n. 50.

 (167) *Ibidem.*

sérias razões de ordem física, social, econômica, etc., aconselharão que por ora não se proponham a ter outros filhos. A encíclica *Humanae vitae* afirma neste sentido: «Em relação às condições físicas, econômicas, psicológicas e sociais, a paternidade responsável exerce-se tanto com a deliberação ponderada e generosa de fazer crescer uma família numerosa como com a decisão, tomada por motivos graves e com respeito pela lei moral, de evitar temporariamente, ou mesmo por tempo indeterminado, um novo nascimento»[168].

Quando existem razões sérias para espaçar os nascimentos, a paternidade responsável requer o conhecimento e o respeito dos processos biológicos, além do necessário domínio que a razão e a vontade devem exercer sobre as tendências e os impulsos[169], de modo que se adote um comportamento conjugal coerente com a decisão tomada. *É lícito aproveitar algumas condições naturais, como, por exemplo, o aleitamento dos filhos, que por si tende a espaçar os nascimentos. E é igualmente lícito «ter em conta os ritmos naturais imanentes às funções geradoras, para usar do matrimônio só nos períodos infecundos e, deste modo, regular a natalidade, sem ofender os princípios morais»*[170]. Apesar de certas campanhas denigritórias, os dados estatísticos demonstram que o recurso aos períodos infecundos, quando aplicado corretamente, é plenamente confiável. Em alguns casos mais difíceis (ciclos irregulares, etc.), é necessário recorrer a um centro especializado[171].

---

(168) *Humanae vitae*, n. 10.

(169) Cf. *ibidem*.

(170) Id., n. 16.

(171) Como é por exemplo, no Brasil, o Centro de Planejamento Natural da Família (CENPLAFAM). A pesquisa da OMS sobre os resultados do recurso ao Método Billings foi retomada e comentada por A. Cappella, V. Navarretta, E. Giacchi, «Il metodo della ovulazione Billings: dati e valutazioni dello studio multicentrico della organizzazione mondiale della Sanità». *Medicina e morale*, 32/4, 1982, pp. 371-387. Para uma primeira informação, vejam-se: A. Cappella, «La regolazione della fertilità con il metodo dell'ovulazione». *Medicina e morale*, 25/2-3, 1975, pp. 255-305; E. Billings, A. Westmore, *Il metodo Billings*, Mondadori, Milão, 1983; E. Giacchi, E. Terranera, A. Cappella, «Panoramica storica e basi scientifiche dei metodi naturali di regolazione delle fertilità», em Centro de Estudos e Pesquisas sobre a Regulação Natural da Fertilidade (Instituto João Paulo II para Estudos sobre Matrimônio e Família), *La procreazione responsabile. Fondamenti filosofici, scientifici, teologici*, Roma, 1984; A. López Trujillo, E. Sgreccia (eds.), *Metodi naturali per la regolazione della fertilità: l'alternativa autentica*, Vita e Pensiero, Milão, 1994; E. Billings, J. Billings, *Due vite per la vita. La pianificazione naturale delle nascite con il metodo dell'ovulazione*, San Paolo, Milão, 1998; G. Bonomi, *I metodi naturali*, Ed. Bonomi, Pavia, 1999. Acerca dos aspectos éticos, cf. C. Caffarra, «La

A mentalidade predominante nos países ricos, cuja população envelhece de modo alarmante, e as dificuldades reais que as estruturas trabalhistas e os hábitos sociais impõem atualmente para a maternidade *tornam conveniente, na prática, o encorajamento dos esposos a serem generosos em acolher um número de filhos maior que o mínimo que hoje, infelizmente, se está tornando habitual.* As famílias numerosas são um bem para a sociedade, para a Igreja e, sobretudo, para as próprias famílias. No entanto, esse tipo de decisão não pode ser imposto, mas deve amadurecer no diálogo dos esposos entre si e com Deus. O sacerdote pode, e muitas vezes deve, iluminar e ajudar os cônjuges a refletir sobre as suas motivações e as suas circunstâncias. Contudo, são os esposos os que, afinal de contas, devem decidir de acordo com a convicção amadurecida nas suas almas, de modo que possam assumir com alegria os sacrifícios que a sua tarefa de pais e de educadores pode trazer consigo.

d) Os abusos do matrimônio: a contracepção

A doutrina moral da Igreja sempre considerou uma grave culpa moral a decisão de privar diretamente (isto é, como fim ou como meio) a relação conjugal da abertura ao bonum prolis *que ela naturalmente tem em cada caso*[172]. A encíclica *Casti connubii* apresenta-a como «doutrina cristã ensinada desde o princípio e nunca modificada»[173] e exprime-a nos seguintes termos: «Qualquer uso do matrimônio em que, pela malícia humana, o ato seja destituído da sua natural força procriadora infringe a lei de Deus e da natureza; e aqueles que ousarem cometer tais ações se tornam réus de culpa grave»[174].

trasmissione della vita nella "Familiaris consortio"». *Medicina e morale*, 33/4, 1983, pp. 391--399; A. Rodríguez Luño, «Differenza morale ed antropologica fra la contraccezione e la continenza periodica», em *La procreazione responsabile. Fondamenti filosofici, scientifici, teologici*, cit.; M. Rhonheimer, *Etica della procreazione*, cit., sobretudo pp. 71-83.

(172) Para um histórico do problema, cf. J. T. Noonan, *Contraception: a History of its Treatment by the Catholic Theologians and Canonists*, Harvard University Press, Cambridge-Londres, 1986.

(173) Pio XI, *Casti connubii*, cit.: DH 3717.

(174) *Ibidem.* Eis o texto original latino: «*Quemlibet matrimonii usum, in quo exercendo, actus, de industria hominum, naturali sua vitae procreandae vi destituatur, Dei et naturae legem infringere, et eos, qui tale quid commiserint, gravis noxae labe commaculari*».

Até a segunda metade do século XX, o ato conjugal podia ser tornado intencionalmente infecundo pela alteração do próprio ato mediante um método de barreira, como o profilático ou o diafragma, ou mediante a prática do coito interrompido (onanismo), ou então mediante o uso de cremes, lavagens, etc. A chegada das pílulas anticoncepcionais trouxe forte mudança, pois a partir de então se podia prevenir a concepção sem alterar a realização do ato conjugal. Esta mudança ocorre na esteira da assim chamada «revolução sexual», em anos de transformações, de fortes pressões por parte de determinado setor da opinião pública e de previsões demográficas pessimistas (em boa medida desmentidas atualmente). Surge então um intenso debate eclesial, cuja resposta é dada pela encíclica *Humanae vitae*, de Paulo VI. Tendo em conta a natureza dos novos produtos anticoncepcionais, Paulo VI ofereceu uma fundamentação mais elaborada e uma definição mais exata do pecado de contracepção, declarando a *intrínseca ilicitude de «toda a ação que, ou em previsão do ato conjugal, ou durante a sua realização, ou também durante o desenvolvimento das suas consequências naturais, se proponha (*intendat*), como fim ou como meio, a tornar impossível a procriação»*[175]. A essência do pecado de contracepção era assim situada precisamente no propósito intencional direto – seja qual fosse o modo como se agisse – de tornar infecundo o ato conjugal, ou seja, as relações sexuais livremente realizadas entre esposos legítimos. É, ao contrário, clara a licitude moral do recurso «aos meios terapêuticos verdadeiramente necessários para curar doenças do organismo, ainda que daí venha a resultar um impedimento, mesmo previsto, para a procriação, desde que tal impedimento não seja, por motivo nenhum, querido diretamente»[176]. A mesma doutrina foi muitas vezes reproposta e aprofundada por São João Paulo II, na exortação apostólica *Familiaris consortio* (1981), nas *Catequeses sobre o amor humano*[177], obra de alto nível teológico, e em numerosos discursos que não deixam dúvidas quanto a qual seja o ensinamento da Igreja a este propósito.

As linhas antropológicas expostas no terceiro parágrafo deste capítu-

---

(175) *Humanae vitae*, n. 14.

(176) *Idem*, n. 15.

(177) As catequeses estão publicadas no volume São João Paulo II, *Homem e mulher os criou*, cit. Um ótimo guia para a leitura desta vasta obra é o livro de L. Ciccone, *Uomo-donna. L'Amore umano nel piano divino. La grande catechesi del mercoledì di Giovanni Paolo II*, cit.

lo ilustram suficientemente o fundamento do juízo moral sobre a contracepção, tornando compreensível por que jamais é lícita a escolha de cindir os dois significados do ato conjugal – o significado unitivo e o significado procriativo – inscritos por Deus na sexualidade humana[178] e por que a lesão intencional ao *bonum prolis* implica também a «falsificação da verdade interior do amor conjugal, chamado a doar-se na totalidade pessoal»[179].

Do ponto de vista pastoral, merece destaque o *Vademecum para os confessores* publicado pelo Pontifício Conselho para a Família[180], no qual se oferecem indicações precisas sobre o modo de agir com os penitentes que se encontram em situação de erro ou de ignorância invencível[181],

(178) Cf. *Humanae vitae*, n. 12.

(179) *Familiaris consortio*, n. 32. Indicamos alguns títulos úteis para o leitor que deseja aprofundar-se nos diversos aspectos da questão: E. Lio, *Humanae vitae e coscienza*, Lib. Ed. Vaticana, Cidade do Vaticano, 1980; C. Caffarra, «La trasmissione della vita nella *Familiaris consortio*». *Medicina e morale*, 33/4, 1983, pp. 391-399; E. Lio, «*Humanae vitae*» *e infallibilità*, Lib. Ed. Vaticana, Cidade do Vaticano, 1986; M. L. Di Pietro, E. Sgreccia, «La trasmissione della vita nell'insegnamento di Giovanni Paolo II». *Medicina e morale*, 38, 1988, pp. 787-841; F. Ocáriz, «La nota teologica dell'insegnamento della *Humanae vitae* sulla contraccezione». *Anthropotes*, 4, 1988, pp. 25-44; Aa.Vv, «*Humanae vitae*»*: 20 anni dopo*, cit.; F. Gil Hellín, *Il matrimonio e la vita coniugale*, Lib. Ed. Vaticana, Cidade do Vaticano, 1996. Dá uma boa ideia do debate sobre a contracepção o trabalho de S. Seminckx, *La réception de l'encyclique «Humanae vitae» en Belgique. Étude de théologie morale* (tese de doutorado), Pontifícia Universidade da Santa Cruz, Roma, 2006. Do ponto de vista da argumentação ética, parece-nos excelente o trabalho de M. Rhonheimer, *Etica della procreazione*, cit., pp. 15-125.

(180) Pontifício Conselho para a Família, *Vademecum para os confessores sobre alguns temas de moral relacionados com a vida conjugal*, 12-II-1997. São úteis os comentários de vários autores publicados pelo mesmo Pontifício Conselho: *Morale coniugale e sacramento della penitenza. Riflessioni sul «Vademecum per i confessori»*, Lib. Ed. Vaticana, Cidade do Vaticano, 1998.

(181) Também nesta matéria é válido o princípio moral segundo o qual é preferível deixar em boa-fé os penitentes que se encontram no erro por causa de uma ignorância subjetivamente invencível, caso se preveja que, depois de serem instruídos, não modificarão a própria conduta, passando assim a pecar formalmente. No entanto, mesmo nestes casos o confessor deve encorajar os penitentes a acolher o desígnio de Deus, também no âmbito conjugal, e exortá-los a formar a própria consciência de acordo com a doutrina da Igreja mediante a oração e o estudo. Cf. *Vademecum para os confessores*, 3, 8. Deve-se ter presente, contudo, que em uma questão ligada tão intimamente à própria essência do matrimônio não é fácil que o erro, em pessoas de cultura e de sensibilidade moral médias, seja verdadeiramente invencível. A não completa compreensão ou aceitação de uma doutrina não se identifica com o erro invencível. Portanto, é preciso muita atenção a fim de que a vida cristã dos cônjuges não sofra danos profundos que o confessor, que além de pai deve ser mestre e médico, poderia e deveria evitar.

com os reincidentes que apesar de tudo estão arrependidos, aos quais não deve ser negada a absolvição, e com aqueles que cooperam materialmente para o pecado do cônjuge[182]. As indicações do *Vademecum* não são uma novidade, mas apresentam de maneira clara e ordenada critérios morais e pastorais salutares e com frequência esquecidos.

Na prática pastoral, o abuso do matrimônio sempre foi um problema difícil[183]. É necessário discernir entre as diversas situações. Existe o comportamento daqueles que não reconhecem que, segundo o desígnio de Deus Criador, o ato conjugal tem um significado procriador, de modo que o suprimem arbitrariamente quase sempre, rechaçando portanto a própria ideia da castidade conjugal. Existe o comportamento de quem, procurando adequar-se ao desígnio divino, cai de vez em quando por fraqueza ou impelido por circunstâncias difíceis, mas se arrepende depois. Em todo caso, o problema da contracepção deve ser encarado na prática pastoral com fidelidade indiscutível ao ensinamento eclesial, com paciência, com confiança na graça divina e com suficiente equilíbrio. Nunca deve ser separado do contexto constituído pelo valor da família e do amor conjugal, que deve ser salvaguardado, com a consciência de que uma abordagem pouco atenta pode provocar, entre os cônjuges, rupturas irreparáveis que poderiam e deveriam evitar-se, bem como os danos que daí derivam para os filhos. O crescimento da vida de oração dos cônjuges pode solucionar problemas que não poderiam ser resolvidos com os melhores raciocínios teológicos. É necessário encorajar e agir com compreensão com os cônjuges que se encontram em dificuldade, sem esquecer que são pessoas que têm o dever moral de coabitarem e de se amarem e que podem, às vezes, passar por circunstâncias econômicas, de saúde, etc., muito delicadas. A infidelidade conjugal, o recurso à prostituição, etc., são males muito maiores do que as quedas ocasionais no pecado de contracepção.

A diferença antropológica e moral entre a contracepção e a continência periódica – Com frequência se pergunta: no caso de que existam motivos com fundamento para evitar um novo nascimento por certo tempo, por que é lícito realizar este propósito mediante a conti-

(182) Sobre este problema, deter-nos-emos dentro de pouco no § 8 (f).

(183) Prümmer o qualifica de «*vera crux confessariorum*» (*Manuale Theologiae Moralis*, cit., vol. III, n. 704).

nência periódica, mas não é lícito realizar o mesmo propósito utilizando um método contraceptivo? O problema foi enfrentado tanto por Paulo VI[184] como por João Paulo II[185]. Este último esclareceu que não se trata de uma questão de método, porque existe notável diferença antropológica e moral entre os dois comportamentos. Quando há um motivo sério para retardar o nascimento de um novo filho, a responsabilidade procriadora, como parte da castidade conjugal, exige que se assuma um comportamento sexual congruente com a situação criada. A virtude da castidade informa também a tendência sexual, de modo que se tenha um sujeito que age responsavelmente ou, melhor ainda, que a inteira pessoa dos cônjuges, na sua unidade de alma e corpo, controle virtuosamente – mediante a inteligência, a vontade e o afeto recíproco – a sua sexualidade. Isto contribui para o fortalecimento do amor entre os dois mediante o sacrifício compartilhado, para a atenção de um ao outro e, portanto, para um melhor entendimento entre eles. Quando se recorre ao uso dos métodos anticoncepcionais, não se muda o comportamento sexual para adequá-lo responsavelmente à necessidade de retardar um novo nascimento, senão que se continua a agir como antes, quando não havia tal necessidade, acrescentando simplesmente um ato manipulador da sexualidade, que a priva da sua dimensão procriadora. A sexualidade dos cônjuges já não é sujeito que age responsavelmente, mas objeto que é manipulado a fim de que não se tenha de assumir um comportamento inspirado pela responsabilidade procriativa. Desse modo, não há nenhum crescimento de virtude e de autocontrole dos cônjuges, não se fomenta o mútuo entendimento (todo o peso da situação é descarregado sobre um dos cônjuges) e dá-se lugar a uma falta de integração das energias sexuais na totalidade da pessoa que terá sempre outras consequências éticas negativas[186].

e) A esterilização

Conceito de esterilização – *Por esterilização se entende o ato pelo qual uma pessoa sexualmente fecunda, homem ou mulher, é privada da*

(184) Cf. *Humanae vitae*, n. 16.

(185) Cf. *Familiaris consortio*, n. 32.

 (186) Cf. nesta linha M. Rhonheimer, *Etica della procreazione*, cit., pp. 66-109.

faculdade de procriar, de modo temporário ou perpétuo, mediante uma mutilação orgânica ou funcional[187]. Há clara relação entre a esterilização e a contracepção, já que os fármacos anticoncepcionais têm um efeito esterilizante, ao qual se acrescenta em alguns deles um efeito abortivo[188]. Na prática, a esterilização cirúrgica é apresentada, às vezes, como o anticoncepcional mais eficaz.

A esterilização direta – Em ordem a uma avaliação moral, é essencial a distinção entre *esterilização direta* e *esterilização indireta. Esterilização direta é «a ação de quem se propõe como fim ou como meio tornar impossível a procriação»*[189]. Elemento essencial da esterilização direta é que a escolha da vontade tenha como propósito privar uma pessoa da capacidade de procriar, permitindo-lhe, não obstante, a realização da união sexual. Daí que tanto a esterilização eugenésica como a esterilização procriativa (que tem como objeto o controle de natalidade) são sempre esterilização direta, mesmo na hipótese de que esta última seja motivada pelo desejo de afastar os perigos para a saúde decorrentes da gravidez.

A esterilização direta é intrinsecamente ilícita porque, como no caso da contracepção, implica a dissociação dos aspectos unitivo e procriador da sexualidade, à qual se acrescenta uma mutilação, que às vezes torna irreversível ou dificilmente reversível tal dissociação. Se a esterilização é determinada ou favorecida pelas autoridades públicas, é sempre lesiva ao bem comum e à justiça[190].

No âmbito pastoral, convém ter presente que, assim como cada relação sexual dos cônjuges que usam, por exemplo, a pílula anticoncep-

(187) Resumimos em parte o que foi escrito em A. Rodríguez Luño, «Sessualità, matrimonio, procreazione responsabile. Problemi etici della sterilizzazione e dell'aborto procurato», em E. Sgreccia (ed.), *Corso di bioetica*, Franco Angeli Editore, Milão, 1986, pp. 95-116. Cf. também D. Tettamanzi, *Sterilizzazione anticoncezionale: per un discorso cristiano*, SALCOM, Varese, 1981; J. A. Guillamón Alvarez, *El problema moral de la esterilización*, Palabra, Madri, 1988; F. D'Agostino, *La sterilizzazione come problema biogiuridico*, Giappichelli, Turim, 2002.

(188) Cf. cap. V, § 3 (i).

(189) Pio XII, *Discurso ao Congresso Internacional de Hematologia*, 12-IX-1958: AAS, 50, 1958, pp. 734-735. Veja-se também Congregação para a Doutrina da Fé, *Documentum circa sterilizationem in nosocomiis catholicis*, 13-III-1975: DH 4560.

(190) Cf. Pio XI, *Casti connubii*, cit.: DH 3722-3723; *Resposta do Santo Ofício de 11/08/1936*: DH 3760-3765; *Decreto do Santo Ofício de 21/02/1941*: DH 3788; *Humanae vitae*, n. 14; Congregação para a Doutrina da Fé, *Documentum circa sterilizationem in nosocomiis catholicis*, 13/03/1975: DH 4650-4561; São João Paulo II, *Familiaris consortio*, n. 30.

cional é um pecado de contracepção, assim também acontece quando um dos esposos fez recurso à esterilização direta. Desta situação de pecado se sai mediante o arrependimento sincero e a absolvição sacramental. O verdadeiro arrependimento implica em princípio o restabelecimento da faculdade procriativa, desde que isso seja possível. Se a esterilização não é reversível, cria-se uma situação muito delicada, que se deve acompanhar com grande prudência, porque o bem espiritual das pessoas interessadas requer que a ajudem a compreender a gravidade do seu pecado para assim chegar a um verdadeiro arrependimento. Se chegam a converter-se de verdade, a meu ver podem retomar licitamente a vida conjugal.

A esterilização indireta – *Por esterilização indireta se entende, por sua vez, o ato que, sem procurar tornar impossível a procriação, nem como fim nem como meio, tem por objetivo um efeito verdadeiramente terapêutico e necessário, mas acompanhado de um efeito esterilizante, previsto mas não desejado.* Se o efeito terapêutico desejado só é alcançado fazendo que do livre exercício da sexualidade não possa surgir uma gravidez, estamos ainda no caso de esterilização direta, porque então o efeito esterilizante é querido como meio.

A esterilização indireta é moralmente lícita desde que não haja outro meio para prover a vida ou a saúde da pessoa em questão[191]. Pio XII expressou-se assim: «Três coisas concorrem para a licitude moral de uma intervenção cirúrgica que comporte uma mutilação anatômica ou funcional: 1) primeiro, que a conservação ou funcionalidade de um órgão particular no conjunto do organismo provoque nele um dano sério ou constitua uma ameaça; 2) em segundo lugar: que este dano não possa ser evitado, ou ao menos diminuído consideravelmente, senão com a mutilação em questão, e que a eficácia dela seja bem segura; 3) finalmente, que se possa razoavelmente assegurar que o efeito negativo, isto é, a mutilação e as suas consequências, será compensado pelo efeito positivo: supressão do perigo para todo o organismo, atenuação das dores, etc.»[192]. Um exemplo de esterilização indireta seria a extração dos

---

(191) Cf. Pio XI, Enc. *Casti connubii*, cit.: DH 3723.

(192) Pio XII, *Discurso ao XXVI Congresso da Sociedade Italiana de Urologia*, 08-X-1953: AAS, 45, 1953, p. 674. O Pontífice acrescenta que o ponto crucial aqui não é que o órgão amputado ou incapacitado para funcionar esteja enfermo, e sim que a sua conservação ou funcionalidade constituam, direta ou indiretamente, uma séria ameaça a todo o corpo.

ovários ou do útero que se faz necessária por causa de um tumor maligno que não pode ser tratado de outra maneira. Trata-se de uma ação terapêutica necessária, e não de uma ação antiprocriativa, uma vez que não há razão alguma para querer evitar a concepção, mas apenas para extrair os órgãos comprometidos pelo tumor. O juízo moral sobre a esterilização indireta é uma aplicação dos princípios morais gerais para as ações de duplo efeito, ou seja, para aquelas ações que, sendo boas em si mesmas, têm um efeito indireto negativo[193].

A esterilização forçada – É preciso acrescentar que atualmente é bastante difundida a prática, deontologicamente injustificável, de proceder à esterilização (antiprocriativa) da mulher sem o seu consentimento – por exemplo, quando se realiza uma cesariana, ou ainda com um consentimento obtido quando a mulher se está preparando imediatamente para a intervenção, encontrando-se sem possibilidade de refletir e em situação que compreensivelmente gera angústia. Nos ambientes em que ocorrem coisas semelhantes, será necessário às vezes entregar, para que se inclua na documentação da paciente, uma declaração em que se nega o consentimento a toda intervenção de esterilização direta e proceder, caso isso ocorra sem autorização, à denúncia criminal. Além de outras considerações éticas, é absolutamente exigido o respeito à própria consciência.

A esterilização de pessoas com deficiência mental – Um problema particular é a esterilização de pessoas com deficiência mental. Trata-se de um problema complexo, a respeito do qual existe boa bibliografia recente[194] e quanto ao qual podemos propor apenas algumas breves reflexões. Em termos gerais não se admite uma moral de dois níveis. A moral relativa à sexualidade é a mesma para todos, sãos e enfermos. A doutrina da Igreja sobre a imoralidade de toda forma de relação sexual extraconjugal é igualmente válida para os sãos e para os deficientes. E a mesma coisa se deve dizer da doutrina eclesial relativa à contracepção e à esterilização direta: o que vale para os sãos vale igualmente para os deficientes. Estes são igualmente pessoas e possuem a mesma dignidade.

---

(193) Cf. *Escolhidos em Cristo I*, cap. VI, § 5 (b).

(194) Veja-se o volume Aa.Vv., *Dignità e diritti delle persone con handicap mentale (Atti del Simposio promosso dalla Congregazione per la Dottrina della Fede – Roma, gennaio 2004)*, Lib. Ed. Vaticana, Cidade do Vaticano, 2007. Resumo aqui a minha contribuição para este simpósio.

No que se refere às relações sexuais extraconjugais, o problema moral mais grave não reside no fato de que se façam intencionalmente infecundas ou não. O problema está, tanto para os sãos como para os deficientes, nas relações em si, que têm um significado completamente especial no caso dos deficientes mentais. Indicaremos duas figuras diferentes.

1) A primeira compreende as agressões sexuais de que os deficientes mentais podem ser vítimas e que podem produzir-se mediante violência, engano ou sedução. Nestes casos deploráveis, o dever fundamental das pessoas encarregadas de cuidar deles e da sociedade é evitar às pessoas deficientes experiências que para elas são nocivas e traumáticas. Ao trauma se acrescenta a confusão e a desorientação quando na agressão estão envolvidos os próprios cuidadores. Mesmo que tenha sido impedida a fecundidade das pessoas deficientes, a agressão e o trauma permanecem. Por isso se deveria agir com extrema atenção. Não é admissível um ensinamento moral que, ao menos na prática, favoreça o abandono por parte da sociedade ou de quem deva cuidar de pessoas que têm o direito de serem protegidas adequadamente.

Decerto, a legítima defesa de uma agressão sexual é igualmente lícita para os sãos e para os enfermos. A diferença, salvo em caso de guerra, é que a pessoa doente, se não é autônoma, está sob a proteção de outros. Portanto, partir do princípio de que os deficientes mentais sofrerão agressão sexual significa assumir que as pessoas a cujos cuidados estão confiadas não cumprirão seriamente o seu dever de evitar aos doentes experiências devastadoras e brutais por muitos aspectos, e não só por uma eventual gravidez. Por isso, em termos gerais, a administração de anovulatórios não pode fazer parte dos cuidados devidos aos deficientes mentais. Cuidar dos deficientes significa, em primerio lugar, poupá-los de experiências desumanas e traumáticas. Os fármacos anovulatórios são «meios de defesa» apenas parciais, que por outro lado agridem o doente e diminuem a atenção das pessoas que devem cuidar deles.

Em algumas zonas rurais ou degradadas, nas quais não é possível uma proteção eficaz, não se pode excluir em absoluto a existência de casos-limite, sobretudo quando ninguém se ocupa de modo continuado do deficiente. Às pessoas que procuram ajudar os deficientes que se encontram em tais situações, podem apresentar-se graves problemas de consciência, que devem ser resolvidos caso a caso com a ajuda de pessoas peritas, recorrendo inclusive à Penitenciária Apostólica quando surjam situações totalmente excepcionais.

2) Há outra figura de agressão. São os contatos sexuais espontâneos entre dois deficientes. Aqui não se trata propriamente de violência, mas de atos espontâneos realizados sem liberdade interior plena, por falta de suficiente consciência e autocontrole. Do ponto de vista moral, o ato violento e o ato espontâneo realizados com uma liberdade fragmentária são duas coisas muito diferentes. Nem todo ato sexual não perfeitamente consciente é uma agressão. Neste caso, estamos diante de um problema psicopedagógico. Seria de todo inadequado pretender dar-lhe resposta meramente farmacológica, quanto mais cirúrgica. Um problema humano de compreensão, de maturação, de autocontrole e de crescimento não se resolve com um fármaco.

Entre os deficientes mentais que têm suficiente autonomia para poder subtrair-se à vigilância dos cuidadores, e que pela sua situação psíquica procuram espontaneamente experiências sexuais, podem ocorrer casos extremos um tanto difíceis. Estes doentes requerem uma vigilância e atenção especial que talvez os parentes e os cuidadores não sejam capazes de garantir 24 horas por dia durante o ano todo. Se em algum caso, não obstante a atenção e a proteção que lhes é dada, subsiste um perigo real, pode apresentar-se também aqui um grave problema de consciência, a ser estudado com muito cuidado e levado, talvez, à Penitenciária Apostólica, caso se trate de situação verdadeiramente excepcional.

Por fim, é preciso reafirmar que *em todo caso, ainda que excepcional, deve ser excluída absolutamente a esterilização cirúrgica.* A este propósito é preciso levar em consideração o que foi dito pelo Comitê Nacional para a Bioética italiano em documento sobre a matéria: a esterilização corresponde ao propósito «de proporcionar uma economia substancial em termos de assistência aos deficientes, às instituições e, mais em geral, aos sujeitos sobre os quais recai tais obrigações». Desse modo «se fere o deficiente no seu físico, ativando nele reações, no plano global da sua identidade pessoal, extremamente graves e objetivamente *antiterapêuticas* [...]; também se aprova uma forma indireta de desencargo por parte da coletividade com relação aos sujeitos que, em nome do direito fundamental à saúde, podem pretender que se lhes proporcione um autêntico tratamento para o seu sustento, e não técnicas indiretas de controle da sua sexualidade»[195].

f) A cooperação material com o pecado do cônjuge

Queremos agora referir-nos a um delicado problema que pode apresentar-se na vida conjugal. Pio XI o descreveu assim: «A Santa Igreja sabe perfeitamente que não raro um dos cônjuges antes sofre do que comete o pecado, quando, por motivo verdadeiramente grave, permite, conquanto não o queira, a perversão da reta ordem, não sendo por isso culpado, contanto que, nesse caso, se lembre da lei da caridade e não deixe de dissuadir e afastar o outro do pecado»[196]. Estas situações podem ser provocadas pela imposição violenta de um dos cônjuges ou por sérias ameaças de abandono, separação ou divórcio, ou até por perigo de conflitos e brigas que terminariam levando à violência ou à separação, situações essas que causam, além disso, grave dano aos filhos.

O que disse Pio XI – e foi assumido pelo *Vademecum para confessores*[197] – significa que em algumas circunstâncias é moralmente lícita a *cooperação material* com o pecado do cônjuge[198]. A licitude exige três condições:

1) Que a ação do cônjuge cooperante (isto é, do cônjuge inocente) seja lícita em si mesma. Quer dizer: não pode ser ele que prive o ato da sua virtude procriativa, retirando (onanismo), tomando pílula anticoncepcional ou usando um método de barreira. Não é lícita a cooperação se o outro cônjuge recorre a um meio que tem efeitos abortivos.

2) Que existam motivos proporcionalmente graves para cooperar com o cônjuge culpado. Estes motivos podem ser, por exemplo, evitar a violência ou os conflitos graves, a ruptura da coabitação conjugal

(195) Comitê Nacional de Bioética (Itália), *Il problema bioetico della sterilizzazione non volontaria*, 20-XI-1998, pp. 24-25.

(196) Pio XI, *Casti connubii*, cit.: DH 3718. Veja-se como Santo Afonso trata este problema na sua *Theologia moralis*, lib. V, tract. VI, cap. II, n. 947.

(197) Pontifício Conselho para a Família, *Vademecum para os confessores sobre alguns temas de moral relacionados com a vida conjugal*, cit., 3, 13.

(198) Para o conceito de cooperação material com o mal, veja-se *Escolhidos em Cristo I*, cap. XI, § 8.

(abandono, separação, divórcio) ou o perigo próximo de infidelidade conjugal.

3) Que o cônjuge inocente não consinta internamente com o pecado (isto não significa, é claro, que não experimente o prazer próprio da união conjugal) e que procure ajudar o cônjuge, mediante a oração, a caridade, a disponibilidade para o sacrifício e o diálogo, a abandonar tal comportamento. Deve ficar claro que o cônjuge inocente não aprova estes atos, ainda que não seja necessário manifestá-lo naquele momento ou por ocasião de cada ato. Naturalmente, o cônjuge inocente deve evitar ser a causa indireta (mediante queixas, falta de disponibilidade, etc.) do comportamento ilícito do outro cônjuge.

Deve-se ter em conta que dificuldades deste tipo podem ser passageiras, devidas a diversas causas transitórias, ao passo que a ruptura da harmonia conjugal, a separação, o divórcio, etc., criam situações muito negativas para os cônjuges e para os filhos, sendo frequentemente irreparáveis. Por isso se justifica, muitas vezes devido também à caridade, tolerar por certo tempo o comportamento negativo do cônjuge, ajudando-o com paciência e afeto a que se decida a mudar de atitude. A caridade conjugal requer a união da firmeza com a flexibilidade tolerante, sempre em ordem ao bem humano e espiritual dos cônjuges, à defesa da família e à proteção dos filhos.

Direção geral
Renata Ferlin Sugai

Direção editorial
Hugo Langone

Produção editorial
Juliana Amato
Gabriela Haeitmann
Ronaldo Vasconcelos
Roberto Martins

Capa
Gabriela Haeitmann

Diagramação
Sérgio Ramalho

ESTE LIVRO ACABOU DE SE IMPRIMIR
A 29 DE ABRIL DE 2024,
EM PAPEL AVENA 70 g/m^2.